BUMERÁN CHÁVEZ

BUMERÁN CHÁVEZ

Los fraudes que llevaron al colapso de Venezuela

Emili J. Blasco

Bumerán Chávez
Los fraudes que llevaron al colapso de Venezuela
Segunda edición, mayo de 2015
© Emili J. Blasco

Diseño de cubierta y contraportada:
Daniela Santamarina
Maquetación y producción:
Ángel Luis Fernández Conde
Retrato de contraportada:
David Salas

ISBN-13: 978-1511522830
ISBN-10: 1511522836

Washington D.C., Madrid

Con la colaboración de:
Center for Investigative Journalism in the Americas (CIJA)
Inter-American Trends

A los incrédulos.
Todos, en algún momento, lo fuimos.

INDICE

Once capítulos de un engaño

S i de aquí sale alguna información, fuiste tú; aquí no hay nadie más». Mientras decía estas palabras, Hugo Chávez miró a los ojos a su ayudante personal. Leamsy Salazar le sostuvo la mirada. «Por supuesto, mi comandante», respondió sin que se le quebrara la voz. Chávez cerró el asunto con un «espero que así sea». Sabía que el joven había visto y oído demasiado, pero estaba seguro de que entendería la advertencia. Llamado al lado del presidente venezolano al poco de salir de la Academia Naval, para entonces Salazar comenzaba a tener evidencias de que la revolución chavista era un gran fraude; todavía tuvieron que pasar varios años —oiría y vería aún más cosas— para convencerse. Al final, cogido en medio de divisiones internas, decidió contar lo que sabía, y lo hizo desde donde más daño podía causar.

Era la Semana Santa de 2007 (quizás de un año antes; Salazar no lo puede precisar) cuando el joven oficial fue testigo de cómo Chávez en persona negociaba con los cabecillas de las Fuerzas Armadas Revolucionarias de Colombia (FARC) la compra de cargamentos de droga y la entrega a los guerrilleros de armas y otro material militar del Ejército venezolano con los que combatir al legítimo Gobierno de Bogotá.

Chávez se recluyó esos días santos en una finca de Barinas, estado venezolano no lejos de la frontera con Colombia, en compañía de Rafael Ramírez, ministro de Energía y presidente de Petróleos de Venezuela (Pdvsa), y de Ramón Rodríguez Chacín, exministro del Interior y dueño de la finca. Ramírez ponía el sistema de lavado de dinero a través de la petrolera nacional; Rodríguez Chacín, en permanente contacto con las FARC, se ocupaba de ir a buscar a los guerrilleros (los máximos dirigentes: Iván Márquez, Rodrigo Granda y Rafael Reyes) y de devolverlos a su campamento, pues no se hospedaban en la casa. Ese viaje lo hacía al volante él mismo de una camioneta, sin acompañamiento de escolta.

En los dos primeros días, los tres dirigentes venezolanos y los tres insurgentes colombianos estuvieron hablando entre ocho de la tarde y cuatro de la madrugada. En una de las jornadas se unió también la esposa de Iván Márquez, que también era comandante de un frente guerrillero. El tercer día hubo un encuentro a solas de Chávez con Raúl Reyes, que duró hasta las 5.30 de la mañana. En esa última reunión, Leamsy Salazar fue ordenado permanecer alejado; a la vista de Chávez por si este le requería algún servicio, pero fuera del alcance de las voces. Los dos días previos, sin embargo, el ayudante estuvo moviéndose entre los congregados, sirviendo agua y café y estando pendiente de los teléfonos personales, que se habían dejado a un lado. Fue el único ajeno al círculo confabulado al que se le permitió entrar y salir. Así pudo escuchar muchas de las órdenes de Chávez.

–«Rafael, cómprales a las FARC toda la mercancía que producen, toda la agricultura y el ganado. Págales un primer plazo de quinientos millones de dólares. ¡Le vamos a quebrar el espinazo a Uribe, *pa'* joderlo!».

La referencia al entonces presidente de Colombia, Álvaro Uribe, su enemistado vecino, Chávez la hizo con especial gozo, según recuerda Salazar. Por lo demás, estaba claro que, ante la presencia del ayudante, el comandante evitaba ser explícito y todos hablaban con sobreentendidos. ¿Qué productos agrícolas cultivaban las FARC o cuántas cabezas de ganado apacentaban para cobrarse tan abultada cifra? Lo que entregaron fueron unas pocas vacas, que llevaban una larga marca en la barriga. Salazar conocía bien qué era aquello, pues enrolado en las fuerzas especiales había servido en la frontera y varias veces se había topado con reses a las que se les había abierto para introducir cargas de cocaína en las varias cavidades del estómago que tiene el rumiante; cosidos de nuevo, los animales podían ser transportados sin levantar sospechas.

–«Rafael, ponte de acuerdo con el *Pollo*. Aprovechando que ahora estamos comprando armamento ruso y *desencuadrando* armamento nuestro, una parte la podemos enviar a las FARC».

Como las gestiones con el *Pollo* –el general Hugo Carvajal, entonces, y durante largo tiempo, jefe de la Dirección de Inteligencia Militar (DIM)– se retrasaban, durante aquellos días el mismo Chávez le llamó con frecuencia por una red encriptada para transmitir sus órdenes. El presidente también tenía un teléfono aparte para estar en contacto con el guerrillero Iván Márquez cuando no estaba presente.

–«¿Se ha entregado ya todo? ¿Cuánto falta? Todo lo que pidan los compañeros se lo entregan», le decía a Carvajal.

Los cargamentos traspasados a las FARC, en grandes cantidades, incluían uniformes venezolanos, botas militares, computadoras, fotocopiadoras y máquinas de escáner, entre otro material. También se entregaron abundantes medicinas. De hecho, el general Carvajal estaba encargado de coordinar la atención médica de los campamentos de las FARC, tanto en el lado venezolano de la frontera como al otro: los médicos eran llevados hasta cierto punto y allí eran recogidos por guerrilleros para trasladarlos hasta sus centros de operaciones. Parte de esa actividad de Carvajal, así como la estrecha vinculación de las FARC con la dirección chavista, quedó de manifiesto cuando el 1 de marzo de 2008 un ataque del Ejército colombiano arrasó el campamento del cabecilla guerrillero Raúl Reyes y hubo acceso a su computadora. Comprometedores correos electrónicos y fotografías documentaron esa vinculación. «Estoy cagada», comentaría entonces María Gabriela, hija favorita de Chávez, quien durante esos encuentros en Barinas había saludado a los invitados y se había fotografiado con ellos. «Te aseguro que esas fotos las vieron los colombianos. No sé porqué no las han sacado», le dijo a Salazar.

Leamsy (Ismael al revés) había nacido en Caracas en 1974. En 1998 se graduó en la Academia Naval y pasó un año de especialización en un batallón de Infantería de Marina en la base naval de Punto Fijo. Estando en ese destino, un día fue enviado de urgencia a la comandancia general. El nuevo presidente del país, Hugo Chávez, quería escoger entre los números uno de las últimas promociones de cada arma para formar su guardia de honor: jóvenes militares que serían a la vez sus ayudantes personales y garantes de su seguridad. Salazar, de 25 años, fue seleccionado. Estuvo pegado al mandatario un par de años, hasta los sucesos de 2002 que desalojaron unos días a Chávez de la presidencia. En el momento de la restitución, Salazar fue captado por las cámaras ondeando la bandera patria sobre el tejado del Palacio de Miraflores, gesto que el presidente encomió después públicamente. Después se marchó.

Volcado en las operaciones especiales, en 2006 participó en una demostración militar presenciada por el presidente. Su destreza y coraje –se lanzó desde un helicóptero sobre el lago de Maracaibo para poner un explosivo– llamó la atención de Chávez. Cuando este le dio la mano para felicitarle le reconoció y pidió al ministro de Defensa que lo volviera a destinar al Palacio de Miraflores, como responsable del dispositivo de seguridad en los desplazamientos, además de labores de ayudante. Tras la muerte de Chávez, Salazar fue escogido por Diosdado Cabello, presidente de la Asamblea Nacional y número dos del chavismo, para llevar esas mismas labores.

Además de inculpar a Chávez de la organización de un narcoestado, su testimonio en Estados Unidos apuntó directamente a Cabello como gran operador del narcotráfico y de los negocios ilícitos del régimen. Al servicio de su nuevo jefe fue testigo de operaciones que acabaron por convencerle del carácter criminal de la cúpula chavista.

Un viernes de 2013, a eso de las diez de la noche, Cabello ordenó a Salazar organizar un rápido viaje a la península de Paraguaná, un saliente que se adentra en el Caribe y es el territorio más septentrional de Venezuela. Con ellos dos voló también el mayor Lansford José Castillo, el ayudante más directo de Cabello. Cuando el Falcon aterrizó en Punto Fijo, los tres se metieron en un automóvil que les esperaba, a cuyo volante se colocó el dirigente chavista. Dos autos de seguridad fueron detrás. Durante el trayecto Cabello conversó varias veces por teléfono con el general Hugo Carvajal, director de la inteligencia militar, pero lo hacía con reserva, en conversaciones cortas.

–«*Pollo*, ¿cómo es la vaina? Espera que estoy yendo para allá».

Se notaba que el presidente de la Asamblea Nacional no quería ser oído por Salazar. El joven guardaespaldas pensó que se trataba de algo que tenía que ver con la seguridad del Estado, pero a medida que pasaba el tiempo aumentó su extrañeza. A la altura de Piedras Negras –habían cruzado la península de oeste a este y enfilaban la carretera litoral hacia de cabo San Román–, Cabello le dijo a Salazar que ordenara a los agentes de seguridad que les seguían que se quedaran allí. El primer auto siguió hasta el cabo, en la punta norte; al otro lado del mar, a solo veinticinco kilómetros de distancia, se veían las luces de Aruba, isla perteneciente a Holanda. Ya era medianoche. En la playa había un nutrido grupo de hombres con la cara cubierta, equipados con armas largas, que dejaron avanzar el vehículo. Este se detuvo a la vista de cuatro lanchas deportivas de alta potencia. Junto a ellas estaba el *Pollo*. Cabello descendió y dio la autorización final.

–«¿Están listas las hallacas? Pues que las lanchas partan de una vez, una detrás de otra».

Era evidente que aquello no eran hallacas, nombre de un plato típico venezolano (masa de harina de maíz rellena de guiso y envuelta de forma rectangular en hojas de plátano), pero de esa manera llamaban en la operación a los paquetes o panelas de droga, para despistar.

Las lanchas, con sus cargamentos de coca —varias toneladas—, salieron de inmediato, comandadas por operadores que llevaban instrumental de visión nocturna. Quienes estaban en la playa no eran militares, al menos su indumentaria no mostraba emblemas; más bien parecía el despliegue de una de las mafias de la droga, con la que —no había duda— se estaban coordinando las más altas esferas del Estado.

En el viaje de regreso al aeropuerto, Cabello intentó confundir a Salazar, a la vista de que este estaba sacando sus conclusiones. «¡Ahora sí que les vamos a *descoñetar* a los líderes de la oposición!», exclamó, como sugiriendo que aquel envío de droga se hacía para después descubrirlo oficialmente y denunciar a la oposición política. Pero por más que en ocasiones intentaba disimular, en otras Cabello añadía más elementos de alarma sobre sus negocios sucios. En un momento dado, le dijo a quien iba sentado junto a él:

—«Mira, Castillo, esta semana estate pendiente porque el *Pollo* va a enviar una plata en efectivo en uno de esos camiones. Que pase por donde Tareck, que se quede con su parte, y que siga para la oficina. Tienes que estar tú allí para recibirlo».

Cinco días después llegó un camión del Seniat (Servicio Nacional Integrado de Administración Aduanera y Tributaria) a la vivienda de Fuerte Tiuna, el mayor complejo militar de Caracas, que Cabello tenía habilitada como despacho, al margen del que disponía en la Asamblea Nacional. Era de suponer que, de acuerdo con las instrucciones recibidas, el convoy había pasado antes por las dependencias de Tareck el Aissami, gobernador de Aragua y previamente ministro de Relaciones Interiores y Justicia. El presidente del Seniat era entonces José David Cabello, hermano del número dos chavista. Tanto el uno como el otro, como se verá más adelante, igualmente implicados hasta el cuello en la corrupción chavista.

Leamsy Salazar se estaba cambiando de ropa, para marcharse al término de su jornada de trabajo, cuando comenzó la descarga del camión. Vio las puertas traseras abiertas y el espacio interior repleto de maletas, todas iguales y cerradas con candados. Se armó de valor para investigar un poco, y comprobó que una maleta ya se había trasladado a una de las habitaciones de la casa y estaba abierta. Allí había amontonados fajos de billetes de cien dólares. Aunque estaban envueltos con film plástico, despedían olor a billete nuevo. El dinero iba destinado a una gran caja fuerte de tres metros por cuatro, con un fondo de metro y medio, que había en esa habitación. Daba la impresión de que era *cash* para uso diario. De hecho, Cabello hacía pagar todo en efectivo, y cuando no, según el relato de Salazar, eran servicios que corrían a cuenta del Seniat, como el pago de hoteles y toda la logística de viajes y seguridad.

Pero por grande que fuera la caja fuerte del despacho de Cabello, allí no cabía el contenido de todas las maletas recibidas. Además, Salazar recordaba ahora haber visto en al menos otras dos ocasiones la llegada de un camión de la agencia aduanera y tributaria, sin que entonces hubiera imaginado su verdadera carga. ¿Dónde iba el resto del dinero? No tardó en saber la respuesta.

A Diosdado Cabello le gusta salir de caza. En una de esas excursiones, Leamsy Salazar fue testigo de algo asombroso. Ocurrió en una finca que se extiende entre los estados Barinas y Apure. Era de noche y la partida de cuatro personas comenzó a andar por el campo abriéndose paso con sus linternas. Al cabo de un rato, Cabelló ordenó que Salazar se quedara en un punto, mientras él, su hermano José David y su directo asistente, Lansford Castillo, seguían adelante. A unos cien metros, la avanzadilla se paró y de pronto sus luces se apagaron. Luego, pasado un tiempo, las linternas volvieron a alumbrar y Cabello comunicó desde la distancia, a voces, que él, su hermano y Castillo se marchaban entonces a cazar venado.

Cuando ambos desaparecieron, Salazar fue hasta el lugar en el que se habían detenido los otros dos. Iluminando el suelo con su lámpara vio una amplia trampilla. La levantó y descubrió una escalera que bajaba a un espacio subterráneo. Cerca de la entrada encontró un interruptor y lo accionó: ante él había un gran búnker, de unos diez metros de largo por cinco de ancho, con montañas de fajos de billetes apilados de pared a pared.

Salazar contó su hallazgo a un compañero del equipo de seguridad y este le aseguró que había visto lo mismo en otros dos búnkeres de Cabello, igualmente con instalación eléctrica y deshumidificador, uno en el estado Monagas y otro en Ciudad Bolívar. «Yo vi allá *caletas* de billetes», le confesó su amigo, impresionado por lo *arrecho* de los escondrijos y lo atesorado en ellos. Cuando después a ese guarda lo inculparon injustamente de varios delitos, Salazar supo que era el momento de huir, porque las cosas se le estaban poniendo mal.

En la primera mitad de 2014 tuvo un encontronazo con Cabello: este le acusó de haber robado ciento veinte mil dólares de la caja fuerte. Al presentarle el escolta pruebas gráficas de que la sustracción la había hecho una amante del dirigente chavista (la actriz de novelas Gigi Zanchetta), el jefe reaccionó airado, como ofendido porque le atribuyera un *affair*, y lo suspendió de sueldo, enviando al capitán de corbeta a un curso que no le interesaba en absoluto. Por miedo a mayores represalias –y probablemente también como venganza– en otoño de 2014 Salazar entró en contacto con la Administración para el Control de Drogas (DEA) de Estados Unidos, con la que se entrevistó en un viaje a las Bahamas. En previsión de su huida, se casó en la isla Margarita con la capitán Anabel Linares, alto cargo del Ministerio de Finanzas. Cuando ambos abandonaron Venezuela su ausencia no levantó sospechas, pues iban de viaje de bodas. Pero, al pasar los días, saltaron las alarmas. El piloto del avión privado que les había llevado a República Dominicana fue interrogado con violencia hasta que Cabello tuvo los datos que necesitaba sobre el vuelo. El plan de Salazar era saltar a Colombia a la espera de que le hicieran llegar el visado de entrada a Estados Unidos, pero por no arriesgarse a una extradición fue con su esposa a Madrid, donde llegaron poco antes de Navidad.

Yo le vi allí unos días después, el 6 de enero de 2015, solemnidad de los Reyes Magos. Me quedé sin comer el famoso roscón, que en España corona la comida de esa señalada fiesta, pues el encuentro fue a mediodía. No supe dónde se alojaba hasta el momento de tomar un taxi y dar una dirección. En un bar, mirando a los lados de vez en cuando por si alguien arrimaba sospechosamente la oreja, Leamsy

Salazar me contó todo lo escrito hasta aquí, y también otras revelaciones que quedan para más adelante. El 26 de enero llegó a Washington y en marzo hizo la declaración elevada al gran jurado en el caso abierto por la fiscalía federal del Distrito Sur de Nueva York contra Diosdado Cabello: la acusación formal de Cabello, como sostenedor de un edificio de narcotráfico y corrupción construido por Hugo Chávez y avalado por Nicolás Maduro, presumiblemente ya era un hecho, aunque permaneciera secreta por un tiempo.

Estas páginas primeras son como esas escaleras que descendían al misterioso búnker perdido en medio de una finca de los llanos venezolanos. El lector ha abierto la trampilla y comenzado a bajar los escalones. Acabamos de dar la luz y lo que tenemos ante la vista es imperdonable.

BUMERÁN CHÁVEZ

Introducción

Los cascos se alzaban al cielo y se precipitaban luego, con la furia de las manos que los agarraban, contra la cabeza y el pecho del detenido. Herido por disparos de perdigones a quemarropa, el joven yacía largo en tierra sujetado por tres guardias nacionales. Le estaban propinando una paliza, con las culatas de sus fusiles y los cascos de sus uniformes antidisturbios. Al borde de la inconsciencia, Willie David solo escuchaba la repetición de una pregunta: ¿quién es tu presidente?

La legitimidad de Nicolás Maduro como presidente era el asunto realmente clave en las masivas protestas que estallaron en Venezuela en febrero de 2014, cuando aún no se había cumplido un año del entierro de Hugo Chávez. Los estudiantes salieron inicialmente a la calle desesperados por el agobiante clima de inseguridad ciudadana; después, en repulsa de la desmedida violencia con la que el Gobierno repelió sus manifestaciones. Cientos de miles de venezolanos se unieron enseguida a las marchas, angustiados por la insufrible escasez, la galopante depreciación del poder adquisitivo y la falta de horizonte vital, para ellos o sus hijos, en un país al que la revolución bolivariana había asfixiado.

Pero se verbalizara o no, estuviera o no en pancartas o puntos de reclamación política, la gran cuestión de fondo era la ilegitimidad de todo el entramado institucional chavista. Con una democracia completamente adulterada solo cabía ya imponer al presidente a golpe de cascos y culatas de fusiles.

No era la reacción desabrida de un Maduro incompetente, incapaz de llevar a buen puerto el proyecto que le dejara Chávez. El autoritarismo político y el colapso económico en Venezuela era simplemente la *maduración* del chavismo, no en el sentido de adaptación obrada por el sucesor, sino de floración o plena epifanía del proceso puesto en marcha por el comandante supremo. Constituía la consecuencia de las políticas y estrategias emprendidas por el creador de la República Bolivariana. Era el bumerán que, al volver en su vuelo, rompía el espejo en el que se había mirado Chávez: quien le tuvo por salvador de los pobres, bien podía ver ahora cómo las clases bajas sufrían especialmente la falta de productos básicos, las colas en las tiendas, la delincuencia… Ciertamente aquello fue un espejo, porque el chavismo fue un fraude –un conjunto de ellos– desde casi el comienzo.

Al temprano Hugo Chávez hay que reconocerle haber detectado bien el hartazgo social que existía en Venezuela en las dos décadas finales del siglo XX por la alternancia en el poder de los partidos tradicionales, alejados de las preocupaciones del pueblo y recurrentes en la corrupción. En 1998 ganó las elecciones presidenciales porque supo ilusionar a las masas populares –más de la mitad de la población, en un país que hoy ronda los treinta millones de habitantes– sobre un nuevo comienzo, en el que ellas serían protagonistas.

Tuvo también el mérito de ejecutar al principio de su presidencia lo que fue la decisión estratégica más importante de su paso por el poder: propiciar en el seno de la Organización de Países Productores de Petróleo una política de precios que condujo a un notable incremento del valor del barril en los mercados y, por tanto, a un enorme aumento de los ingresos por la venta de crudo, principal fuente de riqueza de Venezuela. El encarecimiento del petróleo se vio también espoleado por vicisitudes internacionales, como la guerra de Irak o el embargo a Irán, pero todo partió de una confluencia de intereses entre Caracas y Riad. A mediados de 2014, sin embargo, la preocupación de Arabia Saudí era otra y Venezuela comenzó a sufrir como nadie el vertiginoso descenso de precios. La revolución chavista había ascendido encaramada a la ola de la cotización del barril, y el desplome de esta parecía ser su sentencia de muerte, aparentemente avalando la teoría de que en Venezuela los grandes cambios político-sociales siguen los ciclos del precio del petróleo.

Durante la era Chávez, de un mínimo de 10,5 dólares el barril en 1998 se pasó a 103,4 dólares en 2012. En los catorce años en los que el líder bolivariano estuvo en el poder, Venezuela produjo petróleo por valor de aproximadamente un billón (un millón de millones) de dólares. Con unos ingresos tan generosos, el presupuesto venezolano fue también dadivoso en las políticas sociales, a las que en ese tiempo, según las cifras del Gobierno, destinó quinientos mil millones, es decir, la mitad de la renta petrolera. Las holgadas finanzas permitieron también sustentar una política exterior con clara influencia en la región, muestra de la inteligencia estratégica de Chávez: fondos de ayuda a las naciones aliadas del continente y petróleo en condiciones favorables para países del Caribe.

Pero el manejo de tal volumen de ingresos hizo posible una corrupción igualmente desmedida, sin precedentes en la historia del país, y convirtió Venezuela en lugar ideal para la legitimización de capitales procedentes del narcotráfico. Ambas cosas fueron propiciadas desde el Gobierno chavista, como importantes elementos del fraude en que se constituyó el régimen mismo.

* * *

Este libro aborda el gran engaño del chavismo. Saludado en el mundo como supremo benefactor de los menos favorecidos, Hugo Chávez no pasará en realidad a la historia de Latinoamérica por haber reducido la pobreza en Venezuela: la mayoría de los países del continente registraron triunfos importantes en ese combate durante el mismo periodo, algunos con mayor efectividad, como Perú, Brasil, Chile y Uruguay. Incluso, dados los fondos públicos empleados, en Venezuela cabría haber esperado mayores avances, al menos más sostenibles. Lo singular de la obra de Chávez, aquello por lo que estará en los manuales de historia, es algo doble: haber puesto en marcha un autoritarismo (un sistema en el que su autoridad presidencial se imponía sin los contrapesos ni la rendición de cuentas esenciales en una democracia) capaz de asegurarse la reelección en las urnas y, sobre todo, haber cedido el control del propio país a los dirigentes de otro.

El fraude de la relación con Cuba es el que abre el libro. Fuera de los venezolanos, poca gente se hace cargo del increíble grado de injerencia de La Habana en los asuntos internos de Venezuela, no como resultado de una penetración subrepticia y hostil, a espaldas del Gobierno de Caracas, sino curiosamente a invitación de este. Con Chávez, los cubanos se erigieron en gestores de los documentos de identidad y pasaportes, así como de los registros mercantiles y notarías públicas; en codirectores de puertos y controladores de seguridad de aeropuertos; en supervisores de las Fuerzas Armadas y de las labores de contrainteligencia... El mismo Maduro fue potenciado por ellos como sucesor.

Algo así es impensable en cualquier otro país del mundo. En Venezuela era posible porque muchas cosas se hacían de espaldas al pueblo: el Gobierno ocultaba el número de cubanos en el país y sus funciones, y las carencias democráticas permiten escabullir la rendición de cuentas ante la oposición. Como se recoge en un testimonio, en una ocasión Chávez hizo borrar de la contabilidad oficial cinco mil millones de dólares que adeudaba la isla: el líder bolivariano decidía hacer un regalo a Cuba con el dinero de todos los ciudadanos, sin que estos lo supieran. Los venezolanos también desconocían los subsidios reales con los que Venezuela beneficiaba a Cuba; se sabía del envío de unos cien mil barriles diarios de petróleo, pero no había manera de auditar el pago del régimen castrista, que no era económico, sino mediante servicios prestados por médicos, enfermeras, entrenadores deportivos y otros *asesores* cubanos desplazados a Venezuela.

Chávez se puso hasta tal punto en manos de Fidel y Raúl Castro que su propia vida quedó a merced de ellos. Cuando en 2011 le diagnosticaron cáncer, el presidente venezolano optó por el secretismo que le ofrecía Cuba. Aunque a esas alturas la enfermedad era ya irreversible, pudo haber encontrado mejor tratamiento en otro lugar, lo que habría prolongado algo más su vida y, con la convalecencia necesaria, habría suavizado la agonía que tuvo que sufrir durante meses. Chávez prefirió seguir aferrado al poder y mantener la farsa sobre supuestas recuperaciones de salud. Todo el esfuerzo se centró entonces en llegar vivo a las presidenciales de octubre de 2012, de manera que una nueva victoria asegurara al chavismo otros seis años en el poder, aunque los debiera completar un sucesor. Chávez llegó a la meta ocultando a los electores el mal estado que le obligaba a apariciones selectivas y mintiendo sobre la perspectiva de su nuevo mandato, que iba a nacer muerto.

El esperpento de sus últimas semanas de vida, impropio de la trasparencia debida en una democracia, fue algo indigno para los ciudadanos de Venezuela. El Gobierno estuvo plagiando la firma de Chávez para nombramientos, cuando él era ya incapaz de realizarla, y ridiculizó el sentimiento sincero de miles de venezolanos cuando paseó el féretro por las calles de Caracas sin el cuerpo del finado dentro. Ni siquiera hubo acta de defunción pública, firmada por un médico, que diera cuenta de la causa, la fecha y lugar del fallecimiento.

Chávez se había aproximado a Cuba en busca de los consejos de Fidel Castro sobre cómo consolidarse y retener el poder. De La Habana llegó la idea de las *misiones* sociales, una treintena de programas de ayuda a las clases menos pudientes, a las que mejoraban su condición al tiempo que facilitaban su control político. Gestionadas al margen de los ministerios sectoriales correspondientes, con financiación fuera del escrutinio parlamentario, como asistencia tenían más carácter de obra de caridad que de empeño por operar cambios estructurales. Chávez se preocupó de que el número de personas apuntadas a las misiones y el de trabajadores públicos alcanzara en conjunto al menos la mitad del censo: el discurso del chavismo siempre estuvo dirigido a esa mitad de Venezuela, enfrentándola con la otra media para espolear su resentimiento de clase. En una movilización meticulosa, con uso de medios gubernamentales, el oficialismo se encargó de que quienes aparecían en sus listados de beneficiarios del Gobierno se vieran forzados a votar al régimen. Era el *ventajismo*, que incluía prácticas como el abuso del voto *asistido*, la amenaza de despidos, la negación del censo a la oposición...

Pero eso solo fue una parte del truco electoral. Como aquí se desvela, en las presidenciales de 2012, las últimas de Chávez, y las de 2013, que tuvieron a Maduro como candidato, activistas del chavismo fueron los encargados de manejar en los centros electorales la maquinaria de identificación de electores y la de votación, en connivencia con el Consejo Nacional Electoral (CNE). Eso facultó alimentar un sistema informático paralelo al del CNE que daba al oficialismo conocimiento sobre la evolución del voto durante la jornada electoral, con lo que podía reaccionar con movilizaciones de última hora o con la activación fraudulenta de las máquinas de votación. Ese sistema paralelo estuvo coordinado por Cuba. Dos figuras del chavismo han admitido privadamente que se falsificaron cientos de miles de votos para Maduro; es decir, que el opositor Henrique Capriles ganó las elecciones.

Los enormes ingresos petroleros sufragaron una revolución bolivariana que se abrió camino a golpe de chequera: electrodomésticos y viviendas para sectores sociales afines, condonación de deuda a Cuba, ayudas a gobiernos ideológicamente próximos, compra de armamento a Rusia que convirtió a Venezuela en el mayor importador de armas de toda Latinoamérica... De ser una empresa estatal, pero al margen del Gobierno, Petróleos de Venezuela (Pdvsa) quedó integrada en la estructura de mando gubernamental y se embarcó en actividades más allá del negocio petrolero, como la construcción y la alimentación. Cuando lo requirió para sus políticas, Chávez pudo contar con nuevos fondos de Pdvsa, de manera oficial, a través de la emisión de bonos de la compañía, o por debajo de la mesa, como los primeros cuatro mil millones de dólares de un préstamo de China a cambio de petróleo, que el mandatario se quedó para su libre disposición, fuera del registro oficial, según refiere el ministro que le hubo de entregar la suma. Con tanto derrame, las cuentas de Pdvsa comenzaron a fallar.

Los males económicos que después padeció Venezuela vinieron principalmente de ese haber desplumado la gallina de los huevos de oro. Ávido en el gasto de lo que entraba en la caja pública, Chávez no procuró que Pdvsa reinvirtiera convenientemente en los campos petroleros, algo que es vital en el sector, pues los pozos declinan con el tiempo y requieren siempre de una continua puesta al día. Así que la producción descendió: de 3,3 millones de barriles diarios, en 1998, a 2,3 millones, en 2013. Mientras el precio del barril estuvo aumentando, los ingresos siguieron creciendo, pero cuando en 2013 el precio se estancó y en 2014 comenzó a caer, Pdvsa y el Gobierno entraron en una situación en la que de inmediato sintieron asfixia. Para sostener la estructura clientelar que había trenzado, Chávez acudió a préstamos a cambio de producción futura de petróleo. Hipotecaba el porvenir de los venezolanos mediante créditos cuyo pasivo la baja cotización del barril no ha hecho luego más que agrandar.

Que el precio del barril de crudo se hubiera multiplicado por diez en pocos años generó una afluencia de capital que alimentó una corrupción de volúmenes históricos. El dinero fácil, obtenido de manera ilícita –comisiones, sobornos, apropiación de partidas–, enriqueció a multitud de funcionarios del chavismo. En muy pocos años, de tener orígenes generalmente humildes, los mejor situados para aprovechar la oportunidad pasaron a ser *milmillonarios*. Es el caso emblemático de Rafael Ramírez, presidente de Pdvsa durante diez años y persona clave en el desvío de fondos y el lavado de dinero. El patrimonio que Chávez hizo acumular para sus hijos se estima en cientos de millones de dólares. Una corrupción monumental que generó una enorme bolsa de dinero, luego automultiplicado en operaciones financieras que sabían aprovechar los resquicios de un sistema cambiario controlado por el Gobierno. Al tiempo que denunciaban el imperialismo gringo, las nuevas fortunas de Venezuela se lanzaban a la compra en Estados Unidos de jets privados, mansiones y artículos de lujo.

La corrupción económica fue acompañada de corrupción judicial. Jueces y fiscales debían obedecer las consignas políticas dictadas por el Ministerio Público y por el Tribunal Supremo de Justicia (TSJ).

Ambas instancias se inmiscuyeron indebidamente en multitud de casos, con intervención directa de Chávez, para condenar a inocentes y absolver a culpables, como detalla el magistrado Eladio Aponte, presidente de la Sala Penal del TSJ, huido en 2012. Cualquier vulneración constitucional, como la de elevar a Maduro a presidente *encargado* tras la muerte de Chávez, contó con el marchamo del TSJ.

La movilización de capital sin precedentes y sin apenas escrutinio facilitó el lavado de dinero. Chávez metió a su país de lleno en el narcotráfico. Durante su Gobierno, Venezuela se convirtió en el punto de salida del noventa por ciento de la droga colombiana, en su viaje a Estados Unidos y Europa. Lo concibió como parte de su proyecto bolivariano –un modo de favorecer a la guerrilla de Colombia frente a un Gobierno en Bogotá poco entusiasta con el liderazgo regional de Chávez– y como manera de plantear una *guerra asimétrica* contra Washington. De acuerdo con acusaciones de testigos protegidos por la Justicia estadounidense, el presidente venezolano era informado periódicamente de los principales traslados de cargamento que se realizaban a través del país, en operaciones dirigidas muchas veces por altos mandos militares. Era una actividad en la que también tuvo parte Maduro y en la que se involucró aún más el número dos del régimen, Diosdado Cabello.

Todo indica que la Administración para el Control de Drogas (DEA) de Estados Unidos ha investigado muy directamente a más de una treintena de venezolanos y que muy probablemente fiscales federales han preparado acusaciones formales contra quienes han ocupado importantes cargos públicos. Aunque su formalización o anuncio habría quedado pendiente de circunstancias operacionales y de oportunidad política, las ramificaciones de los casos analizados permiten calificar de narcoestado a Venezuela. La decisión de convertir el país en lugar de paso de la droga colombiana aumentó la delincuencia y *enganchó* a los grupos de población más vulnerables.

El fraude de Chávez a sus ciudadanos también abarcó otros ámbitos, como el de la seguridad. Chávez abrió la puerta de Venezuela a Hezbolá: facilitó la concesión de visados y pasaportes falsos a activistas de la organización terrorista y protegió la presencia de células en el país. En 2007 envió secretamente a Maduro, entonces canciller, a reunirse en Damasco con el jefe de esa milicia libanesa de filiación chií, Hasán Nasralá. La principal actividad del extremismo islamista en Venezuela, acordada con el Gobierno, fue la recaudación, el lavado de dinero y el tráfico de drogas. Aunque hubo en marcha algún campo de entrenamiento, no se apreció operatividad terrorista. No obstante, todo indica que células de Hezbolá ascendieron por Centroamérica y traspasaron la frontera con Estados Unidos, mientras que elementos radicales iraníes llegaron a trazar planes para posibles atentados contra intereses estadounidenses.

Precisamente la especial relación mantenida con Irán se desarrolló bajo una gran simulación. Muchos de los convenios firmados entre Chávez y Mahmud Ahmadineyad tenían como finalidad principal aparentar una gran actividad que sirviera para justificar el flujo de capitales, con el que Teherán evadía las sanciones internacionales impuestas por su programa nuclear. En su ayuda al régimen de los ayatolás, Chávez permitió que Irán hiciera en Venezuela operaciones especulativas con divisas, que constituyeron una estafa al Banco Central venezolano.

La asociación con Irán le daba a Chávez acceso a cierta tecnología, pero sobre todo le aportaba un salto en el enfrentamiento dialéctico con Estados Unidos. Ese ganar estatura internacional a costa de agredir verbalmente a Washington le costaba dinero a Venezuela. Durante toda su presidencia, Chávez estuvo enviando importantes sumas a *lobbies* y agentes de relaciones públicas, así como combustible barato a circunscripciones de determinados congresistas, para mejorar la percepción de su Gobierno en Estados Unidos y ganar apoyos en el Capitolio. Pero sus incontinentes diatribas tiraban por tierra ese trabajo: era un tejer y destejer oneroso. Se daba una situación que tenía mucho de esquizofrénica, también porque Venezuela obtenía el grueso de sus divisas por la exportación regular de petróleo a Estados Unidos, que era lo que aseguraba su economía.

Si en el *Imperio*, Chávez contrató despachos de cabildeo, en la antigua metrópoli –España– se hizo con asesores que complementaran la labor de Cuba. La fundación de izquierdas Centro de Estudios

Políticos y Sociales (CEPS) –sustrato ideológico del que en 2014 nació el partido Podemos– apenas era conocida por los españoles, pero sus desarrollos conceptuales sobre el llamado Nuevo Constitucionalismo Latinoamericano tuvieron gran influencia en la transformación de Venezuela en una *democracia autoritaria*. Otros españoles respaldados por Chávez fueron los más de cuarenta miembros de la banda terrorista ETA residentes en el país. A pesar de varios requerimientos desde Madrid, el Gobierno venezolano se negó en la mayoría de los casos a su extradición. Aseguraba no tener noticias de su paradero, cuando fichas de los servicios secretos en realidad recogían sus direcciones, teléfonos y correos electrónicos.

Chávez basó su política exterior en un doble componente: la gesticulación antiyanqui y la influencia en los países de la región mediante ayudas económicas (la alianza del Alba) y el reparto de petróleo con facilidades de financiación (Petrocaribe). Con ser cuestionable la reducción de ingresos que para Venezuela suponía la diplomacia petrolera, la peor consecuencia para los venezolanos fue la posibilidad dada a los países beneficiados de retribuir en especie. Eso hizo que el Gobierno concertara importaciones que venían a dañar el sector productivo de Venezuela, ya de por sí constreñido por la política de nacionalizaciones y expropiaciones, así como por el control de precios y de cambio. Por ganar protagonismo entre las naciones vecinas, el chavismo incurría en una suerte de neocolonialismo a la inversa: en lugar de desarrollar la industria nacional, incrementaba las compras en el exterior.

Todos estos capítulos fueron elementos del bumerán que lanzó Hugo Chávez, cuya consecuencia –el palo que volvía en su vuelo– sería una crisis económica, social e institucional insostenible. Las dádivas a Cuba, a Irán y a otros países; la naturaleza electoralista de parte del gasto público; el abuso sometido a Pdvsa, y la corrupción dejaron las arcas del Estado en un cuadro de colapso, sin suficientes reservas internacionales para cubrir la necesidad de crecientes importaciones. En 2012 estas ya fueron superiores a las exportaciones: ¡una balanza comercial negativa en un país de enorme riqueza energética! Y aún había de llegar el crack petrolero.

El fomento de bandas callejeras armadas como contratuerca de la revolución, la asociación con grupos terroristas y el patrocinio del narcotráfico alimentaron un aumento de la violencia y del consumo de drogas que se cebó especialmente en las clases más débiles, afectadas también por la inflación y la escasez. La injerencia cubana en la soberanía de Venezuela, la ocultación de la incapacidad física de Chávez para optar a la reelección, la manipulación de las elecciones y la politización de la justicia derivaron en un callejón sin salida.

Los efectos negativos de su gestión se le echaron encima a Chávez cuando ya estaba saliendo de escena y acabaron teniendo todo su impacto con Maduro. El sucesor se encontró con que el precio internacional del petróleo dejó primero su ritmo ascendente y luego se precipitó hacia abajo, derrumbando todos los parámetros en los que se había sustentado la revolución bolivariana.

* * *

Cuando luego de más de cuarenta muertos, ochocientos heridos y tres mil detenidos Human Rights Watch emitió en mayo de 2014 un informe sobre los disturbios de esos meses en Venezuela, esa organización internacional hizo notar su sorpresa por lo que había visto. No era inusual que en Latinoamérica hubiera manifestaciones antigubernamentales, ni que se produjeran excesos en el uso de la fuerza por parte de elementos de los cuerpos de seguridad. Pero cuando esto último había ocurrido, los presidentes democráticos los habían condenado y se habían depurado responsabilidades; quizás no todas, pero sí algunas. La actitud del Gobierno de Venezuela era muy distinta: negaba las agresiones, se las atribuía a la oposición –la llamaba «asesina», sin aportar pruebas–, condecoraba a los cuerpos policiales más destacados en la represión y, con la consigna de Maduro de que «candelita que se prenda, candelita que se apaga», alentaba a grupos civiles armados a proseguir con su violencia.

El informe de Human Rigths Watch, del que se ha extraído el relato sobre la violencia policial sufrida por el joven Willie David que encabeza esta introducción, concluyó que los abusos contra los derechos humanos no fueron casos aislados, sino que constituyeron una «práctica sistemática». Admitía que en algunas ocasiones grupos de manifestantes habían atacado las fuerzas del orden, pero constataba que la mayoría de las veces la violencia, y desmedida, había correspondido al bando policial. Su uso ilegítimo de la fuerza incluyó «golpear violentamente a personas que no estaban armadas; disparar armas de fuego, perdigones y cartuchos de gases lacrimógenos de manera indiscriminada contra la multitud, y disparar perdigones deliberadamente y a quemarropa contra personas que no estaban armadas, incluso, en algunos casos, cuando ya estaban bajo custodia de las autoridades». Luego de los «arrestos arbitrarios», muchas personas sufrieron abusos físicos y psicológicos, dándose algunas situaciones de tortura. Además, hubo una constante violación del debido proceso, con la «asistencia cómplice» de jueces y fiscales. También se dio la detención sin pruebas del opositor Leopoldo López y, más adelante, la de los alcaldes Antonio Ledezma y Daniel Ceballos.

El rostro autoritario del régimen venezolano quedaba especialmente al descubierto, pero no debía haber sido ninguna sorpresa. El chavismo tenía una entraña antidemocrática. Pudo haber hecho un gran servicio a las libertades en Venezuela, como partido de izquierda que recogía las aspiraciones de miles de ciudadanos que tradicionalmente habían sido dejados al margen, pero puso en su horizonte la imposición de una revolución. Las manifestaciones de esa matriz eran múltiples: la glorificación institucional de la original intentona golpista de Chávez, celebrada cada año con desfiles; la obligación de las cadenas de radio y televisión de emitir en directo los discursos – mayores y menores, en ocasiones diarios y durante horas– del presidente, como parte de la mordaza a una libertad de prensa cada vez más famélica, o el continuo hostigamiento verbal de la oposición, en un esfuerzo por presentarla como a un enemigo frente al que hay que estar en continuo pie de guerra. El objetivo era llegar al *nirvana* cubano: la continuidad en el poder mediante un control social que hiciera imposible una remoción; con manipulación electoral si era necesaria, y cuando esta ya fuera insuficiente procediendo a la sustitución de la democracia nominal vigente por un *Estado comunal*.

Las perspectivas no son positivas para Venezuela. El país saldría rápidamente de su casi *default* simplemente liberalizando la explotación de la Faja del Orinoco, una de las mayores reservas de petróleo del mundo, cuya difícil extracción requiere la tecnología de las multinacionales más avanzadas. Pero eso tendría que ir acompañado de un proceso de reversión de muchos postulados de la ortodoxia chavista, y el chavismo está por la revolución, no por la democracia. El deshielo entre Cuba y Estados Unidos, si supone un desarrollo económico de la isla, permitirá que La Habana sea menos dependiente del subsidio de Caracas. Pero para el castrismo Venezuela seguirá siendo la plaza –con más razón ahora que en su casa debe bajar el tono contra el vecino del norte– desde la que lanzar piedras a Washington y aglutinar a la izquierda latinoamericana. Por más que las dificultades económicas ahoguen la gestión del Gobierno venezolano, este posiblemente podrá trampear lo suficiente día tras día para evitar la quiebra y para dirigir algunos recursos a tranquilizar a las masas populares, acostumbradas ya en gran parte a la penuria.

Maduro puede ser derrocado desde dentro, o apartado por Cuba, pero la alternativa difícilmente sería una vuelta a la normalidad democrática. La única salida es la implosión del sistema y esta puede llegar mediante las investigaciones, las sanciones o los enjuiciamientos que en otros países ya se están emprendiendo contra un número creciente de máximos beneficiarios del gran fraude: Diosdado Cabello, Rafael Ramírez...

* * *

Bumerán Chávez está escrito en Washington. Como corresponsal del diario *ABC* en la capital estadounidense tuve acceso a informes confidenciales sobre el desarrollo de la enfermedad de Hugo Chávez, que sustentaron una serie de exclusivas de gran eco internacional. Eso me abrió la puerta a otras fuentes y contactos y también a nuevos documentos. Washington es un importante punto de trasiego de información y de actividad política y diplomática que envuelve a distintos actores de países de todo el continente.

INTRODUCCIÓN

Los testimonios más sustantivos de este libro corresponden a personas que en su día estuvieron en el corazón del poder chavista y que al término de la era Chávez, extendida la desilusión dentro del régimen y declaradas las rivalidades internas, huyeron del país y se acogieron a la protección de Estados Unidos como testigos para encausar a peces mayores. También se incluyen revelaciones de figuras chavistas que establecieron contacto con las autoridades estadounidenses, pero que prefirieron no quemar las naves, al menos de momento. En algunos casos se citan sus nombres, en otros se guarda el anonimato requerido. Otras revelaciones proceden de documentación aportada por altos funcionarios que trabajaron en oficinas del Gobierno venezolano (cables de Damasco y de Madrid; informes de la fundación de la que germinó Podemos) y por una filtración en el seno del Frente Francisco de Miranda (organizador desde Cuba del fraude electoral). La información se completa con entrevistas a numerosos venezolanos, residentes en Estados Unidos y en Venezuela, y con la aportación de diversos expertos de institutos y *think-tanks*. Un viaje a la patria de Chávez y Maduro fue unánimemente desaconsejado por las amenazas personales recibidas. Queda confiar que el país encuentre el camino del entendimiento nacional y del renacimiento democrático.

Washington D.C., abril de 2015

1

EL FAUSTO DEL CARIBE

La injerencia de Cuba

[Vendió su patria por su vida, y perdió las dos. Al principio, Hugo Chávez se acercó a Cuba por el elixir del eterno poder que le ofrecía el Mefistófeles isleño. Al final ofrendó su misma alma para evitar una muerte que igualmente llegó. Le ocurrió como a Fausto, cuyo pacto con el diablo le hizo terminar sus días en medio de la soledad y la decepción. Y Venezuela, antes y después, hubo de tragar acíbar]

Ayúdenme!, ¡sálvenme!». El ruego de Hugo Chávez a Fidel y Raúl Castro era insistente en los últimos meses de su enfermedad. «Yo no quiero morir; por favor, no me dejen morir». El jefe de la guardia presidencial, José Ornella, vio esta frase escrita en el rostro del moribundo, en una de sus últimas expresiones antes de perder la conciencia. «No podía hablar, pero lo dijo con los labios», contó el general a la prensa cuando el 5 de marzo de 2013 estalló el duelo por el fallecimiento del líder de la revolución bolivariana. «Sufrió bastante. Nosotros, que estábamos a su lado, vimos que sufrió mucho esa enfermedad. La historia la escribirá alguien algún día».

Las palabras del general Ornella a los medios venían a reconocer que había hechos que el Gobierno no contó. Más importante aún, parecían sugerir sutilmente un agravio oculto, como si una agenda política hubiera alargado indeseablemente el sufrimiento de Chávez, en contra del criterio de quienes de verdad le estimaban. La promesa, ante el cadáver del comandante en su capilla ardiente, de que la historia real será contada algún día sonaba a advertencia. Como sonó a chantaje la negativa de las hijas mayores de Chávez, Rosa Virginia y María Gabriela, a desalojar La Casona, la residencia oficial del presidente, sin permitir que la ocupara Nicolás Maduro y su familia. ¿Qué sabían ellas que menospreciaban así a Maduro y además se permitían mostrarlo de manera tan abierta?

Algún día, sí, se escribirá la historia completa, cuando quienes están en un pacto de silencio finalmente hablen. Pero aunque aún hoy se desconozcan muchos detalles, la verdad que intenta taparse –por vergonzosa– es suficientemente manifiesta. Chávez se sirvió tanto de la ayuda de Castro para prolongar su poder en el tiempo, que cuando este se le terminaba puso directamente al régimen cubano como albacea de la revolución venezolana por él emprendida. Desconfiado de su entorno, Chávez se apoyó en vida de tal manera en la labor de Cuba como asesora, espía y gendarme dentro de Venezuela, que ante su muerte no vio otra garantía para la perpetuación de su obra que la permanencia del control cubano. La diferencia entre un momento y otro era que al desaparecer él se marchaba quien podía ejercer de contrapeso y árbitro. El proceso de su enfermedad fue un claro catalizador de esa transición final, en la que el mismo Chávez y su obra quedaron a merced del régimen cubano. Maduro fue entonces aupado, y luego sostenido, por La Habana…

Quizás lo más extraordinario de la Venezuela chavista haya sido precisamente la sumisión voluntaria a otro país, que además es más pequeño y pobre y está nada menos que a mil cuatrocientos kilómetros de distancia. Revoluciones y caudillismos, movilizaciones populares y represiones se han dado muchas veces en la historia, y cómo no en la latinoamericana. Pero si por algo distintivo debiera figurar el chavismo en los libros es por esa singular subrogación.

El visionario de los llanos venezolanos se volvió a Fidel Castro, primero por la fascinación de su halo histórico. Luego, a raíz de su breve desalojo del poder en 2002, Chávez acudió a él como una fuerza externa al sistema político y militar venezolano que le ayudara a trascenderlo. El régimen castrista le aportaba la astucia necesaria para las revalidas electorales, algo que Cuba no necesitaba para sí misma, pero que podía maquinar para otros. Finalmente, Chávez se dirigió a Fidel como el único que podía ejercer a la vez de padre y médico, en cuyas manos podía ponerse sin miedo a indiscreciones o movimientos de sillón. Lo asombroso no es que Chávez mirara a La Habana en esas distintas etapas, sino que Castro pudiera representar todos esos papeles.

Carlos Alberto Montaner, intelectual cubano que en 1960 pudo huir de Cuba luego de haber buscado asilo en la embajada precisamente de Venezuela, califica la relación cubano-venezolana de «vasallaje contra natura». «¿Cómo una pequeña, improductiva y empobrecida isla caribeña, anclada en un herrumbroso pasado soviético borrado de la historia, puede controlar a una nación mucho más grande, moderna, rica, poblada y educada, sin que haya existido una previa guerra de conquista?». El escritor se hacía esta pregunta en una columna al año de la defunción de Chávez. Para Montaner, Chávez se entregó al régimen cubano a cambio de lo que este podía darle: «una visión, un método y una misión, pero, sobre todo, informes de inteligencia sobre políticos, periodistas y militares. Detectaban o magnificaban deslealtades y se las rebelaban. La información era poder. Cuba reunía y entregaba toda la información, subrayando los peligros para que Chávez estuviera eternamente agradecido».

Es la pregunta a la que se vuelve continuamente. ¿Por qué Venezuela, un país con un Producto Interior Bruto de casi cuatrocientos mil millones de dólares, acabó tan dependiente de Cuba, con uno de sesenta mil millones? Andrés Oppenheimer, articulista de origen argentino, con residencia en Miami como Montaner, da tres razones para este «primer caso en la historia en que un país subsidia a otro y es dominado por este último», según escribía en una de sus colaboraciones de prensa. Primero, la razón psicológico-emotiva: cuando en

1994 Chávez conoció a Castro era una persona de 40 años, con dos golpes de estado fracasados seguidos a sus espaldas y despojado de su condición de militar. Y allí tenía delante de él, reconociéndole, poniéndole en un pedestal, al gran mentor de las revoluciones latinoamericanas. Desde entonces Castro fue para el inquieto venezolano «una figura paterna, un gurú político y un consejero personal». Después está la razón relativa a cuestiones de seguridad: Castro supo inculcarle a Chávez el temor paranoico a sufrir atentados por parte de su entorno, por lo que se rodeó de guardas cubanos y confió a funcionarios de la isla labores de contrainteligencia. Finalmente, la razón política: le aportó el manual para atrincherarse en el poder, recurriendo a un permanente *estado de guerra* que justificara el hacerse con poderes absolutos. «Cuba manejó el Gobierno de Venezuela como ningún país ha manejado los asuntos internos de otro en la reciente memoria de la región».

La gran paradoja la resumía bien, a modo de cuento, Moisés Naím, escritor y analista establecido en Washington, probablemente la voz reflexiva venezolana más escuchada en Latinoamérica. Uno de sus programas de televisión lo comenzó sorprendentemente con dibujos animados, acompañados del siguiente texto, que leyó con su inconfundible dicción de divulgador:

«Había una vez una pequeña isla dominada por un anciano dictador. Era una isla muy pobre. A lo largo de los años, el dictador había acabado con las fábricas, con las cosechas, con la actividad económica más importante. Nadie confiaba en él. Nadie le quería prestar dinero y su pueblo padecía cada vez de más necesidades. La falta de progreso y de oportunidades abrumaba a la gente. Cerca de esta pequeña isla existía un país muy rico y poderoso. El viejo dictador, que era muy astuto, invitó a su presidente y le hizo una propuesta. Si le daba un poco de sus riquezas le enseñaría a conservar el poder para siempre. Al presidente le gustó el trato y comenzó a mandar a la isla muy generosas ayudas; a cambio el dictador le enviaba consejeros. Pero esos consejeros poco a poco fueron tomando las riendas del país más grande. Los asesores extranjeros se convirtieron en jefes. En vez de dar consejos daban órdenes, y así fue cómo aquel astuto tirano, no solo se aprovechó de la riqueza de su vecino, sino que logró controlar sus destinos. Y aquel país poderoso también se fue empobreciendo, como la isla».

El psicólogo Fidel Castro

Desde el mismo triunfo de la revolución cubana Fidel Castro le echó el ojo al petróleo de Venezuela. Ambos países salían casi a la par de sendas dictaduras. El 23 de diciembre de 1958 fue derribado Marcos Pérez Jiménez en Caracas. La nueva Junta Patriótica envió armas a quienes en Cuba combatían a Fulgencio Batista. Cuatro días después de que el 1 de enero de 1959 se proclamara la victoria de la revolución cubana, Venezuela se convirtió en el primer país en reconocer el nuevo orden en la isla. Dos semanas más tarde, en agradecimiento de esos gestos, Fidel viajó a la cercana nación, en lo que era su primera salida al exterior, y allí pasó cinco días.

El chavismo calificó siempre de profética aquella visita, en la que, invocando la figura de Simón Bolívar, Castro proclamó que Venezuela debía ser «país líder de la unión de los pueblos de América». A tenor de la salvación que, tras la desaparición de la Unión Soviética, el petróleo venezolano ha supuesto para el castrismo, diríase que más clarividente, mirado con la perspectiva del tiempo, fue otro comentario realizado en ese mismo viaje. «Para mí fue más emocionante la entrada en Caracas que la entrada en La Habana», confesó Fidel Castro, «porque aquí lo he recibido todo de quienes nada han recibido de mí».

El barbudo líder de la Cuba revolucionaria se entrevistó durante aquella estancia con el presidente electo venezolano, Rómulo Betancourt, creador de Acción Democrática (AD). En el encuentro, Castro le planteó que concediera un crédito al país antillano para la compra de petróleo. La negativa de Betancourt y el distanciamiento entre el socialismo democrático de AD y el comunismo cubano provocó una ruptura que pronto tendría consecuencias.

Cuba alentó enseguida la guerrilla en Venezuela, primer punto al que quiso extender la revolución. De hecho, el Che Guevara hizo rápidos planes para trasladarse a ese país. Solo después de algunas dificultades en el proyecto el Che optó por marchar a combatir al Congo y Bolivia. La primera campaña guerrillera abierta tuvo lugar en 1963, y más adelante hubo dos desembarcos desde Cuba, cuya preparación fue supervisada por Castro. Detalles de ambos intentos, en 1966 y 1967, se cuentan en *La invasión de Cuba a Venezuela. Del desembarco de Machurucuto a la revolución bolivariana* (2007). El libro subraya la permanente obsesión de Fidel por su proyecto continental. A pesar de que Castro se puso de lado del presidente Carlos Andrés Pérez cuando se produjo el cuartelazo de Chávez en 1992, el dictador cubano vio pronto el potencial del joven militar venezolano y la puerta que con él podía abrirse a sus viejas aspiraciones. Se conocieron en el viaje que Chávez hizo a Cuba en 1994, al salir de prisión. «Chávez era una especie de arcilla en las manos de un artesano como Fidel, tan buen orfebre», diría Héctor Pérez Marcano, uno de los dos autores de *La invasión de Cuba a Venezuela* y participante de aquel movimiento guerrillero; luego se distanció del castrismo.

Con el tiempo, en el pueblo pesquero de Machurucuto el chavismo colocó una placa para honrar a los guerrilleros llegados de Cuba que cuarenta años atrás desembarcaron allí para intentar prender el comunismo. Vencidos por el Ejército venezolano, siempre se les había denostado como invasores. Ahora eran héroes. «El régimen comunista cubano finalmente ha logrado su objetivo de invadir la Venezuela rica en petróleo, esta vez, sin disparar un tiro», concluyó *The Economist*, que con la evocación de Machurucuto arrancaba uno de sus artículos, titulado «Venecuba».

El primer encuentro de Chávez con Fidel Castro, el 14 de diciembre de 1994, fue seminal. El bregado mandatario había unido bien los puntos de la personalidad del antiguo oficial antes de que se produjera su visita a la isla. En un principio, Chávez iba a desplazarse con Luis Miquilena, un veterano político venezolano que desde tiempo atrás mantenía estrechos lazos con el régimen cubano. Al tener noticia de que Castro no podría recibirles en las fechas en que viajaban, Miquilena decidió no acudir y envió a Chávez para que tuviera algunas reuniones con dirigentes de menor nivel. Cuando el golpista bajó del avión, allí estaba Fidel esperándole para darle la bienvenida. El descendiente de gallego y canaria tuvo la astucia de adivinar que la tecla que funcionaba con Chávez era la del ego. La usaría continuamente, de muchas maneras.

Fidel Castro descubrió que Chávez tenía un complejo afectivo. Al empezar por aquí el relato no hay un afán de descrédito personal; ya la anterior cita de Oppenheimer situaba en primer lugar la relación Hugo-Fidel en un marco psicológico-emotivo. Nacido en la población de Sabaneta, estado Barinas, el 28 de julio de 1954, Chávez fue el segundo de seis hermanos. El hecho de que no creciera viviendo con los demás, sino alojado en la casa de su abuela, le generó zozobra sobre el cariño de su madre y la paternidad real de su padre, ambos maestros, de origen humilde. Se casó dos veces, primero con una joven de Sabaneta, Nancy Colmenares, con la que tuvo tres hijos (Rosa Virginia, María Gabriela y Hugo Rafael) y, ya en su carrera hacia la presidencia, con la periodista Marisabel Rodríguez, con quien tuvo una hija (Rosinés) y de la que se separó en 2003. Desde entonces permaneció solo, sin ninguna relación amorosa estable, si bien mantuvo relaciones sexuales con multitud de mujeres.

«Chávez era un enfermo, un día se cogía a una y otro día a otra. Unas noches me decía: 'dile a fulana que venga', y eso que ya era la una de la madrugada o más tarde. Había una lista. Si una no podía venir se llamaba a otra y enviábamos a buscarla a su casa». Lo cuenta alguien que estuvo en el estrecho círculo del presidente y tuvo que ocuparse muchas veces de esas urgencias del comandante. Esa persona revela que Fidel Castro, que sabía de qué pie cojeaba Chávez, le preparó un encuentro a su apadrinado con la *top model* Naomi Campbell. Como sorpresa para uno de sus cumpleaños el líder cubano envió a buscar a la esbelta británica de ascendencia jamaicana, que llegó a La Habana en un avión privado de Petróleos de Venezuela. «Era una forma de hacerle crecer el ego, de hacerle ver que podía conquistar grandes trofeos. Luego ella, a los pocos meses, fue detrás de él a Caracas». Campbell se fotografió a las puertas del Palacio de

Miraflores en octubre de 2007, donde formalmente había acudido para abogar por una causa humanitaria.

La promiscuidad de Chávez, de acuerdo con este testigo, que da importancia a este aspecto como manifestación de una personalidad insegura, también incluyó las mujeres de diversos generales. «Les ofrecía plata o la promoción de sus maridos, o daba a estos sinecuras para que pudieran ganarse diez o veinte millones de dólares». De esta manera hacía sentir su superioridad sobre ellos, les chantajeaba con el miedo a quedar como maridos engañados si trascendía el secreto de alcoba y les tenía implicados en la corrupción. También tuvo relación con alguna ganadora de concursos de belleza y con varias ministras. No vale la pena mencionar sus nombres, algunos son conocidos.

Había mujeres que se alejaban pronto al saber que eran solo parte de un harén. Otras aceptaban la situación pensando que el verdadero amor era para ellas, como Nidia Fajardo, azafata en sus primeros vuelos presidenciales, quien en 2008 dio a luz una niña, Sara Manuela; su persistencia prolongó la relación en el tiempo. En 2005 había tenido ya una hija, Génesis María, con Bexhi Lissette Segura, su ama de llaves. Ambas niñas recibieron reconocimiento callado de Chávez: mensualmente les hizo llegar manutención, pero no las equiparó legalmente a sus hijos previos. Al año de su muerte fueron admitidas por los Chávez como parte de la prole del fallecido presidente.

Castro también supo aprovechar el desorden bipolar que padecía el líder venezolano. «Pasaba de la euforia a la tristeza, disociando su personalidad y llegando a tener episodios de pérdida de contacto con la realidad. Oscilaba entre esos dos polos, con más tendencia a la euforia, a la hiperactividad y a la manía», relató a la prensa el doctor Salvador Navarrete, uno de sus médicos al principio de llegar a la presidencia. El astuto dirigente cubano se ocupó de tratar a Chávez como si viera en él casi una reencarnación de Simón Bolívar.

Ascenso y consolidación del chavismo

Cuando Hugo Chávez estrechó por primera vez la mano de Fidel Castro ya se había distinguido como alguien con magnetismo entre sus compañeros de armas, con muchos de los cuales guardaba una estrecha camaradería tras egresar en 1975 de la Academia Militar, a la que siguió vinculado en sucesivos cursos. En 1982 fundó el Movimiento Bolivariano Revolucionario 200. Al año siguiente, cuando se celebraban los doscientos años de la muerte de Simón Bolívar, se conjuró con un grupo de seguidores para la constitución de una nueva república. Los planes se aceleraron tras el Caracazo del 27 de febrero de 1989, la sangrienta represión de las protestas populares levantadas contra las medidas económicas de la recién estrenada presidencia de Carlos Andrés Pérez.

El 4 de febrero de 1992 Chávez protagonizó un golpe de Estado con otros tres tenientes coroneles. Aunque la acción triunfó en las demás jurisdicciones militares, Chávez no pudo tomar la plaza de Caracas. Al rendirse, aprovechando que la televisión le grababa para que llamara a la retirada al resto de rebeldes, transmitió al país que se replegaba solo «por ahora». La expresión se convertiría más adelante en uno de los grandes referentes mitológicos del chavismo, como el propio 4-F. Unos meses después, el 27 de noviembre de ese 1992, hubo una segunda intentona golpista, de menor calado, cuyo plan incluía rescatar a Chávez de la prisión de San Francisco de Yare en la que se encontraba, pero también fracasó.

Sobreseída su causa en marzo de 1994 por el nuevo presidente, Rafael Caldera, Chávez se volcó en intentar lograr el poder mediante la acción política. Sabía bien del cansancio social y la corrupción que había generado la alternancia propiciada décadas atrás por el llamado pacto de Punto Fijo entre los socialdemócratas de Acción Democrática y los democristianos de Copei. La partidocracia había dado lugar al encadenamiento de presidencias engatilladas, entre el centroderecha de Rafael Caldera (1969-1974 y 1994-1999) y el centroizquierda de Carlos Andrés Pérez (1974-1979 y 1989-1993). Desencantados de *adecos* y *copeyanos*, muchos venezolanos reclamaban mayor radicalidad democrática y compromiso social. Chávez transformó su grupo en un partido político, Movimiento V República (MVR), y se presentó a las elecciones de diciembre de 1998. Ganó con el 56,5 por ciento de los votos.

Poco antes de su toma de posesión en febrero de 1999, Chávez fue a Cuba a encontrarse con Fidel. El vuelo de regreso lo hizo con Gabriel García Márquez. Al aterrizar en Caracas, «mientras se alejaba entre sus escoltas de militares condecorados y amigos de la primera hora», escribiría el premio Nobel colombiano, «me estremeció la inspiración de que había viajado y conversado a gusto con dos hombres opuestos. Uno a quien la suerte empedernida le ofrecía la oportunidad de salvar su país. Y el otro, un ilusionista, que podía pasar a la historia como un déspota más».

La principal promesa electoral de Chávez era sepultar la cuarta república. Forzando el orden constitucional, en 1999 se convocó un referéndum para abrir ese proceso y celebrar elecciones a una asamblea constituyente. A final de ese año la nueva Constitución fue aprobada en consulta popular. En julio de 2000 hubo comicios para legitimar todos los puestos de representación y Chávez resultó reelegido. «Algunos piensan que Fidel Castro está guiando esta revolución. Nosotros queremos mucho a Fidel, pero el líder de esta revolución es Bolívar», dijo el presidente en su nueva juramentación. Chávez había actuado de modo autónomo, pero sucesos a punto de ocurrir le llevarían a ser cada vez más dependiente de La Habana.

El mayor presidencialismo de la nueva Constitución, que alargaba a seis años el mandato del presidente, y otras disposiciones que reducían los contrapesos entre poderes, como la eliminación del Congreso bicameral, alentaron la reacción de opositores políticos y empresarios, estos últimos liderados por Fedecámaras (Federación de Cámaras y Asociaciones de Comercio y Producción de Venezuela). Una huelga general comenzada el 9 de abril de 2002 extendió las protestas. El día 11 una gran marcha en el centro de Caracas acabó dirigiéndose hacia el Palacio de Miraflores y fue confrontada por simpatizantes de Chávez. La violencia desatada –hubo diecinueve muertos– llevó al Alto Mando Militar a forzar la dimisión del presidente, anunciada en la madrugada del 12 de abril.

Pedro Carmona, presidente de Fedecámaras, tomó posesión en ese momento como presidente interino, saltándose lo previsto por la Constitución en caso de renuncia del jefe del Estado. Carmona decretó la disolución de la mayoría de los órganos constituidos y tuvo que hacer frente a la presión en la calle de grupos chavistas, que reclamaban la presidencia temporal para quien venía ejerciendo de vicepresidente, Diosdado Cabello, en espera de que Chávez pudiera recuperar la banda tricolor. Liberado por militares fieles, el líder bolivariano retomó el poder el día 14, alegando que no había firmado ningún documento de dimisión. El Tribunal Supremo de Justicia zanjó el hiato de mando que se había producido calificándolo de «vacío de poder», mientras que el chavismo siempre prefirió etiquetarlo de golpe de Estado. El nombramiento de Carmona, en cualquier caso, había contravenido el ordenamiento constitucional.

El pulso continuó en los siguientes años, con una oposición alentada por la debilidad vista en el Gobierno y un Chávez decidido a torcer el brazo de quienes ralentizaban la ejecución de sus cambios políticos y económicos. A la dura huelga petrolera de finales de 2002 y principios de 2003, promovida por la mayoría de la fuerza laboral de la compañía estatal Petróleo de Venezuela, siguió la recogida de firmas para echar a Chávez en un referéndum revocatorio. No era solo la oposición conservadora, en ocasiones con excesiva estridencia, la que arremetía contra el presidente, también lo hacía algún sector de izquierda moderada desencantado con los tics autoritarios que estaba mostrando el chavismo.

En esa coyuntura adversa, Chávez intensificó su relación con Cuba. Ya en octubre de 2000, durante una visita de Fidel Castro a Caracas, se había firmado un acuerdo de cooperación integral por diez años, que luego se prolongaría por otros diez. Tras el golpe de 2002, el presidente venezolano integró a agentes cubanos en su seguridad y entregó a la isla la supervisión de la contrainteligencia militar, con el encargo de auscultar los cuarteles, por si había ruido de sables. Entonces comenzó una purga.

Entre finales de 2003 y comienzos de 2004, por expreso consejo de La Habana, Chávez puso en marcha las *misiones bolivarianas*: una treintena de programas para la atención de necesidades de la población con pocos recursos —más de la mitad del censo—, que facilitaron enormemente el dirigismo gubernamental sobre las clases populares. Chávez retrasó cuanto pudo la convocatoria del referéndum revocatorio promovido en su contra hasta tener en marcha las misiones. Cuando se celebró la consulta, en agosto de 2004, el chavismo logró salir victorioso. La desmoralización que esto supuso en las filas contrarias llevó a la mayor parte de los grupos de oposición a ausentarse de las elecciones legislativas de diciembre de 2005, lo que arrojó una Asamblea Nacional absolutamente dominada por los aliados de Chávez. Fue un puente de plata para que el chavismo pudiera copar todos los órganos designados por la cámara, como el Tribunal Superior de Justicia y el Consejo Nacional Electoral (CNE).

El siguiente paso en el asesoramiento cubano fue el diseño de una milimétrica movilización electoral y la coordinación de un sistema informático que, en confabulación con el CNE, facultaba el fraude en las votaciones automatizadas de Venezuela. Estrenada en gran medida en las presidenciales de diciembre de 2006, que supusieron otro triunfo de Chávez, esa ingeniería electoral aumentaría su eficacia en convocatorias siguientes. En mayo 2007 el Gobierno perdió por poco un referéndum de reforma constitucional que fundamentalmente permitía la reelección indefinida del presidente, pero lo ganó en febrero 2009. Para entonces, la formación política de Chávez había cambiado a Partido Socialista Unido de Venezuela (PSUV) y adoptado el color rojo –el *rojo rojito*– como emblema. Durante una de las frecuentes visitas de Chávez a La Habana, Fidel dijo que Venezuela y Cuba eran «dos países, una nación». «Con una sola bandera», añadió el venezolano. Y Castro apostilló: «somos venecubanos».

Asesores, agentes y espías cubanos

Testigo de la creciente toma de posiciones de personal cubano en el aparato de mando venezolano en esos años es un antiguo alto funcionario que trabajó en el Palacio de Miraflores. Recuerda los privilegios de movimiento que tenían los agentes de seguridad enviados por La Habana para la protección de Chávez, muy similares a los mantenidos con Maduro, que heredó la custodia de guardaespaldas de entrenamiento y obediencia castrista.

Para acceder a las dependencias de Miraflores, de acuerdo con este testimonio, existían cuatro tipos de carnets. Todas las identificaciones llevaban el holograma del escudo nacional, con una franja de distinto color según las restricciones de movimiento. La tarjeta con franja amarilla solo permitía entrar en el área administrativa del Palacio Blanco, un edificio contiguo al de Miraflores que funciona como extensión de este, con el que está unido por una conexión subterránea. La tarjeta con banda azul facultaba el acceso a las direcciones generales y oficinas de viceministros, tanto del Palacio Blanco como del de Miraflores. Los ministros y vicepresidentes, con un carnet de franja roja, podían moverse libremente por todo el complejo, salvo en la zona reservada de la Oficina del Presidente. Finalmente, una identificación con los tres colores previos era la única que abría la puerta del *sancta sanctorum* presidencial. Solo disponían de ella el jefe de la Casa Militar y los miembros de la seguridad personal de Chávez, entre los que había un grupo de cubanos. Ni siquiera el ministro del Despacho de Presidencia era admitido en ese espacio, salvo que fuera convocado por Chávez. De hecho, los cubanos ordenarían sacar la oficina del ministro fuera del palacio, para aislar aún más al jefe del Estado.

En Miraflores había destinados alrededor de diez cubanos. La mayoría, con residencia permanente allí, aunque con rotación trimestral, formaban parte del anillo número uno de seguridad, ocupado de la custodia del presidente y su atención personal. De Cuba era el mesonero, el cocinero y todo el equipo médico. Uno de los miembros de ese equipo tenía la misión de desplazarse siempre junto a Chávez llevando el maletín de emergencia médica. En el maletín había analgésicos, inyecciones, un resucitador y un desfibrilador cardiaco, así como armas pequeñas que el presidente pudiera necesitar para autodefensa en caso de un ataque en el que la acción de sus guardaespaldas no fuera suficiente.

La comunicación con Cuba era telefónica y electrónica. Pero también había envíos semanales que revestían todo el simbolismo de la entrega de instrucciones expresas dictadas desde lo más alto. Todos los lunes por la tarde llegaba un sobre al aeropuerto de Maiquetía en un aparato de Cubana de Aviación. El sobre debía ser recogido en persona por un viceministro, que se lo llevaba al ministro del Despacho del Presidente y el ministro se lo entregaba a Chávez. Se desconoce el contenido de esas comunicaciones, pero a juzgar por el ritual del procedimiento seguido debía corresponder a un envío postal secreto probablemente de la presidencia cubana.

La asesoría cubana había comenzado de modo modesto. Una docena de comunistas fueron enviados por Fidel Castro a Venezuela en 1997 para colaborar en la campaña electoral que entonces lanzaba Chávez. En 1999, en su primer año de presidente, llegó un contingente de unas mil seiscientas personas, en el marco de una campaña de auxilio internacional por la emergencia creada a raíz de devastadores deslizamientos de tierras en el estado Vargas. La firma en 2000 del Acuerdo Integral de Cooperación abrió la puerta a la presencia regular de un gran volumen de personal cubano. Ese marco de colaboración dio origen a más de ciento cincuenta acuerdos suscritos por ambas naciones «para garantizar el buen vivir del pueblo», según la publicidad institucional. Los acuerdos incluían las áreas de salud, educación, cultura, deportes, ahorro energético, minería, informática, telecomunicaciones, agricultura y formación política de cuadros. Oficialmente el objetivo de esa mancomunidad era la «complementariedad económica» entre ambos países.

La primera concreción visible de esa cooperación fue el convenio médico, firmado en noviembre de 2001. Supuso la llegada de seis mil médicos y paramédicos y dio paso a una de las misiones bolivarianas más conocidas, la de Barrio Adentro. Su planteamiento era el de una penetración capilar, pues los facultativos y demás personal sanitario iban a vivir en los mismos barrios en los que estaban los dispensarios. Eso ciertamente acercaba la medicina a las poblaciones, aunque para lograr ese objetivo el Gobierno venezolano también podía haber potenciado la vía ordinaria de extender su propia red pública de hospitales. La utilidad política de la iniciativa era que esos centros médicos se erigían en controladores de la comunidad.

Uberto Mario, que ha aparecido en diversos canales de televisión como antiguo agente del espionaje cubano (G2) en Venezuela, ha explicado en esas intervenciones que entre sus cometidos se encontraba el de «cuidar» a los médicos cubanos. «Tenía que saber lo que hacían», por si alguno pensaba en colgar la bata y desaparecer. Por eso se les recogían los pasaportes cuando llegaban a su destino de misión. El programa Barrio Adentro, con alguna variante, estaba presente en diversos países y esa dispersión de médicos se prestaba a gestar disidencias. Al final de la era Chávez más de tres mil de esos profesionales de la salud cubanos enviados a otras naciones habían escapado a Florida, donde la asociación Solidaridad Sin Fronteras les ayuda a la reinserción laboral en Estados Unidos. Solo en 2014 lo habían hecho alrededor de setecientos, la mayoría desde Venezuela, de acuerdo con esa asociación. La *tapadera* de Uberto Mario era el ejercicio de periodista, como corresponsal en Venezuela de Radio Rebelde, emisora fundada por el Che en Sierra Maestra. El antiguo agente señala también a Radio Nacional de Venezuela y YVKE Mundial, emisoras estatales venezolanas, como nido de espías cubanos. Punto neurálgico del G2 en Caracas era la sede de la delegación de Prensa Latina, la agencia de noticias de Cuba.

Para los cubanos una importante antena era también el programa *La Hojilla*, en el canal estatal Venezolana de Televisión (VTV). Conducido por el activista del PSUV Mario Silva, el programa nocturno de opinión se convirtió en emisión de referencia en la era de Chávez, porque este hacía publicidad de él y en ocasiones lo utilizaba para transmitir mensajes. A juzgar por una grabación divulgada en mayo de 2013, una vez muerto Chávez, Silva era habitual confidente de la alta jerarquía cubana, con la que era patente que muchos dirigentes políticos chavistas *se confesaban*. «Ayer tuvimos una reunión de inteligencia con dos camaradas cubanos, dos oficiales, en Fuerte Tiuna», se le oía decir. En las conversaciones divulgadas, Silva criticaba a dirigentes de su partido. A raíz de la polémica cayó de su atalaya mediática y VTV clausuró *La Hojilla* (volvió al aire en 2015).

El interlocutor de Silva era el teniente coronel Adamis Palacio, a quien el presentador hablaba como si los cubanos tuvieran la última palabra en los altos asuntos de Venezuela. Palacio estaba en Caracas adscrito a la Casa Militar del presidente de la república, como jefe de contrainteligencia. Además de impartir clases a oficiales venezolanos en esas y otras tareas, también sirvió en el aeropuerto de Maiquetía, en este caso bajo la cobertura oficial de representante de Cubana de Aviación, pero en realidad ocupado de la seguridad en la rampa cuatro, que normalmente da acceso al avión presidencial venezolano. Allí su misión fue controlar las entradas y salidas de dirigentes chavistas y cubanos. Durante sus estancias en Cuba formaba parte de la guardia presidencial de Raúl Castro.

Un Ejército tutelado

En el último año de vida de Chávez había oficialmente en Venezuela 45.000 cubanos prestando servicios, de los cuales treinta mil eran médicos y personal sanitario. Probablemente la mayoría eran miembros de los Comités de Defensa de la Revolución (CDR) de Cuba, pues su jefe decía en 2007 que en Venezuela había treinta mil *cederristas*. Pero la cifra total de cubanos en suelo venezolano debía de ser muy superior. Junto a quienes a la luz pública ejercían funciones de entrenadores deportivos, educadores, asistentes sociales o consultores de la Administración –tareas especificadas en el convenio de colaboración entre los dos países–, había que añadir a quienes actuaban al margen del conocimiento ciudadano, como militares y personal de inteligencia. El general Antonio Rivero, chavista de primera hora y luego marginado precisamente por cuestionar la injerencia cubana en las Fuerzas Armadas venezolanas, calculaba que en 2012 había alrededor de cien mil cubanos cumpliendo cometidos en Venezuela. En declaraciones a varios medios, estimaba que en labores de inteligencia podía haber cerca de cuatro mil funcionarios isleños.

Rivero fue alguien cercano al líder bolivariano. En la segunda intentona golpista de 1992 tuvo como misión liberar a Chávez de la prisión de Yare. No pudo cumplir el objetivo, pero sí socorrerle cuando fue obligado a dimitir en 2002. El general participó en la operación de llevar de nuevo a Chávez a Miraflores y le puso su propio chaleco antibalas cuando el presidente salió al balcón de palacio para saludar a sus seguidores. El vínculo entre ambos se comenzaría a enfriar con el salto cualitativo que entonces dieron las relaciones con Cuba. Apartado del comando de tropa desde hacía años, dejó el Ejército en 2010. Luego fue incluso detenido por algún tiempo y al final marchó a Estados Unidos.

El giro hacia el modelo cubano de la Fuerza Armada Nacional (FAN) se produjo formalmente en 2007. Ese año se institucionalizó en los cuarteles el lema «Patria, socialismo o muerte», que los militares debían repetir, vulnerando así la imparcialidad política que tradicionalmente se les exigía y que constituye un elemento definidor del sistema democrático. En ese momento también se creó la Milicia Nacional Bolivariana, un cuerpo paralelo de civiles con entrenamiento y acceso a armamento. La Milicia se constituyó con un estado mayor propio, integrado por mandos militares, que reportaban directamente a la cúpula de la FAN. En 2014 su número se acercaba al millón de efectivos, de diferente compromiso y adiestramiento, frente a los doscientos mil del cuerpo militar regular. La justificación de esa movilización era que el país mantenía una «guerra popular prolongada» frente al imperialismo estadounidense.

El cómputo que había venido haciendo Rivero hablaba de unos quinientos militares cubanos uniformados que ejercían funciones de *asesoría* en áreas estratégicas y operacionales, así como de inteligencia, ingeniería, comunicaciones y armamento. Estaban encabezados por un general en permanente relación con el despacho del ministro de Defensa. Parte de ese personal se encuadraba en una unidad militar cubana de entre doscientos o trescientos efectivos con sede en Fuerte Tiuna, la gran instalación militar de Caracas, donde se encuentra el Ministerio de Defensa. Uno de ellos era el coronel Cecilio Díaz, que en 2014 desertó y escapó a Estados Unidos. Desde allí aseguró que el Ejército Cubano de Ocupación (ECO), como lo llamaba la oposición, estaba formado por unos cuarenta mil efectivos, la mayoría distribuidos por el país disfrazados como militares venezolanos. Todo el operativo estaría dirigido por un Grupo de Cooperación y Enlace (Gruce) de la Fuerza Armada Revolucionaria de Cuba, comandado por los generales cubanos Herminio Hernández Rodríguez, Fran Yánez y Leopoldo Cintia Fría.

Rivero mostró al diario *El Universal* una fotografía en la que aparecía el general Leonardo Andollo Valdés, jefe del Estado Mayor del Ejército cubano, en una reunión de oficiales venezolanos en la que, según aseguró, se trataron asuntos estratégicos de Venezuela. En la imagen se veía un mapa de ese país, con el título «carta de operaciones», que exponía información aparentemente clasificada, pues incluía unidades de la región occidental y su sistema de seguridad frente a Colombia.

También *El Nuevo Herald* aportó denuncias de un oficial venezolano, de identidad no desvelada por protección, en las que se ponía en evidencia esa sumisión al estamento militar cubano. Así, en la preparación de la cumbre de la Comunidad de Estados Latinoamericanos y Caribeños (Celac) de diciembre de 2011 que hubo en Caracas, el representante cubano incrustado en la Dirección General de Contra Inteligencia Militar venezolana, conocido como coronel Alcides, desmontó los anillos de protección que el personal venezolano había previsto. «No, eso no va», les dijo. «Cuando nos dimos cuenta, los tres primeros anillos de seguridad eran cubanos», declaró el oficial al periodista Antonio María Delgado. «Los cubanos toman decisiones dentro de esa Dirección General. Se les presta mucha atención a las sugerencias y comentarios que hacen. Y ellos son los que gestionan los planes y diseñan la forma de acción que va a tomar la contrainteligencia con grupos opositores y estudiantes». Ese oficial también se refirió a los cursos que muchos militares venezolanos, y en concreto los de contrainteligencia, debían realizar en Cuba. «Son cursos de formación ideológica, donde te enseñan que lo primero es preservar la vida del Comandante en Jefe de la Revolución, luego la Constitución y después el pueblo».

Con estos precedentes, la mano de Cuba no podía sino estar también detrás de la organización de la violenta represión con la que el Gobierno de Nicolás Maduro acogió las masivas manifestaciones que se desataron a principios de febrero de 2014. Fuentes citadas por *El Nuevo Herald* afirmaron que un equipo cubano de una veintena de oficiales y funcionarios de alto rango se había instalado en el Palacio de Miraflores para supervisar las operaciones de represión, con especial atención a la coordinación entre las fuerzas de seguridad y los grupos de civiles armados que estaban operando. Esa labor se desarrolló formalmente a través del Secretariado Revolucionario de Venezuela, coordinadora de todos esos grupos civiles o *colectivos*, cuya cúpula registraba una gran penetración cubana. El equipo instalado en Miraflores también tenía la misión de reforzar el control de los alrededores del complejo presidencial, para prevenir una situación como la de 2002, cuando una gran manifestación que se aproximó al palacio acabó suponiendo el derribo momentáneo de Chávez. Algunos manifestantes aseguraron haber detectado elementos de los cuerpos de seguridad con acento cubano.

«Los cubanos no se van a ir de aquí; no hay vuelta atrás en la unión entre Cuba y Venezuela», aseveró en medio de los disturbios de 2014 Jorge Arreaza, casado con Rosa Virginia, la hija mayor de Chávez, y elevado a vicepresidente a la muerte de este. «Levantar las banderas contra la revolución cubana, levantar la voz y decir: fuera los cubanos de Venezuela, es un insulto». Con ello, Arreaza hacía frente a la impopularidad que la injerencia cubana tenía en muchos sectores de la población. La revolución castrista, afirmaba, era «la referencia, la luz, el sol» de la revolución bolivariana y marcaba «cómo nosotros debemos hacerlo».

Esa guía pasaba por la conversión de Venezuela en un Estado Comunal, un proyecto ya lanzado por Chávez, con el consejo de Fidel Castro, pero que hasta entonces había tenido lenta implementación. Era la adaptación del modelo de soviets al Caribe. Asambleas de ciudadanos se constituirían en consejos comunales y varios de ellos darían lugar a la comuna, cuyos órganos de representación y gobierno se designarían mediante elecciones indirectas de varios grados. En ese esquema, el Gobierno tendría relación directa con las comunas, saltándose la estructura de las gobernaciones y de los municipios, donde en ocasiones la oposición lograba tener mando. También se originaba la Milicia Comunal, una guardia vecinal cuyo patrón seguía el de los Comités de Defensa de la Revolución cubanos. El plan era el recambio para cuando el chavismo ya no tuviera margen de manipular las elecciones presidenciales, siguiendo el viejo impulso de dar un desabrido manotazo a las urnas electorales que no se pronuncian del modo deseado.

Como hasta la fecha no había habido riesgo de perder el poder, la creación de las comunas no había sido una prioridad. Pero la contestación social iba haciendo necesario a Maduro avanzar en el tránsito hacia el Estado Comunal. Así, en 2014 se aprobaron varias leyes para dar un impulso a las comunas, transfiriéndoles ciertos servicios y competencias, junto con su financiación, que hasta entonces básicamente eran municipales. El plan era un vaciado progresivo de los cometidos de municipios y gobernaciones, para finalmente permutar un Estado por el otro, rompiendo con una democracia parlamentaria ya muy en los huesos. Para empujar el traspaso, Maduro colocó al excanciller Elías Jaua, hombre formado por los cubanos, en el Ministerio de las Comunas. Pero los problemas financieros gubernamentales dificultaban ese salto.

El gran negocio de Cuba

A la vista de la influencia cubana en Venezuela, lo normal es que desde la ingenuidad surja una pregunta: ¿cuánto le ha pagado Cuba todos estos años al Gobierno venezolano para hacerse con las riendas de ese país? Tan sorprendente era la situación como la respuesta: quien estaba pagando era la misma Venezuela. La nación suramericana le venía entregando a Cuba anualmente alrededor de cien mil barriles diarios de petróleo y derivados. A un precio en el mercado de cien dólares el barril de promedio en los largos años de bonanza, eso suponía unos 3.700 millones de dólares anuales. A diferencia del crudo venezolano entregado a otros países asociados, Cuba ni debía abonar una parte en el momento de la entrega ni tenía que completar la factura al cabo del tiempo. Cuba *pagaba* todo ese petróleo con los servicios prestados antes enumerados: médicos, entrenadores deportivos, asesores militares... Cuba consumía parte del crudo, pero vendía la mayor porción fuera, como principal fuente de divisas.

Los acuerdos entre los dos países, según indicaba la web oficialista Cubainformación, «responden a un esquema de intercambio bilateral que incluye el suministro estable de petróleo de Venezuela a Cuba, cierto; pero, a su vez, Cuba realiza el enorme esfuerzo de integrar más de cuarenta mil profesionales en los programas de educación, salud, deporte, agricultura o cultura que el Gobierno venezolano no podría haber podido llevar adelante sin la cooperación cubana. Este esquema rompe por supuesto con las reglas clásicas del mercado».

Rompía tanto con las reglas del mercado, una de las cuales es la trasparencia, que no existía documentación pública que detallara la cuantía de cada servicio prestado por Cuba, ni posibilidad de que la oposición pudiera fiscalizar las cifras del intercambio. Si se divide el precio de mercado del petróleo que anualmente se venía entregando a Cuba entre los 45.000 cubanos oficialmente residentes en Venezuela en el marco de los convenios, saldría un sueldo para cada uno de ellos de 82.000 dólares anuales. Un sueldo de lujo que ninguno de ellos percibía. La ONG Solidaridad Sin Fronteras estima que Venezuela venía pagando entre mil quinientos y cuatro mil dólares mensuales por profesional, pero estos recibían menos de cien dólares, el resto se lo quedaba el Gobierno de Cuba.

Dado lo absolutamente opaco de la relación, resulta imposible conocer el total de subvenciones venezolanas recibidas por Cuba. Además de la prestación de servicios sociales, los acuerdos contemplaban tratos comerciales y créditos especiales ventajosos para el régimen castrista al margen de cualquier auditoría. Entre estos figuraba la financiación de multitud de proyectos en la isla, como infraestructura ferroviaria, hotelera y energética. Para 2013 la estimación de varios analistas sobre el subsidio venezolano fue de casi trece mil millones de dólares, lo que suponía un veintiún por ciento del Producto Interior Bruto cubano.

En esas circunstancias también es imposible conocer la deuda de Cuba para con la república bolivariana. Cualquier cálculo se topa con posibles *borrones* operados en los libros contables. Al menos uno es el que confiesa Rafael Isea, nombrado ministro de Finanzas en 2008. Isea, quien en el siguiente capítulo será presentado con más detalle, refiere que un día se personó ante Chávez con un punto de cuenta:

–«Presidente, hay cinco mil millones de dólares que nos debe Cuba.

–Bórralo de las deudas, Rafael.

–¿Cómo? ¡Pero si está en los libros!

–Te digo que lo borres, y que no quede registrado en la contabilidad».

Chávez disponía como dueño y señor del dinero que era de todos los venezolanos, y a pesar de que muchos pobres habrían objetado contra tamaña generosidad hacia los Castro a cargo del erario público, el presidente cargaba contra la clase acomodada. «A la burguesía le da piquiña cuando hablamos de Cuba. ¡Vamos a hablar de Cuba por todos lados! ¡Viva Cuba, viva Cuba, viva Cuba!». Era una de las formas que tenía Chávez de esconder algo: darle aparente publicidad, preferiblemente en forma de ataque, simulando que no tenía nada que ocultar.

Con esas últimas palabras el presidente venezolano acogía en febrero de 2010 la llegada a Caracas de Ramiro Valdés, dirigente histórico de la revolución cubana, al frente de una comisión que oficialmente iba a encargarse de resolver la crisis de producción eléctrica que padecía Venezuela. La reducción de la capacidad hidroeléctrica, debido a una sequía, y el deficiente estado de la red, sin apenas inversión para su mantenimiento y mejora, habían llevado a frecuentes cortes de suministro. Pero ni Cuba era conocida por liderazgo en ese campo, ni Valdés era un experto. La oposición siempre sospechó que su presencia respondía a otros fines. Valdés, fundador del temible G2 y en dos ocasiones ministro del Interior, ejercía ahora como ministro de Informática y Comunicaciones. La era digital hacía de las conexiones entre modernos dispositivos el nuevo ámbito al que extender el aparato represivo del Estado. En aquellos meses estaba en marcha el proyecto de un cable submarino de fibra óptica entre Cuba y Venezuela.

También bajo mando de Ramiro Valdés estaba el control de las cédulas de identidad y los pasaportes de todos los venezolanos, proceso tecnológico entregado a Cuba. Unos años antes, Venezuela había encargado un programa de «transformación y modernización» del sistema de identificación, migración y extranjería a la empresa cubana Albet, vinculada a la Universidad de las Ciencias Informáticas, que dependía de Valdés. De acuerdo con uno de los documentos del contrato que obtuve, la parte cubana manejó millones de soportes vírgenes para producción de carnets de identidad y pasaportes. La falta de trasparencia del proceso sembraba dudas sobre el destino de esos soportes, sin descartarse que pudiera estar relacionado con casos de identidad falsa de votantes en las elecciones, algo tantas veces denunciado por la oposición. Valdés se marchó de Caracas sin arreglar el problema eléctrico, pero en las siguientes elecciones presidenciales la conectividad informática Cuba-Venezuela probó ser decisiva. También eran cubanos los sistemas informáticos de la presidencia de la república y de los ministerios, así como de los programas sociales, los servicios policiales y la petrolera Pdvsa.

Además de gestionar el Sistema Administrativo de Identificación, Migración y Extranjería (Saime), que ponía en manos de La Habana la base de datos personales de los venezolanos, los cubanos también pasaron a encargarse del Servicio Autónomo de Registros y Notarías (Saren), que incluía registros civiles, mercantiles y de la propiedad, lo que les daba conocimiento sobre bienes y transacciones. Asimismo, tenían labores de codirección en los puertos, presencia en aeropuertos y puestos de control migratorio y mando sobre diversas esferas de la administración pública venezolana. Entre estos últimos estaban los casos de Bárbara Castillo, militante del Partido Comunista de Cuba, con gran autoridad en la gestión de los recursos alimenticios de Venezuela, cuyo reparto en situaciones de escasez constituía un arma ideológica, y de Rosa Campo Alegre, quien al desempeñar labores de supervisión del plan de estudios de la Universidad Nacional de la Policía incidió en el adoctrinamiento de los agentes de seguridad.

Cuba también participaba en la tarea de adoctrinar a los niños venezolanos. En 2013 se imprimieron en la isla más de veinte millones de libros de texto para el sistema escolar de Venezuela, muchos con contenidos socialistas, como denunciaron asociaciones de profesores y de padres. En uno de los libros se recordaba que una cubana dio el pecho a Simón Bolívar. «Como Doña Concepción tenía problemas de salud, no pudo amamantar al hijo. Primero la amamantó una criolla cubana, amiga de la madre, y después la negra Hipólita, una esclava de la familia. A las dos Simón Bolívar las trató toda su vida con especial amor». La tradición histórica da todo el protagonismo a la segunda nodriza, pero Cuba se proponía como *comadre* del Libertador e intentaba ganarse el corazoncito de las nuevas generaciones, no fuera que con el tiempo cuestionaran la insólita sumisión.

Militarización y colectivos

Después de Cuba, Venezuela ha sido estos años la nación más militarizada de América. Probablemente cabría contarla entre las democracias formales del mundo con mayor papel del estamento castrense en la vida pública. Hugo Chávez elevó a puestos del funcionariado civil a unas mil doscientas personas procedentes de las Fuerzas Armadas, muchas veces manteniendo sus uniformes, y otras colgándolos, retirándose de la carrera castrense, si debían presentarse a unas elecciones como candidatos.

Nicolás Maduro se apoyó aún más en los militares, promoviendo el ascenso de más de cuatrocientos generales y almirantes y nombrando a otros tantos profesionales de armas para puestos en la Administración en el primer año de mandato. A los nueve meses de su presidencia, vestía uniforme o tenía formación militar la cuarta parte de los ministros –entre ellos los de Economía, Industria, Energía Eléctrica y Defensa– y la mitad de los gobernadores de los estados. También procedentes del servicio de armas había un buen número de viceministros, embajadores, cónsules y directivos de empresas públicas. Incluso, con el ascenso a capitán de Diosdado Cabello, lo que le devolvía su condición de militar, la Asamblea Nacional estaba presidida por un oficial. La «alianza cívico-militar» que definía a la república bolivariana llevaba también a crear «estados mayores» para cometidos civiles, como el Estado Mayor de Salud y el de Economía.

La presencia de tanto militar en posiciones civiles copiaba el modelo de Cuba, en un proceso de identificación de las Fuerzas Armadas con la revolución bolivariana que Chávez obró de manera paulatina. «A pesar del golpe de 1992, en el que estuvo involucrado Chávez, en gran parte de las Fuerzas Armadas de Venezuela existía un verdadero respeto hacia las autoridades electas», afirma Harold Trinkunas, director de Latin American Initiative de Brookings Institution, uno de los principales *think-tanks* de Washington. Nacido en Venezuela y autor precisamente de estudios sobre el papel de los ejércitos en las naciones latinoamericanas, Trinkunas explica que aunque a la clase militar siempre le ha gustado tener espacios de poder, conservar privilegios e intervenir en ciertas políticas, la mayoría de los oficiales venezolanos tradicionalmente acataban al presidente elegido en las urnas. «El presidente era el comandante en jefe, y ese era el principio y final de la cuestión». Eso dio a Chávez «margen para hacer cambios poco a poco sin que los militares percibieran una quiebra definitiva que les llevara a rebelarse».

Como alguien proveniente del Ejército, se consideró normal que el presidente llamara a antiguos compañeros de armas para sus equipos, y eso acostumbró a la población a más visibilidad del uniforme en asuntos civiles. También los cuarteles se beneficiaban en principio de una mayor sensibilidad presidencial hacia sus problemas. Mejores salarios y equipos contentaron a muchos, mientras otros aprovecharon las grandes posibilidades de rentas ilícitas propiciadas por la corrupción que trajo el nuevo régimen.

Chávez fue además aislando progresivamente a los altos mandos hostiles o con mayor respeto hacia la separación de poderes y creando una estructura alternativa envolvente. Primero promovió discriminadamente a los militares que participaron con él en el golpe de 1992 y a otros mandos afines. Luego creó el rango de *oficiales técnicos*, elevando a tenientes o capitanes técnicos a quienes eran suboficiales profesionales de largo servicio, transformando su estatus social por completo. La medida generó toda una línea de oficiales que le debían el puesto a Chávez. En ese proceso de crear capas militares cada vez más despegadas del *establishment* castrense tradicional, el siguiente paso fue la constitución de las Milicias Bolivarianas, ya mencionadas: un cuerpo de casi un millón de miembros armados, en su mayor parte civiles, comandados por militares al margen de las líneas de mando ordinarias. La Fuerza Armada Nacional (FAN) adquirió el adjetivo de bolivariana –FANB– y tuvo que abrazar formalmente la ideología del partido en el Gobierno.

Con todo, Chávez no podía disponer completamente de la totalidad de los resortes militares para su revolución. A diferencia de Cuba, donde, por dictadura, el Ejército es garante de los antojos del dictador, en Venezuela una parte de la oficialidad podía resistirse a determinadas órdenes. En su deriva cubana, Chávez tuvo que resolver dos asuntos que sustancialmente diferenciaban Venezuela de Cuba: la celebración de elecciones y el hecho de que las armas estuvieran en manos de un cuerpo en el que podía darse la disidencia. El diseño de una mecánica electoral para nunca perder en las urnas las riendas del país, que solucionaba el primer aspecto, obligaba a un mayor esfuerzo en el segundo, pues un chavismo que hiciera fraude electoral tenía un doble reto: cómo desactivar cualquier movimiento militar que actuara en defensa de la voluntad popular secuestrada, y cómo tener garantizada la obediencia de los militares que utilizaran la violencia contra protestas ciudadanas. En ese esquema se enmarcó la especial penetración chavista en la Guardia Nacional, un cuerpo de la FAN con actuación habitual como fuerza del orden; la creación de las Milicias, y el estratégico fomento de los colectivos: pandillas callejeras violentas, muchas veces armadas, utilizadas por el Gobierno como fuerza de choque.

«El chavismo colocó una serie de piezas para limitar la acción de las Fuerzas Armadas», explica Trinkunas, «de manera que si en algún momento decidieran rebelarse encontrarían puestos delante de ellas toda una serie de contrapartes y contrabalances. Además, las Fuerzas Armadas no tienen tradición de represión. Algo que aprendieron en el Caracazo de 1989 fue que reprimir tiene graves consecuencias políticas, judiciales y personales». Así, la represión contra las masivas manifestaciones desencadenadas en febrero de 2014 fue un mano a mano básicamente entre la Guardia Nacional, en especial su rama conocida como Guardia del Pueblo –un apéndice en gran parte miliciano instituido tres años antes por Chávez– y los colectivos.

En su informe sobre esos disturbios, la organización no gubernamental Human Rights Watch (HRW) aseguró haber quedado demostrada la cooperación entre las fuerzas del orden, incluidas la Policía Nacional y policías de los estados, y los civiles violentos. Según la organización internacional, la actitud de guardias y policías en relación a las agresiones que cometían los colectivos «incluyó desde la aquiescencia y la inacción, hasta directamente la colaboración». A partir de entrevistas con testigos, HRW constató un *modus operandi*: cuando las pandillas llegaban a un lugar, los agentes no procedían a desarmarlas ni a proteger a los manifestantes, sino que se retiraban dando vía libre a que los violentos lanzaran sus ataques. «Encontramos evidencias convincentes de que miembros uniformados de las fuerzas de seguridad y pandillas armadas partidarias del gobierno atacaron en forma coordinada a manifestantes», indicó el informe. HRW concluyó que los abusos contra los derechos humanos cometidos en la represión no fueron casos aislados o excesos de agentes insubordinados, sino parte de una «práctica sistemática».

El haber armado a esos grupos pandilleros fue una de las medidas más antisociales de Chávez, porque contribuyó a incrementar la violencia general en el país y porque la inseguridad castigó especialmente a los habitantes de los barrios populares. En estos, sin seguridad privada como en las zonas residenciales, las familias tuvieron que acostumbrarse a encerrarse en casa poco después del anochecer. El libro *Estado delincuente* (2013), de Carlos Tablante y Marcos Tarre, indica que un factor que propició la expansión de la delincuencia organizada fue «la tolerancia y hasta la complacencia gubernamental frente a la existencia de grupos irregulares armados, tales como las Fuerzas Bolivarianas de Liberación (FLB), o los colectivos La Piedrita, Carapaica y otros, que muchas veces, tras la cara política, controlan los mercados locales de drogas, armas y extorsión».

Durante el chavismo la inseguridad ciudadana se disparó y Venezuela se convirtió en uno de los países con mayor tasa de homicidios del mundo. Pasó de unos diez homicidios por cada cien mil habitantes antes de la llegada de Chávez al poder –cifra constante durante los decenios precedentes– a 79 en 2013, de acuerdo con la organización no gubernamental Observatorio Venezolano de Violencia, que para ese año contabilizó 24.763 personas asesinadas frente a las 4.550 de 1998. Los casos de portes de armas ilícitos detectados subieron de 769 en 2000 a 4.765 en 2010. El número de secuestros se incrementó de los 264 que hubo durante el decenio previo al ascenso de Chávez a los 3.416 producidos durante sus primeros diez años de presidencia. La acumulación de toda esa delincuencia disparó el hacinamiento de las cárceles venezolanas, con una población reclusa tres veces mayor que la capacidad de las prisiones.

Rusia, en un *ménage à trois*

La inseguridad fue el detonante de la ola de protestas que se extendieron en Venezuela en 2014. El intento de violación de una alumna en la Universidad de los Andes, en la ciudad de San Cristóbal (Táchira), motivó una manifestación de estudiantes a comienzos de febrero. La detención de algunos líderes estudiantiles llevó a nuevas acciones, a las que se sumaron otros sectores sociales en distintas partes del país. La desbordada queja ciudadana tuvo la mala suerte, en cuanto a su efectividad, de la inoportunidad internacional. En ese momento la atención de los grandes medios y la preocupación de las principales cancillerías estaban en lo que ocurría en la plaza Maidán de Kiev, no en la de Altamira de Caracas.

Estados Unidos y la Unión Europea centraron sus esfuerzos diplomáticos en Ucrania y se desinteresaron de Venezuela. Curiosamente quien la tuvo en cuenta fue Vladimir Putin. Con manifestaciones permanentes en Caracas y otros lugares, el 21 de febrero llegó al puerto de La Guaira, el más cercano a la capital, el barco de inteligencia ruso Víktor Leonov, acompañado por el remolcador Nikolai Chiker, con un transporte al parecer de equipos antimotines y armamento. Los barcos fueron vistos posteriormente en La Habana, pero su atraque en Venezuela había pasado desapercibido. Días antes, el ministro de Defensa ruso, Sergei Shoigu, anunció planes para instalar nuevas bases militares en ocho países, de ellos tres latinoamericanos: Cuba, Venezuela y Nicaragua. Era probable que esos planes fueran un cierto brindis al sol, dados los problemas de desarrollo económico de Rusia y las prioridades geográficas más cercanas que tenía, pero indicaban bien cuáles eran las coordenadas mentales en las que se movía Moscú. Putin visitó Cuba en julio de 2014 y firmó la condonación al régimen de 32.000 millones de deuda, dejando solo en pie una décima parte.

El objetivo de Putin era recomponer el imperio ruso lo máximo que pudiera y recuperar áreas de influencia que este había tenido. En Ucrania el morador del Kremlin realizaba sus jugadas más osadas, pero previamente, ya desde su primera etapa como presidente y luego primer ministro, Putin había estado moviendo piezas. Y una de ellas había sido su relación con Venezuela, en un *ménage à trois* con Cuba. Tras el colapso de la URSS, Venezuela tomó el relevo en la manutención del régimen castrista, de manera que con el *regreso* del imperio ruso Moscú seguía contando con una plataforma frente a Florida desde la que incomodar a Estados Unidos, y eso Putin se lo debía a Chávez y a Maduro.

La relación entre ambos países se sustanciaba sobre todo en el comercio de armas. En medio de cantos a la paz en el mundo, el chavismo convirtió a Venezuela en el mayor importador de armamento de Latinoamérica y en el segundo de toda América, solo superado por Estados Unidos, como consta en los informes del Instituto Internacional de Estudios para la Paz de Estocolmo (Sipri), especializado en contabilizar las transferencias de armamento mundiales. Entre 2009 y 2013, el 66 por ciento de las armas llegadas al país procedieron de Rusia. Expertos consultados calculan en trece mil millones de dólares la factura del material ruso comprado por el Gobierno chavista hasta 2013, en partidas que incluían doscientos tanques T-72 y T-90, veinticuatro cazas Sukhoi, cien mil rifles de asalto Kalashnikov AK-103 (la nueva versión del AK-47) y cuarenta helicópteros MI-17, así como el sistema antimisiles S-300 y los misiles tierra-aire S-125 Pechora 2M.

Las transacciones habían tomado vuelo en una visita de Chávez a Moscú, hacia 2005, en la que Putin le entregó lo que parecía un soborno ya pactado. «Chávez, ahí está el maletín con los veinte millones de dólares que mandaste pedir por la negociación de los fusiles», le dijo sin tapujos el presidente ruso, según lo contado públicamente por Raúl Baduel, entonces comandante general del Ejército venezolano.

Gran parte del gasto en armamento ruso se hizo mediante créditos, cuya garantía de devolución radicaba en la capacidad de explotación petrolera venezolana. Ambos países habían suscrito diversos acuerdos energéticos, entre ellos la constitución de una empresa mixta entre Pdvsa y un consorcio de compañías rusas, que incluía a las estatales Rosneft y Gazprom, para operar en la Faja del Orinoco. Los dos gigantes rusos tenían también otros intereses en los campos venezolanos. Cuando Nicolás Maduro hizo su primer viaje como presidente a Rusia, en julio de 2013, Putin valoró en veintiún mil millones de dólares la inversión de su país en Venezuela. A eso se añadía la estrecha alianza que Chávez también había desarrollado con Bielorrusia, como parte de la entente con Moscú.

Pero posteriores llamadas de auxilio de Maduro a Putin tuvieron menos éxito. Con la drástica caída del precio del petróleo a partir de junio de 2014, el Kremlin comenzó a tener problemas para sostener el expansionismo internacional ruso; puestos a priorizar, el Caribe quedaba lejos de sus fronteras. En el particular juego a tres bandas, también la pieza de Cuba iba a descolocarse con la normalización de relaciones que el 17 de diciembre de ese año anunciaron Barack Obama y Raúl Castro desde sus respectivas capitales.

Golpe de militares de izquierda

El Gobierno de Maduro no solo no tuvo noticia previa del deshielo entre Estados Unidos y Cuba, sino que además fue engañado. Dos días antes del anuncio, el embajador cubano en Caracas, Rogelio Polanco, se presentó ante el ministro de Finanzas, Rodolfo Marco Torres, reclamando el pago de tres mil doscientos millones de dólares de deuda, la mayoría relacionada con obras que Venezuela financiaba en Cuba y cuyos pagos estaban atrasados. Se produjo la siguiente conversación, de acuerdo con alguien presente en el despacho del ministro Torres:

> Polanco: –«Vengo a cobrar por orden de mi comandante Raúl Castro».
> Torres: –«No puedo sacar todo lo que pides en dólares. En bolívares puedo pagarte lo que quieras, pero si no, tengo que llevárselo al presidente, que él sabe lo que hay en las arcas».
> Polanco: –«Vale, pues págame la mitad».
> Torres: –«No puedo».
> Polanco: –«Quinientos millones».
> Torres: –«No».
> Polanco: –«Me voy a ir y voy a enviar un reporte a La Habana. Son cosas comprometidas por el comandante Chávez».
> Torres: –«¡No jodas, os hemos dado ochenta mil millones de dólares en diez años!».

Cuando el embajador cubano desistió y se marchó, el ministro de Finanzas expresó su extrañeza. «Qué raro ese desespero de los cubanos por querer cobrar todo de golpe; hace poco se les envió un pago», comentó Torres a sus colaboradores. «Están desconectados de la realidad venezolana», concluyó, refiriéndose a la situación de falta de divisas internacionales que padecían las arcas gubernamentales y que, aunque se tapaba a los ciudadanos, Cuba debía de saber sobradamente. ¿Desconectados? A los dos días quedó demostrado que los cubanos sabían muy bien lo que se hacían y eran los venezolanos los que estaban a dos velas. La Habana se había apresurado a cobrar dinero prometido, no fuera que el anuncio de sus conversaciones con Washington enfriara su relación con Caracas.

En las conversaciones secretas mantenidas durante más de un año en Canadá y el Vaticano entre emisarios de la Casa Blanca (Benjamin Rhodes y Ricardo Zúñiga) y una reducida delegación de cubanos, la cuestión de Venezuela estuvo sobre la mesa, según apuntan fuentes al tanto de ese aspecto de las negociaciones. Washington buscó la aceptación de La Habana de que el proceso no se rompería si presionaba sobre Diosdado Cabello para quebrar la trama del narcotráfico. Poner fuera de juego a Cabello, poco amigo de los Castro, convenía también a los cubanos, pues no querían que arrebatara el liderazgo chavista en caso de que un día promovieran el relevo de Maduro. Aunque ellos también se beneficiaban de la droga, cercenar el llamado cartel de los Soles ponía en dificultades al sector del Ejército más afín a Cabello. Como contrapartida en ese sobreentendido con Estados Unidos, Cuba podía intentar seguir interviniendo en los asuntos venezolanos sin dañar la reapertura de relaciones con los gringos.

A partir de esas bases, la Justicia estadounidense aceleró el procesamiento de Cabello, mientras que en Venezuela se concretó un golpe de mano interno contra Maduro, con la aquiescencia cubana (aunque no muy manifiesta para no airar a Washington). La figura más destacada era el almirante Diego Molero, exministro de Defensa y bien relacionado con La Habana. El día D para esa acción era el 27 de febrero de 2015, como testimonia uno de los militares implicados. El día antes, a solo unas horas de dejar la presidencia de Uruguay, José Mujica sorprendió con una advertencia: «el problema que puede tener Venezuela es que nos podemos ver frente a un golpe de Estado de militares de izquierda, y con eso la defensa democrática se va al carajo». Ciertamente, el plan era sustituir a Maduro sin las requeridas elecciones, con la excusa de resolver primero la situación económica y marginando a la oposición. Cuando Mujica habló —desde luego alguna información le había llegado—, la orden para el cuartelazo se había ya revocado, pero quizás solo era un aplazamiento a la espera de mejor oportunidad. Mientras pudiera, Cuba seguiría moviendo los hilos en Venezuela, con la misma frialdad que durante los estertores y muerte de Hugo Chávez.

2

UN DOLOR DE RODILLA

Enfermedad y muerte del titán de Sabaneta

Hugo Chávez no recordaba bien cuándo había comenzado a notar el malestar. Hacía meses que sentía algunas molestias al caminar pero no le había dado importancia. Los doctores determinarían después que estuvo descuidando su estado al menos durante año y medio, un inestimable tiempo cuyo lapso lastró las probabilidades de sobrevivir. «A lo largo de mi vida he cometido uno de esos errores fundamentales, que diría el filósofo: descuidar la salud y ser muy renuente a los chequeos y tratamientos médicos», confesó el líder cuando se le diagnosticó el cáncer. Pero fue un *mea culpa* sin firme propósito de enmienda. El presidente venezolano mantuvo su negligente rechazo a un tratamiento regular y exhaustivo, y con ello aceleró su final. Si alguna vez alguien quiere saber cuánto un hombre está dispuesto a pagar por mantenerse encima de un trono, no tiene más que mirar el auténtico calvario, doloroso en extremo –personas cercanas a Chávez atestiguan sus insoportables gritos–, que padeció el mesías de Sabaneta.

En el principio de la enfermedad, como de tantas otras cosas decisivas en la presidencia de Chávez, estuvo Fidel Castro. Como el padre que urgió al presidente venezolano a que se hiciera un profundo examen y como el calculador que, de esta forma, se situaba en el puesto de mando del proceso médico. Castro, que desde tiempo atrás conocía las molestias de Chávez –los médicos del Palacio de Miraflores eran cubanos–, le recomendó que se hiciera visitar por el médico español José Luis García Sabrido, jefe de cirugía en el hospital Gregorio Marañón de Madrid, que regularmente había atendido al líder cubano. García Sabrido habría acudido a Caracas hacia enero de 2011. Es posible que en ese momento el presidente venezolano también presentara síntomas de alguna dolencia relacionada con la próstata. Quedó planteada una mayor exploración y quizás alguna actuación médica, pero Chávez desoyó el requerimiento. Solo cuando a principios de mayo su movilidad empeoró, con aparentes problemas en la rodilla izquierda, hubo de buscar una solución. Y ahí estaría Fidel de nuevo, propiciando un chequeo y una intervención quirúrgica en Cuba. Castro sería el primero en saber que Chávez tenía cáncer y el encargado de comunicárselo.

Las molestias de rodilla saltaron a la luz pública cuando el 9 de mayo de 2011 Chávez alegó ese inconveniente para suspender una gira que le iba a llevar a Brasil, Ecuador y Cuba. «Ayer andaba con un dolor un poco fuerte en Baruta, entregando viviendas. Anoche descansé preparando el viaje. Esta mañana salí a caminar, me puse a trotar antes de abordar el avión, que estaba dispuesto a salir a las once de la mañana y me di un golpe en la rodilla y hay un derrame líquido». Lo del golpe trotando sonaba a excusa para ocultar un mal de mayor recorrido, que de alguna manera él mismo reconocía: «tengo una vieja lesión en la rodilla que nunca llegó a mayores, pero en los últimos meses vengo sintiendo molestias, dolor en la rodilla, que subía hacia el muslo izquierdo».

Recuperado suficientemente para emprender el viaje suspendido, Chávez visitó Brasil y Ecuador y el 8 de junio llegó a Cuba, donde fue recibido por Fidel. «Me interrogó casi como un médico; me confesé casi como un paciente», explicaría días después el presidente venezolano. Aseguraría que en una revisión general apremiada por Castro se detectó una «extraña formación en la región pélvica» y se decidió una inmediata intervención. En un comunicado del 10 de junio, Nicolás Maduro, entonces canciller, anunció que Chávez acababa de ser operado de urgencia en La Habana por habérsele detectado un «absceso pélvico». Drenado este, aparecieron células cancerosas que delataban la presencia de un tumor y requirieron de una «intervención mayor» para su «extracción total», según anunció el propio Chávez el 30 de junio, una vez superada la actuación médica. «El mismísimo Fidel, el gigante de siempre, vino a anunciarme la dura noticia del hallazgo cancerígeno», dijo en esa cadena al pueblo venezolano emitida desde Cuba, comenzada con una cita de Bolívar y otra del Eclesiastés.

Ahí arrancó el gran marcaje final que sobre el destino de Venezuela estuvo haciendo Cuba. Si la previa infiltración cubana en las estructuras del Estado venezolano ya había sido notable, a partir de este momento La Habana pasó a hacerse incluso con el timón. Chávez había tenido hasta entonces la habilidad de contrapesar la penetración cubana con otras influencias, repartiendo áreas de poder y reservándose, como máximo árbitro, la última palabra. Ahora sus ausencias como paciente le impedían ejercer de repartidor o equilibrista, y su entrega en manos de Cuba para una curación le dejaba a merced de lo que se decidiera en la isla. Cuando el cáncer avanzó solo los Castro, y aquellos dirigentes venezolanos autorizados por estos, tuvieron pleno acceso a Chávez. La Habana capitaneó el proceso de sucesión y se aseguró el dominio en la nueva era que se abría.

La gestión técnica de la enfermedad fue llevada por médicos cubanos desde el Centro de Investigaciones Médico Quirúrgicas (Cimeq) de La Habana, bajo supervisión directa de los Castro. La falta en la isla de oncólogos de probada experiencia llevó a contar con el auxilio de especialistas de otros países durante todo el tratamiento del cáncer. La primera operación, con un diagnóstico aún muy borroso, fue realizada por cirujanos cubanos. Al confirmarse la presencia de un cáncer llegaron secretamente de Moscú los profesores A. Mikhailov y F. Abramov para ejecutar la segunda operación. Luego especialistas rusos viajaron a La Habana o a Caracas para las primeras sesiones de quimioterapia, dirigidas por un equipo cubano-ruso, y después permanecieron estacionados en la capital cubana. Un equipo de médicos de ambas nacionalidades también estuvo durante cierto tiempo en la pequeña isla venezolana de La Orchila, a ciento cuarenta kilómetros de Caracas. Además de una base militar, en la isla existe una residencia presidencial vacacional que en octubre de 2011 quedó habilitada para que Chávez se sometiera allí a algunas pruebas o tratamientos durante fines de semana. Ese retiro tenía la ventaja de que quedaba fuera de la mayor exposición pública de Caracas, y a la vez evitaba tener que volar hasta La Habana, lo que suponía una ausencia del país que, según las circunstancias, formalmente requería comunicación a la Asamblea Nacional. El corto tiempo de desplazamiento a La Orchila facilitaba disimular las desapariciones del Palacio de Miraflores.

A lo largo del proceso, la dirección médica cubana contó con la opinión del español García Sabrido. También tuvo en cuenta el parecer de colegas de Brasil. Dos de ellos, los doctores Paulo Hoff y Yana Novis, examinaron al líder bolivariano cuando viajó a ese país en julio de 2012. En el tramo final de la enfermedad, al equipo internacional se sumaron al menos dos médicos alemanes y uno estadounidense.

Chávez también contó brevemente con los servicios de un médium brasileño, recomendado por la presidenta Dilma Rousseff y que varios medios identificaron como João Teixeira de Faria, además conocido como João de Deus. Asimismo, Chávez llegó a barajar acudir a expertos en medicina alternativa china. También al tanto de fases del proceso hubo facultativos venezolanos, aunque no tuvieron la participación que cabía esperar tratándose de una grave enfermedad del presidente de Venezuela, pero es que Chávez actuaba con desconfianza y deseoso de evitar filtraciones.

«En Venezuela el presidente Chávez no confía en nadie, solo en los cubanos», constataba el doctor venezolano Salvador Navarrete, quien fue médico personal del presidente. Entrevistado por la publicación mexicana *Milenio* en octubre de 2011, Navarrete fue la primera voz médica que públicamente fue sombría sobre las perspectivas del presidente. Había sido médico en Miraflores, con otros dos compatriotas, en el tiempo previo al desalojo de Chávez del poder por tres días en 2002. A partir de esos sucesos, el mandatario «abandonó a todos los médicos venezolanos y se puso absolutamente en manos de los médicos cubanos», contó al periodista Víctor Flores García. Después el facultativo continuó atendiendo a otros miembros de la familia Chávez, por lo que supo de la condición del presidente. Navarrete pagó caras sus declaraciones. Debido al acoso de los servicios de seguridad, utilizado como aviso a potenciales filtradores, el médico tuvo que abandonar Venezuela con su familia y marchó a España.

Filtraciones y diagnóstico

Las exclusivas informativas –los *tubazos*, como dicen en Venezuela– no solo queman las manos del periodista: las grandes noticias también provocan a personas confidencialmente envueltas en ellas el irresistible deseo de constarlas. Fue así como el conocido periodista venezolano Nelson Bocaranda anunció el 25 de junio de 2011 que a Chávez se le había diagnosticado un cáncer. En su blog runrun.es, reproducido al día siguiente en la edición impresa de *El Universal*, Bocaranda se adelantó cinco días al reconocimiento oficial hecho por Chávez. «Recibí una andanada –una más– de insultos y amenazas por gente de la revolución», recordaría más adelante sobre el intenso tráfico de *tweets* que generó su información, muchos de los cuales eran ataques desde el chavismo.

Los mensajes de Twitter eran la principal fuente de información en un régimen con un gran control sobre el sistema venezolano de comunicación. Alimentando ese canal de mensajes cortos también hubo otra voz que aportó muchos datos de la evolución de la enfermedad de Chávez. Rafael Marquina, médico venezolano con residencia y consulta en Florida, pasado un tiempo también comenzó a recibir información desde Cuba, gracias a ciertas casualidades. Buen comunicador a la hora de hacer inteligibles complejas situaciones médicas, Marquina recorrió durante meses platós de televisión y locutorios de radio, obviamente fuera de Venezuela, explicando detalles desconocidos incluso para la mayoría de la cúpula chavista. Le maldecían por *necrófilo*, pero le seguían: su cuenta de Twitter llegó en alguna ocasión a transmitir casi en tiempo real novedades médicas que ocurrían en La Habana.

No exactamente por casualidad, pues andaba buscando fuentes que tuvieran información de fondo sobre la Venezuela de Hugo Chávez, yo mismo tuve acceso en Washington a datos precisos sobre la enfermedad. Un primer contacto llevó a otros y, generada suficiente confianza, tuve a mi disposición informes especiales elaborados a partir de la información médica manejada por personas que atendían al presidente venezolano. Washington es un punto de trasiego de inteligencia, de diferentes orígenes y destinos, y tuve la suerte de apostarme junto a la acequia por la que había un flujo confidencial sobre el estado de salud de quien tan de cabeza había traído a los forjadores de la política exterior estadounidense.

Cuando di con esos informes de inteligencia ya se habían elaborado varios de ellos, pues su producción había comenzado el 1 de julio de 2011, justo al día siguiente de que Chávez diera la noticia de su cáncer. Difícil de realizar comprobaciones con otras fuentes dado el singular carácter de la situación, dediqué cierto tiempo a verificar la cadena de transmisión de la información y a examinar si el contenido se iba confirmando con hechos públicos. Esto último ocurría con las fechas de tratamientos o evaluaciones que los informes anunciaban por adelantado, que luego se cumplían. Además, las ausencias de Chávez que se reportaban, saliendo en secreto de Caracas para furtivos chequeos y terapias, podían atestiguarse por la falta de apariciones públicas en la capital en esos determinados días. El 23 de enero de 2012 publiqué el primer artículo sobre el caso, con el título «A Chávez le queda un año de vida a menos que acepte un tratamiento intensivo». El texto resumía lo que los informes habían aportado hasta entonces, y se incluía la apreciación de que si el dirigente venezolano llegaba a las presidenciales, lo haría en tal estado físico que se vería incapacitado para ejercer el cargo. Los hechos confirmaron con el tiempo ambos vaticinios.

No hubo que esperar hasta el desenlace final para ver que la realidad ratificaba lo que revelaban esos informes de inteligencia. Si el primer artículo había desvelado ya la reciente aparición de un nuevo tumor, un informe que me llegó pocos días después, fechado el 6 de febrero, indicó que el tumor se había agrandado y que los médicos recomendaban proceder a una operación. Dos semanas más tarde, el 21 de febrero, Chávez lo admitió: anunció que los exámenes habían detectado la presencia de una «lesión» en el mismo lugar y que iba a operarse de nuevo en Cuba. Esta secuencia –revelación que me llegaba y confirmación oficial que se producía después– continuó repitiéndose. Notoriamente fue el caso de otra importante noticia que se produciría terminando ese año 2012. Las fuentes aseguraron en su informe que se había registrado un nuevo crecimiento del sarcoma y que un equipo de especialistas rusos llegados de Moscú estaba preparado para una nueva intervención quirúrgica. La información sobre esos planes, que difundí en el periódico el 28 de noviembre, pareció verse desmentida cuando el 7 de diciembre Chávez emergió en Caracas, de regreso de Cuba, con un aspecto físico que parecía dar idea de una cierta recuperación. Al día siguiente, sin embargo, comunicó públicamente la recurrencia del mal y que regresaba a La Habana para una operación que quizás no superaría. Las fuentes habían demostrado otra vez su fiabilidad.

La dolencia de Chávez fue diagnosticada al principio como un cáncer de próstata que había tenido metástasis en colon y huesos. Pocos meses después comenzó a hablarse de modo más genérico de tumor agresivo en zona pélvica, que podía ser consecuencia de lo anterior, aunque también, como opinaban algunos expertos, quizás en realidad constituyera el origen de todo el mal canceroso del presidente venezolano. Finalmente se estipuló como un rabdomiosarcoma originado en las partes blandas de la región pélvica, con lesión inicial posiblemente en el músculo psoas, que se encuentra en la región retroperitoneal del abdomen.

El doctor Marquina cree que al principio los médicos tuvieron alguna confusión debido a la falta en Cuba de suficientes reactivos para determinar el carácter de las células cancerosas. En cualquier caso, el tumor se extendió por toda esa región del cuerpo. Además de la afectación de la próstata, extraída en la primera hospitalización en

La Habana, el cáncer fue invadiendo mediante diferentes cultivos partes del colon, el intestino, la vejiga, el peritoneo, la médula y diversa estructura ósea, como la parte baja de la columna vertebral. En un desarrollo final probablemente contaminó también el pulmón, agravando definitivamente los ya severos problemas respiratorios que supusieron la muerte del paciente.

Esteroides para contar mentiras

La publicación de los detalles del estado de salud de Hugo Chávez fue denunciada continuamente por el chavismo como una morbosidad que invadía la privacidad del jefe del Estado. En un régimen trasparente, los medios nos habríamos abstenido de hurgar en la condición física del mandatario, porque oficialmente se habría proveído a la opinión pública de una información básica que a todo ciudadano compete. Sin embargo, Chávez engañó a su pueblo sobre su situación y concurrió a unas elecciones ocultando su incapacidad real para hacer campaña y luego para ejercer un nuevo mandato. También de espaldas a los venezolanos entregó su país como prenda a los cubanos para comprar una salud que no pudo obtener. Lo decente ante este cuadro, por parte de la prensa, era exponer los términos del fraude.

Durante los meses de enfermedad, Chávez procuró cubrir sus dificultades con toda suerte de pretextos. El temor a que tuviera serios problemas físicos para alcanzar las elecciones presidenciales llevó al oficialismo a un ligero adelanto electoral. El Consejo Nacional Electoral (CNE) anunció en septiembre de 2011 que esos comicios, aún no convocados, tendrían lugar el 7 de octubre de 2012, lo que significaba un adelanto de dos meses, pues diciembre era el mes tradicional para esos procesos. El CNE no dio ninguna razón para esa excepción histórica.

Otro momento de juego de manos fue cuando Venezuela convocó la sesión plenaria de la Comunidad de Estados Latinoamericanos y Caribeños (Celac), programada para principios de diciembre de 2011, en un recinto militar, algo que constituye una completa anomalía en ese tipo de encuentros internacionales. La convocatoria en Fuerte Tiuna permitía que Chávez pudiera descansar y recibir tratamiento entre reuniones. Se prefirió no cancelar la cita para impedir que los estrechos aliados de la Alianza Bolivariana para los Pueblos de Nuestra América, o Alba, creyeran que su mecenas ya no estaba en condiciones de apoyarles.

Ese esfuerzo físico obligó a suspender días después un viaje a Argentina y Brasil, alegando la necesidad del presidente de hacer frente a la emergencia de inundaciones provocadas por fuertes tormentas. La supresión de ese viaje alentó rumores sobre el deterioro de su salud, lo que forzó que Chávez hiciera una visita sorpresa a Montevideo a una cumbre de Mercosur, apoyando con su presencia la petición de adhesión venezolana a esa organización regional. A su regreso, Chávez sufrió el día 21 de diciembre una pérdida de conciencia durante siete minutos, debido al estrés del viaje y su debilidad general. Eran desmayos del presidente, cada vez más frecuentes, que su entorno ocultaba, pero que aparecían detallados en los informes que me llegaban.

El consumo de esteroides logró que en algún momento Chávez diera la impresión de que su condición se había estabilizado, pero el abuso de estimulantes pasaba pronta factura. El domingo 12 de febrero de 2012 Chávez permaneció cierto tiempo de pie presidiendo el desfile militar que conmemoraba el vigésimo aniversario del golpe del 4-F de 1992. Por la noche colapsó en Miraflores y le costó hora y media superar esa crisis. Le llevaron secretamente a la isla de La Orchila para permanecer en observación durante varios días. Nada más regresado a Caracas tuvo un nuevo colapso en su residencia, y nuevamente fue transportado a La Orchila, con hemorragia interna. «El equipo médico cree que la recurrencia en la enfermedad se debe parcialmente al uso incontrolado que Chávez hace de esteroides y otras sustancias con el fin de permanecer completamente activo», resumía uno de los informes. Para cubrir las apariencias hubo comunicados oficiales falsos sobre ausencias del presidente, quien en alguna ocasión pasó más días en Cuba de lo que el Gobierno anunciaba.

Simulando estar libre del cáncer, Chávez abrió la campaña de las presidenciales con el registro de su candidatura el 11 de junio de 2012, en un acto multitudinario en el que evitó esfuerzos físicos: fue transportado sobre un autobús descubierto, agarrado con las manos a una barandilla, como haría en otros eventos electorales. Con todo, esa noche sufrió extrema fatiga, vértigo, vómitos y visión nublada. A base de morfina (o de fentanilo, un calmante cien veces más potente) para mitigar el extremo dolor y, en ocasiones, de cocaína para combatir su apatía, Chávez trampeó como pudo sus males durante aquellos meses. La mayoría de sus seguidores prefirieron pensar que su comandante ya estaba recuperado, pero para quien quisiera verlo era evidente: el otrora hiperactivo Chávez, esta vez espaciaba sus apariciones electorales, que ya no eran diarias y se limitaban a intervenciones en el tramo final de los actos. Varias veces, en su residencia, perdió la conciencia al término de jornadas algo recargadas. Fue una enorme cuesta arriba, pero Chávez llegó al 7-O.

Cuba y Rusia se pelean por las joyas

Cuba se anticipó a felicitar a Hugo Chávez por su victoria del 7 de octubre de 2012 varias horas antes de que muchos centros electorales cerraran en Venezuela. La premura, como luego veremos, era consistente con la gestión que secretamente desde la isla se hacía del mismo proceso de votaciones. También manifestaba el ansia cubana por celebrar un objetivo que no había sido nada fácil: lograr que Chávez llegara por su propio pie al día de las votaciones. El adelanto electoral de dos meses se demostró decisivo. El 16 de diciembre, cuando hubiera correspondido tener las presidenciales, junto con las elecciones de gobernadores, Chávez estaba en una cama de hospital de la que ya no se levantaría.

A los Castro les importó más que el presidente venezolano pudiera alcanzar el 7-O que la salud misma de su gran hermano bolivariano. Eso se desprendía de las discusiones en el seno del equipo médico recogidas en los informes de inteligencia. Revelaban tensión entre los médicos cubanos, con un interés más cortoplacista, y los especialistas rusos, menos sujetos a la agenda política del día a día. Ambos grupos, en cualquier caso, seguían la estrategia geopolítica de sus respectivos países: Cuba mantenía con fuerza su adquirido control sobre la voluntad de Chávez, sin aceptar que este se saliera de su ámbito de dominio; Rusia cuestionaba que el presidente venezolano recibiera atención sustancial en La Habana e insistía en que fuera tratado en Moscú. Eso habría trasladado de una capital a otra el peso en la gestación de la era post-Chávez.

Es evidente que Cuba se jugaba mucho más en esto, por lo que pujó más fuerte, aprovechando además la resistencia de Chávez a alejarse demasiado de Venezuela, por el temor a ver mermado el ejercicio de un poder que nunca había sabido ni querido compartir o delegar. Moscú suponía garantías de mejores instalaciones sanitarias, pero en La Habana Fidel sabía cómo arropar emocionalmente al paciente. En esa etapa de transición, el octogenario revolucionario se habría dedicado a ganarse aún más a Chávez, mientras su hermano Raúl, menos dado a sentimentalismos, se habría concentrado en armar la sucesión al frente de Venezuela.

Nada más detectarse el cáncer, el presidente ruso, Dimitri Medvedev, entró en contacto con Chávez para poner a su disposición la medicina rusa más avanzada y le ofreció enviar su propio avión presidencial para trasladarle a Moscú. También la presidenta brasileña, Dilma Rousseff, le garantizó confidencialidad si se decidía a ingresar en el Hospital Sirio Libanés de Sao Paulo, que tan efectivo se había demostrado en combatir el cáncer de laringe del expresidente Luiz Inácio Lula y el cáncer linfático padecido por ella misma. En ese tira y afloja, los rusos insistían en que el Cimeq de La Habana no reunía las condiciones requeridas para ocuparse del complejo tumor de Chávez, y sugerían que, de no querer dejar el continente, al menos el mandatario venezolano marchara a Brasil. Pero Cuba fue inflexible en su negativa a ceder influencia sobre Chávez en esas circunstancias tan especiales. La posibilidad de un viaje a Moscú, que podía ser presentado ante la ciudadanía como la materialización de una visita oficial que meses atrás se había anunciado sin fecha, se mantuvo en la agenda presidencial hasta finales de noviembre de 2011. Chávez canceló esa opción en el último momento y siguió oponiéndose cada vez que después el Kremlin la volvió a sugerir.

La pugna entre Cuba y su antiguo protector por los términos de la *herencia* de un Chávez aún con vida fue grotesca. Temeroso el propio enfermo de que, como había ocurrido con el declive de los presidentes de Libia, Muamar Gadafi, y de Siria, Bashar al Assad, los bienes controlados por el Gobierno venezolano fuera de sus fronteras resultaran congelados o requisados por otras potencias o por la comunidad internacional, Chávez procedió a reubicar esos fondos. La posibilidad de perder las elecciones, especialmente si Chávez no conseguía llegar a las urnas, y tener que buscar una salida anticonstitucional para permanecer en el poder hacía temer que la Unión Europa o Estados Unidos pudieran imponer sanciones y echar mano sobre bienes venezolanos en el mundo.

El precedente libio era especialmente preocupante, pues la coalición internacional formada para hacer frente a Gadafi entregó a los rebeldes el control de fondos que el país tenía en el exterior, algo que también podía ocurrir en un escenario así en beneficio de la oposición venezolana. Ideal era, pues, situar los bienes en bancos e instituciones financieras que quedaran fuera del alcance potencial de las sanciones del Tesoro de Estados Unidos o de la Unión Europea. De acuerdo con este plan, reservas de divisas y de oro, muchas guardadas en bancos ingleses, fueron transferidas a Cuba, Rusia, China y Brasil, según apunta un anterior alto cargo del Ministerio de Finanzas. Con ello, además, se garantizaba que algunos suministros se seguían aportando, como los provenientes de la industria de defensa rusa. Con oro venezolano en custodia, Rusia no dejaría de entregar armas incluso en el supuesto de que el sucesor de Chávez no tuviera solvencia para afrontar pagos. Algo así pasó con la República de España en 1936, que entregó oro a Moscú para asegurarse apoyo armamentístico durante la guerra civil. Ese oro se gastó y ya no volvió.

Cuba y Rusia divergían ligeramente en su interés sobre el poschavismo. Para los cubanos, que con la enfermedad de Chávez habían transformado el vínculo bilateral de *Venecuba* en *Cubazuela*, lo esencial era garantizar que la desaparición del líder venezolano no supondría volver a una relación que, aunque pudiera seguir siendo estrecha, no tuviera a Cuba como elemento predominante. Para los rusos lo prioritario no era que el sucesor de Chávez siguiera el *diktat* de Moscú, algo que tampoco había ocurrido previamente, sino preservar las ventajas comerciales logradas: que un nuevo Gobierno no revisara las cláusulas de explotación petrolera de compañías rusas en Venezuela, y que el estamento militar no se orientara hacia la industria militar estadounidense, sino que siguiera comprando a Rusia su equipamiento. Eso era algo que durante gran parte de la convalecencia de Chávez gestionó directamente Igor Sechin, viceprimer ministro de Putin y durante mucho tiempo hombre fuerte de la petrolera estatal Rosneft, a la que volvió después.

Esos distintos planteamientos de fondo generaron discrepancias entre los médicos de uno y otro país que atendían a Chávez. Ambos grupos se las tenían que ver con un paciente personalmente complicado. «Está cada vez más irritable, pierde los estribos con frecuencia y ve conspiraciones por todas partes», decían los informes de inteligencia, que incluían otras consideraciones de ese tipo: «mantiene su comportamiento errático en relación al cuidado al que ha de someterse»; «los médicos se quejan de que Chávez continuamente desobedece sus instrucciones». Además de negarse varias veces a realizarse pruebas o recibir tratamientos, hubo momentos en que el enfermo se obstinaba en decir, contra toda evidencia, que estaba limpio del cáncer. Refutaba el resultado de los análisis y acusaba «con enfado a los médicos de cobardía e incapacidad de creer en su recuperación». Pero fuera del común esfuerzo por hacer frente a la escasa cooperación del paciente, los dos componentes nacionales principales del equipo médico internacional manifestaban una prioridad diferente.

Especial confrontación, un «acalorado y prolongado debate», se produjo a raíz de la primera recaída de Chávez, a comienzos de 2012. Los rusos urgían a una operación inmediata que extrajera completamente el tumor y alargara la vida del presidente. Los cubanos preferían una intervención menor que no sacara al candidato de la campaña electoral. Chávez se alineó con esta última posición. «El presidente rechaza completamente una operación y proclama que primero es ganar las elecciones, después su salud, y se declara dispuesto a sacrificar su vida por ese objetivo». Realizada solo una biopsia quirúrgica, conforme avanzaron las semanas se determinó que Chávez podía sobrepasar el 7-O, por lo que el equipo médico fue entonces unánime en apostar por medidas de apoyo a corto plazo para que el candidato pudiera tener cierta actividad en la campaña electoral, dejando para después una terapia más invasiva. Entre esas medidas terapéuticas estuvo el engaño. «El Gobierno cubano no está siendo completamente sincero con Chávez y su entorno sobre el estado de la enfermedad, prefiriendo pintar un cuadro excesivamente optimista sobre los resultados del tratamiento que dé fuerza psicológica a Chávez». Un engaño mayor estaba por llegar.

«Se derrumbó emocionalmente»

El domingo 7 de octubre de 2012 por la noche el Consejo Nacional Electoral venezolano proclamó la victoria de Hugo Chávez. Al día siguiente, el presidente llamó a Rafael Isea. «Vente el día 10 para acá», le pidió. En la cita en el Palacio de Miraflores Chávez le anunció que en las elecciones a gobernadores de dos meses después no debía presentarse a la reelección como gobernador del estado Aragua. Ese lugar lo reservaba a Tareck el Aissami, hasta entonces ministro de Interior y persona que se había alineado con Maduro. «A ti te necesito conmigo», le dijo, ofreciéndole un vago consuelo que difícilmente podía consumar. «El sabía que se moría, pero yo acepté, porque no me quedaba otra. El presidente estaba cabizbajo, hasta me dijo aquello con pena», rememora Isea, convencido de que Chávez no hacía ya más que ejecutar el designio trazado por La Habana.

Rafael Isea había considerado a Chávez como a un padre y tenía un trato de hermano con sus hijas, pues desde muy joven estuvo cerca del comandante. Contaba con solo 23 años cuando participó en el golpe del 4 de febrero de 1992, que en Caracas lideró el futuro presidente. Nacido en Maracay (Aragua), segundo de cinco hermanos en una familia de pocos recursos, Isea se graduó en la Academia Militar en 1989. Ese año tuvo lugar el Caracazo, una gran protesta popular que la estrenada segunda presidencia de Carlos Andrés Pérez sofocó a sangre y fuego. Desencantado del sistema de partidos del *puntofijismo* Isea se enroló en el Movimiento Bolivariano Revolucionario 200 (MBR-200) puesto en marcha por Chávez. La seducción del liderazgo temprano de este entre sus compañeros de armas y entre nuevas generaciones de suboficiales, junto con la precariedad económica familiar, llevó al joven a implicarse en el golpe de 1992. «La familia te decía, ¿es que no vas a hacer nada por arreglar esto? Uno no podía quedarse con los brazos cruzados». Así justifica Isea aún hoy aquel inconstitucional 4-F.

Cuando Chávez salió de la prisión de Yare en 1994, Isea se desempeñó como su asistente hasta la victoria electoral de diciembre de 1998. Con el arranque del nuevo Gobierno ejerció de asesor en el Ministerio de Planificación y Desarrollo y al año siguiente pasó a asistente ejecutivo del presidente. Chávez veló por su formación económica, enviándole en 2001 a Washington como consejero por Venezuela en el Banco Interamericano de Desarrollo (BID), para elevarlo más adelante, en 2006, a viceministro de Finanzas y presidente del Banco de Desarrollo Económico y Social (Bandes). En 2008 le nombró ministro de Finanzas. Desde esas posiciones Isea fue testigo privilegiado –y actor– de las muchas irregularidades financieras en que incurría el chavismo.

Para los chavistas de primera hora como Isea el cáncer del presidente significó un doble golpe. Además del normal dolor por el desmoronamiento físico y anímico de alguien a quien estimaban, el declive de las capacidades de Chávez supuso la progresiva postergación de la vieja guardia y su sustitución en el entorno presidencial por dirigentes de obediencia cubana. «La enfermedad fue nuestra mayor desgracia. Chávez tuvo ya antes relación con los cubanos, pero había mantenido su autonomía. Cuando cayó enfermo depositó toda su confianza en ellos, para que le curaran, y los cubanos tomaron control político de él», explica Isea.

Cuenta que cuando Chávez tuvo su primera recaída, en febrero de 2012, «se derrumbó emocionalmente». «Tenía mucho miedo a la muerte. Lloraba, se deprimía». Las sesiones de quimioterapia le anulaban y el dolor le consumía. «Los cubanos comenzaron a ejecutar el proceso de transición con meses por delante. Suponemos que ya entonces le dijeron a Maduro 'tú eres el elegido', y fueron avanzando posiciones, zas, zas. Al final Chávez ya no tomaba las decisiones». En La Habana habían sopesado varios nombres, ninguno de ellos con liderazgo personal fuerte, condición necesaria para garantizar su docilidad. Tiempo atrás habían formado intensamente a Elías Jaua, y al declararse el cáncer también examinaron una salida *a la cubana*, con Adán Chávez, el hermano mayor del presidente, exministro y gobernador de Barinas, como sucesor. Al final el elegido fue Maduro, quien, como luego se sabría, se había formado en Cuba a finales de la década de 1980 y había siempre mantenido relación con dirigentes de la isla.

Desde las presidenciales, mientras Maduro pasaba tiempo en Cuba con el convaleciente presidente, del que no se separaba, en Caracas los cambios los operaba Elías Jaua, de momento vicepresidente y luego canciller. Gobernadores chavistas, ministros y el resto del entorno presidencial fueron privados de los teléfonos encriptados de acceso al jefe del Estado. Requerida una operación de urgencia, que tanto había postergado y de la que podía no salir con vida, Chávez regresó brevemente a Caracas la noche del 7 de diciembre de 2012 para dejar *atada* su sucesión. Al día siguiente, en cadena de televisión, sentado a una mesa en Miraflores entre Maduro y el presidente de la Asamblea Nacional, Diosdado Cabello, dejaba a aquel como sucesor en caso de que la inmediata intervención quirúrgica a la que iba a someterse no tuviera éxito. Isea pudo verle ese día. «La última vez que le vi fue ese 8 de diciembre. Estaba muy golpeado, pero se le veía fuerte. Su hija María Gabriela habló con un médico venezolano, que le dijo: 'aconseje a su papá que no se opere, que muera tranquilo', pero los cubanos insistieron en la operación. Controlaron el proceso de su muerte. Para dominar su legado, había que apagarle de forma controlada».

La serpiente del chavismo acabó de mudar de piel en los fastos fúnebres de marzo de 2013. Al histórico núcleo chavista, según Isea, ya no le fue permitido tomar la iniciativa de acercarse a Maduro, quien ahora actuaba como presidente en funciones y estaba rodeado por un anillo de agentes cubanos. «Ese día se vio claramente el nuevo poder: ahí, en primera fila, estaban Maduro, Jaua y El Aissami». Maduro se dirigió a Isea: «te vas para Chile», le espetó, claramente desterrándole del firmamento chavista. El *ahijado* de Chávez no llegaría a aceptar la plaza de embajador en Santiago. En lugar de irse para el sur, acabó tomando el camino del norte. En septiembre, empujado por denuncias de corrupción lanzadas por El Aissami, quien le quitó el puesto en la gobernación de Aragua, Isea llegó a Estados Unidos para revelar secretos del régimen.

El dramático testimonio de Isea nos ha hecho avanzar en el relato, pero volvamos ahora al momento de las presidenciales para desde ahí seguir con más detalle lo que ocurrió en esos críticos meses siguientes.

El adiós que se quedó sin foto

Pocos días después de las elecciones del 7 de octubre de 2012 Hugo Chávez tuvo un bajón. El cese del esfuerzo físico realizado para aparecer en actos de campaña y el fin del suministro de una abundante dosis de sustancias que le permitían sostener esa actividad se tradujo en un relajamiento que le dejó postrado por unos días. Los meses de negligencia en el tratamiento del cáncer, no confrontado de modo eficiente, sino *toreado* para al menos poder seguir la campaña, pronto pasaron factura. Como indicaron los informes confidenciales a los que tuve acceso, el 24 de noviembre la salud de Chávez tuvo una brusca caída. Fue incapaz de levantarse de la cama y se quejó de un agudo dolor en el abdomen. La noche del 25 perdió la conciencia dos veces. El 26 vomitó sangre y rechazó comer. El 27 fue llevado a prisa secretamente a La Habana en un avión de la Fuerza Aérea de Cuba. Llegó en condición crítica.

Ese mismo día, un comunicado oficial anunció que se había solicitado permiso a la Asamblea Nacional para que el presidente pudiera viajar a Cuba con el fin de recibir allí sesiones de oxigenación hiperbárica. Puede que Chávez tuviera alguna sesión con ese tipo de tecnología, en realidad no prescrita para combatir el cáncer, aunque puede aplicarse para reparar heridas en la piel provocadas por la radioterapia. Pero el comunicado escondía la recurrencia del tumor. Para el 28 estaba prevista la llegada desde Moscú de un equipo de oncólogos, cirujanos y un biólogo, enviados a La Habana en un avión gubernamental ruso especialmente equipado. El Gobierno tapaba todo eso que estaba ocurriendo. El 29 Nicolás Maduro, elevado ahora a vicepresidente, decía desde Cuba que su superior estaba «muy bien». Y eso es lo que pareció cuando de pronto en la noche del 7 de diciembre se vio a Chávez bajando la escalerilla del avión que le traía a Caracas. Parecía que llegaba ya para quedarse, pero en realidad era una visita para anunciar que se iba, quizás del todo.

El reconocimiento de su estado se produjo el sábado 8 de diciembre, en aquella emisión en cadena que hizo sentado entre Maduro y Cabello. «Ustedes saben, mis queridos amigos, venezolanos, venezolanas, que no es mi estilo un sábado por la noche, y menos a esta ahora, 9:30 de la noche, una cadena nacional (…), pero obligado por las circunstancias me dirijo a ustedes, pueblo venezolano». Aún tardó catorce minutos en dar la noticia: «por algunos síntomas decidimos con el equipo médico una nueva revisión exhaustiva. Lamentablemente, en esa revisión exhaustiva surge la presencia, en la misma área afectada, de células malignas, nuevamente (…) y se ha decidido, es absolutamente necesario e imprescindible someterme a una nueva intervención quirúrgica y eso debe ocurrir en los próximos días. Incluso los médicos recomiendan que fuese ya ayer a más tardar o este fin de semana». Explicó que había pedido ir primero a Caracas, para esa despedida, «haciendo un esfuerzo adicional, en verdad, porque los dolores son de alguna importancia». «Con el favor de Dios, como en las ocasiones anteriores, saldremos victoriosos. Tengo plena fe en ello y como hace tiempo, estoy aferrado a Cristo», dijo, sosteniendo un crucifijo en la mano.

Acto seguido comunicó su testamento político, lo que venía a resaltar la gravedad del momento, por si sus palabras previas habían sido recibidas como un parte más de su salud. «Si se presentara alguna circunstancia sobrevenida que a mí me inhabilite para continuar al frente de la Presidencia de la República, bien sea para terminar los pocos días que quedan [un mes] y sobre todo para asumir el nuevo período para el cual fui electo por la gran mayoría de ustedes, Nicolás Maduro no solo debe concluir el período, sino que mi opinión firme, plena, irrevocable, absoluta y total es que en ese escenario, que obligaría a convocar a elecciones presidenciales como lo manda la Constitución, ustedes elijan a Nicolás Maduro como presidente de la República».

Vistiendo un chándal blanquiazul y caminando con calzado deportivo Chávez se despidió el domingo 9 de diciembre por la noche de sus cuadros políticos y también de los militares. Con estos mantuvo la última reunión televisada. Fue su último discurso en vida, en el que apeló al enemigo exterior –el imperialismo– como receta para seguir galvanizando a sus seguidores. «La revolución está en buenas manos», proclamó, dejando a los militares como garantes del orden socialista bolivariano. «¡Patria, socialismo o muerte!», repitieron ellos. Después, en la rampa cuatro del aeropuerto de Maiquetía estrechó la mano de los dirigentes que habían acudido allí para el último adiós. «¡Hasta la vida siempre!», exclamó con el puño en alto antes de ascender la escalerilla del avión. Una vez arriba se dio la vuelta y gritó: «¡viva la patria!».

Fue una poderosa imagen que, sin embargo, el chavismo no pudo utilizar después. Tampoco podría consolarse con un lirismo como el del registro de enfermedad y muerte y el de la partida de fallecimiento de Simón Bolívar. El contraste entre ambos casos queda patente en las primeras páginas de *El gran engaño* (2014), de Pablo Medina. A los citados documentos sobre el Libertador, copiados al comienzo del libro, siguen las hojas en blanco correspondientes a la expiración de Hugo Chávez: sin fecha oficial de defunción –no existe en el registro– la figura histórica se desvanece; sin elegía datada hoy no puede asentarse la leyenda.

Las que eran las últimas tomas conocidas de Chávez quedaron devaluadas cuando semanas después el Gobierno difundió fotos del enfermo con sus hijas. El hecho de que luego, en los funerales del fundador de la República Bolivariana, esas instantáneas no fueran impresas en carteles para cubrir paredes o repartir como recuerdo, venía a sugerir que fueron trucadas. El régimen se quedó sin arrojo para construir una imagen-mito a partir de esa presunta falsedad, y al mismo tiempo sin poder hacerlo con aquel Chávez que decía adiós desde la puerta del avión, cuando su reloj marcaba ya la madrugada del 10 de diciembre. El martes 11 se estiró en una camilla para entrar en el quirófano y ya no volvió nunca más a levantarse.

Nochevieja en vela

La operación de Hugo Chávez en el Cimeq de La Habana del 11 de diciembre de 2012, la cuarta a la que se sometía, fue especialmente larga. Duró casi siete horas. Fue realizada por un equipo de doctores rusos del Centro Médico Presidencial y del Instituto de Oncología de Moscú, asistidos por colegas cubanos y el apoyo del resto del equipo internacional. La intervención tenía como objetivo remover varios cultivos cancerosos. Hubo una extracción de parte del intestino delgado y los médicos trabajaron sobre la tumoración de un par de vértebras. Para el doctor Marquina, solo una cirugía de espalda explicaría la duración de la operación, y también su urgencia, pues el avance del tumor le estaría causando una compresión lumbar que iba a dejar paralizado al enfermo. En cualquier caso, a Chávez le tocaron la mayor parte de los órganos ubicados en la zona pélvica. Una biopsia realizada durante la operación detectó también células cancerosas en el abdomen y la vejiga. Probablemente ya con antelación se le había practicado una colostomía, para sustituir la evacuación anal. El paciente acabó con ese área del cuerpo totalmente alterada, recogida con una malla, dado que le habían removido también los músculos del abdomen, por prevención. Algunas informaciones indicaron que en esa extracción fue perforada accidentalmente una arteria, lo que provocó una gran pérdida de sangre y alargó alarmantemente la intervención quirúrgica.

Al término de esa difícil jornada, el Gobierno venezolano anunció que el presidente había superado la operación, sin ofrecer otro detalle que el tiempo de duración aproximada de la misma. Un comunicado posterior precisó que en la intervención habían surgido algunas complicaciones, como un sangramiento, y que la recuperación sería lenta. A partir de ahí, casi toda la batalla se centró en los problemas respiratorios de Chávez, provocados por una infección. El 19 de diciembre se le practicó una traqueotomía. En ese momento mostraba retención de líquido en los pulmones e insuficiencia renal. Además llevaba varios días sin que los antibióticos hicieran efecto. El cuadro se complicó aún más para fin de año.

El 31 de diciembre corrieron informaciones de que Chávez había muerto. Hubo fuentes que aseguraban manejar la versión de los servicios secretos colombianos, según la cual la muerte del mandatario habría sido firmada ya por uno de los médicos y por Cilia Flores, procuradora general de la República y mujer de Maduro. En Washington, el Departamento de Estado estaba también al tanto de la posibilidad del fallecimiento, sin que en sus contactos diplomáticos aclarara la procedencia del dato ni la credibilidad que le otorgaba. En una comunicación reservada, Estados Unidos compartió esa información con el Gobierno de España, pero calificándola de rumor que aún no había podido confirmar. Circulaba el dato de que sobre las 5:10 de la mañana se habría producido la desconexión del paciente y que la muerte se habría registrado hacia las 11:00 horas. «Lo de ayer sí fue cierto», escribió a la mañana siguiente en un correo electrónico Mario Silva, conductor de *La Hojilla*, uno de los programas de televisión chavistas más seguidos, donde yo mismo fui vilipendiado varias veces por mis informaciones sobre el caso. «Se nos fue pero lo revivieron, fue una complicación respiratoria sumamente arrecha», continuó explicando Silva, cuyas comunicaciones fueron hackeadas y publicadas más adelante en la prensa.

Fue una Nochevieja intensa en la que periodísticamente no se podía bajar la guardia, a riesgo de que otro colega se adelantara con el *tubazo*. Recurrir a las fuentes habituales no me era posible en ese momento, pues los informes confidenciales sobre la salud de Chávez aquí reseñados siempre me llegaban con algunos días de retraso, siguiendo una cadena que no se podía remontar de modo inmediato.

Por otra parte, si se había producido el fatal desenlace, ¿no era de esperar que el Gobierno venezolano lo comunicara? La falta de un anuncio oficial, no obstante, podía interpretarse como un deseo de esperar al día siguiente, 1 de enero, para hacerlo coincidir con el aniversario del triunfo de la revolución cubana. Con un «Chávez, en coma inducido», que fue el titular por el que finalmente optamos en el diario, entramos en el nuevo año, personalmente sin haber podido seguir la tradición española de comer las uvas.

Con el tiempo algunos mantendrían que en ese momento, o quizás ya desde el 29 de diciembre, Chávez se encontraba en una muerte clínica. El doctor Marquina cree que el dirigente sufrió entonces un derrame cerebrovascular. Otros están convencidos de que en realidad Chávez falleció en ese punto. Es el caso de Leamsy Salazar, quien como jefe de seguridad del presidente estuvo en Cuba y mantuvo esos días una estrecha relación con el entorno familiar de Chávez. «El último día que lo vi con vida fue el 23 de diciembre. Estaba completamente sedado. Hacia el 29 diversos médicos extranjeros firmaron un acta en la que decían que ya no se responsabilizaban de la praxis cubana y se retiraron. El 31 se empeoró. Una enfermera que tenía relación con un escolta nuestro nos dijo después que murió ese día. A partir de entonces el ambiente era de luto; los familiares lloraban. El día 3 de enero nos mandaron a todos para Venezuela, sin que el papá ni la mamá le pudieran volver a ver: los tenían engañados, pero Adán [Chávez] sí sabía la noticia», cuenta. Los cubanos pusieron psicólogos a las hijas para que, a pesar del duelo interno, asumieran la obligación de no manifestar externamente ningún quiebro emocional. A raíz de esas circunstancias, Salazar tiene la convicción de que Chávez murió entonces, pero nunca tuvo completa evidencia. Una cuasi muerte cerebral, manteniendo artificialmente con vida al paciente, podría haber provocado el mismo pesar entre la familia.

El engaño estaba servido. Cortado completamente el acceso a Chávez, los Castro fueron dueños de toda noticia sobre la presunta evolución del presidente venezolano. Yo seguí recibiendo informes, pero mirando hacia atrás ya no es fácil determinar si a partir de ese momento continuaron siendo genuinos o si los cubanos lograron fabricar la información a la que accedían mis fuentes. Desde luego La Habana hizo todo lo posible por cortar la más mínima fuga de información: debía ser dueña de la muerte de Chávez y esta no tenía que producirse, al menos su noticia, hasta poder entronizar a Maduro.

El primer *deadline* político era el 10 de enero, fecha en que Chávez debía juramentar el cargo revalidado en las elecciones de tres meses antes. Al ver que el comandante no se reponía, el Tribunal Supremo de Justicia, de fidelidad chavista, se saltó la legislación y prorrogó en sus cargos al presidente y a los miembros del Gobierno. Eso garantizaba la continuidad de Maduro en la vicepresidencia y le permitía ganar peso para una segunda violación institucional: cuando se anunciara la muerte de Chávez debería estar en condiciones de poder desplazar a Diosdado Cabello como jefe de Estado provisional, pues correspondía al presidente de la Asamblea Nacional hacerse cargo del país hasta la celebración de inmediatas elecciones. Los cubanos temían que Cabello, vetado por ellos como sucesor, aprovechara la interinidad para imponerse como candidato a pesar del testamento de Chávez. En sus aspiraciones, Cabello contó con el posible nacimiento de Maduro en la ciudad colombiana de Cúcuta, lo que le inhabilitaría para la presidencia (nunca se ha mostrado su partida de nacimiento y es muy probable que Cabello la tuviese), pero un órdago de ese tipo se veía neutralizado por la amenaza cubana de hacer público los dossiers de narcotráfico de Cabello.

Las mentiras del Gobierno fueron pasmosas. El Día de Navidad, Maduro dijo en televisión al pueblo venezolano que el presidente había estado caminando y haciendo ejercicios, cuando Chávez nunca se levantó tras la operación, como el propio sucesor admitiría inadvertidamente con el tiempo. En otra ocasión, más adelante, con Chávez más muerto que vivo, Maduro aseguró haber estado despachando cinco horas asuntos de Estado con el mandatario. Los dirigentes gubernamentales estuvieron diciendo que el líder conversaba con ellos hasta que, tras una información que publiqué asegurando que Chávez no podía hablar, tuvieron vergüenza de seguir con esa comedia. Pero acostumbrados al engaño, nunca se sonrojaron, ni siquiera cuando tomaban directamente el pelo a la comunidad internacional.

Maduro leyó en Chile el 28 de enero una carta supuestamente escrita por Chávez dirigida a los mandatarios de la Celac. Lo normal hubiera sido enviar un vídeo o audio grabado, a modo de saludo. Chávez no estaba en condiciones de hacer eso, ni tampoco de escribir o dictar las diez páginas de discurso que mostraba Maduro. Ni siquiera de producir su propia firma con un trazo que era tan seguro y limpio que muchas delegaciones de países no tuvieron más remedio que asumir que era una reproducción, como la que se sospechaba que se había utilizado para nombrar canciller a Elías Jaua el 15 de enero. «Ya está la carta, ya la terminé», decía el mensaje con el que un colaborador de Maduro le enviaba a este el texto leído en Chile. El documento, al que tuvo acceso uno de los confidentes con los que luego contacté, llevaba la firma claramente pegada.

Ante la burda manipulación de la rúbrica de Chávez, Diosdado Cabello temió que Chávez ya hubiera muerto y que la conspiración cubana estuviera gobernando el país, ganando tiempo para instalar mejor a Maduro. Tres días después de la pantomima en la cumbre latinoamericana, el 31 de enero Cabello viajó a Cuba para comprobar que el comandante seguía vivo. Se desconoce si los cubanos le permitieron acceder a la habitación, pero a su regreso de La Habana Cabello corrió entre sus filas que el presidente continuaba en este mundo.

Movido día de San Valentín

Un Hugo Chávez todavía vivo y con cierta capacidad de comunicación es el que refieren otras personas. Nidia Fajardo Briceño, la antigua azafata con la que Chávez había mantenido una de sus relaciones amorosas, asegura que el 14 de febrero, San Valentín, estuvo visitando al enfermo en el Cimeq. Con Nidia, pasado el tiempo, tuve una conversación a través de una persona interpuesta, que mantenía un teléfono en cada oreja, repitiendo mis preguntas a la mujer y transmitiéndome sus respuestas. Contactamos porque a ella le interesaba forzar que la familia de Chávez reconociera como hija de este a la pequeña Sara Manuela, que había sido fruto de la relación entre Nidia y el presidente. Los detalles que me dio acerca de la niña quedaron corroborados con varias fotos de tiempo atrás en las que salían Chávez y Nidia con Sara Manuela, y con la partida de nacimiento de la pequeña. Esos documentos los publiqué en colaboración con Braulio Jatar, director de la publicación *online* venezolana *Reporte Confidencial*. Eso contribuyó a que los Chávez aceptaran formalmente incluir a Sara Manuela en la familia.

La versión de Nidia retrata a un presidente con dificultades para expresarse, con una traqueotomía que incomodaba la interlocución, pero suficientemente consciente para reconocerle a ella. Cuenta que, siendo la fiesta de los enamorados, la margariteña insistió en recordar a Chávez su larga relación y su deseo de matrimonio. Dice que el enfermo le prometió casarse al día siguiente. De ser cierto, habría que tomarlo como una manera de dar largas: no eran circunstancias para una boda. Nidia explica que durmió fuera de la habitación y que al otro día ya no hubo ni siquiera ocasión de apelar a la promesa. Refiere que el día 15 apreció mucho movimiento en la habitación de Chávez y que ya no le fue permitido ver al presidente.

La conversación con Nidia, como he dicho, fue a través de otra persona, por lo que cabe que preguntas y respuestas no se hubieran transmitido fielmente. Tal vez la mujer inventara, fabulando ese episodio del día de los enamorados para reivindicarse como el verdadero amor del comandante. No obstante, las fechas apuntadas coinciden con otra fuente.

Alguien especialmente alto en la nomenclatura chavista, que trabajó estrechamente con Chávez durante mucho tiempo, pero quedaba excluido del personal autorizado en la corte presidencial que los Castro acogían en Cuba, asegura haber tenido información directa sobre las vicisitudes de la enfermedad a través de un par de personas que atendían al paciente. Eso no era fácil, porque había servidores habituales de Chávez que habían sido desplazados por los cubanos. Ayudantes domésticos que habrían podido seguir con su trabajo junto a Chávez habrían informado a ese dirigente que el 15 de febrero Chávez entró en coma, del que ya no se habría recuperado. Esa fuente da como hecho que al día siguiente la mayor parte del equipo médico internacional abandonó Cuba. Tiene la convicción de que Chávez murió el 17 de febrero, el día antes de que el Gobierno anunciara su traslado al Hospital Militar Doctor Carlos Arvelo de Caracas.

Un contacto del 17 por la noche entre Maduro y Roy Chaderton, embajador de Venezuela ante la OEA, que esos meses pasaba temporadas en Cuba como observador de esa organización en las negociaciones que mantenían en la isla el Gobierno de Colombia y la guerrilla de las FARC, avala que ese día pudo haber ocurrido algo. «No solo a los soldados, también a los viejos civiles nos corren las lágrimas de dolor en este momento», exclamó Chaderton en la comunicación, obtenida por uno de mis informantes. «Yo soy parte de esos civiles», le respondió Maduro. Sin embargo, ese intercambio no apunta unívocamente a un fallecimiento. Los comentarios también pudieron producirse ante una decisión de trasladar a Venezuela al paciente, ya definitivamente desahuciado y de muerte inminente.

El dirigente que abona la tesis de que murió ese día basa su suposición en que ya nadie le comentó luego haber visto a Chávez y en que en la zona reservada del Doctor Carlos Arvelo jamás se apreció actividad médica. Sostiene que el cuerpo muerto del presidente fue trasladado en avión ambulancia a la capital venezolana con máscara de oxígeno y sondas, para simular que seguía con vida, y llevado por agentes de inteligencia cubanos disfrazados de enfermeros. De la logística de recepción en Maiquetía, en la madrugada del día 18 de febrero, se encargó un equipo designado por Diosdado Cabello. La llegada se gestionó al margen de la dirección del aeropuerto, con muchas luces apagadas y sin la presencia del personal de guardia.

También Leamsy Salazar, jefe de seguridad de Chávez, estuvo esa madrugada en Maiquetía. Vio el cuerpo y concluyó que era el cadáver del presidente. Le pareció que no estaba bien preservado, aunque de llevar muerto mes y medio y no estar embalsamado lo normal es que para entonces estuviera más descompuesto. También podía ocurrir que quien iba sobre la camilla fuera otro individuo, vivo o difunto, pues nadie pudo examinarlo de cerca, dado que todos los que rodeaban al presunto paciente eran cubanos, como confirma Salazar.

De ser una simulación de traslado, se habría hecho a la espera de una oportunidad para anunciar que el presidente había juramentado finalmente el cargo en un acto sin público celebrado en el Hospital Militar, aunque no fuera cierto. Eso habría permitido falsificar la ratificación de Maduro como vicepresidente, que de momento ejercía esa función por una ficción jurídica. De hecho, la difusión el día 15 de febrero de las fotos aparentemente trucadas de Chávez con sus hijas habría tenido como misión dar la impresión de un presidente en condiciones físicas para al menos jurar el puesto. Al margen de la situación real de Chávez, el Tribunal Supremo estuvo recogiendo las firmas de sus miembros para testificar sobre una juramentación a la que ninguno había asistido, como yo mismo desvelé.

Ni la máxima autoridad militar del hospital pudo entrar en la novena planta, custodiada por cubanos, ni empleados del centro vieron nunca que de ella saliera basura. En eso abunda el periodista Nelson Bocaranda, quien afirma que ni siquiera la familia de Chávez subía a verlo. Pocos familiares fueron allí y cuando iba alguna de sus hijas no consta que accediera al lugar custodiado por cubanos. «Sus hijas no subían; tampoco Maduro y eso que en ocasiones decía que acababa de estar con él. Se iban para arriba, pero no llegaban a la novena planta; esperaban un tiempo y volvían a bajar», cuenta. Otra rareza es que Evo Morales, probablemente el mandatario latinoamericano más caro a Chávez, llegó al hospital el 20 de febrero y no se le autorizó ver al enfermo. Además, solo uno de sus familiares, su hija María Gabriela, asistió el 1 de marzo a la misa celebrada en la capilla del centro, ofrecida por el restablecimiento del jefe del Estado. Era algo sorprendente ante lo fetichistas que con el culto son muchos venezolanos cuando se trata de clamar al Cielo por la salud de un ser querido.

Con ser sospechoso todo eso, Bocaranda confía en que en este punto sus informantes tuvieran igual de razón que al principio de la enfermedad de Chávez, aunque muy probablemente ninguno de ellos tuvo evidencia personal y directa de que el comandante, vivo o muerto, estaba realmente en el Hospital Militar. Al periodista venezolano le asegurarían, una vez anunciado el 5 de marzo el fallecimiento de

Chávez, que este fue desconectado ese día sobre las once de la mañana, calculando que tardaría un par de horas en morir y así el tránsito podría coincidir aproximadamente con la hora del fallecimiento de Simón Bolívar, finado el 17 de diciembre de 1830 a las 13:03 horas. El proceso habría sido interrumpido, conectando de nuevo al moribundo a la asistencia mecánica, para dar tiempo a la intervención televisada que estaba realizando Maduro, en la que acusó a Estados Unidos de haber inoculado el cáncer a Chávez y adoptaba ya el tono sombrío con el que por la tarde comunicó la desaparición del mandatario. Desenchufado de nuevo, el líder habría muerto, según el dato oficial, a las 16:25 horas. Una variante es la que le llegó al doctor Marquina, a quien una fuente le explicó al final del día que el presidente había fallecido a las 12:25, pero que se había ofrecido como hora oficial el momento en que sus hijas dejaron la habitación, tras un tiempo reservado para que velaran al recién fallecido.

Final de novela de intriga

¿Y si no fue ni una cosa ni la otra? La verdad es que el lenguaje corporal de Nicolás Maduro y de quienes le acompañaban en el anuncio televisado decía muchas cosas. Ninguno de los militares o ministros que estaban de pie junto al vicepresidente, mirando a la cámara desde un rincón de honor de la entrada del hospital, mostraba la afectación que se esperaría por la noticia de que en aquel momento y allí mismo había muerto el carismático líder. Varios de ellos se giraron hacia Maduro, como si estuviera exagerando, cuando la voz le comenzó a temblar. El ministro de Información, Ernesto Villegas, consultó varias veces su reloj como si aquello no fuera con él. O Chávez no estaba allí o había llegado muerto a Caracas… Aunque también cabe la explicación de que para todos ellos el comandante, a quien no veían hacía tiempo, comenzaba a ser ya para entonces una figura lejana. Probablemente la mayoría no sabía absolutamente nada y a estas alturas todos desconfiaban ya de cualquier versión oficial que pudiera darse.

En la víspera del anunciado traslado de Chávez el 18 de febrero al Hospital Militar, el equipo médico que había venido tratando a Chávez quedó desmantelado del todo, por lo que se rompió la cadena de información que había permitido elaborar los informes confidenciales que me habían llegado a lo largo de más de un año. Si ya en los dos últimos meses las informaciones podían quizá ser menos fiables –los cubanos habían hecho cada vez más hermético el caso–, los datos que obtuve en esas dos semanas finales eran confusos. Se hablaba del retorno a Venezuela, pero el transporte habría sido a «su instalación médica secreta en la isla», expresión que siempre había hecho referencia a La Orchila, en cuya residencia presidencial, como ya se ha explicado, Chávez había recibido previamente algunos tratamientos. Pero después los informantes, que apuntaban a un rápido crecimiento del cáncer en el pulmón izquierdo, creían que el enfermo había sido llevado de regreso a Cuba el 1 de marzo, y que murió allí en la noche del 4 al 5 de marzo, horas antes del anuncio oficial.

En el momento de escribir estas líneas sigue siendo imposible saber cuál es la versión verdadera: que Chávez falleciera en Cuba entre el 29 y el 31 de diciembre de 2012; que lo hiciera el 17 de febrero de 2013, el día antes de su traslado oficial a Venezuela; que la muerte ocurriera en el Hospital Militar de Caracas el 5 de marzo como dijo el Gobierno o que expirara esa fecha pero en Cuba. Lamento defraudar a quienes lógicamente al llegar aquí esperaban encontrar la solución del acertijo. Este capítulo termina como esas novelas que ofrecen varios finales alternativos, que se dejan a elección del lector.

Por los datos aquí expuestos, personalmente me cuesta creer que Chávez dejara de existir a final de 2012 y me inclino a pensar que siguió con vida, otra cosa es en qué condiciones, al menos hasta mediados de febrero de 2013. Pero es solo una apuesta. En cualquier caso, parece probable que falleciera en la patria de Fidel y es posible que su cuerpo no fuera trasladado a Caracas hasta que se anunció su defunción. Tuve informaciones, imposibles de confirmar, que indicaron que el cadáver de Chávez pudo llegar de Cuba el 5 de marzo por la noche y ser transportado a la morgue del Hospitalito, en el recinto de Fuerte Tiuna, donde está la Academia Militar. Habría permanecido ahí hasta el momento de hacer un *cambiazo* de ataúd cuando el cortejo fúnebre llegó al sótano de la Academia, antes de subir a la capilla ardiente. No fueron las únicas fuentes que indicaron que el féretro paseado durante más de siete horas bajo el calor de Caracas e inmerso en un baño de multitud iba vacío. El régimen utilizaba a placer el sentimiento de miles de ciudadanos, con un engaño último que coronaba todo el teatro de los últimos meses.

Sea cual sea la opción que se escoja como final de esta historia, he aquí un hecho que señala bien quién dirigía la tragicomedia: el 5 de marzo temprano, a eso de las 7 de la mañana, fue interceptada una comunicación de La Habana dirigida al Palacio de Miraflores. En ella se anunciaba la muerte de Chávez. ¿Acababa de producirse en Cuba, era la orden de desconectarle en Caracas o la luz verde para hacer público un óbito ya ocurrido con antelación? Los Castro comandaban, como lo harían en la campaña electoral que inmediatamente se abría.

3

«ES VERDAD, AÑADIMOS VOTOS FALSOS»
El fraude electoral

L as computadoras secretas de los chavistas lo indicaban bien claro. A las seis de tarde, la hora en que en ese 14 de abril de 2013 debían cerrar los centros electorales en Venezuela, las presidenciales las había ganado Henrique Capriles Radonski. Suya era la banda tricolor que, no obstante, al final de un proceso amañado, se acabaría poniendo Nicolás Maduro. Un sistema informático paralelo al oficial permitía al chavismo saber en tiempo real a lo largo del día la evolución del voto y le facultaba conocer el número de votos falsos que debía producir para girar el resultado. Eso ocurría en el marco de un proceso completamente electrónico, como es habitual en Venezuela, y con la complicidad de quien debía ser su árbitro, el Centro Nacional Electoral (CNE). Gran parte de la trampa se gestionó desde Cuba.

A las diez de la mañana, Diosdado Cabello se personó en la sede del Ayuntamiento de Caracas, en el municipio Libertador. El número dos del régimen acudió con su jefe de seguridad, Leamsy Salazar. Ambos subieron a la planta del despacho del alcalde y se encaminaron a una dependencia próxima. Allí se había instalado una sala de seguimiento informático electoral considerada *top secret*. De acceso absolutamente restringido, en ella solo se dieron cita Cabello y Jorge Rodríguez, alcalde caraqueño y gran mago del engaño electoral chavista. También estuvo la hermana de este, Delcy Rodríguez, luego nombrada titular de Exteriores, y el vicepresidente Jorge Arreaza, quien fue convocado allí de urgencia por la tarde cuando hubo que acelerar el golpe electoral.

En la sala, dispuestos en forma de U, había veinticuatro monitores, uno por cada estado venezolano, más uno central que totalizaba los datos de todo el país. El alto grado de reserva limitaba a uno o dos técnicos el personal a cargo del manejo de los aparatos. Testigo ya de unos cuantos secretos del chavismo, Salazar se dio cuenta desde el primer instante de lo irregular de la situación: en las pantallas de los ordenadores estaban apareciendo los votos que iban logrando en cada momento Capriles y Maduro. Eso ni siquiera podía conocerlo el CNE, dado que las máquinas electrónicas de votación solo se conectaban en red al final de la jornada electoral para transmitir los resultados. Pero esas máquinas, que tienen capacidad de comunicación bidireccional como han dicho las auditorías, durante el día podían transmitir datos o recibirlos de modo inalámbrico.

Los centros electorales habían abierto a las seis de la mañana y en pocas horas el candidato de la Mesa de la Unidad (MUD) había cobrado ya buena delantera. Hacia las 11.30 horas Capriles, líder además del partido Primero Justicia y gobernador de Miranda, tenía una ventaja de cuatrocientos mil votos, según vio Salazar. Aunque el militar llevaba poco tiempo a las órdenes de Cabello –había estado asignado a Hugo Chávez hasta el funeral del comandante un mes antes–, podía calibrar el grado del creciente nerviosismo del presidente de la Asamblea Nacional, compartido por quienes le acompañan en la sala. Refiere que les veía usar un teléfono encriptado para hacer llamadas al CNE. El puesto de mando de Libertador coordinaba centros de totalización parciales distribuidos por el país, desde donde se podía operar sobre las mesas electorales de cada zona.

El día pasaba y la perspectiva de la derrota estaba haciendo enfurecer a la cúpula chavista. «Maldita sea, ¿vamos a permitir que esta mierda de elecciones las gane este *marico el coño* de Capriles?», preguntó Cabello, mirando alrededor. Salazar cuenta que entonces los dirigentes del Partido Socialista Unido de Venezuela (PSUV) hicieron una reunión de urgencia, a la que luego se sumó el vicepresidente Arreaza. Las gestiones para alterar la situación habían producido algún efecto, pues al apurar el chavismo sus prácticas de coacción del voto y de movilización forzada de electores la distancia se había podido reducir. Pero hacia las cuatro de la tarde Capriles seguía arriba, según nuestro testigo, por 220.000 votos. Había entonces que romper la baraja.

«Es cuando ese día se cayó el sistema de internet. Al poco salió en público Arreaza anunciando que había habido un problema con internet y que se estaba arreglando. Cuando se restituyó el servicio las pantallas de las computadoras comenzaron a revertir la situación: iban llegando más votos para Maduro». El clima cambió en la sala y los jerarcas chavistas empezaron a reírse cínicamente. «Estabas cagado, ¿verdad?», se tomaban el pelo entre ellos. Al final de la noche, el CNE proclamó vencedor a Maduro por una diferencia de 223.599 votos: le atribuyó 7.587.579 (50,6 por ciento), frente a los 7.363.980 de Capriles (49.1 por ciento). ¿Qué había pasado?

Salazar aduce que la caída de internet fue provocada para descargar el tráfico en la red telefónica y así poder manejar con mayor garantía el complejo volumen de datos que alimentaba el sistema informático paralelo del PSUV. Era vital saber el reparto del apoyo con que se encaraba el final de las votaciones, pues la producción de votos falsos a gran escala requería una distribución que no chocara en exceso con la tendencia que se registraba en cada mesa. Había que agotar la bolsa de votos de personas con cédulas de identidad falsas y transmitir órdenes a los miles de agentes chavistas repartidos por los centros electorales para la emisión de votos falsos. Bajo mano, el CNE había entregado a activistas del partido el mando técnico de las máquinas de votación y de otros procesos clave de la jornada.

Para esa operación final el chavismo necesitaba tiempo, así que poco antes de las seis de la tarde, cuando debían cerrar los centros electorales, el CNE anunció que prorrogaba el horario hasta las ocho allí donde se necesitara. El vuelco se dio en ese tiempo supletorio.

Además, la sospechosa práctica del CNE de no dar resultados hasta que, una vez ya ultimados, hubiera una «tendencia irreversible» servía para tapar movimientos hechos a última hora. También la proclamada victoria de Chávez sobre Capriles de medio año antes se consumó hacia el final de la jornada.

Máquinas bidireccionales

El testimonio de Salazar coincide con las averiguaciones hechas por varios expertos. Umberto Villalobos, de la empresa venezolana de estudios electorales Esdata, ha podido anotar las horas en las que cada centro electoral envió esa noche sus resultados al CNE, de acuerdo con el acta impresa por las máquinas de votación. Esos datos arrojan una gráfica en la que se ve cómo los votos para Maduro fueron más abundantes en los centros que demoraron su cierre, con un inexplicable pico, del todo anómalo, especialmente pronunciado entre las 19.30 y las 20.05 horas. El guardaespaldas de Cabello confirma que cuando el 75 por ciento de los centros electorales habían enviado ya sus resultados, Capriles seguía estando en cabeza. Fue en los centros que remitieron más tarde su escrutinio donde se produjo el repentino cambio de tendencia.

¿Eran votos de electores reales, se debían a dedos anónimos que indebidamente le daban a las máquinas de votación (llamémosle *voto plano*) o se habían generado electrónicamente desde un lugar remoto (*voto virtual*)? Eso es algo que Salazar no puede precisar. Era la primera vez que acudía a la sala secreta de seguimiento electoral del PSUV, dado que en anteriores procesos electorales había permanecido junto a Chávez y este delegaba la supervisión en otros dirigentes, así que le faltaba información para atar cabos. Pero no le cupo la menor duda de que durante aquella jornada estaba presenciando un colosal pucherazo.

La respuesta a la pregunta está en las pruebas obtenidas por los especialistas en seguridad informática Anthony Daquin y Christopher Bello. Daquin trabajó para la agencia de cedulación de Venezuela, en los comienzos de la manipulación chavista del sistema de identificación. Bello participó en una auditoría del sistema de votación venezolano llevada a cabo entre 2011 y 2012, en la que detectó graves anomalías. Ambos concluyen que en el censo –el Registro Electoral Permanente (REP), que el CNE niega a la oposición– hay 1.878.000 electores más que el número de las personas mayores de 18 años incluidas en el registro oficial de identificación. Así, el chavismo utilizaba ese volumen de votantes con varias cédulas de identidad (o extranjeros cedulados de modo informal) como colchón para modular sus victorias. Además, en su supervisión del instrumental Bello comprobó que las máquinas de votación tenían cuatro BIOS (Basic Input Output System), lo que suponía una complejidad mayor de la necesaria y facilitaba la comunicación con dispositivos externos. Esa conectividad habría hecho posible tanto el conteo del voto como la emisión de voto plano.

El corte de internet y de suministro de energía eléctrica en ciertos lugares también fue propiciado por la cúpula del PSUV para hacer frente a un ataque recibido en su sistema informático paralelo. Jorge Rodríguez dio la voz de alarma públicamente al ver cómo una operación de hackeo antichavista estaba dañando información del REP –el listado de votantes– con el objetivo de eliminar nombres repetidos u otros rastros de electores ficticios. Eso posiblemente había evitado que cerca de novecientas mil identidades falsas tuvieran capacidad de votar. Restaurado el servicio de internet quizás parte de esos votos pudieron emitirse, pues durante el apagón el chavismo logró colocar un duplicado tomado de su sistema de respaldo, pero la hora de cierre se estaba echando encima. Entre las seis y las ocho, Maduro recibió más de seiscientos mil votos, un volumen que materialmente no era posible sumar mediante el procedimiento natural de votación. Una parte importante tuvo que ser mediante voto plano.

La emisión de un monto tan grande de votos en escaso tiempo lleva a Umberto Villalobos a pensar que el giro final se debió al voto digital, cuya existencia siempre se temió: la posibilidad de que desde un servidor central se cambiaran los dígitos de las totalizaciones. En su opinión, las anomalías registradas en esa totalización obedecieron a complejos modelos de cálculo que no podían más que haber sido ejecutados por una máquina central. Al ser bidireccionales, en el momento de conectarse en línea para transmitir el resultado electoral las máquinas de votación podrían recibir información que lo modificara: las actas del reparto de votos se imprimían una vez realizada la transmisión del resultado.

Christopher Bello, sin embargo, descarta el voto digital y justifica que toda la ejecución fue física. Su experiencia muestra que el esfuerzo del fraude se centró en origen, alrededor de cada una de las mesas. Así también parece indicarlo la lógica de toda la movilización del aparato chavista que seguidamente va a describirse. Es posible que el recurso al cambio informático de dígitos quedara como un plan b, reservado para ocasiones en las que no hubiera otra forma de ganar las elecciones; de hecho el procedimiento había ido mutando, perfeccionándose de acuerdo con las necesidades del partido.

Confesión del robo

El robo electoral fue confirmado confidencialmente a Estados Unidos por algunos de los principales dirigentes chavistas. Desoyendo las denuncias de irregularidades hechas por la oposición y la llamada de algunos países y organizaciones internacionales a un recuento que evitara la confrontación nacional, el universo chavista inicialmente cerró filas en torno al electo presidente. Pero solo fue una apariencia. No tardaría en retomarse de nuevo la pugna soterrada entre Maduro y Cabello, y distintos dirigentes oficialistas comenzaron a entablar contactos indirectos con Estados Unidos para limpiar su pasado: por si en un próximo futuro, convertidos en alternativa a Maduro, requerían reconocimiento internacional, o por si al final no tuvieran más remedio que marchar de Venezuela y entonces necesitaran quedar a salvo de órdenes internacionales de captura contra ellos por sus negocios ilícitos.

Hubo encuentros de ese tipo en varias islas del Caribe y también en alguna capital europea. No había pasado ni un mes de las elecciones cuando emisarios de Cabello y del nuevo ministro de Interior y Justicia, el general Miguel Rodríguez Torres (los contactos eran por personas interpuestas, dado el riesgo que suponía hacer viajes al extranjero con ese propósito), reconocían lo que todo el mundo sospechaba.

–«Vale, es verdad. Añadimos trescientos cincuenta mil votos. Las estaciones uno, dos y tres de los centros electorales estaban operados por gente nuestra.

–Capriles nos quitó novecientos mil votos, y habrían llegado a ser dos millones si no llega a haber voto asistido y los demás procedimientos».

Puede que las cifras estuvieran redondeadas, y que ese «añadir» se refiriera solo al voto plano fabricado de forma compulsiva en el último momento. En cualquier caso era una admisión en toda regla de que habían robado la presidencia. «Para ellos no fue fácil decir eso», cuenta una de las personas presentes en el encuentro. «Aunque estuvieran actuando contra Maduro al contactar con Estados Unidos, se resistían a deslegitimar el resultado electoral, porque entonces también quedaba deslegitimado todo posible recambio chavista en la jefatura del Estado. Pero al final se vieron tan presionados para ofrecer signos de disposición a posibles tratos que cedieron ante las insistentes preguntas».

La confesión admitía que novecientos mil votos se les habían esfumado (obra del ataque recibido) y calculaba en dos millones de votos el margen de seguridad con el que el chavismo afrontaba cada elección (el grueso era la identidad falsa). Sirva ese reconocimiento para sonrojo de algunos *acompañantes* internacionales, como los enviados por el Congreso de los Diputados de Madrid, que el día electoral transmitieron beatíficamente su impresión de que todo había transcurrido con normalidad.

No era la primera vez que capitostes del régimen reconocían en privado que los procesos electorales en Venezuela estaban trucados. Eladio Aponte Aponte, magistrado del Tribunal Supremo hasta 2012, año en que escapó a Estados Unidos, revela que así se lo explicó su colega Francisco Antonio Carrasquero, que era vicepresidente de la

Sala Constitucional y previamente había presidido el Consejo Nacional Electoral (2003-2005). También Jorge Rodríguez, que igualmente fue presidente del CNE (2005-2006) y luego dirigió las campañas electorales de Chávez y Maduro, le comentaría a Aponte que el sistema estaba adulterado. «No te preocupes, todo está controlado», asegura que le dijo en una ocasión Rodríguez, en un contexto que no dejaba lugar a dudas sobre el grado de dominio que el chavismo tenía sobre todo el proceso. Algunas de esas conversaciones tuvieron lugar en compañía de otros magistrados del TSJ. En ellas se especificó que el sistema electoral electrónico era supervisado desde Cuba, a través del cable submarino que une esa isla con Venezuela.

Ese cable atraería la atención de un servicio secreto extranjero no estadounidense, que días antes de las presidenciales del 7 de octubre de 2012, a las que se presentaba un Hugo Chávez ya muy enfermo, localizó su punto de entrada en el mar desde tierra venezolana y determinó dónde, a gran distancia de la costa, los buzos debían sumergirse para inutilizarlo. Al final esa operación no fue ejecutada. Sin estar confirmado que la irregularidad electoral estuviera en la creación electrónica –ficticia– de miles de votos desde un servidor central en Cuba, la acusación de sabotaje a un agente externo o a la oposición era un precio que no tenía sentido pagar. El centro de conexión con Cuba estaba en el noveno piso de la torre Banesco de Caracas y los servidores del operativo se encontraban a corta distancia, en el segundo piso de la torre de CANTV, atendidos por personal cubano y venezolano de inteligencia. Que en Cuba conocían directamente la marcha de la votación lo corrobora el hecho de que Raúl Castro felicitara a Chávez el 7-O de 2012 varias horas antes de que el CNE le proclamara vencedor. Una comunicación interceptada así lo puso de manifiesto.

El magistrado Aponte fue testigo ya en las presidenciales de 2006, como Leamsy Salazar en las de 2013, del funcionamiento de la sala situacional desde la que el chavismo controlaba ilegalmente las elecciones. Estaba camuflada en una casa de la urbanización El Placer, en el área metropolitana de Caracas. La casa se encontraba cerca de las instalaciones militares de Fuerte Tiuna, sede el Ministerio de

Defensa, donde estaba instalado el operativo del CNE para recepción oficial de los datos de todos los centros electorales. Aponte había sido convocado en calidad de coordinador de la *seguridad penal* de la jornada electoral. Para ese día, la Sala Penal del Tribunal Supremo de Justicia, que él presidía, había establecido un listado de fiscales de guardia, todos ellos decididamente afines al chavismo, para asegurarse la detención de militantes opositores que con sus denuncias alteraran la votación o para garantizar la libertad de activistas oficialistas que intimidaran a otros votantes. «Había motorizados que ponían a los votantes opositores en fila y les pedían las cédulas de identidad; era para entorpecer su camino al centro electoral y meterles miedo», apunta Aponte, admitiendo que la consigna dada a los fiscales era que dejaran hacer.

«Desde fuera la casa parecía un búnker: estaba completamente cerrada, con un cercado muy potente; nadie desde fuera podía ver lo que ocurría dentro», cuenta Aponte. «Cada par de horas se actualizaban datos sobre cuántos votos llevaba uno y otro candidato y se tomaban decisiones de movilización». Allí estuvieron, entre otros, Francisco Ameliach, jefe de la campaña presidencial de 2006; Diosdado Cabello, número dos del partido, y Jorge Rodríguez, que hasta hacía unos meses había sido presidente del CNE y coordinaba las incestuosas relaciones entre el PSUV y la autoridad electoral. Rodríguez se llevó del CNE a varios ingenieros informáticos que conocían bien las *tripas* del sistema. Cuando en 2008 accedió al cargo de alcalde de Caracas instaló en la alcaldía esa especial sala situacional secreta.

Un psiquiatra en la ingeniería electoral

Jorge Rodríguez fue una persona clave en el proceso de perversión del sistema de voto electrónico en Venezuela. Fue él quien desde el Consejo Nacional Electoral se ocupó de la concesión a Smartmatic, una empresa de reciente creación y apenas conocida en el sector, de la solución integral telemática de todos los pasos de la jornada electoral: votación, escrutinio, totalización y adjudicación.

La automatización del voto en la democracia venezolana fue acordada por ley al final de la presidencia de Carlos Andrés Pérez. Se introdujo de la mano de Indra, una compañía española de innovación tecnológica con cierta experiencia en un campo entonces naciente. En una automatización progresiva, Indra aplicó diversos desarrollos en las elecciones de 2000, convocadas como legitimización de los poderes públicos tras la nueva Constitución aprobada en diciembre de 1999, casi un año después de que Chávez accediera al poder. La Constitución bolivariana alargaba hasta seis años el mandato presidencial, con lo que el nuevo horizonte electoral de Chávez era 2006. Eso daba margen de tiempo al chavismo para preparar su asalto a las máquinas de votaciones, pero el referéndum de 2004 sobre la continuidad del presidente forzado por la oposición aceleró los preparativos.

Médico psiquiatra de formación, Jorge Rodríguez dejó de lado la práctica de esa profesión para meterse en la sala de máquinas de la producción del voto chavista. Con trayectoria de militancia en movimientos de izquierda radical, hijo de un líder marxista muerto en 1976 estando en custodia de los servicios de inteligencia venezolanos, Rodríguez ofrecía garantías de compromiso revolucionario. En 2003 entró en el CNE como uno de sus rectores. Su misión fue la de organizar una nueva licitación para designar la empresa encargada de la completa automatización de las elecciones.

La opción más lógica hubiera sido apostar por la oferta de Indra de ampliar y actualizar su sistema, pues en el pasado ya había instalado en el país siete mil máquinas de votaciones. Al concurso también se presentaban otras dos empresas. Una era Diebold, cuya matriz estadounidense, ES&S, era líder mundial del sector. La otra oferta estaba liderada por Smartmatic, una pequeña firma con sede en Florida, constituida en 2000 por varios jóvenes venezolanos, cuya tecnología nunca se había puesto a prueba en unas elecciones y que ahora se proponía diseñar y construir máquinas de votación con pantalla táctil. Smartmatic se presentaba junto con Bista, una empresa de ingeniería cubana que iba a aportar el software, y con CANTV, el mayor proveedor de telefonía de Venezuela, a quien correspondería la transmisión de los datos. La suma de esos tres nombres había llevado a bautizar la sociedad como SBC. En un proceso de gran rapidez y poca trasparencia, en febrero de 2004 se dio por ganadora de la licitación a SBC.

El nuevo sistema se estrenó con prisa en el referéndum revocatorio del 15 de agosto de 2004, que el presidente Chávez ganó con el 59,1 por ciento de los votos, frente al 40,6 por ciento de quienes pedían su marcha. La sorpresa del resultado, cuando se creía que el chavismo estaba contra las cuerdas, y las estrechas relaciones entre Smartmatic y el Gobierno asentaron las dudas que desde entonces habría sobre la limpieza del proceso en todas las elecciones.

Antes de la adjudicación, sin que se hiciera público, el Estado venezolano había adquirido el 28 por ciento de las acciones de Bista. Tres años después Chávez renacionalizó CANTV. A raíz de esos dos movimientos, y de las sombras sobre la propiedad misma de Smartmatic, se puso en cuestión la independencia de la compañía. Mediante la compra de una empresa estadounidense con mayor experiencia, Smartmatic había comenzado a prestar servicios en algunos lugares de Estados Unidos, pero en 2007 tuvo que dejar de operar en ese país porque la marca estaba contaminada por sus relaciones con el chavismo. Se había sabido, por ejemplo, que en abril de 2005 Smartmatic pagó a Jorge Rodríguez, entonces presidente del CNE, una estancia de lujo en un hotel de Boca Ratón (Florida), dos meses antes de que la autoridad electoral renovara el contrato para las legislativas de diciembre de ese año. La negativa de la oposición a participar en esos comicios, por su completa desconfianza hacia el sistema de votación, permitió que el oficialismo pasara a controlar la Asamblea Nacional y copara aún más las instituciones.

Smartmatic siempre defendió la inviolabilidad de su sistema. Cuando este se estrenó en Venezuela, fue rubricado por observadores internacionales, aunque no se trató de una inspección exhaustiva. La Unión Europea, que elaboró informes en 2005 y 2006, precisó que los encuentros fueron un «foro de discusión entre expertos de los partidos políticos, la sociedad civil y la administración electoral, pero no fueron auditorías».

La automatización del voto tuvo ya un buen rodaje en las presidenciales de 2006, pero un enfado monumental del líder bolivariano llevaría a la enorme sofisticación del operativo electoral chavista visto más adelante. En el referéndum del 2 de diciembre de 2007, las reformas constitucionales planteadas, entre ellas la de permitir ilimitadas reelecciones de presidente, fueron rechazadas por 4,5 millones de personas, frente a los 4,3 millones que las apoyaron. El chavismo quedaba claramente por debajo de los 7,3 millones de votos con los que el presidente había sido reelegido en 2006. «¿Dónde están los tres millones de votos que faltaron?», preguntó a sus colaboradores un Chávez soliviantado, que despachó el triunfo de la oposición como una «victoria de mierda». El líder bolivariano se cobraría la revancha con otro referéndum, en febrero de 2009, que finalmente aprobó las reformas. El toque de atención llevaría a la toma del control de la movilización electoral por parte del Frente Francisco de Miranda y a una mejor coordinación en la violación del proceso mismo de votaciones.

El Frente Francisco de Miranda y las misiones

Bautizado con el nombre de uno de los héroes de la independencia venezolana, el Frente Francisco de Miranda fue creado en junio de 2003 en La Habana por Hugo Chávez y Fidel Castro. Nacía con el propósito de actuar en Venezuela a imagen y semejanza de los Comités de Defensa de la Revolución de Cuba. En diez años llegaría a contar con cerca de veinte mil militantes, llamados Luchadores Sociales Bolivarianos (LSB) y agrupados en mil setecientas Escuadras Bolivarianas Integrales (EBI). Eran cuadros doctrinalmente formados en Cuba para ser la voz de la revolución –y también sus oídos– entre la ciudadanía venezolana.

Esta organización «disciplinada», según proclamaban sus postulados oficiales, surgió ante la necesidad de la revolución venezolana de contar entre la población con actores sociales «sólidos y efervescentes», que contribuyeran a la «consolidación de la unidad cívico-militar» y estuvieran dispuestos a actuar «con vehemencia» frente a amenazas contra la soberanía nacional. Como máximos dirigentes, puestos por el poder cubano en la sombra, figuraron Elías Jaua, que en el Gobierno ocuparía, entre otros, los puestos de vicepresidente y de canciller, y Erika Faría, dos veces ministra del Despacho de la Presidencia con Chávez.

La creación del FFM coincidía con la puesta en marcha en Venezuela de las misiones bolivarianas, algunas de las cuales también nacían con ayuda cubana, como la misión Barrio Adentro, que desde entonces desplegó miles de médicos cubanos en territorio venezolano. Las misiones sociales atendían necesidades específicas de la población con menos recursos, pero no solo respondían a un propósito asistencial, sino también clientelar y de control comunitario. De hecho, al gestionarse al margen de los departamentos ministeriales y financiarse no mediante el presupuesto del Estado sino de Pdvsa, resultaban más una labor de beneficencia, cuyo receptor debía agradecer al benefactor, que un derecho que corresponde al ciudadano. La idea de instaurar el Frente y de lanzar las misiones fue la receta que Fidel Castro le ofreció a Chávez cuando este acudió a Cuba en busca de ayuda para consolidarse en el poder, tras haber sido defenestrado brevemente de la presidencia en abril 2002.

En preparación de las presidenciales de 2012, el año antes Chávez lanzó las Grandes Misiones. A diferencia de la treintena de misiones impulsadas con antelación, muchas de objetivos reducidos y dedicadas a prestar determinados servicios, las grandes misiones ofrecían la posibilidad de sueldos, pensiones o casas a todos los que reuniendo las condiciones requeridas se apuntaban a la lista. Prometían la construcción y entrega de dos millones de viviendas en seis años para familias sin hogares adecuados (Gran Misión Vivienda), beneficios mensuales a familias con ingresos inferiores al salario mínimo y tenían hijos menores o discapacitados (Gran Misión Hijos de Venezuela), capacitación y colocación de trabajadores cualificados (Gran Misión Saber y Trabajo), pensiones a adultos mayores que no pudieron cotizar a la seguridad social (Gran Misión Amor Mayor) y apoyo a los agricultores con créditos y distribución de sus productos (Gran Misión AgroVenezuela). En total tenían una financiación asignada de veintiséis mil millones de dólares, básicamente provenientes de Petróleos de Venezuela.

La esperanza de alcanzar el apartamento o la nevera prometida, o bien de conservar la vivienda pública ya obtenida, era un buen modo de tener cautivo al votante, por el temor a un cambio de gobierno que acabara con esas dádivas o por la extendida desconfianza sobre la confidencialidad del voto. ¿A qué, si no, la insistencia de Chávez a los encargados de los programas de que se alcanzaran los diez millones de personas? A esa cifra se llegó en 2012 entre los beneficiarios de las grandes misiones y el número de funcionarios. En cuanto a estos, Venezuela había pasado de los 1,3 millones en 2002, a 2,4 millones diez años después. Un incremento del 83 por ciento debido a nacionalización de empresas y al estiramiento de la plantilla de Pdvsa. En 2012, casi el veinte por ciento de la población activa de Venezuela eran trabajadores públicos, frente al cuatro por ciento en Colombia o el poco más del ocho por ciento en Perú. Por su parte, las personas apuntadas a las grandes misiones alcanzaban los 7,9 millones un mes antes de las elecciones. Ambos grupos sumados –ser funcionario impedía registrarse en las grandes misiones, y estas eran excluyentes entre sí– suponían un total de 10.392.127 personas.

¿Por qué importaba alcanzar ese umbral? Porque con ello se había creado dependencia sobre la mitad del electorado. Esa cifra total era el 54,9 por ciento del censo (en realidad algo más si tenemos en cuenta que en el registro electoral había 1,8 millones de identidades falsas). Para ganar en las urnas, pues, bastaba concentrarse en llevar a esas personas a los centros de votación. Chávez nunca aspiró a convencer al mayor número de venezolanos posible: su estrategia fue siempre cuidar a las clases sociales populares y pobres, que eran suficiente mayoría para ganar en las urnas, usando además la lucha de clases para galvanizarlas; el suyo era un lenguaje de confrontación. También Nicolás Maduro, cuando en 2015 se lanzó a recoger firmas contra la sanciones impuestas por Estados Unidos contra elementos gubernamentales implicados en abusos de los derechos humanos tuvo como meta alcanzar diez millones de rúbricas. En algunos lugares, a quien firmaba se le regalaba un pollo.

Las grandes misiones se pusieron bajo la coordinación del Ministerio del Poder Popular para las Comunas y Protección Social, creado en 2009 como vehículo para impulsar una red de comunas que con el tiempo pudiera sustituir a la organización tradicional de estados y municipios. Ese Ministerio para las Comunas se ideó como plataforma de expansión de la revolución *a la cubana* utilizando la penetración capilar de los cuadros del Frente Francisco de Miranda. Erika Farías, dirigente del Frente, presidió el ministerio en su arranque, y luego pasó a manos de Elías Jaua. Fue el FFM, utilizando la infraestructura pública del departamento –red informática, instalaciones, directorios, bases de datos…– el encargado de asegurarse durante los meses previos a las presidenciales de que cada uno de los beneficiarios de las grandes misiones iba a votar *rojo rojito*. Quien crea que se hizo con la informalidad característica del Caribe peca de la ingenuidad con que muchas veces se juzgó al chavismo. La milimétrica planificación habría sido merecedora de un máximo premio de alta dirección empresarial en cualquier santuario del capitalismo.

Todo eso estuvo ya en marcha en las elecciones del 7 de octubre de 2012, las últimas a las que se presentó Chávez, y volvió a reeditarse en las del 14 de abril de 2013, con Maduro como candidato tras la muerte de aquel. En esa segunda oportunidad, al tener el chavismo que falsear más aún el proceso, fue más fácil verle las costuras a la trampa. Gran volumen de documentos internos del FFM procedentes de una filtración arrojan luz sobre el *modus operandi* de esa movilización electoral.

Sistema programado desde Cuba

Dos días antes de que en la noche electoral, desde el balcón del Palacio de Miraflores, Nicolás Maduro se comprometiera a voz en grito, como retando, a «que las cajas hablen y digan la verdad» –la promesa de un recuento trasparente de los votos que nunca cumpliría–, desde Cuba se transmitían instrucciones para enmascarar la mentira a punto de manufacturarse en esas presidenciales del 14 de abril de 2013. «Orden de operación N° 004. Instrucciones para el sistema de información. A partir de la información filtrada a los medios de difusión, sobre el uso y manejo del sistema informático electoral y con el fin de proteger los datos que por este circulen, se orientan las siguientes medidas».

La orden, girada desde la sede del Frente Francisco de Miranda, alertaba sobre lo que ese día yo había publicado en *ABC*. La comunicación interna del FFM reproducía el titular utilizado por el diario («el aparato chavista tiene un sistema paralelo pasa saber ilegalmente en tiempo real cómo votan los venezolanos el próximo domingo») y también el primer párrafo de la información publicada: «miles de activistas chavistas, con acceso en tiempo real a los datos de emisión del voto, lo que constituye un claro fraude electoral, intentarán modificar la evolución de la participación en las presidenciales venezolanas del domingo en beneficio propio y en perjuicio de la oposición, con la aparente connivencia del Consejo Nacional Electoral (CNE)».

La transmisión confidencial desde la localidad cubana de Pinar del Río reconocía que el contenido de la noticia describía «en forma detallada y precisa» el sistema informático, paralelo al del CNE, que el Frente Francisco de Miranda utilizaba en las elecciones, conocido internamente como Roque 2. El Frente se declaraba desconcertado sobre «la fuente usada por el emisor del ataque» y requirió a sus miembros el cambio de sus correos electrónicos, dando directrices para actuar con sigilo: apertura de cuentas con nombres que no tuvieran que ver con la organización y cuyos perfiles, para despistar, estuvieran asociados a actividades deportivas, culturales o académicas.

La orden del Frente incluía otra recomendación: «considerando la filtración de información» a los medios, «se debe garantizar que los LSB [Luchadores Sociales Bolivarianos] desplegados no porten indumentaria con símbolos alusivos a la organización». Con ello se pedía a los activistas disimular su presencia el día electoral en los centros de votación, con el fin de poder realizar su tarea sin ser advertidos por observadores que pudieran cuestionar la limpieza del proceso. La cautela no era para menos. Emplazados en miles de centros electorales, los activistas tenían como misión transmitir mensajes de móvil durante toda la jornada electoral para alimentar el Roque 2.

Cada cierto tiempo debían elevar a sus mandos el número de *votos rojos* (Nicolás Maduro) y *votos azules* (Henrique Capriles) que se iban registrando.

No había manera de saber esos datos sin hacer trampa. Los documentos obtenidos no especifican el modo de lograr esa información. Los activistas del Frente podían sacarla de cómplices situados en los puestos cruciales de los centros electorales, pues una segunda operación que se desarrollaba aquel día situaba a otros agentes chavistas al mando técnico del procedimiento de votaciones en los centros, sin que su filiación política fuera públicamente conocida. Militantes del PSUV estaban a cargo del sistema de identificación inicial de los electores, en la entrada de los centros, y de las máquinas de votación, una por mesa. Y eso solo era posible con la complicidad del CNE. Esa adjudicación secreta era algo que vagamente se sospechaba ya entonces, pero documentación detallada examinada posteriormente para la elaboración de este libro certifica que ese despliegue ciertamente se realizó. El chavismo había confeccionado listas que especificaban el militante del PSUV responsable de cada distrito, así como el nombre, el número de identidad y el teléfono móvil de quienes en los diferentes centros iban a ejercer el día electoral de Operadores de Máquinas de Votación (OMV) y de Operadores de Estación de Información (OEI), estos últimos normalmente utilizando máquinas captahuellas.

Quien operaba el proceso de identificación sabía el número de personas que habían entrado en el centro. Si esa información se cotejaba con la obtenida en los llamados *Puntos Rojos*, los puestos del PSUV situados junto al acceso de los centros electorales por los que el chavismo forzaba el paso previo de sus votantes, era posible deducir la cantidad de votos que tenía un candidato y otro. Otra posibilidad es que con la mera identificación electrónica los chavistas podían saber quiénes de sus votantes esperados habían acudido a votar. La información privilegiada, obtenida de todas formas de modo fraudulento, permitía alimentar el sistema electoral paralelo del Roque 2, cuya finalidad primera era el monitoreo y la movilización en esa jornada electoral. Con esos datos, el PSUV podía volcarse en movilizar a sus votantes si cuando se acercaba el cierre de los centros no se estaban cumpliendo los objetivos del llamado 1x10 (cada militante comprometido debía llevar a votar a otras diez personas).

El ingeniero Christopher Bello, dueño de la empresa Hethical de seguridad informática, constató en la autoría que hizo del proceso de Smartmatic que las máquinas de votación podían tener conexión inalámbrica de modo continuo. Dada esa y otras irregularidades se negó a avalar el sistema para no perder la certificación internacional de su empresa y en 2012 abandonó Venezuela por el temor de amenazas. Detectó que a las máquinas se las puede programar sobre la marcha para que durante un determinado periodo generen un voto nulo siempre que se vota por uno u otro candidato. «Yo no puedo agarrar un voto que va para Capriles y ponérselo a Maduro, pero puedo hacer que todos los errores vayan para Capriles», afirma. También asegura que con una computadora personal o incluso con un celular conectados a distancia –en una habitación contigua o en la calle– los chavistas pueden saber permanentemente el conteo que va haciendo la máquina de votación.

Su versión apunta a un tercer operativo, además del despliegue del FFM para alimentar con información el Roque 2 y de quienes se encargan oficialmente del manejo técnico de la identificación y la máquina de votaciones: la existencia de mesas electorales duplicadas o clonadas gestionadas al margen completamente del CNE. Bello dice que estas pueden estar cerca de las mesas oficiales, con la máquina de votación alternativa instalada en una casa próxima o en una unidad móvil. Eso ocurriría en mesas de dominio chavista, sin posible supervisión de elementos de la oposición. Al estar las dos máquinas interconectadas, el voto real producido en la oficial se registraría también en la duplicada, y en esta se podría introducir libremente gran cantidad de voto plano.

Últimos días: control y chantaje

En sus múltiples mensajes diarios desde su sede en Cuba, en la recta final de las elecciones del 14-A, el Frente Francisco de Miranda fue repasando una y otra vez los listados de los responsables de las acciones, los objetivos encomendados y su grado de cumplimiento. En una comunicación a once días de los comicios, por ejemplo, una carta desde la dirección nacional ejecutiva, dirigida a los jefes en los estados y a los coordinadores de las misiones y del Ministerio para las Comunas, recordaba las metas. Para la obtención del objetivo de diez millones de votos, además de contar de partida con los 5,4 millones de militantes del PSUV, planteaba varios «anillos de búsqueda». El foco prioritario eran las 3.307.543 personas –así, con ese detalle– que participaban en las misiones o recibían otro tipo de beneficios de la revolución y no aparecían en los estadillos del 1x10 del PSUV.

No era meramente el exceso de celo en el que en ocasiones incurren muchos gobiernos democráticos, a los que a veces se les va la mano queriendo sacar rentabilidad electoral a sus realizaciones. El FFM tenía registrado cada uno de los beneficiarios de las ayudas, con sus nombres, direcciones, teléfonos y en ocasiones correos electrónicos, y sabía quiénes de ellos habían votado o se habían abstenido de hacerlo en anteriores elecciones.

El Frente había constatado un «alto nivel de desmovilización de los sectores atendidos directamente por la Revolución, agrupados en las Grandes Misiones Sociales», cifrando en 2.333.283, casi una tercera parte, las personas beneficiarias que no habían votado en las últimas presidenciales de Chávez, en octubre de 2012. El comunicado interno, firmado por María Isabella Godoy, directora nacional ejecutiva del FFM, fijaba objetivos numéricos para cada una de las grandes misiones y luego añadía: «la metodología de contacto será a través de llamadas telefónicas y el Barrido Casa por Casa. Para esto se debe disponer de todas las salas de control y seguimiento habilitadas en el estado y de una tropa entre servidores públicos y Luchadores Sociales Bolivarianos, con el fin de dar cumplimiento a la meta diaria». En el caso de la Gran Misión Vivienda, Godoy se lamentaba de que a pesar de las 370.495 viviendas ya finalizadas y asignadas, había alrededor de 1,4 millones de «misioneros abstencionistas» en ese programa. «En cada torre de los nuevos urbanismos», ordenaba la dirigente para combatir esa situación, «deben conformarse los Comité Hugo Chávez, con la tarea de desarrollar el contacto casa a casa y garantizar el voto de la población objetivo».

¿Cómo no ver en esto una reverberación del control que en Cuba, en cada cuadra de viviendas, ejercen los Comités de Defensa de la Revolución? No en vano los cubanos movían los hilos. Una minuta de una reunión de la dirección nacional del FFM de mayo de 2012 detallaba la presencia de veintiséis «asesores cubanos», que eran un tercio de la asistencia. En varios meses de preparación de las elecciones, hubo 176 de esos asesores repartidos por los puestos de mando del Frente en cada estado.

No se dejaba nada al azar. FFM y PSUV hacían estadillos para cualquier acción. Uno de ellos repartía el trabajo entre los activistas para tomar control de las plantas de generación eléctrica fundamentales del país, tanto estaciones como subestaciones. Esos listados incluían los nombres y los teléfonos de quienes, al margen del organigrama de la empresa, se harían responsables de las plantas en caso de necesitarse una acción. Los activistas estuvieron reportando durante días si ya tenían asegurado su acceso a las instalaciones para la jornada electoral o si se les había puesto dificultades para el trabajo encomendado. En un país de frecuentes apagones, velar por el suministro es esencial para garantizar el desarrollo de una votación, pero lo normal es que las guardias las organizaran las propias plantas, no que eso quedara al arbitrio de una fuerza política, que actuaba de modo unilateral, con permiso tácito del Gobierno y sin conocimiento de la oposición. El control de la producción eléctrica podía permitir camuflar como incidencia lo que podía ser un apagón político.

Un campo de continuo seguimiento por parte del FFM era el de los medios de comunicación, tanto venezolanos como algunos extranjeros, y redes sociales. Medio centenar de personas seguía y analizaba la información en guardias rotatorias durante las veinticuatro horas del día, en turnos que iban de las ocho de la mañana a las once de la mañana siguiente, con tres horas de solapamiento que servían para reforzar la labor de preparación de informes sobre la prensa matinal.

En esa vigilancia fue donde el FFM detectó de inmediato el eco que comenzaba a tener la información antes mencionada que yo había publicado. «La noticia fue conocida a través del Twitter por el autor de la noticia Emili J. Blasco corresponsal en Washington del diario español ABC.es, que aproximadamente a las 8am tuiteó '@ejblasco: Así controlan los chavistas la evolución del voto real en las elecciones. Fraude'». La transcripción del informe incluía también la URL del artículo, tal como había aparecido en el *tuit*. A continuación se relacionaban los usuarios de Twitter que habían *retuiteado* o mencionado la noticia. El impacto de la revelación hizo aumentar el sigilo de FFM/Cuba, pero el robo de las elecciones se acabaría igualmente produciendo.

Jornada electoral, Roque 2 en marcha

La dirección chavista llegó al 14 de abril de 2013 sabiendo que las cosas no iban bien. El discurso político de Maduro, con sus menciones al espíritu de Chávez aparecido en forma de pajarito, podía dar idea de una campaña construida sobre el puro humo. Pero al margen de los trances del candidato, su equipo estaba bien asentado sobre la realidad, con una entera visibilidad de lo que estaba ocurriendo. Con acceso a la completa base de datos electorales y el estricto marcaje que se estaba aplicando al propio universo de votantes, el plan estratégico diseñado permitía conocer día a día el grado de movilización, parroquia a parroquia.

A tres días de las elecciones, solo se había podido contactar con el 54 por ciento de los *misioneros abstencionistas* marcados como objetivo. Además, las encuestas realizadas por empresas demoscópicas próximas al chavismo estaban constatando un progresivo declive de Maduro. Chávez ganó oficialmente a Capriles por diez puntos en 2012, cuando algunos sondeos habían llegado a darle el doble de ventaja, probablemente por la distorsión derivada del miedo de parte de los encuestados a expresar su verdadera opinión. Ahora, a dos semanas de las presidenciales, Maduro veía reducida su delantera a ocho puntos (Datin Corp), luego a siete (GIS XXI)…

En orden de batalla, desde las dos de la madrugada del 14-A, cuatro horas antes de que comenzaran las votaciones, los miembros del FFM se habían comenzado a distribuir por los centros electorales. Su atención estaba en lo que operacionalmente llamaban Centros de Votación Priorizados (CVP): 3.433 centros, en su mayoría de más de tres mesas. Esos lugares suponían la cuarta parte del total de centros (13.638), pero concentraban algo más de la mitad de los ciudadanos con derecho al voto (10,1 millones de votantes, el 53,4 por ciento de un censo de 18,9 millones). Ahí era donde la oposición lograba más apoyo, por lo que la atención a los CVP facilitaba cuantificar con bastante precisión los votos que lograba Capriles.

Los militantes del FFM –los Luchadores Sociales Bolivarianos– habían recibido previamente un tríptico con las instrucciones de los mensajes de teléfono móvil que debían ir transmitiendo, llamando a determinados números automatizados, para alimentar directamente el Roque 2. Esto, que era el seguimiento que estaba realizando una fuerza política, se hacía con la ayuda del Ministerio del Poder Popular para las Comunas y Protección Social, que funcionaba como tapadera del FFM. El tríptico con los pasos a seguir estaba editado por ese ministerio, cuyo logo se incluía en los ejemplares impresos. «Si necesitas ayuda acerca del Sistema», se indicaba en un recuadro, «comuníquese [sic] con la Oficina de Tecnología de la Información a través del correo electrónico: elecciones2013 @mpcomunas.gob.ve».

El manual de instrucciones reproducía fotos de lo que las pantallas de los celulares debían indicar en las distintas oleadas de mensajes. Estos debían teclearse de acuerdo con unos códigos: primero el tipo de información que en cada momento del día se tratara (IPV: inicio del proceso de votación; PTM: presencia de testigos de mesa; INC: incidencia; FPV: fin del proceso de votación) y luego las tres primeras letras del nombre del estado. La comunicación más importante era la referida a la evolución del voto. Como ejemplo, el tríptico incluía: VOTO AMA0001 VR30 VA15 (en el colegio del estado Amazonas tipificado como número uno, treinta personas –voto rojo– habían ya optado por Maduro y quince –voto azul– lo habían hecho por Capriles).

A lo largo del 14-A, el envío de los *sms* de los Luchadores Sociales Bolivarianos reportando el voto en tiempo real debía producirse en tres momentos: el primero a partir de las diez de la mañana; el segundo sobre las dos de la tarde, y el tercero a las cinco. En ese proceso estaban en contacto con sus compañeros chavistas empleados como técnicos en las estaciones uno, dos y tres de los centros.

El proceso de votación en Venezuela tiene varias estaciones. Al llegar el elector al centro electoral, (1) presenta su cédula de identidad y pone su pulgar sobre una máquina captahuellas, que reconoce la impronta dactilar en caso de haberse almacenado previamente o la incorpora entonces al banco de huellas. En esa primera estación se le informa al votante a qué sala debe dirigirse para emitir el voto. Una vez ha pasado a la sala correspondiente, (2) el votante muestra al presidente de la mesa su cédula y pone el dedo en un segundo captahuellas; reconocida su identidad, el presidente desbloquea la máquina de votar. El elector entonces se dirige a esta y (3) toca en la pantalla la opción preferida. Tras esa acción se imprime un comprobante físico, que el elector (4) deposita en una caja destinada a esos resguardos. Luego firma y estampa su huella (5) en un cuaderno de registro con los nombres de los censados en la misma mesa. Por último, (6) sumerge el meñique en un frasco de tinta indeleble.

La verificación de la identidad del votante se hace en las dos primeras estaciones, en ocasiones reducidas a una, pues en los centros pequeños no existe un primer puesto de información, sino que el ciudadano pasa directamente a la mesa, donde en cualquier caso es comprobada su identidad. La existencia en ese trámite de un captahuellas, muchas veces por partida doble, siempre ha levantado suspicacias entre la población.

El captahuellas es un dispositivo conectado a una computadora personal que escanea las huellas dactilares. La investigación de Bello y Daquin estimó que la comprobación no era en línea con la base de datos nacional como oficialmente se afirma, pues eso habría retrasado varios días el proceso, sino que cada mesa, con quinientos electores de promedio, tenía un archivo de huellas autónomo para cotejar. Eso habría permitido votar en muchas mesas con la misma huella (bastaba cambiar el número de cédula de identidad, pudiendo conservar nombre, fotografía y marca dactilar), y al mismo tiempo habría facultado establecer una correlación entre identidad y voto al estar controlando el conteo en cada mesa.

El hecho de que Cuba, mediante un acuerdo oficial con Caracas, se encargara de la gestión y producción de las cédulas de identidad y los pasaportes de los venezolanos contribuía a arrojar dudas sobre la limpieza del proceso electoral. Fuentes de inteligencia aseguraban que toda esa información, así como la del censo y la de los resultados electorales previos, se almacenaba en una base de datos en la provincia cubana de Pinar del Río, precisamente desde donde fluían las órdenes del Frente Francisco de Miranda. En declaraciones a la cadena de televisión América Te Ve, el exagente cubano Uberto Mario, que trabajó para la inteligencia castrista en Venezuela, ubicó esa base de datos en la base militar El Cacho, en la población de Los Palacios, de Pinar del Río. Explicó que cuando en la década de 1990 la URSS desmanteló su Centro de Exploración y Escuchas Radiofónicas de la base Lourdes, en las inmediaciones de La Habana, Fidel Castro desarrolló El Cacho como unidad secreta de rastreo cibernético.

Uberto Mario responsabilizó de gran parte del trabajo del control electoral en Venezuela al cubano Ernesto Raciel García Ceballos, «agente Segundo», un ingeniero captado por el G2 para seguimiento y monitoreo de la información y que había dado clases en la Universidad de Ciencias Informáticas, instalada precisamente en la antigua base Lourdes. Otras fuentes atribuían la responsabilidad específica sobre el sistema de identificación al cubano José Lavandero García.

Entre los cometidos de la asesoría cubana estaba la usurpación de la identidad de los abstencionistas crónicos. «Nosotros congelábamos el voto de los abstencionistas. Había un grupo de más de doscientas personas que estudiaba el censo y detectaba las personas que nunca iban a votar. Cuando se sabía que tal persona no iba a ir a votar, se agarraba su cédula de identidad», explicó Uberto Mario, quien dijo haberse ocupado de esa tarea en las presidenciales de 2006. Calculó en varios cientos de miles los votos que, mostrando esas cédulas duplicadas, se habrían emitido en beneficio de Chávez y Maduro.

Otro aspecto era el número de fallecidos que seguían formando parte del censo. La oposición pudo comprobar que en varias mesas de votación en las que el 7-O de 2012 se registró un cien por cien de participación llegaron a emitir su voto personas que en realidad habían fallecido. Todo ello hinchó censo electoral. En 1998 este suponía el 50,5 por ciento de la población; en 2013 constituía el 65 por ciento, sin que ello respondiera a razones demográficas.

La emisión de cédulas falsas llevaba a situaciones esperpénticas, con votantes con nombres como «Venezuela Libre y Socialista Marcano Vázquez», Supermán o el Hombre Araña. Apelativos de ese tipo se crearon en su día de modo provisional para probar el sistema; una vez ya dentro se perpetuaron y fueron vendidos a extranjeros en situación irregular que querían nacionalizarse, de forma que hoy hay en Venezuela unos cuantos hijos y nietos de superhéroes americanos.

Un Consejo Electoral juez y parte

El Gobierno siempre exhibió los avales internacionales para refrendar su sistema electoral. Esos avales se produjeron al comienzo de la generalización del voto electrónico, pero con el paso del tiempo el chavismo no aceptó la presencia de observadores exteriores. En 2012 y en 2013 solo hubo «acompañantes» internacionales, como los llamó el Gobierno, sin apenas funciones ni itinerarios por algunos de los centros.

El Centro Carter de Estados Unidos, que al principio fue muy condescendiente con el marco electoral venezolano, acabó señalando el contexto de ventajismo chavista en el que tenían lugar las elecciones. En marzo de 2013 denunció que en la campaña de unos meses antes Chávez habló en cadena –algo obligatorio también para radios y televisiones privadas, además de las públicas– un total de cuarenta horas y 47 minutos, al margen de los espacios publicitarios de los partidos. Sobre el proceso de votación en particular, apuntó a probables arbitrariedades de la autoridad electoral: «al igual que las instituciones venezolanas en la actualidad, el CNE está profundamente afectado por el partidismo».

A nadie se le escapaba que el Consejo Nacional Electoral era un brazo más del chavismo. ¿Cómo esperar independencia de un organismo cuya presidenta desde 2006, Tibisay Lucena, representaba en ocasiones a la entidad luciendo el brazalete conmemorativo del golpe militar de Chávez de 1992 contra la legalidad democrática? El CNE estuvo directamente implicado en la preparación y ejecución de la movilización chavista en los últimos procesos electorales. Miembros del Consejo participaron antes de las elecciones en reuniones con diversas organizaciones chavistas, para el diseño de la distribución de centros electorales y del censo, la puesta en común del padrón electoral (siempre negado a la oposición) y la entrega de máquinas de registro electoral del propio CNE.

«El CNE apoyará con el cruce de las Datas de las Misiones Sociales y las Grandes Misiones, para así poder definir claramente una ruta de abordaje para cada territorio», se podía leer en un informe secreto del Frente Francisco de Miranda. Las minutas de diversas reuniones, en las que participaron representantes del CNE junto con dirigentes del PSUV, FFM y el Ministerio Popular para las Comunas, mostraban que allí se discutió sobre la instalación de nuevos centros de votación en lugares más convenientes para el chavismo, se puso en común la actualización del Registro Electoral Permanente (REP) y se trató sobre el sorteo de los miembros de mesa.

Diversos de esos encuentros tuvieron lugar en sedes del Centro Nacional Electoral, como el celebrado en el estado Guárico, que contó con la presencia del director regional, Pedro Rodríguez. En Nueva Esparta, Joe Uzcategui, también director regional del CNE, «procedió a dar inicio a dicha reunión con el objetivo de establecer los destalles logísticos, unificando y afianzando acuerdos, propuestas entre el MPPC, Fundacomunal, FFM, Inparques, PSUV y CNE». En el estado Amazonas, con asistencia de la coordinadora regional, María Aragort, los mismos actores diseñaron la reubicación de electores a nuevos centros.

Esto último, siguiendo la técnica de *gerrymander*, se hizo sobre todo para conformar y segregar mesas electorales de dominio chavista, de manera que incluso votantes no afines que quedaran en ellas se vieran abrumados por la hegemonía del PSUV. Muchas de esas mesas asumían gran parte del censo falso y podían operar sin vigilancia, incluso ya cerrado el centro al cumplirse el horario oficial. También hubo deslocalización de votantes: ciudadanos opositores denunciaban que de pronto se les asignaba un centro de votación distante de sus domicilios, incluso a cientos de kilómetros. La ruptura del principio de vecindad ayudaba a borrar trazos de falsa identidad y creaba un entorno menos atento a posibles irregularidades.

Mucho de lo aquí expuesto sobre el fraude electoral fue llegando a conocimiento de la oposición, pero la dirección de la MUD siempre se negó a reconocer públicamente que las elecciones estaban amañadas. Hacerlo era desincentivar el voto y deslegitimar comicios de los que también emanaban sus propios cargos electos. La estrategia fue llevar a las urnas a más votantes que los votos que lograra el chavismo con sus trucos. Pero era algo ilusorio.

Cúmulo de irregularidades

«Yo no pacto ni con la mentira ni con la corrupción. Mi pacto es con Dios y con los venezolanos. Yo no pacto con la ilegitimidad. El gran derrotado el día de hoy es usted». La fuerza con la que Henrique Capriles hablaba la noche electoral del 14 de abril de 2013, dirigiéndose a Maduro a través de las cámaras de televisión, sorprendió a propios y extraños. Era un Capriles bien distinto del que apenas seis meses antes había tirado rápidamente la toalla, concediendo de inmediato la derrota e inclinándose en exceso ante Chávez, aunque tampoco entonces las cifras le cuadraban y su comando de campaña abrigaba sospechas de tongo electoral, operado especialmente al final de la jornada. Esta vez, no obstante, el esfuerzo del chavismo para girar el resultado había tenido que ser mayor y las irregularidades denunciadas se acumulaban. «Nuestro conteo es distinto», denunció Capriles, alegando manipulación de votos.

La oposición alegó alrededor de tres mil doscientas irregularidades. La ristra de denuncias incluía categorías diversas. Había habido amedrentamiento contra electores y testigos opositores: Capriles indicó que la violencia fue protagonista en 397 centros (personas amenazadas y agredidas en las inmediaciones por grupos de motorizados) y que en 286 los representantes de la oposición fueron conminados a abandonar el lugar, en algunos casos a punta de pistola, lo que en total había afectado a colegios con un universo de más de un millón de votantes. A pesar de que la ley decía que los centros debían cerrar a las seis de la tarde, salvo que hubiera cola de gente esperando votar, hubo centros que cerraron antes de tiempo, especialmente en zonas contrarias al chavismo, y otros que abrieron de nuevo para permitir el voto de autobuses de chavistas que llegaban.

El abuso del voto asistido contó con ejemplos en Youtube, en los que se veía a personas que no necesitaban asistencia –prevista legalmente para incapacitados y ancianos– siendo acompañados hasta la máquina de votación por activistas que supervisaban el voto. La Red de Observación Electoral, gestionada por una ONG local, aseguró haber detectado esa irregularidad en el cinco por ciento de los centros que monitoreó en todo el país.

La impudicia llegaba lejos: un alcalde amenazó a través de la televisión local con despedir a los empleados públicos que no aceptaran el voto asistido. Era un anticipo de la caza de brujas que luego se desataría en los ministerios al comprobar la deserción electoral de muchos funcionarios a pesar de las presiones que habían recibido. La advertencia del titular de Vivienda en una asamblea de trabajadores, grabada de modo oculto, dio la vuelta al mundo.

Otro de los sonados abusos de la jornada de votaciones fue la aparición en un centro de un individuo que llevaba cuarenta cédulas de identidad, todas expedidas en agosto 2012, presumiblemente ya utilizadas en las anteriores presidenciales. El sujeto fue interceptado cuando repartía los carnets a personas que bajaban de un autobús, a las que testigos presenciales atribuyeron acento cubano.

Por todo ello, la oposición exigió que hubiera un recuento de todos los votos. Era el «abrir las cajas» que inicialmente Maduro dijo aceptar, para luego volverse atrás escudándose en que el CNE no lo estimaba necesario. El reglamento que regula el voto automático venezolano contempla que en la noche electoral se abra el 53 por ciento de las cajas que contienen los resguardos en papel de los votos emitidos electrónicamente. En la práctica, no obstante, el número acaba siendo muchísimo menor: en las presidenciales de 2013 fue el veinte por ciento, y en las de 2012 tan solo el cinco por ciento. Cuando esa verificación ciudadana se lleva a cabo en centros con varias mesas solo pueden abrirse algunas de las urnas, elegidas por sorteo. Algunas informaciones apuntan a que ese sorteo está trucado, por lo que los chavistas saben de antemano cuáles serán abiertas y cuáles no.

El resultado oficial arrojaba números poco consistentes. En 1.776 centros electorales los votos logrados por Maduro superaban los cosechados por Chávez seis meses antes, lo que se antojaba extraño, pues el chavismo, según el CNE, bajó 4,46 puntos, con una similar participación, en torno al ochenta por ciento. El caso más extremo era el de una escuela del estado Yaracuy en la que el PSUV y sus aliados aumentaron su apoyo un 943 por ciento. Otro de los ejemplos citados por Capriles era el de un liceo del estado Trujillo, en el que se contaron 717 papeletas cuando el censo era de 536 personas. El examen detenido de los datos fue arrojando luz los siguientes días.

El tamaño importa: la victoria de Capriles

El presidente de Venezuela debiera llamarse Henrique Capriles. Suya fue la victoria de las elecciones del 14 de abril de 2013, con una ventaja suficiente aunque difícil de determinar, dada la variedad de métodos utilizados por el chavismo para cometer su fraude. Ahí están las denuncias por el voto asistido, el amedrentamiento ejercido por grupos violentos, la coacción sobre los trabajadores públicos y la presión sobre los beneficiarios de los servicios sociales. A eso hay que sumarle el voto ejercido por personas con falsa identidad (múltiple cedulación, difuntos, extranjeros…) y el voto que aquí hemos llamado plano, emitido accionando indebidamente la máquina de votación.

De acuerdo con las evidencias estadísticas, la manufacturación de votos falsos se focalizó en los centros electorales pequeños, que con los años habían proliferado intencionadamente. Operadas las máquinas de votación por agentes chavistas, el entorno *amigo* podía permitir votar tantas veces como fuera conveniente, dentro de los límites del censo, porque la máquina producía el comprobante que luego se metía en la urna. Ese operador múltiple luego podía inventar firmas y repetir su huella física en los cuadernos de votación estipulados, que nunca eran revisados.

La empresa de estudios electorales Esdata expuso que en los centros con tres o más mesas, que agrupaban al 79,2 por ciento de los votantes, Capriles ganó por medio millón de votos. En los de dos mesas, perdió por 332.000, pero juntándolos con los precedentes, y sumando el voto en el extranjero, la ventaja de Capriles en ese 91,1 por ciento de los votos era de 263.000. En los de una mesa, que reunieron al 8,8 por ciento de los votantes, Maduro ganó por 477.000 y eso le permitió hacerse con la presidencia. Esto constituye una clara anomalía estadística. El candidato chavista ganó en los centros de una y dos mesas, los cuales no tuvieron un comportamiento similar al del resto del país.

Cabría pensar que los centros pequeños se habrían constituido en lugares rurales o remotos en los que, por razones socioeconómicas, el voto oficialista tendería naturalmente a ser mayor. Pero su distribución en cambio obedecía al propósito de trocear centros para poder operar con mayor impunidad. Entre 2006 y 2012, los centros con una sola mesa aumentaron en un 63,8 por ciento.

Los centros pequeños, además, eran los que contaban con más gente censada sin tener su huella digital registrada, lo que daba margen a un menor rigor en la verificación de la identidad. El CNE publicó antes de las elecciones de 2012 que el ocho por ciento de los censados (1,5 millones de personas) no tenía su impronta en el Registro de Huellas, una cantidad que se había casi quintuplicado en nueve años. Y en esos comicios, de acuerdo con las cifras oficiales, 1,6 millones de personas votaron sin que la huella que se les tomaba coincidiera con la almacenada previamente. Muy probablemente ahí estaba esa bolsa de votos falsos de que disponía el oficialismo a conveniencia.

Un informe de la organización VotoLimpio indicó que los centros con menos de mil electores (totalidad de centros de una mesa y algunos centros de dos) concentraban dos veces y media la cantidad de electores sin huellas digitales. «Esto no puede ser explicado por el azar», advertía. Asimismo, denunciaba que a pesar de que en 2009 se declaró obligatoria la inclusión de la huella cuando una persona se diera de alta en el padrón electoral, entre 2010 y 2012 se incorporaron 456.290 electores sin que el CNE hiciera cumplir ese requisito. «Esa cantidad de electores irregulares resulta superior a la diferencia de votos obtenida por el candidato Nicolás Maduro», destacaba esa organización.

VotoLimpio coincidía con Esdata en la sospechosa anomalía de los resultados en los centros pequeños. En los de mil o más electores, con 15,6 millones de personas con derecho al voto (83 por ciento del censo), Capriles ganó por casi medio millón de votos. En los de menos de mil, con un censo de 3,1 millones de electores (16,9 por ciento), Maduro recibió casi el doble de votos que su rival y ese corto tramo le permitió dar la vuelta al resultado. ¿Iba la oposición a aceptar el robo? Militares y paramilitares estaban en la calle para apuntalar a Maduro en el Palacio de Miraflores.

Militares, paramilitares y *bozal de arepa*

El Plan República, activado en Venezuela en cada proceso electoral o referéndum para garantizar el pacífico desarrollo de la jornada de votaciones, tuvo en las presidenciales del 7 de octubre de 2012, las últimas de Hugo Chávez, y en las del 14 de abril de 2013, con Nicolás Maduro como candidato, una novedad importante. Por primera vez, unidades de la Milicia Bolivariana, compuesta por elementos de absoluta obediencia chavista, participaron en el despliegue militar, ante la posibilidad de disturbios. La Milicia fue creada por Chávez en 2007 como un cuerpo paramilitar de civiles uniformados y armados, dirigido por mandos militares, con jerarquía propia y dependiente directamente del Comando Estratégico Operacional de la Fuerza Armada Nacional (FAN).

El plan contemplaba que la Milicia controlara el orden en el 49 por ciento de los centros electorales, precisamente en las áreas generalmente más afines a la oposición, mientras que la FAN se ocupaba de la seguridad en el 51 por ciento restante. La ligera mayor responsabilidad dada a las fuerzas regulares pretendía suavizar la suspicacia con la que muchos militares veían a los milicianos. De todos modos, la columna vertebral del despliegue de la FAN correspondía a la Guardia Nacional, que dentro de la Fuerza Armada Nacional se había distinguido por ser la más maleable en las manos del chavismo.

El interés del poder chavista en sacar la Milicia a la calle era que esta podía coordinarse mejor con grupos de acción directa articulados como Redes de Movilización Inmediata (REMI). Estas redes se nutrían en parte de los colectivos, las bandas callejeras armadas que tanto servían al chavismo en términos de coacción social. De acuerdo con documentación que publiqué días antes de las últimas presidenciales de Chávez, las REMI tenían como misión «la alerta temprana y la antelación» ante posibles protestas opositoras por irregularidades electorales. Preparadas durante meses, se definían como «fuerza de acción rápida y de acción de calle, con capacidad para bloquear o aperturar [sic] puntos críticos de los corredores viales, áreas geográficas o localidades», así como «defender los espacios aledaños a las instituciones del Estado». Al igual que ocurría con el Frente Francisco de Miranda para la movilización y monitoreo de los votantes, las REMI también tenían un sistema de envío de mensajes de móvil, que contemplaba supuestos como «acuartelamiento en puntos acordados», «ubicarse cerca del objetivo» y «avanzar sobre los objetivos asignados».

Cuatro meses antes de las elecciones mandos del Ejército les comenzaron a repartir fusiles AK-103, arma rusa de la que Venezuela tenía licencia de fabricación. Las REMI estaban dirigidas por Carlos Lanz, un radical que siempre había defendido la violencia como táctica. Lanz había mantenido estrechos contactos con Irán, cuya fuerza Basij, instrumento usado por los ayatolás para abortar la Primavera Verde en 2009, inspiraba esas redes venezolanas. Lanz reportaba directamente al jefe de la Milicia, el general Gustavo Enrique González López. Después de que este general pasara a la reserva, Maduro lo volvió a llamar al servicio activo, poniéndolo al frente del Sebin, el cuerpo de inteligencia: acababa de estallar la protesta estudiantil de febrero de 2014 y González tenía experiencia de manejar a los colectivos armados.

Las Fuerzas Armadas llegaron a esos procesos electorales presionadas desde el Gobierno. En 2010, el jefe del Comando Estratégico Operacional, el general Henry Rangel Silva, luego ministro de Defensa, descartó la posibilidad de que pudiera ganar la oposición. «Sería vender al país y no lo va a aceptar la gente; la FAN no, y el pueblo menos», dijo en declaraciones públicas. «La Fuerza Armada Nacional no tiene lealtades a medias, sino completas hacia un pueblo, un proyecto de vida y un comandante en jefe. Nos casamos con este proyecto de vida».

Para tener a los militares satisfechos, amarrar su voto y disipar los escrúpulos que algunos pudieran tener sobre el descarado partidismo de la institución militar, el Gobierno procedió a un incremento del cuarenta por ciento del salario. Más delante, a un mes del 7-O de 2012, puso en marcha la Gran Misión Negro Primero (apodo dado al único oficial de color en las filas de Simón Bolívar) para «garantizar la protección socioeconómica de la familia del soldado venezolano». La primera actuación de esa misión fue prometer la compra en el extranjero de veinte mil vehículos, que se venderían a precio subvencionado a quienes se registrasen en una lista. Con ello el chavismo se aseguraba el voto de los muchos uniformados que aspiraban a uno de ellos, en un país de galopante inflación, sin casi acceso a divisas y enorme escasez. Era un *bozal de arepa*, como dicen en Venezuela cuando se atiborra a alguien para callarle. Debían callar o mirar hacia otro lado cuando las Milicias o la Guardia Nacional, principalmente, hacían el trabajo sucio electoral.

La operación incluía el plan, revelado por la oposición, de desplegar el 14-A de 2013 más de mil quinientas motos, autobuses y vehículos militares que serían puestos a disposición de las organizaciones chavistas para llevar gente a votar. Serían las mismas motos desde las que los días posteriores, cuando los seguidores de Capriles cuestionaron los resultados, guardias y civiles dispararían sobre los manifestantes. En las protestas callejeras postelectorales hubo nueve muertos en varios lugares del país.

Si no *bozal de arepa*, sí comida gratis la proporcionada por Pdvsa el día de las elecciones a los combatientes chavistas. La petrolera había pagado ya durante la campaña, como en ocasiones anteriores, el gasto de diversos actos y prestado parte de su infraestructura y parque móvil. El propio presidente de Pdvsa, Rafael Ramírez, era el coordinador jefe de logística, movilización y despliegue de la campaña electoral del PSUV, y varias sesiones de trabajo se mantuvieron en la presidencia de la empresa estatal. Que Pdvsa y el chavismo eran una misma cosa hacía años que el propio Ramírez lo había dejado claro, cuando conminó a los trabajadores reunidos en asamblea a votar a Chávez. «Pdvsa es *roja rojita*», dijo. Así le fue a la compañía.

4

EL MONEDERO DE LA REVOLUCIÓN

Los pozos petroleros quedan exhaustos

rriiiii… «¡Pa'fuera!». En directo en televisión, así, a golpe de pito, Hugo Chávez despidió de sus puestos a parte de la dirección del hólding público Petróleos de Venezuela (Pdvsa). Fue en el *Aló, presidente* del 7 de abril de 2002. Chávez ya había protagonizado cien emisiones de ese popular programa, en el que se pasaba ante la cámara gran parte del domingo: comenzaba a las once de la mañana y podía acabar hacia las cinco de la tarde, aunque la hora de conclusión dependía de cómo de dicharachero estuviera ese día el presidente. En el *talkshow*, habitualmente sentado a una mesa, el comandante repasaba asuntos de actualidad y pontificaba sobre lo divino y lo humano, saliéndose de su propio guión con continuas improvisaciones. En aquel programa número 101, emitido desde el Palacio de Miraflores, quizás fue una ocurrencia súbita pedir que le trajeran un silbato –«¿no hay un pito por ahí? Consíganme un pito, porque yo les voy a pitar *offside*»–, pero su anuncio de expulsión de siete directivos de Pdvsa no era improvisado, pues llevaba la lista. Después de leer nombre y cargo, Chávez despachaba a cada persona con un «pa'fuera, está usted despedido, caballero», mientras el público presente coreaba «¡fuera!, ¡fuera!».

Justo una semana después, en ese pulso con los partidos de oposición, la patronal empresarial Federación de Cámaras (Fedecámaras) y la Confederación de Trabajadores de Venezuela (CTV), en medio de masivas huelgas, el propio Chávez fue echado del poder. Su expulsión duró apenas tres días. Restaurado por un grupo de militares fieles, el líder volvió más decidido que antes a consumar su asalto a Pdvsa. Los escalafones medios y altos de la compañía se resistieron al control y organizaron el llamado *paro petrolero*, entre diciembre de 2002 y febrero de 2003. Chávez lo liquidó expulsando a la mitad de la plantilla. Para él fue lo que muchos observadores han calificado de «bendición disfrazada»: una grave crisis que le dio pie para ejecutar el más trascendente jaque mate de toda su presidencia. Pdvsa se convirtió en la caja de la revolución. *Sine illa nihil.*

Sin ella, nada: ni posibilidad de clientelismo político en el interior con el que prolongarse en el poder, ni opción a comprar el aplauso o al menos el silencio exterior cuando fue necesario. Sin contar con Pdvsa como fuente directa de inmensos ingresos, al margen de supervisiones y auditorías parlamentarias ecuánimes, el chavismo ni siquiera se habría permitido tanto experimento económico desastroso. No habría habido tanto margen para la corrupción ni para el blanqueo, tan ilimitado que coadyuvó decisivamente a que Venezuela se erigiera en gran estación del narcotráfico. Al final, los bolsillos de muchos *apparatchick* se llenaron y la caja de Pdvsa quedó vacía.

Chávez tuvo la doble suerte política de ser presidente durante un prolongado tiempo de continuo crecimiento del precio del petróleo, y de marchar justo cuando, tambaleándose el valor en el mercado y reducida la producción de crudo por falta de autoinversión, comenzaban a llegar los problemas. La grave situación económica vivida bajo Nicolás Maduro no fue propiamente responsabilidad de este, aunque a él se debía la huida hacia delante, sino la consecuencia de haber abusado durante tanto tiempo de una compañía que aportaba el 45 por ciento de los ingresos del Estado y generaba un tercio del Producto Interior Bruto de Venezuela.

Venezuela es el país con mayores reservas probadas de petróleo del mundo, con alrededor de trescientos mil millones de barriles. De esas reservas, el veintisiete por ciento corresponde a crudo convencional (tanto liviano como mediano y pesado) y el resto, casi las tres cuartas partes, a crudo extrapesado, más laborioso de obtener. De ese volumen solo se ha desarrollado aproximadamente el cinco por ciento. Se trata de un gran potencial que históricamente Venezuela supo gestionar, en líneas generales, aprovechándolo para gozar de un desarrollo económico mayor que el de inmediatos vecinos regionales. Aunque problemas políticos e institucionales trabaron la línea ascendente de la sociedad venezolana a final de la década de 1980 y durante la de 1990, el sector petrolero se mantuvo como punta de lanza económica. A la muerte de Chávez, sin embargo, no solo Pdvsa se encontraba en un brete financiero –más de un cuarenta por ciento de déficit de caja y una reducción de la producción del veintiséis por ciento en ese año–, sino que el conjunto de la economía presentaba un cuadro realmente crítico.

A final del año en que Chávez murió –y la situación se agravaría aún más después–, el déficit público consolidado superaba el quince por ciento del PIB y el país alcanzaba una inflación del 56,3 por ciento, la más alta del mundo. La escasez de alimentos, noticia diaria por las elocuentes estanterías vacías de los supermercados y las colas que se organizaban para comprar específicos productos que llegaban a las tiendas, se situaba en el veintitrés por ciento. No faltaba solo papel higiénico o pañales, algo que tantos titulares de prensa provocó en el mundo, sino otros muchos productos de primera necesidad sin los que la vida de las familias se veía alterada, como leche en polvo, azúcar, aceite de oliva y harina, cuya escasez rondaba el ochenta por ciento (desabastecimiento en ocho de cada diez supermercados). Con la empresa privada crecientemente arrinconada por la expansión forzada del sector público y por las dificultades para obtener divisas con las que importar mercancías, el mercado cada vez se veía peor surtido. Ni siquiera el Gobierno, con una deuda externa e interna superior a los trescientos mil millones de dólares, estaba en condiciones de resolver el problema con importaciones.

¿Cómo era posible algo así en un país que, en medio de un *boom* del precio del petróleo, había producido en los últimos quince años crudo por valor de 1,1 billones de dólares? La historia del chavismo es la historia del abuso de Pdvsa. Al final de la era Chávez Venezuela se había convertido en importador neto de gasolina. ¿Puede haber algo más simbólico que eso?

En el principio fue el agujero negro y viscoso

Venezuela supo que flotaba en una balsa de petróleo en el siglo XIX, cuando el desarrollo incipiente de la industria petrolera mundial condujo a hacer catas en un territorio en el que desde antiguo sus habitantes conocían la presencia de esa viscosidad negra. Cuando en 1539 las autoridades coloniales enviaron un barril de petróleo al emperador Carlos V, supuestamente para aliviarle el severo mal de gota que padecía, poco sospechaba la Corona española que esa *commodity* iba a ser tan importante como el oro que andaba buscando por su imperio, y cuya ausencia en las provincias venezolanas había restado entusiasmo de los conquistadores por ellas. Así como los metales preciosos de sus posesiones de ultramar –aquellos grandes cargamentos de plata– generarían a España una enorme riqueza, para luego despilfarrarla, también Venezuela estaba malgastando su oro negro.

El desarrollo de la industria petrolera tomó velocidad en Venezuela en la década de 1920, acabada la Primera Guerra Mundial, cuando las compañías extranjeras, que eran las que tenían la tecnología necesaria, pudieron empezar a explotar a fondo sus concesiones. Ese modelo de explotación, protagonizado por los conglomerados transnacionales, se mantuvo por cincuenta años, con una importante corrección en 1943 en materia de impuestos y plusvalías con el fin de que el Estado también obtuviera un beneficio importante de su propia riqueza. El *boom* petrolero que comenzó a experimentar el país hacia el final de la Segunda Guerra Mundial permitió un espectacular desarrollo nacional en la década de 1950, durante la dictadura de Marcos Pérez Giménez, cuando se construyeron buena parte de las infraestructuras que llevaron a llamar a Caracas la Miami del Sur.

El sistema de explotación cambió en 1976, cuando la primera presidencia de Carlos Andrés Pérez procedió a la nacionalización del sector. Con ello, Venezuela seguía el ejemplo dado por algunos países árabes a lo largo de las dos décadas previas, enmarcado en el proceso de descolonización que vivía el mundo y que ya había dado origen en 1960 a la Organización de Países Exportadores de Petróleo (OPEP). Esta asociación había nacido para arrebatar la batuta de esa industria a las compañías transnacionales, que dominaban el mercado petrolero internacional y mantenían precios bajos. Aunque estos fueran reducidos, las petroleras podían sumar los beneficios de la actividad en cada uno de los países; en cambio, para estos, las cifras tomadas individualmente eran pequeñas. Precisamente un venezolano, Juan Pablo Pérez Alfonzo, ministro de Energía y Minas del Gobierno de Rómulo Betancourt, fue el alumbrador de la organización, junto a su homólogo saudí, Abdulá al Tariki.

Con la nacionalización, las distintas explotaciones siguieron preservándose como unidad de negocio, ahora bajo la modalidad de empresas públicas verticalmente integradas. Sobre ellas, como paraguas, se constituyó Petróleos de Venezuela Sociedad Anónima (Pdvsa). Aquel traspaso se definió como *transición tranquila*, bien diferente de las convulsiones que Hugo Chávez provocaría en el sector. A la compra de activos de las compañías extranjeras siguió la contratación de la misma fuerza de trabajo nacional que ya estaba ocupada en pozos y oficinas, con la permanencia de directivos venezolanos y su promoción a puestos antes reservados a personal de las matrices foráneas. Ello aseguró la continuidad del alto grado de preparación técnica y el mantenimiento de prácticas gerenciales de exigentes estándares.

Creada la marca, a comienzos de la década de 1980 los venezolanos salieron fuera a expandir su mercado, en un proceso de internacionalización. Adquirieron refinerías en Suecia, Dinamarca y Alemania y un patio de tanques en varias islas del Caribe donde almacenar el crudo. Esa estrategia de internacionalización, que hacía frente al descenso de precios, fue diseñada por Humberto Calderón Berti, nombrado presidente de Pdvsa en 1983, en el mandato de Luis Herrera Campins. El plan también incluyó la compra de la estadounidense Citgo, refinadora de petróleo y comercializadora de gasolina en Estados Unidos, que se convirtió en la principal filial de Pdvsa en el exterior.

En la oscilación del precio de petróleo, con sus ciclos de subidas y bajadas, a la mayor parte de la década de 1990 le correspondió un descenso prolongado. Para no decaer en ingresos a raíz de esa menor cotización del crudo en los mercados, las empresas de Pdvsa hicieron un esfuerzo de incremento de la producción. De forma que en 1998, al tiempo que se registraba un precio mínimo de 10,5 dólares por barril, se lograba la extracción máxima de 3,3 millones de barriles diarios. Con el deseo de ampliar aún más la capacidad productora, con la inyección de capital fresco, en 1997 el presidente Rafael Caldera había procedido a la *apertura petrolera*. Esta consistió en abrir de nuevo Venezuela, tras veintiún años de exclusión, a las transnacionales. Pero las concesiones se limitaron a campos residuales que, por costo de inversión y menor rentabilidad, Pdvsa no explotaba.

Dentro de ese plan comenzó una mayor actividad en la Faja del Orinoco, de petróleo extrapesado, cuyo aprovechamiento requería nueva tecnología. Hasta entonces lo extraído de la Faja se había comercializado como orimulsión, un producto especial que podía quemarse como si fuera carbón. La tecnología que con la apertura petrolera aportaron multinacionales como Exxon o BP permitió elevar su utilidad y ponerlo en el mercado como crudo sintético.

En este nuevo estadio, en todas esas operaciones con compañías extranjeras se aplicó la fórmula de *convenios operativos*, en los cuales los socios del exterior extraían el petróleo, Pdvsa se encargaba de venderlo y las dos partes se repartían los beneficios al cincuenta por ciento. Pdvsa, por su parte, se acababa de constituir en empresa única al integrar las sociedades estatales de los distintos campos petroleros. En ese punto de precios mínimos y máxima producción, Chávez llegó al poder. La ecuación iba a cambiar por completo.

Asalto a Pdvsa y mando en la OPEP

Hugo Chávez ganó las elecciones de diciembre de 1998 e inauguró su presidencia en febrero de 1999. Llegó con el objetivo claro de tomar el control político de Pdvsa para utilizarla como caja de la revolución. «Para ello, lo primero que intentó romper dentro de Pdvsa fue la cultura interna de la meritocracia, propia de una empresa competitiva, que permitía ir ascendiendo en la escala gerencial de acuerdo con tus conocimientos y aportaciones». Antonio de la Cruz, experto petrolero y director ejecutivo de Inter-American Trends, llevaba dieciséis años en Pdvsa cuando fue expulsado junto con el resto del estamento gerencial, a raíz de la huelga petrolera. Ingeniero del estado Zulia, gerente de planificación de mantenimiento de la compañía, había progresado en el escalafón a lo largo de los años, como muchos otros, sin contar con *padrinos* políticos. «Arriba iban llegando personas que habían estado expuestas a todas las áreas. Para meter el elemento político, Chávez tenía que romper eso», explica.

De la Cruz refiere que los criterios de promoción interna basados en la preparación y la hoja de servicios de los empleados, propios habitualmente de las firmas privadas, se aplicaban también normalmente en esta compañía estatal, que debía competir con corporaciones multinacionales cuyos propietarios o grandes accionistas no eran estados y por tanto no padecían ningún tic funcionarial o de sumisión a continuas directrices políticas. Luego de años de intensa actividad profesional, Pdvsa ocupaba algunas de las posiciones más altas en la clasificación mundial, incluso el primero o segundo puesto en algunos parámetros. Había logrado un reconocido prestigio que rompía con los estereotipos sobre la laxitud caribeña y era vista con cierta admiración. Aunque empresa pública, Pdvsa mantenía separación orgánica respecto del Gobierno y sus cuentas eran sometidas a control parlamentario, en un marco de trasparencia.

El desencuentro de Chávez con la estructura gerencial de Pdvsa comenzó con sus primeros nombramientos para presidente de la empresa. Roberto Mandini, que había hecho carrera en la anterior administración, aguantó solo unos meses. Héctor Ciavaldini, que había trabajado en la compañía en el pasado, fue percibido como alguien que llegaba con una misión política, por su conocido izquierdismo. Eso creó tensión interna y puso en contra a muchos, que acogieron su nombramiento como una violación de la cultura corporativa.

Chávez fue consumiendo presidentes de Pdvsa en su confrontación con la petrolera. A Ciavaldini le sucedió un militar, el general Guaicaipuro Lameda, quien encontró algo de acomodo porque entendía la estructura jerárquica de la corporación, pero tuvo que presentar su renuncia por seguir demasiado los criterios de los técnicos de la empresa y desoír las consignas de Chávez. Siguió Gastón Parra Luzardo, un economista de izquierda de la Universidad del Zulia que no provenía del sector, contra el que numerosos empleados realizaron protestas, apoyando los paros en otros sectores convocados contra el Gobierno a principios de abril de 2002. Las marchas masivas conducirían a la crisis que desalojó a Chávez de la presidencia del 12 al 14 de abril. Dimitido entonces Parra, le sucedió Alí Rodríguez Araque, un antiguo guerrillero comunista que inmediatamente antes había sido elevado a ministro de Energía y secretario general de la OPEP. Con él tuvo lugar el cese de actividad petrolera de diciembre del mismo año, incrustado en una huelga general que, debilitada, se prolongó formalmente hasta febrero de 2003. Fue la mayor huelga patronal de la historia latinoamericana. Ahora Chávez no caería, como meses antes, sino que aprovechó el choque para tomar el control efectivo de Pdvsa.

El *paro petrolero* fue un pulso directo con Chávez por parte del núcleo duro de la empresa y de los empleados descontentos con el Gobierno. Pdvsa dejó de bombear o refinar más crudo, justificando que se veía forzada a detener su trabajo por la huelga que había en otros sectores, como el del transporte. La compañía alegaba una causa externa porque, al tener la plantilla de la petrolera la consideración constitucional de fuerza laboral estratégica, corría el riesgo de ser acusada de sabotaje por paralizar el país, pues estaba dejando las gasolineras sin abastecer. Pero a las dos semanas Chávez consiguió movilizar parte del engranaje, con la contratación de otras tripulaciones para sacar los tanqueros de los puertos y así dejar sin argumento a la élite profesional de Pdvsa por estar de brazos cruzados.

Los despidos en la petrolera habían comenzado ya en la confrontación de abril, cuando el presidente anunció el cese de contratos y jubilaciones en directo, en *Aló, presidente*. Ahora las Fuerzas Armadas tomaron el control de las instalaciones y, apostadas en los portones, impidieron el regreso al trabajo de toda la clase gerencial, que en total eran unas ciento veinte personas. El conflicto se cerró con el despido de veintidós mil trabajadores –la mitad del total–, cuya antigüedad en la empresa tenía una media de quince años. Fueron reemplazados por empleados que ya colaboraban mediante subcontratas, pero también por gente sin ningún tipo de experiencia en las operaciones petroleras. Una nueva ola de depuraciones tendría lugar en 2004, al ser prejubilados, hostigados o echados quienes firmaron la petición de un referéndum revocatorio contra Chávez, como ocurrió en todos los ámbitos laborales y sociales con esos firmantes de lo que luego fue llamada *lista Tascón*.

Dominada ya Pdvsa, ese mismo año de 2004 tomó sus riendas Rafael Ramírez, de pedigrí revolucionario por ser primo del terrorista Ilich Ramírez, alias Carlos *el Chacal*. Prueba de que la compañía quedaba atada en corto por el chavismo es que el nuevo presidente era desde dos años antes ministro de Energía y Minas, cargos que ya siempre compatibilizó. Tradicionalmente Venezuela había evitado esa superposición, por razones de contrapeso y supervisión. En septiembre de 2014, Nicolás Maduro separó los dos puestos, pero no por trasparencia, sino porque en su esfuerzo por consolidarse necesitaba laminar cualquier posible contrapoder. A Ramírez lo puso de canciller y luego lo envío a Nueva York como embajador ante la ONU.

Cuando se produjo el nombramiento de Ramírez al frente de la compañía estatal, Chávez ya había conseguido hacer prosperar en el seno de la Organización de Países Exportadores de Petróleo su nueva política petrolera, no basada en una prioridad volumétrica, como había sido hasta la fecha, sino de precios. En una de sus primeras muestras de habilidad para el escenario internacional, el líder bolivariano logró aglutinar voluntades de distintos países y convocó en Caracas en 2000 la II Cumbre de la OPEP. En aquel momento su misma celebración era ya de por sí un éxito, pues era la primera en veinticinco años. Las cifras oficiales de la OPEP eran engañosas: dados los bajos precios que había en el mercado, los países de la organización anunciaban públicamente producciones que en realidad, por debajo de la mesa, superaban con el fin de lograr más ingresos. En la cumbre de Caracas los países participantes adoptaron el compromiso de ajustarse de verdad a las cuotas de producción de cada uno, ya que de esta manera, al haber menos oferta real, aumentaría la demanda y por ende el precio del barril. La estrategia funcionó.

Siembra petrolera con rédito electoral

La consolidación del chavismo no se explica sin la escalada de precios del petróleo que se produjo desde que Hugo Chávez se colocó la banda presidencial. El tener que pagar más por llenar el tanque del automóvil es algo que los ciudadanos del resto del mundo lógicamente nunca iban a aplaudir, pero el nuevo presidente tuvo el mérito de propiciar una situación que en principio beneficiaba a su país. Si en los diez años previos, el precio del barril se había mantenido bastante estable, fluctuando básicamente entre trece y dieciocho dólares el barril (precio de la llamada *cesta venezolana*: promedio de los distintos crudos que produce el país), en el decenio que siguió a la llegada de Chávez a la presidencia hubo una imparable línea ascendente: del mínimo de 10,5 dólares por barril de 1998 se pasó a 25,9 en 2000; 46,1 en 2005; 83,7 en 2008, 101,7 en 2011 y 103,4 en 2012.

La sobreabundancia de fondos, sin embargo, no se utilizó para mejorar sustancialmente las infraestructuras de Venezuela. Hubo poca inversión en carreteras o aeropuertos y la persistencia de frecuentes apagones daba fe de una red eléctrica deficiente necesitada de actuaciones de gran alcance. Tampoco se empleó propiamente para un salto en las condiciones estructurales de los sectores más desfavorecidos. Es cierto que se destinaron importantes sumas en beneficio de los grupos de población de menos renta, conocidos como C, D y E (clase media baja o popular, pobre y muy pobre), que representaban más del setenta por ciento de los venezolanos, pero los avances no fueron mayores que los registrados en otros países.

De acuerdo con cifras del propio Gobierno, durante los catorce años de presidencia de Chávez, unos quinientos mil millones de dólares fueron dedicados a políticas sociales. Eso supone casi la mitad de la renta petrolera, pues entre 1999 y 2012 Venezuela produjo crudo por valor de unos 1,1 billones de dólares. El gasto social fue claramente extraordinario. No obstante, la reducción de la pobreza fue menos pronunciada que en otras naciones del entorno. Como indica la Comisión Económica para América Latina (Cepal), entre 1999 y 2011, Venezuela redujo su pobreza un 38,5 por ciento, cifra inferior a la reducción obrada en Perú (41,4 por ciento), Brasil (44,3) y Chile (49,3). De hecho, un pronunciado descenso fue la tendencia generalizada en la región, con avances también notables en Colombia (33) o especialmente en Uruguay (un 63 por ciento entre 2007 y 2011). Los datos del Banco Mundial situaron a Venezuela en el noveno puesto de reducción de la pobreza en Latinoamérica en el último decenio.

La falta de mayor efectividad de ese gasto social se debe a que en el fondo el propósito de mejora real, sostenida y duradera de las clases menos favorecidas se quedaba en un efecto colateral de una acción que tenía otro fin prioritario. Lo que Chávez bautizó como *siembra petrolera* formalmente pretendía derramar la riqueza petrolera hasta los rincones más marginales del país, en la forma de ayudas sociales o en la prestación de servicios. Pero en última instancia, a lo que esa siembra en gran medida aspiraba era a cosechar votos. La consigna de que los beneficiados directos de la revolución alcanzaran los diez millones de personas adultas para así tener cautivo el voto de algo más de la mitad del censo electoral, pone bien en evidencia el mecanismo clientelar para el que se utilizaban lo ingresos de Pdvsa.

Eso estaba probablemente en el subconsciente del ministro de Educación cuando en febrero de 2014, en plenas protestas callejeras contra el Gobierno de Maduro, dijo: «no es que vamos a sacar a la gente de la pobreza para llevarla a la clase media, para que después aspiren a ser escuálidos». Por *escuálidos* Héctor Hernández entendía a los votantes de la oposición, cuyos integrantes eran llamados así por el chavismo. Se deduce que el ministro quería a los venezolanos antes pobres que disidentes.

Chávez no se prodigó en gasto social hasta que tuvo que prepararse para el referéndum revocatorio de 2004; incluso desmanteló algunos programas de previos gobiernos en sus primeros años de presidencia. Los datos de la Cepal presentan una gráfica singularmente expresiva: la línea de la pobreza se mantuvo plana durante el primer quinquenio de Chávez, luego descendió de modo pronunciado a raíz de la puesta en marcha de las misiones a finales de 2003, pero pasado el referéndum de 2004 y las presidenciales de 2006 la línea volvió a estancarse, sin más progresos, aunque el gasto social siguió siendo importante. Más adelante los problemas económicos heredados por Maduro llevaron a un rebrote de la pobreza, prueba de que las mejoras habían sido endebles. En 2013, Venezuela fue la única nación de Latinoamérica en la que aumentó el número de pobres, y en 2014 su porcentaje superó al que había en el país cuando Chávez llegó al poder.

La petrolera estatal fue la gran repartidora, encargada directamente de sustentar las misiones bolivarianas. Entre 2006 y 2011 Pdvsa les destinó 56.132 millones de dólares; solo en 2012, año de la última batalla electoral de Chávez, la partida fue de 26.444 millones. La compañía también hacía importantes aportaciones al Fondo de Desarrollo Nacional (Fonden), orientadas a efectuar los pagos necesarios para la ejecución de proyectos de obras, bienes y servicios. Las elevadas transferencias financieras se mantuvieron incluso en momentos de gran constricción financiera y del crédito, como fue la crisis internacional de 2008.

Dentro del holding de Pdvsa, además, se fueron integrando muchas de las empresas que, ajenas al negocio del combustible, el chavismo iba expropiando. Bajo la excusa de que actuaban en sectores estratégicos, entendido esto de modo discutiblemente holgado, el Gobierno decretó nacionalizaciones cuya cuenta pagó Pdvsa. Con ello, Petróleos de Venezuela fue engrosando su estructura consolidada con sociedades de objeto diverso. La más importante era Pdval, para la producción, distribución y venta de alimentos de primera necesidad, con precios regulados por el Gobierno. La empresa estatal también gestionó constructoras en el marco de la Misión Vivienda.

La compañía se convirtió en el monedero del chavismo. Como resume Antonio de la Cruz, «Pdvsa pasó a ser para el Estado venezolano su brazo financiero, la pieza clave para el desarrollo de sus proyectos sociales, el comprador de activos sociales y el instrumento de su política exterior». Esto último era la dimensión internacional de la estrategia de *siembra petrolera*, que Chávez cosechaba como asesoramiento directo de Cuba y como votos en la Organización de Estados Americanos (OEA) u otras organizaciones regionales. Los aproximadamente cien mil barriles diarios de petróleo *regalados* al régimen castrista y los casi doscientos mil entregados a precio desvirtuado a los países integrados en Petrocaribe suponían una reducción de los ingresos debidos a Pdvsa. De esta forma la compañía estatal también corría a cargo de la factura de las relaciones públicas internacionales de Chávez y le costeaba el podio regional sobre el que se encaramaba.

Desde el punto de vista financiero Pdvsa fue el instrumento que permitió mantener la liquidez de caja para el Estado: el 96 por ciento de las exportaciones y el 95 por ciento de las divisas que entraban en el país lo hacían a través del negocio petrolero y del mercado de capitales generado por Pdvsa. Las emisiones de bonos de Petróleos de Venezuela, a las que recurría el Gobierno cada vez que se quedaba corto de presupuesto en lugar de promover emisiones del Tesoro, debido a la mayor valoración de los *petrobonos*, permitieron el acceso a 35.000 millones de dólares entre 2003 y 2011. También el petróleo, como *commodity* a futuro, hizo posible créditos de China y Rusia. Desde 2006, cuando se creó el llamado Fondo Chino, hasta mediados de 2015, Pekín entregó a Venezuela 49.000 millones de dólares. Por su parte, Rusia aportó en 2014 un crédito de dos millones de dólares como anticipo de petróleo que iba a recibir.

Pozos esquilmados

Volcado en financiar la revolución, en Venezuela y fuera de ella, Hugo Chávez estranguló la gallina de los huevos de oro. En el decálogo de la industria petrolera uno de los principales mandamientos es el de realizar constantes inversiones para al menos mantener el potencial de producción. La declinación natural de los pozos, que varía en función de las características de las perforaciones y explotaciones, hace necesario un exigente trabajo de mantenimiento. La Pdvsa chavista descuidó esa obligación y la producción comenzó a descender. A ello también contribuyó el despido en 2003 de miles de trabajadores especializados y su sustitución por personal menos experimentado, una permuta que se acusó especialmente en una industria de pozos maduros, como era esencialmente la venezolana. Al tratarse al comienzo de una empresa bien engrasada, los efectos no fueron inmediatos, pero desde entonces la producción entró en una contracción casi constante. Mientras el precio el barril iba en aumento, que salieran menos bidones al mercado no pareció preocupar, pero el problema fue acuciante cuando, ya con Maduro, los precios comenzaron a bajar. Así, el precio de la *cesta venezolana* fue de 103,4 dólares el barril en 2012; de 98 en 2013, y de 88,4 en 2014. A comienzos de 2015 se hundió hasta los 40,3 dólares por barril.

De acuerdo con los informes anuales de la OPEP, cuyos datos esta organización encarga a un medidor independiente, Venezuela tuvo su momento de mayor producción en 1998, con 3,3 millones de barriles diarios, culminando un progresivo incremento de años anteriores. A partir de ahí empezó el descenso, con un desplome circunstancial en 2003 derivado del *paro petrolero*; superada esa disfunción, el número de barriles mejoró ligeramente para pronto volver a decaer: se encontraba en 2,3 millones en 2013. Así, pues, frente a presidencias pasadas de constante crecimiento de producción, el periodo presidencial de Chávez supuso una reducción de cuota de un millón de barriles diarios. Venezuela, que había estado entre los primeros productores mundiales, en 2012 había bajado al puesto número trece. En Suramérica la había sobrepasado Brasil, con 2,6 millones de barriles diarios: los brasileños habían duplicado la producción en diez años.

Ávida por obtener *cash* con el que pagar la realización del Socialismo del Siglo XXI, según concluye Antonio de la Cruz, Pdvsa se transformó «en una empresa preponderantemente exportadora de crudo, que utiliza el petróleo como fuente financiera de un proyecto político y no como una compañía mercantil». La evolución de la fuerza laboral de Pdvsa muestra la burocratización y politización que sufrió la compañía. El hecho de que en diez años casi se triplicara el número de sus empleados, sin que eso fuera parejo a un incremento de la producción, debe interpretarse como un deseo de extender la masa de personal dependiente de una nómina estatal. A comienzos de 2002 Pdvsa contaba con cuarenta mil personas de plantilla; en 2012 eran ciento once mil, todos ellos conminados a votar al PSUV, como dejó bien claro públicamente su presidente, Rafael Ramírez. La productividad bajó de cien barriles por trabajador a veinticinco. Fue una caída permanente de competitividad: entre 2001 y 2008 los costes operacionales por barril se duplicaron y los totales se triplicaron.

El descenso de producción también fue consecuencia de un proceso de renacionalización. Las compañías extranjeras, salidas de Venezuela con la nacionalización de 1976, regresaron con la *apertura petrolera* de 1997 para ocuparse de campos residuales. Se establecieron entonces *convenios operativos* por los que las multinacionales operaban esos pozos y luego se repartían las ganancias a medias con la estatal Pdvsa.

Ese nuevo trato interesaba a Venezuela porque las inversiones requeridas, normalmente muy elevadas debido a que eran campos de mayor costo de producción o menor rentabilidad, correspondían a las compañías foráneas. Pero cuando los precios del crudo comenzaron a subir las multinacionales pasaron a obtener unos niveles de rentabilidad que el Gobierno no había previsto. Ante eso Chávez denunció que Venezuela había hecho un mal negocio y decidió cambiar unilateralmente las reglas. Exigió a las multinacionales traspasar las operaciones a empresas mixtas en las que Pdvsa tendría la mayoría accionarial. Eso era una nueva nacionalización. Algunas compañías habían hecho inversiones a largo plazo, especialmente en la Faja del Orinoco, y se negaron aceptar la indemnización ofrecida por la expropiación. Las principales litigantes fueron las estadounidenses ExxonMobil y ConocoPhillips. El arbitraje internacional acabaría fallando contra Venezuela, obligada a pagar más de mil millones de dólares en compensaciones.

Es sorprendente el descuido en que Chávez dejó el sector petrolero, y eso que él mismo lo había puesto en el centro de la revolución bolivariana. Lógicamente otros presidentes también basaron su política en los ingresos que aportaba el crudo, pero ninguno de ellos permitió que los pozos languidecieran de esa forma. Así lo subrayan los economistas Javier Corrales y Michael Penfold en su libro *Dragon in the Tropics* (2011), al insistir en la contradicción de una Pdvsa en gran medida consagrada formalmente a financiar programas sociales, al tiempo que se permitía bajar la productividad que lastraba la consecución de esos objetivos del Gobierno. Para Corrales y Penfold la politización de la petrolera «llevó a un preocupante declive de la actuación operacional de Pdvsa, que terminó dañando las propias metas socialistas de ayudar a los pobres». Haber comprometido producción a cambio del trueque de servicios, como en el caso de Cuba, o de productos, como ocurría con parte de la factura petrolera en Petrocaribe, restó musculatura financiera a la compañía estatal.

Debido a todos los procesos señalados, con el tiempo Pdvsa dejó de poseer la capacidad gerencial, tecnológica y financiera necesaria para expandir la producción de petróleo, según consideran los citados economistas. «Hacen falta miles de millones de dólares y un experto *know-how* para convertir alquitrán en crudo pesado que pueda refinarse, y eso es el único tipo de producción de crudo que Venezuela puede fácilmente expandir. Eso hace que la compañía sea crecientemente dependiente de inversión extranjera para reconstruir la industria petrolera». Jugando con el título de su libro, Corrales y Penfold afirman que el petróleo «puede haber sido el combustible del fuego del dragón, pero al final, el dragón mismo acabó quemado por su propio fuego». Se podría añadir que no solo se quemó el dragón, sino que también la tierra del país resultó abrasada: la fuente de riqueza de Venezuela quedaba maltrecha… e hipotecada.

Dinero chino hoy con petróleo de mañana

El enorme gasto del chavismo, la estrategia clientelar, los fondos discrecionales que se tomaba el presidente para usos políticos inmediatos y la galopante corrupción en todo el sistema eran prácticas que con el tiempo comenzaron a requerir más dinero del que Pdvsa podía ir generando. Hugo Chávez prefirió hipotecar el petróleo que debía sustentar a las siguientes generaciones de venezolanos con tal de asegurarse su mantenimiento en el poder. Con sus dos principales asociados internacionales en poca disposición de aportar *cash* –Irán sufría especiales dificultades de flujo financiero y Rusia tenía otras prioridades– Chávez llamó a la puerta de China, incorporándola así a sus cálculos geopolíticos alternativos.

Los créditos chinos se negociaron justo cuando Venezuela acaba de poner en marcha la operación de Petrocaribe. El petróleo que Pdvsa dejó de vender en el mercado abierto y las ralentizadas retribuciones económicas con las que los países amigos correspondían a la dádiva chavista, dejó al Estado venezolano sin unos ingresos y unas divisas que necesitaba recuperar por algún lado. La plata que quitaba a la revolución en la propia Venezuela para intentar extenderla allende las propias fronteras la procuró recuperar con una vía de financiación supletoria. Tras comenzar el envío de cargueros hacia los hermanos del Caribe en 2006 (el convenio específico con Cuba había comenzado antes), el presidente abrió en 2007 con Pekín una línea de crédito por la que Venezuela recibió 49.000 millones de dólares en siete años. La cantidad estuvo repartida en varios empréstitos, a cambio de petróleo y productos derivados a futuro. Chávez lograba llegar a sus últimas elecciones presidenciales con oxígeno financiero, pero Venezuela quedaba atada a entregar barriles a los chinos, ya cobrados por adelantado, al menos hasta 2020. Nunca antes el país había pagado con producción futura.

La negociación de la apertura de la línea de crédito la llevó a cabo Rafael Isea, entonces viceministro de Finanzas y presidente del Banco de Desarrollo Económico y Social de Venezuela (Bandes). Isea relata desde Washington, a donde escapó tras caer en desgracia con la llegada de Maduro, las duras negociaciones que mantuvo con China para conseguir que en el primer crédito que acordaban, de cuatro mil millones de dólares, Pekín no pusiera demasiadas condiciones. «Mira, Rafael», le pidió Chávez, «necesito que me cierres un acuerdo con los chinos, que aquí todos hablan pero nadie cierra el trato». Isea recuerda lo difícil de un tira y afloja en el que los chinos aparecían cada vez con equipos de negociación distintos, con los que había que volver a discutir asuntos que ya se habían solventado. China quería que parte del crédito fuera para proyectos que realizarían sus propias empresas. Isea forzó la situación en su visita a Pekín. En su cena final con sus interlocutores del Banco de Desarrollo de China (CDB, por sus siglas internacionales) anunció que al día siguiente volaba a España, en su regreso a Caracas, y se iba sin llevarle a Chávez el documento concluido. A las tres de la madrugada le llamaron a la puerta de la habitación del hotel presentándole el acuerdo firmado. El primer desembolso llevaba fecha del 18 de febrero.

«Los chinos creen en el número ocho», explica Isea, que aprendió que el mundo chino de los negocios siente atracción por ese número, considerado de buena suerte, y que muchos inauguran su empresa en un día del mes que concluya en ocho. Chávez también tuvo suerte, por decirlo de algún modo. «Los cuatro mil millones del crédito fueron entregados al presidente en *cash*. Nadie sabe dónde fueron». Ese dinero no entró en la contabilidad del Estado, para perplejidad del viceministro de Finanzas.

En siguientes créditos, los chinos lograron imponer la exigencia de que sus empresas se encargaran de diversos proyectos en Venezuela. Pero muchos de los convenios no se ejecutaron. De los 243 proyectos que se habían considerado hasta la muerte de Chávez, solo se realizaron diez y tres no funcionaron. Realmente no es que hubiera habido intención de materializar todas esas iniciativas, pues, como atestigua Isea, varias eran una tapadera para *limpiar* dinero de Irán. Una manera que tenía Teherán de recuperar fondos que había colocado en China eran las transferencias que esta hacía a Venezuela. También los tratos sucumbían a la corrupción: Ramírez, presidente de Pdvsa, reclamaba llevarse personalmente un veinte por ciento de los contratos que Venezuela debía cerrar con empresas chinas, como las adjudicatarias de la construcción de vivienda pública. Los chinos replicaban con un reparto del diez por ciento para cada parte.

Toda esta línea de financiación es lo que se llamó el Fondo Chino. Como muchas otras cosas en el chavismo, el nombre ofrecía la cara opuesta de lo que realmente era. Ciertamente se había constituido un fondo, pero no eran inversiones, sino créditos que Venezuela debía devolver. Formalmente era un préstamo al Gobierno por parte del Banco de Desarrollo Económico y Social de Venezuela (Bandes), con una pequeña aportación del Fondo para el Desarrollo Endógeno (Fonden). Pero en realidad era el Banco de Desarrollo de China (CDB) el que inyectaba los préstamos en el Bandes. En el trato, como contrapartida, Pdvsa entregaba el crudo pactado a la Corporación Nacional de Petróleo de China (CNPC), y esta era quien lo vendía en el mercado o lo compraba para el consumo nacional. Si el precio era mayor del fijado a la hora de valorar el crédito –fue lo habitual en los primeros años porque las estimaciones fueron bajas– el remanente era depositado por la CNPC, previo cobro de intereses, en una cuenta del Bandes en la República Popular.

La gestión de ese remanente era un extraño mecanismo, que generaba un curioso resultado: una cuenta al margen de la jurisdicción del pueblo venezolano, fuera del alcance del Banco Central de Venezuela. A mediados de marzo de 2012, esa cuenta podía haber acumulado, como apuntaban algunos expertos, alrededor de veinticuatro mil millones de dólares, que estaban a disposición del Bandes y de quien autorizara Chávez. Era un dinero que no iba a la caja de Pdvsa, y eso que salía de su petróleo. Maduro acabó con esa práctica cuando, al acceder al poder, tuvo que rebañar todos los recursos que pudo para asegurar el funcionamiento diario de su Gobierno. A partir de mediados de 2013 los barriles entregados a China se valoraron a un precio alineado con el mercado –la carga bajó de los seiscientos setenta mil barriles diarios previstos a cuatrocientos setenta mil–, lo que ya no dio origen a ningún remanente reembolsable después.

Pagar y dar el vuelto

La negociación de los préstamos chinos fue cada vez más ardua. A raíz de la guerra civil que terminó con la dictadura y la vida de Muamar Gadafi en 2011, China exigió que los acuerdos se formalizaran en decretos que fueran aprobados por la Asamblea Nacional, para darles mayor legitimidad y conseguir que, en caso de cambio político, los nuevos gobernantes estuvieran atados a los compromisos. Pekín tenía inversiones de cerca de cuarenta mil millones de dólares en Libia y muchas fueron desconocidas por los nuevos dirigentes en Trípoli.

Inicialmente, el uso concreto de las partidas del Fondo Chino, destinado a proyectos de desarrollo y económico de Venezuela, estuvo en las solas manos de Caracas. Pero con el tiempo Pekín vinculó la mitad de su préstamo a adjudicaciones de empresas chinas. Así, por ejemplo, el Gobierno venezolano compró entre 2010 y 2012 tres millones de aparatos de aire acondicionado, televisores y electrodomésticos a Qingdao Haier, para el programa gubernamental «Mi casa bien equipada»; la Corporación de Ingeniería de Ferrocarriles de China se ocupó de la construcción de una línea férrea de casi quinientos kilómetros en el estado Guárico, y CITIC Group recibió el encargo de levantar 33.000 viviendas. Por su parte, la gran compañía de ingeniería CAMC firmó en 2010 acuerdos por valor de 1.680 millones de dólares, que supusieron más de la mitad de sus operaciones mundiales.

Como escribió el economista Emilio Nouel, «con el Fondo Chino se paga y dan el vuelto». China se cobraba dos veces el préstamo que avanzaba: con el crudo de Pdvsa y con el beneficio que para empresas chinas suponía la adjudicación de obras o la compra de sus productos.

Es lo que el experto Antonio de la Cruz presenta como *neocolonialismo 2.0.* «El país receptor de la línea de crédito compromete la producción de materia prima que pertenece a futuras generaciones y crea una dependencia tecnológica de las empresas chinas, comprometiendo el desarrollo de la industria nacional. Es un modelo que crea valor económico para China y destruye valor económico para el país receptor del crédito». En ese modelo, aplicado por China también a otros lugares de Latinoamérica y África, la industria nacional pierde mercado pues el país en cuestión encarga proyectos a empresas chinas y le compra sus productos. De la Cruz recuerda cómo en el siglo XX la teoría de la dependencia desarrollada por Cardoso y Faletto denunciaba el neocolonialismo de Estados Unidos, país que obtenía los recursos naturales de los países subdesarrollados a precio de mercado, los transformaba en mercancías y los vendía luego a los países de la periferia a través de las grandes corporaciones. «Mediante las líneas de crédito a los países deudores, China reescribe las nuevas formas de dominación y de neocolonialismo del siglo XXI, obteniendo a cambio los recursos naturales que transforma en mercancías, que son incluidas en los proyectos que desarrollan en esos países las grandes empresas chinas».

La plata se acaba, más créditos

Agujereada como un colador, donde plata que llegaba plata que se esfumaba casi de inmediato debido a las mil urgencias políticas de Hugo Chávez, a la corrupción y a los pagos de intereses, Pdvsa se encontraba en una huida hacia delante solo sostenible, sin incurrir en quiebra, con nuevas aportaciones financieras. Mendigados ya los gobiernos de China y Rusia y sin otro aliado al que recurrir, el siguiente paso fue pedir prestado a las petroleras privadas que se habían integrado en las empresas mixtas de explotación. Aprendida la lección de *dinero hoy a cambio de petróleo de mañana* se trataba de intentar aplicar esa misma fórmula con otros socios.

El recurso a las transnacionales fue la última idea lanzada antes del fallecimiento del comandante. El oficialismo los llamó planes de *remediación*, pues los presentó ante la opinión pública como inversión para remediar la declinación de la producción petrolera, ofreciendo en ocasiones pronósticos demasiado optimistas sobre el incremento de barriles que iba a suponer esa financiación. En su plan estratégico elaborado en 2010, la dirección de Pdvsa contemplaba alcanzar una producción de cinco millones de barriles diarios en 2015 (no hubo ningún aumento sensible y al alcanzar ese año no estaba ni a la mitad de la meta) y de 6,5 millones en 2020.

Acudiendo al mercado internacional, Pdvsa podía obtener algo con sus emisiones de bonos, pero los costos era muy altos porque Venezuela se percibía como un país de riesgo y las agencias calificadoras internacionales veían con preocupación el ritmo de endeudamiento de la petrolera. ¿Por qué no entonces *transferir el riesgo* a las compañías extranjeras que participaban en la actividad de Pdvsa? Que fueran ellas las que obtuvieran créditos con su buen nombre internacional y luego le dieran los fondos a Petróleos de Venezuela, reembolsables con producción. Esto, además, resolvía la cuestión de la inversión en los campos en explotación. Al menos en aquellos en los que operaban las empresas mixtas, constituidas con una mayoría accionarial venezolana y un paquete minoritario de las multinacionales, Pdvsa no tendría que preocuparse de buscar capital para su gestión, pues ahí se invertirían los correspondientes créditos.

Especial empeño se puso con Chevron, porque otras compañías podrían ser convencidas si veían que la multinacional de San Ramón (California) daba el paso. Pero Chevron puso duras condiciones. Documentación interna de la consultoría jurídica de Pdvsa evidenció sorpresa en los primeros meses de 2013 por las exigencias que comenzó a plantear la transnacional, cuyas relaciones con el chavismo siempre habían sido excelentes. Pero es que los problemas de la *partner* venezolana aconsejaban amarrar bien, con garantías añadidas, todos lo extremos del acuerdo. Las condiciones del crédito de dos mil millones de dólares eran tan especiales que el propio presidente y CEO de Chevron, John Watson, no se atrevía a explicarlas. «No desvelamos los términos de la devolución del crédito», me respondió cuando le pregunté en el Centro Estudios Estratégicos e Internacionales (CSIS), en Washington, donde acababa de dar una conferencia sobre el futuro energético de Norteamérica. Me quedé con su elocuente negativa, sin destaparle que yo tenía todos los detalles.

Las condiciones del crédito, a devolver en trece años, fijaban unos intereses del 4,5 por ciento, con lo que Chevron ganaba en la operación entre mil doscientos y mil cuatrocientos millones de dólares. El tipo de interés, muy superior al 0,5 por ciento que venía utilizándose en el Fondo Chino, resultaba claramente excesivo, sobre todo teniendo en cuenta que la inversión era para Petroboscán, empresa mixta entre Pdvsa y Chevron, que explotaba un campo maduro y casi urbano, en el área oeste de Maracaibo (Zulia), totalmente equipado y explorado. Petróleos de Venezuela, que era quien operaba la explotación, se comprometía a cancelar el crédito con veintiséis mil barriles diarios a Chevron hasta 2025 a un precio especial, fijado de acuerdo con una fórmula que incluía un factor descuento. La introducción de ese factor indeterminado, cuya cuantificación sería decidida por las partes cada tres meses, suponía un elemento no trasparente, atípico en los acuerdos petroleros internacionales. Los ingresos por esa venta irían directamente a una cuenta fideicomiso en Panamá, para cuya gestión Chevron creó una compañía en Holanda (Chevron Boscan Finance). El objetivo de la cuenta era hacer posible que la multinacional se cobrara los dividendos que le correspondían del conjunto de la actividad de Petroboscán (la producción total del campo estaba en 107.000 barriles diarios).

La operación respondía a la necesidad de Pdvsa de más inversión de capital, para al menos poder seguir operando en Boscán, y a la conveniencia de Chevron de asegurarse un mecanismo para repatriar sus beneficios. Dada la fuga de recursos económicos hacia un sinfín de urgencias del Gobierno chavista, Pdvsa no había repartido dividendos en los últimos años a su socio minoritario en Petroboscán. La deuda ascendía a 785 millones de dólares, de manera que, restada del valor nominal del crédito a Pdvsa, en realidad este no era de dos mil millones sino de 1.215 (tanto como el monto final del interés).

Lo único que el presidente de la petrolera estadounidense me reconoció es que el trato había sido «diseñado para facilitar la repatriación de fondos», que además se veía entorpecida por las rigideces del mercado oficial de divisas venezolano, y «para facilitar la continuidad de la operación en el campo Boscán», lo que contradecía la proclamación gubernamental. Que ni con dos mil millones de dólares Pdvsa pudiera plantearse subir la producción en esos pozos, mostraba cómo el chavismo había cegado la fuente de riqueza nacional.

Otros acuerdos de *remediación* se cerraron por entonces. Aprobaron créditos o bien inversión diversas compañías que intervenían en empresas mixtas (la italiana ENI, la española Repsol, la rusa Rosneft y la China CNPC) y ofrecían servicios (Schlumberger, Halliburton y Weatherford International). En total, entre finales de 2012 y mediados de 2014, Pdvsa se aseguró el acceso a más de once mil millones de dólares, destinados directamente a la explotación petrolera. Rafael Ramírez declaró varias veces que con ello Pdvsa se proponía duplicar la producción en los campos implicados, aunque en otros momentos se traicionaba, al reconocer que el propósito era que «no exista interrupción en la prestación de los servicios por problemas de flujo de caja o por problemas de pago».

Déficit de caja y venta de activos

Tampoco ayudaba a Pdvsa que la gasolina estuviera casi completamente subvencionada en el mercado doméstico. Tenido como un bien nacional, que pertenece a todos, tradicionalmente los venezolanos han pagado muy poco por el combustible de sus gasolineras, independientemente del color del Gobierno. Es el precio más bajo en el mundo. Mientras que entre 1999 y 2014 el precio de la gasolina de exportación se había más que triplicado, la destinada a consumo interno venezolano no solo había mantenido un precio constante, sino que las devaluaciones incluso la habían abaratado aún más en términos reales atendiendo el cambio con el dólar. Así, tras las últimas correcciones a la baja de la moneda nacional, a principios de 2014 el precio de un litro de gasolina de 95 octanos era tan solo de 0,015 dólares, de manera que llenar un tanque de cuarenta litros salía prácticamente por medio dólar.

Poco antes, el superministro Ramírez se había quejado de la sangría que esto suponía para Pdvsa, pues los algo más de trescientos mil barriles diarios de gasolina consumida por los venezolanos (del total de setecientos mil barriles diarios de petróleo que asumía el mercado interno) habían obligado a un subsidio de 12.500 millones de dólares al año. «Pdvsa paga para que el usuario compre gasolina», advertía Ramírez, y subrayaba el sinsentido de que el combustible para el automóvil fuera más barato que el agua. Con lo que se pagaba por una botella de agua mineral se podían comprar 72 litros de gasolina; doscientos cincuenta litros de diésel, con lo que costaba un refresco. Con precios así dedicarse a regentar una estación de servicio era muy mal negocio, por el nulo margen de ganancias. El subsidio para el conjunto de combustibles suministrados al mercado doméstico supuso anualmente durante el Gobierno de Chávez el siete por ciento del PIB; en 2013 llegó a los veintiocho mil millones de dólares, una cantidad que superaba los presupuestos de Educación y Sanidad y constituía alrededor del sesenta por ciento de lo que Pdvsa obtuvo ese año por exportaciones.

Congelados los precios desde finales de la década de 1990, era difícil saber cuánto tiempo más el Gobierno podría pasar sin proceder a un ligero incremento. El chavismo no lo había hecho en todos esos años, y ahora, en medio de dificultades, Nicolás Maduro se resistía a dar motivo para que las clases pobres se echaran a la calle. La mayor revuelta popular recordada, el Caracazo de 1989, había estallado precisamente por un aumento del precio de la gasolina decidido por Carlos Andrés Pérez.

El presidente de Pdvsa había planteado que, en todo caso, debía hacerse un esfuerzo por reducir el consumo. Venezuela es de los países con mayor consumo de gasolina per cápita, solo superado por las naciones del Golfo Pérsico. De 2,8 barriles anuales por persona en 1999 se pasó a 3,7 en 2012, cifra que suponía 1,6 litros diarios por individuo. En ese último año, los venezolanos consumieron dos veces más que los brasileños y cinco más que los colombianos, como atestiguaba un informe del Instituto de Estudios Superiores de Administración (IESA).

Para agravar la situación contable, parte de la gasolina de los surtidores de Venezuela era importada. En 2013 era alrededor de un seis por ciento del consumo diario, un volumen que había aumentado tras el incendio en agosto de 2012 en la gran refinería de Amuay, en el que murieron 42 personas. Pdvsa compraba gasolina en Estados Unidos y luego la regalaba a los venezolanos: a un coste entonces en el mercado internacional de 110 dólares por barril, perdía 107 dólares.

Esta era otra de las múltiples facetas del fraude que el chavismo cometía con Petróleos de Venezuela. El régimen estaba aniquilando una empresa cuyo liderazgo generaciones anteriores habían hecho posible y cuyo beneficio generaciones posteriores verían inevitablemente reducido. Entre 1998 y 2013 la producción había descendido un veintitrés por ciento. De los 2,3 millones de barriles diarios, solo el 30,2 por ciento –la partida vendida a Estados Unidos, cuyo porcentaje había ido descendiendo– suponía ingresos regulares a precio de mercado. El resto, básicamente, tenía destinos que suponían un peso para la compañía: consumo nacional subvencionado (29,3 por ciento de la producción); cancelación de los empréstitos ya recibidos de China (veintitrés por ciento); convenios de cooperación energética con países de Petrocaribe y Alba (nueve por ciento), que financiaban la factura a veinte años y podían cancelarla con productos agropecuarios, y acuerdo especial con Cuba (4,1 por ciento), que contemplaba que todo el petróleo entregado fuera pagado con servicios.

Todo esto supuso una creciente constricción de la cuenta de resultados de Pdvsa. La deuda financiera externa consolidada, en ascenso los últimos años, llegaba a final de 2013 a 43.384 millones de dólares, lo que suponía un déficit de caja superior al cuarenta por ciento de su presupuesto. Además, la compañía debía al Banco Central de Venezuela del orden de cien mil millones de dólares. «Ante este cuadro», concluye De la Cruz, «la venta de activos de la empresa aparece como una de las pocas herramientas que la estatal de petróleos puede tener a mano para enfrentar su delicada situación financiera y para sostener los abultados compromisos internos y externos adquiridos por el Gobierno venezolano». De esta forma el chavismo, que había hecho de la nacionalización un emblema máximo de su política económica y social estaba en la tesitura de tener que pasar a una agenda de privatizaciones.

En esa línea, la compañía anunció en 2014 su intención de vender Citgo, su subsidiaria en Estados Unidos, uno de sus principales activos, con plantas en Luisiana, Texas e Illinois y una red de seis mil gasolineras. Con los precios del crudo en descenso, no salió inmediato comprador. «Citgo no debe de costar menos de diez mil millones de dólares», había dicho Hugo Chávez. Esa era la cifra que el Gobierno venezolano tenía en mente. Pero a ella había que sumar dos millones de dólares de pasivo y las amplias comisiones que se llevaría la corrupción: para el enriquecimiento por coimas de unos y para el lavado de dinero del negocio de otros.

5

ENRIQUECERSE CON EL SOCIALISMO

Corrupción económica y judicial

Si Diego Salazar Carreño no hubiera bebido tanto esa noche de finales de 2012 en París, su primo Rafael Ramírez Carreño hoy quizás podría disfrutar tranquilo de la fortuna que durante años estuvo robando a los venezolanos como presidente de Petróleos de Venezuela (Pdvsa). En el universo de la corrupción económica chavista, Ramírez era con creces el astro más bañado en plata. Amasó un patrimonio personal que podría estar por encima de los diez mil millones de dólares. Pero en marzo de 2015 a Ramírez se le quitó el sueño: las autoridades estadounidenses estaban golpeando a su puerta. Mientras intentaba aparentar normalidad como embajador de Venezuela en la ONU, en la misma Nueva York, al sur de Manhattan, los fiscales analizaban información fresca. Había nuevas pruebas sobre la cobertura dada por Pdvsa para el blanqueo de capital de la droga, con servicios al narcoterrorismo de las FARC colombianas y de la organización libanesa Hezbolá, y para burlar las sanciones internacionales contra Irán por su programa nuclear.

Es posible que Diego Salazar fuera habitualmente generoso en las propinas, pero en el hotel Crillon de París, quizás por su estado de embriaguez, se le pasó la mano. Colocado por su primo en la cúpula de Pdvsa, Salazar manejó los seguros y reaseguros de la compañía, un área que en el negocio petrolero mueve mucho dinero. Así que la chequera le sobreabundaba y ese día firmó un talón de cien mil euros como propina a un empleado del hotel. Alarmado, el agraciado se lo comentó al gerente del establecimiento y este dio aviso a la Policía. El pago era de una cuenta en Andorra, el pequeño país de los Pirineos que atraía muchos clientes con sumas opacas. Cuando las autoridades galas se lo comunicaron a las andorranas, estas bloquearon a Salazar doscientos millones de dólares que tenía en la Banca Privada de Andorra (BPA).

El entonces directivo de Pdvsa logró parar la investigación con un soborno de ochenta mil dólares (para él, otra propina), en gran parte destinado a honorarios de prostitutas para los agentes que estaban al mando de la investigación. La decisión de BPA de levantar el bloqueo de la cuenta contó con el asesoramiento de Baltasar Garzón, el famoso exjuez español. Cuando más adelante eso se supo, Garzón alegó que su relación había sido directamente con el banco, no con Salazar. Adujo que su despacho de abogados se había limitado a elaborar un informe para el gabinete jurídico de BPA.

Diego Salazar se creía bajo el mismo manto intocable que Rafael Ramírez por su estrecha relación de sangre. La particular vinculación entre ambos obedecía a especiales circunstancias familiares. Parte de la familia había tenido inclinaciones guerrilleras. Un primo segundo de Ramírez, Illich Ramírez Sánchez, se convertiría en el legendario Carlos *el Chacal*; desde 1994 está preso en Francia, condenado a cadena perpetua. Cuando el padre de Rafael Ramírez fue detenido por actividad guerrillera en los años sesenta, el pequeño Rafael fue acogido por el padre de Diego Salazar. Cuando el tío falleció le encomendó a Ramírez el cuidado de su hijo Diego, unos veinte años menor que él. Con esa responsabilidad casi de padrastro, Ramírez entró en Pdvsa llevando de la mano al joven, a quien fue situando en posiciones clave de la compañía. Diego se convirtió en su principal testaferro.

Estados Unidos sabía que rascar en las cuentas de Salazar era seguir la pista de Ramírez, a quien hacía tiempo deseaba dejar al descubierto, aunque sin éxito. El Tesoro estadounidense no pasó por alto el episodio de la propina parisina y hurgó en Andorra. A mediados de marzo de 2015 la unidad de antiblanqueo del Tesoro, FinCEN (Financial Crimes Enforcement Network), hizo público un informe que indicaba que altos ejecutivos de BPA habían facilitado transacciones financieras a grupos de lavado de dinero, proporcionando servicios a individuos y terceros involucrados en crimen, corrupción, contrabando y fraude. Además de señalar a mafias de Rusia y China, el FinCEN también apuntó a Venezuela. Así, cuantificó en 4.200 millones de dólares las transferencias relacionadas con blanqueo de dinero venezolano, de los cuales unos 2.000 millones tenían que ver con Pdvsa. Esa actividad se hizo a través de una red con cientos de empresas ficticias panameñas, integradas por personas que eran o habían sido altos cargos gubernamentales chavistas.

Las investigaciones sobre el banco andorrano y sobre su filial Banco Madrid, desarrolladas estas por la Comisión de Prevención de Blanqueo de Capitales e Infracciones Monetarias de España, aportaron una lista de casi una treintena de clientes venezolanos con activos contaminados. Entre ellos figuraban Diego Salazar y Nervis Villalobos —el primero y el segundo en importancia de los testaferros de Ramírez—, así como Javier Alvarado Ochoa y Francisco Rafael Jiménez Villarroel. Todos ellos estuvieron en la cúpula de Pdvsa o en la del Ministerio de Energía durante el reinado de Ramírez en ambas. El golpe de las autoridades de Estados Unidos y España no era solo contra el zar petrolero, también afectaba a Diosdado Cabello, zar del narco, pues al menos dos de sus hombres próximos aparecían también en la lista: el exviceministro de Interior Alcides Rondón y Carlos Aguilera, exmilitar que dirigió los servicios secretos y que tenía como misión en sus negocios desviar fondos a las hijas de Chávez.

Un chivatazo avisó a Nervis Villalobos y Javier Alvarado de que la Audiencia Nacional de Madrid podía dictar orden de captura en España contra ellos. Uno había sido viceministro de Energía por diez años, y el otro, también por largo tiempo, presidente de Bariven, filial de Pdvsa para la adquisición de materiales y equipos y para la gestión de inventarios y almacenes. A diferencia de otros implicados, ambos residían en España, así que actuaron con rapidez. Para no ser detenidos en el aeropuerto, salieron del país por carretera. En ese punto se plantearon una colaboración con las autoridades estadounidenses, pero les retenía una consideración: la perspectiva de una sentencia de cárcel en Estados Unidos no era alentadora, por más que pudieran reducirla notablemente ayudando a clarificar la tupida red de corrupción de Venezuela.

Si bien intranquilo por todos esos movimientos, Ramírez parecía sentirse seguro por ahora. El cargo de embajador ante las Naciones Unidas le daba inmunidad diplomática. También le ofrecía contactos de relevancia para explorar alguna tabla de salvación. Pero con el avance de la pesquisas por corrupción y lavado de dinero del narcotráfico, no estaba claro por cuánto tiempo podría evitar que las agencias estadounidenses cayeran sobre él.

De momento la investigación seguía. Los 4.200 millones de dólares localizados en el sistema de la Banca Privada de Andorra se quedaban cortos frente a los seis mil millones que los implicados en la trama reconocían haber remitido a Liechtenstein y Luxemburgo. Y eso era solo una parte de los dieciséis mil millones de dólares que, tirando bajo, la red de Ramírez y sus testaferros habían ganado en los diez años que gobernaron el conglomerado de Pdvsa: del billón de dólares generado por el petróleo en ese tiempo, cobros de comisiones de al menos un tres por ciento en multitud de operaciones daba como resultado aproximado esa cifra.

Finalmente se había podido encontrar el cabo del que tirar para lograr desenredar la principal madeja. Durante mucho tiempo la atención se había centrado en pistas parciales. Una de ellas había sido el caso Illarramendi.

Alarma nuclear

Todo comenzó en el sótano de una casa de Bethesda, junto a Washington DC, un fin de semana de 2008. Mientras los niños jugaban arriba, un investigador privado robaba unas cuantas horas al descanso para avanzar, a la luz del flexo, en un trabajo encomendado. Estaba repasando documentación acerca de José Zambrano, un venezolano que había comenzado su vida profesional vendiendo ropa de caballeros y, vueltas que da la vida, se había hecho con uno de los bancos de Venezuela. El BaNorte, fundado en 2004, era un banco pequeño que Zambrano estaba gestionando de modo arriesgado. Las inspecciones que la Superintendencia de Bancos realizó cuando Zambrano estaba a punto de adquirir otra entidad –el Banco Federal, que acabaría desapareciendo–, llevaron a la intervención del BaNorte. La Superintendencia adujo problemas de solvencia, autopréstamos y dependencia de fondos públicos. El banco fue intervenido en diciembre de 2009 y al año siguiente quedó incorporado a la banca pública. No es que las prácticas de Zambrano distaran de las de otros *nuevos banqueros*, pero por las razones que sean él cayó en desgracia. No sería el único.

Aquel fin de semana en Bethesda el ratón se movió por varios documentos, abrió diversas carpetas y dio con algo insospechado. En Estados Unidos parece que todos los grandes descubrimientos tengan que ocurrir en garajes o sótanos de los suburbios residenciales. Son muchos los que ahora quieren atribuirse el mismo comienzo épico que Steve Jobs (Apple) y Jeff Bezos (Amazon). Hay mucho impostor, pero lo cierto es que a luz de aquel flexo comenzó una investigación que fue creciendo y acabó destapando un gran caso de corrupción. No el más significativo, ni el más voluminoso, pero sí uno en el que quedaba a la vista el manejo corrupto de los fondos de Petróleos de Venezuela que hacían sus directivos y la alta rentabilidad que le sacaban a sus ilícitas fortunas otros muchos chavistas.

Entre las cuentas de Zambrano figuraba la recepción de un préstamo de 30,7 millones de dólares procedente de un *hedge fund*. Era un préstamo inusual, porque no parecía ir unido a condiciones. Desde el sótano de Bethesda hubo una llamada de alerta a la Fiscalía de Distrito de Manhattan y esta se puso a rastrear. Encontró que el fondo, a través de su firma Michael Kenwood Energy, había hecho fuertes inversiones en una empresa de Oregón dedicada a la planificación y desarrollo de plantas nucleares para su venta… ¡con dinero de Petróleos de Venezuela! En momentos de una estrecha cooperación entre Venezuela e Irán y una extrema sensibilidad internacional hacia cualquier acceso iraní a la tecnología del átomo, aquello puso los ojos como platos en la Fiscalía. La Securities & Exchange Commission (SEC), el organismo que en Estados Unidos regula el mercado financiero, empezó entonces a desenredar el ovillo. Así surgió el caso Illarramendi.

En enero de 2011, la SEC presentó una demanda civil contra Francisco Illarramendi y sus sociedades y fondos, básicamente agrupados en Michael Kenwood Group. Luego siguió una demanda criminal. Francisco Illarramendi, al que familia e inversores conocen como Pancho, es un venezolano corpulento, de aspecto de niño gigantón, con un temprano éxito en las finanzas. Cuando estalló el caso tenía 41 años y ya llevaba más de quince de acumulada experiencia en Wall Street. La mayor parte de ese tiempo, de 1994 a 2004, estuvo en Crédit Suisse, en donde fue director de mercados emergentes. Desde esa entidad, con frecuentes viajes entre Estados Unidos y Caracas, Illarramendi asesoró al Gobierno de Chávez, al que presentó una fórmula que parecía un conejo sacado de la chistera: la *permuta*.

En un mercado cambiario controlado férreamente como el venezolano, en el que la conversión bolívar-dólar es fijada por el Gobierno, existía una gran dificultad de individuos y empresas para acceder a la compra de la moneda fuerte. Illarramendi explicó al Gobierno cómo podía sostener el tipo de cambio del bolívar en relación al dólar, al tiempo que daba a particulares, importadores y empresarios una válvula de escape. Con el sistema de permuta se crearon casas de bolsa en las que los venezolanos podían adquirir acciones de empresas que cotizaran a la vez en Caracas y en Nueva York, comprando en bolívares en la Bolsa caraqueña y vendiendo en dólares en la neoyorquina. Ambas operaciones podían hacerse de forma casi simultánea, de manera que venía a ser una permuta de divisas, a un precio más conveniente que el cambio oficial fijado por el Gobierno venezolano. Esto se hizo sobre todo con acciones de CANTV, compañía telefónica nacional que, privatizada en 1991 y adquirida por capital estadounidense, cotizaba en ambos países (fue renacionalizada en 2007). Fue algo muy utilizado que dio lugar al *dólar permuta*.

Permitía acceso a divisas y aflojaba la presión sobre el tipo de cambio, de forma que el dólar no se disparaba en el mercado negro.

Experimentados los vericuetos del mercado cambiario, Illarramendi dejó en 2004 las estrecheces formales de Crédit Suisse para gestionar directamente los movimientos especulativos de Petróleos de Venezuela (Pdvsa) en la oficina que esta compañía nacional tenía en Nueva York. Se convirtió así en asesor senior de PDV USA, Inc., la rama de asesoría financiera internacional de la petrolera. Diferencias internas le llevaron a instalarse por su cuenta en 2005, aunque pronto tuvo a Pdvsa como cliente. Una vez propagada su fama de mago de jugosas rentabilidades mediante la especulación dólar-bolívar, Illarramendi engrosó su cartera de inversores llegados desde las altas esferas chavistas. Operaba desde Connecticut, con cuentas en Panamá, islas Caimán y Suiza.

Los fondos de Illarramendi tuvieron múltiples actividades financieras, no únicamente las relativas a la conversión entre divisas. Pero las rápidas conversiones de moneda siguieron siendo parte de su negocio. En la compra-venta de activos, la suma en bolívares era convertida en dólares según el cambio oficial, que sobrevaloraba la moneda nacional venezolana. Luego esos dólares pasaban a bolívares en el mercado paralelo de acuerdo con la relación real entre las dos monedas, lo que aumentaba el monto original. Y así sucesivamente. La práctica no estaba restringida en Estados Unidos, donde no hay control de cambio. En Venezuela fue legal hasta mayo de 2010, cuando Chávez decidió cortar con lo que había degenerado en una clara vía para la fuga de capitales. A pesar de su carácter estatal, Pdvsa siguió con esa especulación de divisas de la mano de Illarramendi, hasta que en 2011 los activos de las sociedades del financiero de Connecticut fueron congelados por las autoridades estadounidenses.

Intereses de hasta el 82 por ciento

La SEC, autoridad estadounidense en el sector financiero, no cuestionaba los procedimientos cambiarios de Francisco Illarramendi, sino el hecho de que este hubiera utilizado, entre diciembre de 2009 y noviembre de 2010, un total 53,7 millones de dólares de uno de sus fondos –patrimonio perteneciente a sus inversores– para realizar compras a nombre de empresas suyas o que controlaba. La SEC catalogaba esto como «apropiación de activos» y «fraude», ya que se tomaba dinero de un fondo sin que sus cláusulas autorizaran ese tipo de inversiones personales de Illarramendi. De ese desvío de capital, veintitrés millones correspondían a la adquisición de la mayoría accionarial de NuScale, empresa dedicada al desarrollo de prototipos de pequeñas plantas nucleares. En el momento de la presentación de la demanda, el *hedge fund* del que procedía el dinero, Short Term Liquidity I Ltd, tenía un valor de quinientos cuarenta millones de dólares, el noventa por ciento de los cuales correspondía al fondo de pensiones de los trabajadores de Pdvsa.

El proceso fue noticia por las razones equivocadas. En primer lugar, porque fue presentado como un esquema Ponzi, cuando propiamente no lo era, pues en el fraude piramidal los primeros inversores reciben como intereses el dinero de nuevos inversores, pero en este caso había rentabilidad procedente de las operaciones realizadas. Y en segundo lugar, porque las pérdidas no eran tan astronómicas: de los 2.183 millones de dólares de compensaciones que inicialmente reclamaron los clientes, el interventor rebajó la cifra a casi trescientos millones. La mayoría habían abultado sus demandas. Entre ellos uno de los principales empresarios de Venezuela, Oswaldo Cisneros, que había sido socio de Illarramendi en el fondo Highview Point Offshore. Cisneros rebajó su primera demanda de 1.354 millones, hecha bajo juramento, a solo veinte millones. Probablemente algunos habían querido aprovechar la tesitura para maquillar sus propias cuentas. La defensa de Illarramendi alegó que en realidad no hubo pérdidas, pues los inversionistas ya se habían beneficiado con creces anteriormente. De hecho, Pdvsa acabó asegurando que no se había causado perjuicio a su fondo de pensiones. El juez desoyó ese argumento sobre beneficios pasados reales y condenó al financiero a trece años de prisión por fraude.

Más allá de Illarramendi –al fin y al cabo, un operador, a quien sobre todo puede objetarse el hecho de que se tapara la nariz ante dinero de muy mal olor–, la noticia estaba en los márgenes de beneficios que habían obtenido figuras destacadas de la Venezuela chavista. En algunos casos las inversiones eran premiadas con intereses de hasta un 82 por ciento anualizado. «La gente del Gobierno de Venezuela, por la vía de Pancho, ganó miles de millones de dólares, así que no pueden alegar pérdidas, porque ganaron mucho», advierte Ramón Illarramendi, padre del operador de los *hedge funds*. Añade que cuando una vez le presentaron a Jorge Giordani, ministro de Planificación y la persona que tuvo más duradera influencia en el área económica del Gobierno, este le dijo: «así que usted es el papá de Pancho. ¡Caramba, no sabe usted lo que le debemos a su hijo!».

Veterano *copeyano*, de cuando la política venezolana se dividía entre los democristianos de Copei y los *adecos* de Acción Democrática, Ramón Illarramendi fue ministro, embajador y asesor estratégico del presidente Rafael Caldera. Con 76 años cuando se presentaron las demandas contra Pancho, Illarramendi Sr se volcó en lograr la libertad del imputado, para quien hizo de abogado en el proceso civil, dada la imposibilidad de pagar letrados por la congelación de bienes. Al fin y al cabo, el padre era de quien había partido la idea de comprar NuScale, la operación que sobre todo había motivado la apertura de la investigación. NuScale era una empresa de Oregón que desarrollaba un modelo propio de Small Modular Reactors (SMR), una nueva generación de reactores de pequeñas proporciones.

La idea de la inversión se abrió paso por las perspectivas de futuro de ese sector y por la intensidad con la que el viejo *copeyano* exponía sus causas. No era algo nuevo. Tiempo atrás, por ejemplo, según asegura, logró que Robert F. Kennedy mostrara serio interés en la posibilidad de proponer la afiliación del Partido Demócrata de Estados Unidos a la Internacional Demócrata Cristiana, en la que los venezolanos siempre tuvieron gran peso. El asesinato de RFK truncó ese posible acercamiento.

La clarividencia de apostar por ese negocio quedó pronto reivindicada. En diciembre de 2013 el Departamento de Energía de Estados Unidos anunció que destinaba hasta 226 millones de dólares a apoyar el desarrollo de NuScale. Después de haber cortado la inyección de dinero venezolano, la Administración se apresuraba a financiar el proyecto de diseño y comercialización de esos mini reactores instalados bajo el agua, no fuera que, en tan estratégico sector, fondos de otros países acudieran a cubrir las necesidades de NuScale.

«Chamo soy tu mejor productor jajajajaja»

¿No veía Francisco Illarramendi, dada la corrupción en Venezuela, que ese dinero u otras aportaciones podían tener procedencia ilícita, o que inversiones de empresas públicas generaran beneficios que terminaran en cuentas personales? «Pancho ya se daba cuenta de que a veces olía mal. Pensaba que no debía preocuparle el origen, pues, dado el principio de unidad de caja que forman las empresas públicas, el dinero venía mayormente del Tesoro de la república. Pero luego le decían que depositara un pago en una cuenta, otro pago en otra distinta... Y por más que sospechara, había un clima de intimidación y extorsión», cuenta Illarramendi Sr en tono exculpatorio. «Muchas veces las coacciones y las amenazas las vestían de forma amistosa, diciéndole: 'oye, ten cuidado', como dándole un consejo que en realidad era una clara advertencia. Algunos casos de muertes no esclarecidas eran suficiente alarma. Pancho llegó a la conclusión de que ni en Estados Unidos se encontraba seguro».

En una ocasión, de acuerdo con su relato, la amenaza vino directa de un testaferro de algunos de los hombres más poderosos del régimen y que más dinero oculto manejaban, Diosdado Cabello y Alejandro Andrade. Ese intermediario, Danilo Díaz Granados, le exigió a Francisco Illarramendi, durante una visita a Caracas, que pagara la cantidad prometida de una venta de bonos de Crédite Lyonnais que habían bajado de precio en el mercado y aportaban menos dinero del esperado. Díaz Granados defendía los intereses de más personas, entre ellas la contraalmirante Carmen Meléndez de Maniglia, que sería ministra del Despacho de la Presidencia en la transición entre Chávez y Maduro y luego titular de Defensa. En ese clima intimidatorio el financiero pagó lo exigido, a costa de crear un déficit de cinco millones de dólares en sus cuentas.

Esas pérdidas serían señaladas por la SEC estadounidense como supuesta evidencia de que se trataba de un fraude piramidal. «Pero eso no es verdad», objeta Illarramendi Sr, «porque había docenas de operaciones diarias, que iban dejando muchas ganancias. Lo que pasa es que mucha gente tiene miedo a ser llamada a declarar». Había muchos que no querían que se supiera que se habían llevado abultados beneficios. Y la propia Asamblea Nacional venezolana, controlada por el Partido Socialista Unido de Venezuela (PSUV) y presidida por Diosdado Cabello, corrió a tapar sospechas, con una rápida y superficial investigación parlamentaria que concluyó que todos los servidores públicos implicados en el caso eran inocentes. ¿Todos inocentes? El interventor nombrado en el proceso de Connecticut, John Carney, documentó que un alto cargo financiero de Pvdsa, Juan Montes, había cobrado treinta millones de dólares en sobornos. También indicaba que se habían beneficiado «otros funcionarios» de la petrolera.

Montes trabajaba entonces como gerente de inversiones de Pdvsa. Tenía el sobrenombre de «Black» en las comunicaciones entre Francisco Illarramendi y Moris Beracha, otro genio financiero que ayudó a multiplicar el patrimonio de los jerarcas chavistas. «Te daré instrucciones para la nueva cuenta que voy a abrirle en el HSBC», escribió Beracha en uno de sus correos electrónicos a Illarramendi en relación a un pago a Montes de siete millones de dólares.

Esos correos, difundidos por el International Consortium of Investigative Journalists, ponían de manifiesto cómo la huida hacia delante de Illarramendi no habría sido posible sin las sumas facilitadas directamente por Beracha, cuya amplia red de contactos con las fortunas *rojas* le permitían obtener liquidez inmediata para las inversiones. «Chamo soy tu mejor productor jajajajaja», le escribió Beracha en noviembre de 2007. «Aquí va la relación del profit», le decía, adjuntando una suma de cifras que superaban los quince millones de dólares, producto en su mayoría de la venta de bonos. También enviaba una relación de cuentas corrientes en Suiza entre las que se debían distribuir esas ganancias. Beracha aduce que desconocía que Illarramendi podía estar incurriendo en estafa y asegura que él fue otra víctima. La demanda presentada contra Beracha fue retirada, tras alcanzarse un acuerdo, en el que no hubo admisión de faltas, según precisa su abogado.

Venezolano con estudios y práctica financiera previa en Estados Unidos, Beracha asesoró al Ministerio de Finanzas cuando en él estuvo Rafael Isea. Quienes le conocen le presentan como alguien cautivador. Por ejemplo, cuentan que se declaró a su esposa de un modo tan inusual como irresistible. La llevó en helicóptero a la cumbre de un tepuy, esas cimas planas que se elevan en el paisaje amazónico, recortadas por altas paredes verticales, y allí les recibió toda una orquesta.

Además de la *permuta* inventada por Illarramendi en su etapa de asesor del Gobierno de Venezuela al comienzo del chavismo, este contó también con otro importante producto financiero conocido como *nota estructurada*. Era un paquete que combinaba los bonos de la deuda pública de Venezuela, Argentina, Ecuador, Bolivia e incluso Bielorrusia. Para la comercialización de ese instrumento legal fueron escogidos operadores financieros cercanos al alto funcionariado del Gobierno, en un proceso sin subasta y falto de trasparencia. Los bonos eran vendidos a los bancos venezolanos en bolívares con una prima. Los bancos los vendían por debajo de su valor nominal en dólares, y luego de obtenidos estos, los colocaban en el mercado de divisas paralelo y lograban ganancias inmediatas. Como detallan Carlos Tablante y Marcos Tarre en *Estado delincuente*, el sesenta por ciento de las ganancias eran para las autoridades del Ministerio de Finanzas y el cuarenta por ciento para el banco recomendado. Haciendo un cálculo conservador, ambos autores concluyen que solo en los dos primeros años se generaron «pérdidas para la nación» de veinte mil millones de dólares. El objetivo invocado desde el Gobierno para lanzar las notas estructuradas había sido el de facilitar el acceso a divisas y tratar de que no se desbocara el mercado paralelo del dólar, pero propició tal fuga de capitales que Chávez aniquiló las notas estructuras en 2010.

Como la prensa internacional hurgaba en el caso Illarramendi hubo importantes beneficiarios que se quitaron de en medio cuanto antes para no salir en los periódicos. Uno de ellos fue Víctor Vargas, presidente del Banco Occidental de Descuento (BOD), entidad de importancia en Venezuela. Vargas había invertido un par de centenares de millones de dólares, según Illarramendi Sr, pero declinó solicitar la devolución de sus activos. Con ello evitaba ser llamado por el interventor y tener que someterse a sus preguntas. Si algo definía la exitosa carrera de Vargas, sin orígenes chavistas, era el cálculo en sus relaciones. Solo así se explicaba su ascenso y consolidación durante el chavismo, sin haber caído en la purga de banqueros que se produjo en 2009.

Los caballos de Vargas, como en *El Padrino*

Un cable de la diplomacia estadounidense de julio de 2008, filtrado por Wikileaks, destacaba precisamente la buena estrella de Vargas, cuyas ganancias en el negocio de la emisión de las notas estructuradas también subrayaba: «Vargas, de quien se dice que obtuvo ganancias de esas negociaciones, es un banquero cuya estrella se ha elevado grandemente durante la presidencia de Chávez». Y también durante la de Maduro. Uno de sus servicios al nuevo Gobierno fue financiar con quinientos millones de bolívares la compra en octubre de 2013 del grupo de comunicación Cadena Capriles. Como confesaría en privado el ministro de Comunicación, según fue recogido por la prensa venezolana, detrás de la operación se encontraba Tareck el Aissami, poderoso exministro del Interior. De esta manera el chavismo se hacía con uno de los grupos mediáticos de oposición, editor del diario más leído, *Ultimas Noticias*, y del económico *El Mundo*.

Sea por ese saber moverse, o porque ciertamente el amor no tiene fronteras, Vargas emparentó con la nobleza de España y Francia. Su hija Margarita se casó en 2004 con Luis Alfonso de Borbón, hijo de Alfonso de Borbón, duque de Cádiz, y María del Carmen Martínez Bordiú, nieta de Franco. El marido de Margarita, que ha trabajado para el banco de su suegro, es considerado por los legitimistas galos como pretendiente al trono francés, con el título de duque de Anjou. Si ese enlace trajo *glamour* a la familia Vargas, de aparición frecuente en la crónica rosa, el matrimonio de otra hija del banquero, María Victoria, con el empresario Francisco D'Agostino unió el apellido a la crónica negra de la corrupción en Venezuela. D'Agostino tenía vinculación con Derwick, una compañía agraciada irregularmente con múltiples contratos públicos.

Vargas, en cualquier caso, se andaba con cuidado. Lo que le pasó el 19 de abril de 2009 recordaba demasiado a una de las escenas más famosas de *El Padrino*, en la que un enemigo de Vito Corleone amanece con una cabeza de caballo entre las sábanas ensangrentadas de su cama. Ese domingo del Abierto de Polo de Estados Unidos, en el Club Internacional de Polo de Palm Beach, en Wellington (Florida), la exquisita gradería se quedó horrorizada. Cuando los caballos del equipo Lechuza Caracas, propiedad de Vargas, hicieron acto de presencia al bajar de sus remolques, poco antes de comenzar la competición, se fueron derrumbando uno tras otro. Veintiún caballos. Dos se desplomaron de inmediato y los otros, mareados y desorientados, acabaron también largos en la hierba. Los veterinarios intentaron refrescarlos con ventiladores y agua y algunos ayudantes colocaron unas lonas para evitar que la multitud contemplara la agonía de los animales. Siete de los equinos murieron allí y los otro catorce fallecieron cuando eran atendidos en un servicio de urgencia veterinaria. Todos mostraron niveles de selenio, un mineral común que ayuda a los músculos a recuperarse de la fatiga, muy superiores a lo normal.

Al final se determinó que la sobredosis se había debido a una descompensación de la fórmula del fármaco que el equipo había encargado a un laboratorio farmacéutico de Florida, Franck's Compounding Lab. Este aceptó que el compuesto era erróneo, si bien quien lo confeccionó aseguró haberse ceñido a la receta que se le había entregado. Vargas valoró la pérdida en cuatro millones de dólares, casi a doscientos mil dólares por caballo.

Andrade, el tesorero que atesoraba

La investigación no encontró una mano negra que hubiera propiciado un envenenamiento, pero con la reminiscencia de *El Padrino* tan inmediata en el imaginario colectivo, lo primero fue pensar en el *consigliere* que, como en la película de Francis Ford Coppola, podría haber enviado el aviso. Y no había otro que Alejandro Andrade, también nuevo rico y dueño de una gran cuadra de caballos. Sublevado en el fracasado golpe de 1992, el teniente Andrade fue escolta y asistente de Chávez en las presidenciales de 1998. Al año siguiente, ya fuera de la milicia, formó parte de la Asamblea Constituyente. En 2002 se hizo cargo de la presidencia del Fondo Unico Social y en 2007 pasó a tesorero de la nación y viceministro de Gestión Financiera. En 2008 acumuló esos puestos con el de presidente del Banco de Desarrollo Económico y Social (Bandes), hasta 2010. Nacido en un barrio humilde de Caracas, llegó al Gobierno con escaso patrimonio; lo abandonó con una fortuna estimada en varios miles de millones de dólares. No cabe otra explicación que el manejo corrupto de fondos públicos. Y es que Andrade estuvo en los lugares perfectos para engrosar sus cuentas bancarias, casi diríase que como llevado de la mano por Chávez.

Probablemente fue la manera de Chávez de compensar a Andrade por haberle dejado tuerto. Un día jugando a *chapita* en el Palacio de Miraflores, Chávez tiró con muy mala fortuna. En un juego, a modo de béisbol, que consiste en lanzar una chapa de botella para que sea bateada con un palo de escoba, el presidente le dio en el ojo a Andrade con la pieza metálica que volaba. Desde entonces, Andrade llevó un ojo de cristal y fue situado siempre por Chávez en lugares que ofrecían posibilidad de ordeño. Ser protegido del comandante ofrecía cierta patente. Con el tiempo acumuló denuncias de supuestas irregularidades en la Tesorería Nacional, y eso aconsejó su retirada. Pero se marchó sin que el presidente propiciara ninguna investigación y dejando como sustituta a una persona de su confianza, Claudia Díaz, que había sido enfermera de Chávez. Nicolás Maduro situaría luego en el cargo a un sobrino de Cilia Flores, esposa del nuevo presidente. Ya se ve que el puesto era para allegados.

La muerte de Chávez dejó a Andrade sin las salvaguardas anteriores. La vida se le complicó en mayo de 2013, cuando la Securities and Exchange Commission (SEC) de Estados Unidos puso al descubierto un esquema fraudulento desarrollado por el Bandes venezolano durante la presidencia de Andrade. La SEC detectó que, entre 2009 y parte de 2010, el Bandes había realizado operaciones ilícitas con una casa de bolsa de Nueva York, Direct Access Partners. La correduría de bolsa compraba bonos que luego vendía más caros a la tesorería del Bandes, y esta entidad ofrecía a la casa de bolsa parte de sus bonos a precios inferiores del mercado. La investigación de las autoridades estadounidenses indicó que esa práctica había llevado a unas ganancias de 66 millones de dólares. Los beneficios eran enviados a una empresa con sede en Panamá, que a su vez operaba con cinco cuentas bancarias en Suiza. Dos de los balances semestrales que recogían los movimientos del Bandes fueron firmados por Andrade, mientras que un tercero llevó la firma de su sustituta en el banco. El señalamiento de Andrade vino también con la detención, durante un viaje a Miami, de María de los Ángeles González, exgerente del Bandes.

La investigación del Buró Federal de Investigación (FBI) dejó a Andrade sin visa de entrada en Estados Unidos y por tanto sin poder visitar lo que era la niña de sus ojos: Hollow Creek Farm, su finca de caballos en Carolina del Sur. Se trata de unas instalaciones de primera clase dedicadas al cuidado de caballos de competición y a la capacitación de jinetes, muchos de ellos procedentes de Latinoamérica, a los que se entrena para la participación en torneos ecuestres internacionales. El hijo de Andrade, Emanuel, se ha convertido en un consumado jinete, con un palmarés ya de varios trofeos de salto. Por su carrera el padre había confesado estar dispuesto a darlo todo.

Andrade era un asiduo de los clubs ecuestres de Caracas, ciudad en la que las clases selectas siempre han mostrado gran afición por la equitación. Su dinero le facultaba actuar como benefactor de algunos de esos clubs. Pero si deseaba seguir las carreras de su hijo por todo el mundo sin miedo a ser un día detenido, al antiguo guardaespaldas de Chávez no le quedaba más remedio que negociar con Washington. No era solo la investigación del FBI a raíz de la denuncia de la SEC por los bonos del Bandes, también la Administración para el Control de Drogas (DEA) y el Tesoro estadounidenses se interesaron por sus operaciones de blanqueo. El exmilitar negoció en 2013 su colaboración con Washington y obtuvo autorización para instalarse en el país.

Milmillonarios en apenas diez años

Resulta misión imposible intentar determinar cuánto han robado quienes se erigieron en *dueños* de Venezuela. «Si el Estado venezolano reportase cuentas sujetas a auditorías independientes se podría llegar a un estimado», indica Alek Boyd, periodista venezolano afincado en Londres cuyos *posts* han desvelado multitud de detalles de la rampante corrupción en su país. «El problema es que el Estado venezolano no reporta cuentas, sino que las inventa para lucir lo mejor posible. La cifra exacta de producción de Pdvsa es desconocida. La cifra exacta de recaudación del Seniat [la agencia tributaria] es desconocida. La cifra exacta de fondos disponibles en los diferentes vehículos creados por el chavismo (Fonden, etc.) es desconocida. Ello aplica a la totalidad de los dineros públicos de Venezuela».

Un dato del que se puede partir es el del desfase entre las cantidades liquidadas por la Comisión de Administración de Divisas, o Cadivi, y las dedicadas a importación. Cadivi fue creada en 2003 con el fin de autorizar la conversión en moneda extranjera para el pago de facturas de compras en el exterior. Pero hasta 2012, Cadivi liquidó 75.000 millones de dólares más que la cifra oficial de importaciones, una fuga de divisas que aún pudo ser mayor ante la sospecha de que también pudo haber importaciones falsas. No es descartable que a la fuga contribuyeran empresarios no alineados con el chavismo, pero esas operaciones solo eran una parte de la corrupción facilitada desde el Gobierno.

Alek Boyd señala otras muchas situaciones de corrupción: apropiación indebida, sobreprecios en contrataciones públicas, emisiones de deuda, regalía a otros países sin debida aprobación, compras innecesarias, gasto irresponsable, pago por expropiaciones, financiamiento a aliados políticos... «No es algo nuevo, ni debe atribuírsele exclusivamente al chavismo. Lo que diferencia al chavismo de todas las administraciones anteriores es la cantidad de recursos que ha recibido. Según el estimado de ingreso total desde 1999, el chavismo ha percibido, en quince años, mayor cantidad de recursos que todas las administraciones del siglo XX juntas. Así, la corrupción chavista se ha multiplicado a la n potencia». Boyd calcula por encima que el monto de la corrupción, desde la llegada de Chávez al poder hasta su muerte, pudo ascender a 150.000 millones de dólares, pero alude a otras estimaciones que hablan de cuatrocientos mil millones, equivalente a todo el PIB del país.

El exagerado nivel de corrupción ha sido señalado repetidamente por organismos internacionales, que ponen a Venezuela entre los países más afectados por esa lacra. En su índice de percepción de corrupción, la organización Transparencia Internacional situaba a Venezuela en 2013 como el país más corrupto de Latinoamérica y entre los quince más corruptos del mundo, una liga integrada por estados como Somalia, Corea del Norte, Libia o Guinea Bissau. Ese mismo año, después de que la muerte de Chávez aflojara la disciplina interna, voces del mismo chavismo denunciaron el problema. Freddy Bernal, un histórico diputado del PSUV, admitió públicamente que «la corrupción roja rojilla es incluso peor que la blanca, la verde o la amarilla», en referencia a los colores de los partidos clave de la anterior República. Otros dirigentes advirtieron que el país se estaba «desangrando» mediante la fuga de divisas realizada a través de compañías fantasma de chavistas. Era la *robolución*.

¿Qué grado de responsabilidad tuvo Chávez en que se extendiera tanto la corrupción? ¿Dejó hacer, promovió, participó o las tres cosas? Boyd responde sin ambages: «Al haber estructurado un régimen unipersonal y populista, mediante el cual todas las decisiones de relevancia tenían que pasar por él, porque todas las instituciones del Estado estaban subordinadas, su responsabilidad es inobjetable, ineludible. Sin duda, fue algo que utilizó con gran habilidad para sus propios propósitos políticos dentro y fuera de Venezuela. Por tanto, las tres cosas».

La implicación de Chávez en el uso discrecional de ingresos de Venezuela y en el diseño de prácticas de corrupción queda manifiesta en estas páginas. Más difícil es vincular al propio Chávez en operaciones de enriquecimiento personal, pues el uso de testaferros y la gran opacidad de las transacciones en Venezuela dificultan el escrutinio. Pistas surgidas en la investigación para este libro apuntan a un posible desvío hacia sus hijas de sobornos relacionados principalmente con obras de construcción e infraestructura, que ascenderían a varios cientos de millones de dólares. Persona clave en ese desvío habría sido Carlos Aguilera, empresarialmente implicado en numerosa obra pública, como en el caso del metro de Caracas.

Además está la rápida prosperidad del resto de la familia de Chávez, como su hermano Adán, gobernador del estado Barinas, o su hermano Argenis, que fue viceministro de Energía Eléctrica y presidente de la Corporación Eléctrica Nacional y resultó acusado por la oposición, entre otras irregularidades, de comprar plantas anticuadas con sobreprecio. La lista de familiares beneficiados incluye también a Asdrúbal Chávez, primo del presidente, y varios sobrinos, de sospechosa actividad. Asdrúbal Chávez fue elevado en 2007 a vicepresidente de Pdvsa, con control de un aspecto tan clave como la comercialización del crudo; Maduro le nombró en 2014 ministro de Petróleo y Minería.

Casto Ocando, otro de los periodistas venezolanos que más ha documentado la corrupción chavista, como reportero de investigación en Miami de *El Nuevo Herald* y de Univisión, la presenta como algo generalizado entre quienes ocuparon posiciones de privilegio dentro del chavismo. «Hay fortunas extraordinarias entre los militares, que por manejar tropas, recursos, vehículos y controlar alcabalas en las carreteras del país o en las fronteras se han enriquecido con el negocio de la droga, y se han beneficiado también del tráfico de gasolina, de materiales robados, como el aluminio, y de otras actividades ilícitas. Luego está el segmento de los funcionarios, que también ha reunido fortunas desorbitadas, como el teniente Alejandro Andrade, que es un caso icónico: un hombre que pasó de ser un simple oficial de la alcaldía de Caracas a convertirse, con su nombramiento de tesorero de Venezuela, en uno de los hombres más ricos. Y luego están los empresarios y los banqueros, como Víctor Vargas, que también han multiplicado extraordinariamente la fortuna, obviamente utilizando las conexiones con el sistema, sobre todo en relación a la administración de divisas. También hay testaferros, operadores...»

Ni socialismo ni muerte: petrobonos de Ramírez

La ristra de los grandes corruptos de la revolución bolivariana es larguísima. No es el propósito aquí de escribir muchos nombres. Algunos ya han salido y otros figurarán más adelante. Pero si hubiera que destacar uno, por sobrepasar a los demás en riqueza acumulada, ese es Rafael Ramírez. Nombrado ministro de Petróleo y Minería en 2002, desde 2004 unió ese cargo al de presidente de Petróleos de Venezuela. En 2014 dejó ambos puestos para pasar primero a canciller y luego a embajador ante la ONU. Mientras proclamaba el lema «Pdvsa, socialismo o muerte», él y sus testaferros se enriquecieron con su particular *impuesto* revolucionario. Durante sus diez años de gestión, por sus manos no solo pasó la enorme renta petrolera, sino también la actividad emprendida por la compañía fuera del sector: producción y distribución de alimentos y promoción de vivienda pública, algo especialmente apropiado para la recepción de sobornos y comisiones.

Igualmente había provecho en el uso privado de los fondos públicos de Pdvsa, como puso de manifiesto el caso Illarramendi, o incluso pactos para la alteración en el mercado del precio de los bonos de la compañía estatal. En noviembre de 2009, días después de una emisión de títulos por algo más de tres mil millones de dólares, Ramírez anunció una nueva emisión. Sus palabras estaban pensadas para tumbar el precio del primer paquete de petrobonos, en una concertada operación con inversores amigos, que aprovecharon la ocasión para comprar un elevado número. Cuando el mercado vio que la doble emisión no era un indicativo de problemas en la compañía, la cotización subió y entonces los confabulados vendieron. Los inversores se habían comprometido a repartirse las ganancias a medias con Ramírez y sus cómplices en Pdvsa. El secretario de la junta directiva era quien firmaba los movimientos y repartía el dinero de todas esas operaciones irregulares.

La abundante compra de bonos de Pdvsa por parte de la elite chavista explicaba que la compañía cumpliese con los vencimientos, entregando miles de millones a inversionistas mientras el Gobierno de Maduro, al filo de la bancarrota, postergaba el pago a proveedores de comida, medicina y otros productos de primera necesidad. No era deferencia con Wall Street: los pagos no iban a parar a corporaciones internacionales, sino a las fortunas de la Venezuela socialista.

La actuación de Ramírez, avalada por Hugo Chávez y Nicolás Maduro, no solo descapitalizó Pdvsa, sino que la puso incluso en riesgo de quiebra. Concluir de forma documental, como estaba haciendo el Tesoro de Estados Unidos, que la petrolera había amparado en sus estados financieros la regularización de fondos provenientes del narcotráfico, en un servicio tanto a jerarcas chavistas como a las FARC y a Hezbolá, o había ayudado a Irán a romper el cerco al que era sometido por la comunidad internacional, podía conllevar la aplicación de sanciones contra la compañía. Como tutor de las operaciones que en el mundo se hacen en su moneda, Estados Unidos tiene la potestad de prohibir a determinados actores que utilicen el dólar en su actividad. Sin poder comercializar en esa divisa, que domina las transacciones petroleras, Pdvsa quedaría condenada al trueque y la inanición.

Esa amenaza fue utilizada por la DEA, la agencia antidroga de Estados Unidos, en los contactos mantenidos con Ramírez para forzar su colaboración. ¿Era ir demasiado lejos tratar de ganarle como confidente? ¿Dónde estaba la línea entre la necesidad de obtener información y el conveniente castigo a los criminales? En caso de un juicio en Estados Unidos, Ramírez difícilmente se libraría de la cárcel, pero su contribución a la investigación se vería premiada con reducción de pena. Sin embargo, si la perspectiva era un castigo elevado, podría optar por encerrarse en Venezuela, aunque también allí con el tiempo nuevos gestores del chavismo podían pasarle cuentas.

El camino hacia Washington estaba muy transitado y había algunos facilitadores. Así, algunas de las personas que se volvieron hacia Estados Unidos contrataron para resolver su situación legal al abogado Adam Kaufmann, quien hasta 2012 había trabajado en la Fiscalía de Distrito de Manhattan, encargado precisamente de investigar muchas de las oscuras cuentas del chavismo. En la web de la firma Lewis Baach, a la que se asoció, se indica que Kaufmann se ha especializado en representación para «crímenes de cuello blanco» y en ayudar a clientes «a navegar crisis y mitigar su exposición a riesgos regulatorios y criminales».

Manga muy ancha había también en la gestión misma del presupuesto del país. Jorge Giordani, ministro de Planificación, ataba corto a los distintos ministerios en la elaboración del presupuesto ordinario, que era el que se exponía ante la Asamblea Nacional, pero luego este se estiraba con partidas adicionales. «El sesenta o el ochenta por ciento del crédito adicional se lo quedaban personalmente ministros y gobernadores», afirma otro de los venezolanos que han colaborado con las autoridades estadounidenses. «Cuando Chávez visitaba un lugar, le decían: 'presidente, que aquí no tenemos tal cosa', y entonces Chávez la prometía. Luego el gobernador iba al ministro y le decía: 'el presidente mandó hacer aquí una Universidad' o lo que fuera, y el ministro le daba los reales. Y si el proyecto costaba una cosa hacían poner un precio mayor».

Además de esas prácticas, también se producía un enchufismo sin tapujos. Pocos meses después de su toma de posesión como presidente, Nicolás Maduro creó el Cuerpo de Inspectores de la Presidencia y puso al frente a su hijo, Nicolás Ernesto Maduro Guerra, conocido como Nicolasito, de 23 años y sin ningún tipo de estudios relacionados con el cargo. Tampoco tenía experiencia cinematográfica y más adelante fue nombrado coordinador de la nueva Escuela Nacional de Cine. La esposa del presidente, Cilia Flores, ya repartió puestos cuando fue presidenta de la Asamblea Nacional: la oposición contabilizó hasta 42 nombramientos de hermanos, sobrinos, primos, nuera, exmarido y demás familiares o allegados.

Boliburgueses y bolichicos

La gracia caribeña da el nombre de *boliburgueses* a quienes han hecho grandes fortunas durante lo que se suponía era una revolución anticapitalista. Mientras Hugo Chávez y Nicolás Maduro acusaban al *Imperio* de todos los males, los *boliburgueses* y sus familias llenaban los vuelos a Miami para ir de compras. –«A Bal Harbour, por favor». Los taxis peregrinaban al famoso centro comercial de Miami Beach, conocido por sus tiendas de marca y altos precios. «A esa gente le gusta comprar un montón de cosas. La posición mía no es discutir para qué lo compran. Pero yo sé que son chavistas, tú sabes. Hay gentes que son bien reconocidas», comentó el propietario de uno de los negocios al periodista Casto Ocando y su cámara de Univisión. «Estamos comprando una línea de iPads de oro, que es una serie limitada… hay muchas gentes de Venezuela que llegan, ven el producto y lo compran». El iPhone con diamantes incrustados tenía un precio de 75.000 dólares, y el iPad de oro macizo salía por 45.000.

Como cuenta Ocando en su libro *Chavistas en el Imperio* (2014), la Fuerza Armada venezolana tenía una oficina de adquisiciones en Miami, en el sector de Doral, cerca de la gigantesca tienda de descuentos Walmart, «donde muchos coroneles y generales mandaban a comprar sus vituallas para la vida diaria en Venezuela». Durante los primeros siete años del chavismo, todas las semanas salió de Miami un avión Hércules C-130 de la Fuerza Aérea venezolana «cargado con toda clase de suministros como televisores, equipos de alta definición, artículos de tocador, motos acuáticas y hasta vehículos, al lado de los usuales envíos de municiones y equipamiento militar». El propio Ocando viajó en ese avión, en una ocasión en que el principal cargamento era un gimnasio completo para un general. El cierre de esa oficina «causó consternación en la alta oficialidad chavista».

No a todos los que se han enriquecido se les llama *boliburgueses*. Normalmente hace falta un plus de ostentación: dejar asomar el cinturón Gucci en la cadera o una gruesa cadena de oro en la muñeca; tener uno o varios jets privados esperando en la pista; acumular caballos de raza en el campo de polo o mansiones en Florida... Y los miembros del Gobierno venezolano se han esmerado por no sacar del armario sus mejores galas. Pero al margen del calificativo, la lista de burgueses y aburguesados del chavismo es larga. Incluye también a ideólogos de izquierda, como José Vicente Rangel, a quien la ágil web de *La Patilla* descubrió llevando un Rólex encofrado en oro de dieciocho quilates, de casi treinta mil dólares. O como Mario Silva, quien durante años ejerció de oficiante del dogma chavista con su programa *La Hojilla*. Cuando Silva cayó en desgracia tras la defunción de Chávez, por una conversación grabada en la que criticaba a otras facciones del partido, salieron fotos de él haciendo viajes privados en aviones de Pdvsa. «Unos aviones que no se justificaban, aquí compraron aviones y aviones... con dinero del Estado, que son dineros del pueblo», había criticado Chávez al llegar al poder en 1999. Catorce años después, cuando la muerte cerró su mandato, ahí estaba Silva como símbolo de la hipocresía populista.

La corrupción ha pasado ya, además, a nuevas generaciones. Hijos de chavistas o de fortunas agraciadas por el chavismo comenzaron a practicar lo que, por edad, siempre vieron hacer en Venezuela. Son los *bolichicos*. El caso más citado es el de los directivos de la compañía Derwick Associates, Alejandro Betancourt y su primo Pedro Trebbau, con los que está vinculado Francisco D'Agostino. Jóvenes bien relacionados, no extraños a las páginas cuché – Betancourt es hijo de la ex del torero Palomo Linares; D'Agostino, cuñado de Luis Alfonso de Borbón–, han utilizado sus contactos para hacer negocio en la Venezuela de las contratas amañadas.

Derwick, empresa constituida en Estados Unidos, obtuvo doce contratos valorados en tres mil millones de dólares para proyectos eléctricos aprobados por el Gobierno venezolano en catorce meses, entre 2009 y 2010, sin proceso de licitación pública. La cifra era realmente abultada. Según la denuncia presentada contra ellos en Nueva York por el exdiplomático estadounidense Otto Reich, una vez que los contratos estaban garantizados y el dinero había sido transferido a cuentas bancarias en Manhattan, los acusados se quedaban sumas millonarias y subcontrataban la ejecución de los proyectos energéticos a empresas de Estados Unidos.

La demanda afirmaba que D'Agostino confesó a un amigo que «por supuesto» pagaban sobornos, porque en Venezuela «siempre tienes que pagar». Para cuatro contratos con Pdvsa habrían *untado* a su presidente, Rafael Ramírez, y para otros tres firmados con la Corporación Eléctrica Nacional, al ministro de Industrias Básicas y Mineras, Rodrigo Sanz. La demanda también mencionaba como receptores de varias comisiones a Nervis Villalobos y Javier Alvarado, que aparecerían después como titulares de cuentas sospechosas en Banco Madrid. El juez se desentendió del asunto por cuestión de forma.

En un pleito separado, planteado asimismo en Estados Unidos por el periodista venezolano Thor Halvorssen Mendoza, se aseguraba que el presidente de la Asamblea Nacional, Diosdado Cabello, recibió de los hombres de Derwick cincuenta millones de dólares en sobornos. Según Halvorssen, que dirige la Human Rights Foundation, esos pagos «facilitaban el lavado de dinero y la sobrefacturación».

Hugo Chávez premió el favor político que le hicieron algunos empresarios durante sus momentos difíciles de las huelgas de 2002-2003 y les retribuyó con creces. Wilmer Ruperti utilizó su flota de cargueros para dar salida a la producción de Pdvsa que se había acumulado por el paro petrolero. Ruperti incrementó luego sus contratos hasta constituirse en un poder naviero valorado por él mismo en mil cuatrocientos millones de dólares. El empresario cuidó siempre su relación con el presidente, a quien en 2012 regaló dos pistolas que habían pertenecido a Simón Bolívar y a su compañera sentimental, Manuela, cuyo precio se estimó en millón y medio de dólares. Por su parte, Ricardo Fernández Barrueco, inicialmente dueño de aparcamientos en Caracas, puso a disposición de Chávez su parque de vehículos para transportar alimentos cuando las cadenas de distribución habían quedado paralizadas en 2002. Con negocios en progresión, entre 2008 y 2009 Fernández Barrueco se hizo con el control de cuatro bancos: Confederado, BanPro, Bolívar Banco y Canarias.

De ser «un *pata* en el suelo» a banquero

Fueron años de ascenso de empresarios metidos a banqueros sin ninguna experiencia previa en el sector. El negocio bancario era especialmente atractivo como medio para generar rápidas ganancias, pues en un clima de fáciles contratas públicas si se tenían las conexiones adecuadas, lo que hacía falta simplemente era aportar capitales para constituir sociedades que iban a tener inmediata cartera de clientes o pedidos, y los banqueros sin muchos escrúpulos podían tomar *prestado* el dinero de los ahorradores o autoprestarse créditos. Eran tiempos en los que el disparado precio del barril de petróleo parecía no tocar techo y en todo el mundo se corrían, hasta que llegó la crisis, excesivos riegos financieros. Además, los bancos también obtenían importantes ingresos de las operaciones con las notas estructuradas – los paquetes de bonos de deuda combinados– que eran la manera de acceder a divisas en un mercado cambiario controlado.

El problema llegó con el estallido de la burbuja financiera global, que se tradujo en la crisis bancaria venezolana de 2009. Debido a que muchas notas estructuradas se habían negociado cuando el dólar paralelo estaba alto, ahora los bancos se encontraban con que debían vender esos títulos a precios más bajos, causando pérdidas en sus balances. En un momento para ajustar cuentas, el Gobierno también denunció que había banqueros que utilizaban los fondos de los ahorradores para comprar empresas, hacer colocaciones o comprar bonos. En total, entre finales de 2009 y mediados de 2010 se intervinieron doce bancos, se detuvo a diecisiete banqueros y otros veinticinco se dieron a la fuga.

Los primeros bancos intervenidos en esa crisis fueron los de Ricardo Fernández Barrueco, quien a final de 2009 fue encarcelado acusado de apropiación de fondos de los clientes de sus bancos; no salió de la prisión hasta 2011. El siguiente en caer en desgracia fue Arné Chacón, directivo de las entidades bancarias Baninvest, Central y Real, por apropiación de ahorros y aprovechamiento fraudulento de fondos públicos. «Yo no me explico cómo Arné Chacón, que viene de la Marina, de ser un pata en el suelo como nosotros, ahora aparece como presidente de un banco», dijo Chávez en televisión. Su caso tuvo especial repercusión política, pues Jesse Chacón, compañero de armas de Chávez en el golpe de 1992, dejó su puesto en el Gobierno por la detención de su hermano. Después de la salida del banquero de la cárcel en 2012, Jesse Chacón entró en el Ejecutivo de Nicolás Maduro.

Uno de los evadidos de la Justicia fue el dueño de BaNorte, José Zambrano, el tipo cuyas irregulares cuentas llevaron a comenzar a destapar el caso Illarramendi. Zambrano tuvo de padrino en sus inicios a Pedro Carreño, quien presidió la Comisión de Investigación del Contrabando de Dólares de la Asamblea Nacional, fue miembro de Parlamentarios de América Latina contra la Corrupción y llegó a ministro del Interior. Contrariamente a lo que cabría esperar por el desempeño de esos puestos, Carreño lanzó a Zambrano a negocios ilícitos. Una de sus actividades fue la venta de fertilizantes a las FARC para su utilización en los campos de producción de cocaína. Zambrano actuaba como puente entre Pequiven, la petroquímica nacional, y los narcoguerrilleros colombianos. También creó una empresa en Honduras que vendía insumos a Pdvsa a cambio del combustible que esta entregaba al país centroamericano, dentro del esquema de pago en especie acordada para el suministro de petróleo de Venezuela a las naciones hermanas. El negocio se hacía al precio que Zambrano pactaba con Eudomario Carruyo, director financiero de Pdvsa, para conveniencia personal de ambos. Con el fin de evitar sospechas, el empresario se divorció de su esposa, con la que en realidad no estaba formalmente casado, para así simular que no tenía nada que ver con la compañía de Honduras, que estaba a nombre de la mujer. Son datos pasados a las autoridades estadounidenses por aquel investigador privado que, en un sótano de Bethesda, abría este capítulo.

Cuando perdió el favor del régimen, Zambrano huyó a Miami, donde exhibió su patrimonio moviéndose entre las playas con un Rolls Royce. En Miami también buscó refugio Eligio Cedeño, otro banquero que no es que acabara mal con Chávez, es que ya empezó con mal pie. Cedeño fue acusado a finales de 2003 de que uno de sus bancos, el Canarias, había autorizado una operación de obtención de dólares fraudulenta. La compañía de material informático Microstar, propiedad del joven empresario Gustavo Arráiz, había solicitado veintisiete millones de dólares a la Comisión de Administración de Divisas, pero al parecer los equipos que se iban a exportar no existían y se aportaban facturas falsas. El problema, en realidad, no estaba ahí. Cedeño había sabido navegar en las primeras aguas del chavismo, pero sus bancos eran un botín apetecido por otros más comprometidos con el partido en el poder.

La negativa de Cedeño a vender sus títulos tuvo consecuencias. Gustavo Arráiz había tenido un *affair* con Rosa Virginia, la hija mayor de Chávez, y había grabado un vídeo de su relación íntima. Arráiz se lo habría mostrado al banquero y este se habría visto denunciado ante el círculo del presidente por uno de los jefes de seguridad del banco, Pedro Luis Martín, quien luego llegaría a un alto puesto en la Disip, el servicio de inteligencia venezolano. La cólera de Chávez, que atribuyó a Cedeño un intento de extorsionarle usando a su hija, fue incontenible, y el banquero pagó con varios años de cárcel sin juicio. La inquina se vertió también sobre la jueza que lo dejó marchar.

Corrupción judicial

El sangrante caso de la jueza María Lourdes Afiuni es especialmente emblemático en la liquidación de la independencia judicial obrada por el chavismo. «¡Es una bandida!», exclamó Hugo Chávez desde el Palacio de Miraflores en una emisión en cadena nacional, a la hora de más audiencia televisiva. Ocurría el 11 de diciembre de 2009, al día siguiente de la fuga del banquero Eligio Cedeño y de la detención de la jueza Afiuni. El presidente llegó a dirigirse directamente a la presidenta del Tribunal Supremo, Luisa Ortega, presente en la sala: «yo exijo dureza... Habrá que meterle una pena máxima a esa jueza, treinta años de prisión. Debe estar en la cárcel. Esa jueza tiene que pagar con todo el rigor de la ley lo que ha hecho y cualquier otro juez al que se le ocurra algo parecido».

Lo que había hecho Afiuni era aplicar la ley venezolana, que prohibía que una persona pudiera estar más de dos años detenida en prisión preventiva. Cedeño llevaba casi tres. Cada vez que su situación se veía en audiencia, los fiscales no comparecían, con lo que era enviado de vuelta a la cárcel, sin que pudiera comenzar el juicio. Cuando el banquero se presentó ante Afiuni, titular del Juzgado 31 de Control de Caracas, la jueza decretó la libertad provisional. Cedeño salió del juzgado, tomó una moto-taxi y se esfumó entre el tráfico de la capital venezolana. Meses después aparecería en Miami.

La jueza fue acusada de inmediato de corrupción, cómplice de fuga, abuso de poder y conspiración criminal. En su petición de dureza contra ella, Chávez invocó el santo nombre del Libertador. «Simón Bolívar hizo un decreto: aquel que tome un centavo del Tesoro público será pasado por las armas, es decir, fusilado, y el juez que no lo hiciera será también pasado por las armas». El Ministerio Público alegaba que Afiuni había sido sobornada por Cedeño, sin entrar a considerar, en cambio, la ilegalidad de prolongar la detención del banquero.

El caso fue condenado por el Consejo de Derechos Humanos de Naciones Unidas, cuyo Grupo de Trabajo sobre la Detención Arbitraria calificó la actuación contra Afiuni de «particularmente grave», catalogándola de detención arbitraria y acto de represalia. En un duro régimen de internamiento, Afiuni desarrolló diversas dolencias y fue sometida a varias intervenciones quirúrgicas. En febrero de 2011 pasó a arresto domiciliario, combinando su estancia en casa con temporadas en el hospital. En noviembre de 2012 comenzó su juicio en ausencia, después de que dos años antes ella se declarara en desobediencia civil. En junio de 2013 le fue concedida la libertad condicional.

Para la organización no gubernamental Human Rights Watch (HRW), el caso Afiuni supuso un punto de inflexión –de muy mal a mucho peor– en la situación de la justicia en Venezuela. Desde que Chávez «manipuló» la composición del Tribunal Supremo de Justicia (TSJ) «llenándola de incondicionales» en 2004, el resultado fue una justicia «partidaria dedicada a legitimar prácticas abusivas», según José Miguel Vivanco, presidente de HRW para América. En esas circunstancias, los jueces se mostraban reacios a dictar sentencias que pudieran disgustar al Gobierno. Pero si entonces temían perder sus empleos, a partir del encarcelamiento de Afiumi, en 2009, temieron además ser juzgados por cumplir la ley. Es lo que se ha llamado el «fenómeno Afiuni»: los jueces se veían intimidados y chantajeados con el temor a una sanción penal. Como dice Jesús Ollarves, profesor de la Universidad Central de Venezuela, «el juez que quiere ajustarse a derecho recibe una llamada del TSJ o de los órganos responsables del régimen disciplinario». En Venezuela, concluye Ollarves, «hay una judicialización de la política y una politización de la justicia».

En el centro de la manipulación judicial estuvo Eladio Aponte, magistrado del TSJ, de cuya Sala Penal llegó a ser presidente. Su testimonio al huir de Venezuela en 2012 resultó demoledor. En las declaraciones que hizo en Costa Rica, justo antes de refugiarse en Estados Unidos como testigo protegido, describió un sistema de atropello sistemático de los derechos individuales.

Aponte relató ante una cámara de SoiTV que todas las semanas, los viernes por la mañana, había una reunión en la sede de la vicepresidencia ejecutiva del país para fijar las consignas que debían seguir los órganos judiciales en las actuaciones procesales. Él mismo acudió a varias de esas sesiones, a las que asistía el vicepresidente del Gobierno, la presidenta del Tribunal Supremo, la fiscal general, el presidente de la Asamblea Nacional, la procuradora general y la contadora general. En ocasiones se sumaba alguno de los jefes de los cuerpos policiales. ¿De qué se hablaba allí? «De cuáles son los casos que están pendientes, qué es lo que se va a hacer. O sea, se daban las directrices de acuerdo con el panorama político».

Llamadas de Miraflores para amañar juicios

Hugo Chávez seguía directamente los principales casos judiciales. «En Venezuela no se da puntada si no lo aprueba el presidente», aseguraría Eladio Aponte. En ocasiones el presidente venezolano intervenía personalmente. Como titular de la Sala Penal del Tribunal Supremo, Aponte recibió llamadas de Chávez para que propiciara la condena de inocentes. Ocurrió así en el caso conocido como el de los Paracachitos. Se trataba de un grupo de jóvenes colombianos reclutados como paramilitares que fueron detenidos en 2004 en Caracas cuando supuestamente iban a matar al presidente venezolano y promover un golpe. Hubo sospechas de que el grupo había sido alistado por elementos del propio chavismo para acusar a la oposición y hacer purgas en las Fuerzas Armadas. Pero Chávez pedía a Aponte «que llevara las investigaciones adelante, demostrando que eso era algo contra el Gobierno, que debiera mostrarse que era tal cosa». Fueron condenados a largas penas. Pasado un tiempo el presidente los amnistió.

Otra intervención directa de Chávez, según Aponte, fue la que afectó a los once condenados por los sucesos de Puente Llaguno, un paso vehicular elevado en el centro de Caracas, cerca del Palacio de Miraflores. El puente fue escenario de enfrentamientos de manifestantes en la jornada del 11 de abril de 2002, que llevó al transitorio golpe contra Chávez. En esos disturbios murieron diecinueve personas, tanto del bando oficialista como de la oposición. Con el tiempo fueron acusados diversos miembros de la extinta Policía Metropolitana. En abril de 2009 el tribunal condenó a tres comisarios (Iván Simonovis, Lázaro Forero y Henry Vivas) y ocho agentes a penas de hasta treinta años de cárcel. Antes de que la sentencia fuera firme, los condenados presentaron recurso de casación ante el Supremo. Ahí actuó Aponte. El caso tenía muchos puntos flojos y para el presidente de la Sala Penal era evidente que había habido presiones políticas desde arriba en todo el proceso previo. Ahora las recibió él. «La orden que personalmente me dio el presidente Chávez», según hizo constar Aponte en una declaración firmada y notariada en Costa Rica, fue «salir de eso de inmediato, sin más tardanza». «Condénelos de una vez», le apremió. El magistrado trasladó a sus colegas las órdenes del presidente y todos «se apresuraron a firmar». La oposición denunció una persecución política y organizaciones internacionales llevaron a cabo una serie de campañas en pro de la liberación de los presos, especialmente centradas en la figura de Simonovis, a quien el Gobierno trató con singular severidad. En septiembre de 2014, después de nueve años de permanecer entre rejas, Simonovis obtuvo prisión domiciliaria por su delicada salud.

El magistrado Aponte recibía instrucciones aún más frecuentes de la entonces fiscal general, Luisa Ortega, y sobre todo de quien presidía el TSJ, Luisa Estela Morales. Le informaban de «cuándo se iba a imputar a una persona, cuándo se le iba a privar de libertad, cuándo se iban a hacer los allanamientos». Con esa información él debía «organizar» lo necesario y buscar al juez «más idóneo». ¿Casos manipulados? «Fueron bastantes».

En una de las situaciones le pidieron avalar una doble injusticia. «Buscaron un preso, lo encapucharon y lo pusieron como testigo» para incriminar a una persona. El preso fue premiado con la libertad por su falso testimonio, y el inocente que fue así burdamente acusado, José Sánchez Montiel, conocido como Mazuco, resultó condenado a diecinueve años de prisión por homicidio. Se le adjudicó la muerte de un agente de la Dirección de Inteligencia Militar ocurrida en 2007 en el estado Zulia, del que era gobernador Manuel Rosales, candidato perdedor frente a Chávez en las presidenciales de 2006. Mazuco era jefe policial del estado y su acusación se interpretó como un intento de acoso político contra Rosales. Elegido diputado en 2010 y condenado justo después, Mazuco entró en la Asamblea Nacional en 2013 con la condena aún pendiente de cumplir. La confesión de Aponte desde el exilio no llevó a las autoridades judiciales a revisar la sentencia dictada en su día.

La farsa también ocurría en la Justicia castrense. El propio Aponte, cuando antes de llegar al Tribunal Supremo actuaba como fiscal militar, recibió órdenes desde el Gobierno de lograr la condena de Francisco Usón. Se trataba de un general retirado que fue alto cargo del Ejecutivo de Chávez y nombrado ministro de Hacienda a comienzos de 2002, puesto del que dimitió a las pocas semanas por discrepancias sobre la represión callejera gubernamental desatada en el marco de los sucesos de abril de ese año. Se reincorporó al Ejército, pero fue forzado a jubilarse por realizar nuevas críticas. Ya como civil, Usón hizo en abril 2004 unas declaraciones en televisión en las que habló de la posibilidad, sin darla como cierta, de que el incendio que en marzo había quemado vivos a ocho soldados en una celda de castigo de la base militar de Fuerte Mara hubiera sido provocado intencionadamente con un lanzallamas. Aponte fue conminado a «manipular» el caso, porque a Usón «había que imputarlo». Se le acusó de calumniar a las Fuerzas Armadas y en octubre de 2004 un tribunal militar –una clara violación, pues había vuelto al estatus civil– le condenó a cinco años y medio de prisión. Fue liberado en diciembre de 2007 a condición de no hablar de su caso, ni participar en actos o reuniones políticas.

El chavismo fue transformando la judicatura, removiendo jueces que no se doblegaban a sus propósitos y sustituyéndolos por personal jubilado de la Justicia militar –se dio una *militarización* parcial de los tribunales– o por personas sin credenciales suficientes, que obtuvieron meteóricos ascensos. Hubo quien de vender *cedés* piratas o de ser comerciante de fiambres pasó en poco tiempo a ocupar un importante cargo judicial; incluso se produjo la promoción de un juez que tenía antecedentes por asaltar un banco. Eso avivó todavía más la corrupción.

Además de la reunión de los sábados en la vicepresidencia de la República de todos los altos cargos relacionados con el proceso judicial, los lunes había un encuentro en cada circuito donde se repasaban los casos que afectaran a personas destacadas de la oposición o del oficialismo, con el fin de repartir encargos a los jueces. Fue algo que se gestó bajo el ala de José Vicente Rangel, un veterano ideólogo de izquierda con gran peso en el chavismo, de alto impacto en la agenda política mediante su programa de televisión semanal de entrevistas y reflexiones.

Durante su época de vicepresidente –la más larga de cuantos ocuparon con Chávez ese cargo, de 2002 a 2007–, Rangel se aseguró de la persecución en los tribunales de enemigos políticos y *de clase*. Ello dio pie al surgimiento de un grupo de abogados dispuestos a la manipulación de expedientes y a la presión sobre determinados jueces. La llamada banda de los Enanos acabó teniendo dinámica propia al adoptar el aprovechamiento económico como principal móvil. Con buenas conexiones con la Fiscalía, aunque esta los combatía en ocasiones por percibirlos como rivales, los Enanos se dedicaron abiertamente a la extorsión, ocultando antecedentes penales o usando testigos falsos en función de si el acusado aceptaba o no pagar altas sumas.

Alguien que prosperó en ese grupo fue Raúl Gorrín, quien en 2013 se convirtió en dueño de Globovisión, el último canal privado generalista que seguía resistiéndose al oficialismo. La compra de Globovisión se hizo sobre todo con capital de Alejandro Andrade, enriquecido durante su época de tesorero de la república. «Andrade no es mi amigo, es mi hermano del alma», le dijo Gorrín a la periodista Nitu Pérez Osuna, una de las estrellas de Globovisión, poco antes de que fuera despedida. Pérez Osuna había investigado a la banda de los Enanos y su programa «Yo prometo» era muy incómodo para el chavismo.

La operación de compra fue apoyada políticamente por Diosdado Cabello, pero al ver que el canal de televisión no quedaba a su disposición como había esperado el presidente de la Asamblea Nacional utilizó como testaferro al empresario Rafael Sarría para hacerse en julio de 2014, a través de una complicada trama de empresas, con el diario *El Universal*, hasta entonces líder de información y opinión no sujetas a las directrices del Gobierno. En menos de un año, tres grupos de comunicación no gubernamentales –Cadena Capriles, Globovisión y *El Universal*– caían doblegados por el peso de fajos de millones de oscura procedencia.

El testimonio del magistrado Eladio Aponte sobre la completa sumisión de las instancias judiciales venezolanas al poder político explicaba otras actuaciones posteriores, como el hostigamiento en los tribunales a líderes de la oposición, como Leopoldo López, Antonio Ledezma y también María Corina Machado, a la que se despojó de su inmunidad parlamentaria e impidió realizar viajes al extranjero. Pero las revelaciones de Aponte también apuntaban en otra dirección…

6

EL *DROGADUCTO* BOLIVARIANO
Narcotráfico dirigido desde arriba

Semanalmente, el jefe de la Dirección de Inteligencia Militar (DIM) daba cuenta a Hugo Chávez de las operaciones en marcha. En su informe, el general Hugo Carvajal incluía un repaso de la implicación de altos militares en actividades de narcotráfico. Carvajal, alias el *Pollo*, informaba a Chávez de un negocio que el presidente controlaba, no en el detalle, pero sí en los grandes trazos. La implicación de las estructuras del Estado en la compra de la droga a la guerrilla colombiana y su distribución desde Venezuela había nacido de la concepción geopolítica de Chávez. Pero gestionar un narcoestado con fines estratégicos no impedía hundirse en la criminalidad. La actividad fue un veneno para las Fuerzas Armadas y la razón de la fortuna ilícita de muchos cuadros del régimen. Chávez amparaba el negocio, dejando hacer a sus narcogenerales, interviniendo cuando había que dividir el territorio entre capos o llamando directamente a los poderes judiciales para que unas veces hicieran la vista gorda y otras condenaran a chivos expiatorios.

Testigo de excepción de ese control, como presidente de la Sala Penal del Tribunal Supremo de Justicia (TSJ), fue el magistrado Eladio Aponte Aponte. Cuando Aponte cayó en desgracia y pasó de acusador a acusado –de *organizar* causas a ver *organizada* una en su contra–, desveló algunos secretos tras su huida del país en 2012. La acusación que tiraba más alto era la que presentaba a Chávez no solo al tanto del narcotráfico operado en Venezuela, sino además como instigador del mismo.

No debía extrañar. Si se observa el mapa de Suramérica, Colombia era la gran pieza que faltaba en el proyecto panbolivariano chavista. Sin Colombia no cabía hablar de una fraternidad política de los pueblos que liberó Simón Bolívar, aunque se sumaran de manera entusiasta Ecuador y Bolivia. El Perú de Ollanta Humala encajaba en esos designios, aunque pronto se alejaría. Pero ni la Colombia de Álvaro Uribe ni la de Manuel Santos coquetearon un segundo con la idea. El interés de Chávez fue provocar un debilitamiento del Gobierno en Bogotá mediante un fortalecimiento de los grupos terroristas que lo combatían, principalmente las autodenominadas Fuerzas Armadas Revolucionarias de Colombia (FARC) y también el Ejército de Liberación Nacional (ELN).

«La manera de fortalecer a los narcoterroristas era incrementando la venta de droga, y como los canales que estos habían hecho servir estaban siendo torpedeados por el Plan Colombia, Chávez les abrió Venezuela», cuenta un venezolano estrecho colaborador de la Administración para el Control de Drogas (DEA) de Estados Unidos. «Chávez dio entonces órdenes a los militares para que no detuvieran las operaciones que en territorio patrio iban a desarrollarse, y con el tiempo los mismos militares se metieron de lleno en ellas». El noventa por ciento de la droga producida en Colombia llegó a distribuirse desde Venezuela.

Había una cobertura ideológica para tranquilizar las conciencias que aún no estuvieran maleadas por la corrupción: en la guerra asimétrica que Venezuela decía combatir contra Estados Unidos todo instrumento era válido para dañar al enemigo. Esta *arma*, a diferencia de otras de elevado costo, tenía la ventaja de que además producía dinero, para la revolución bolivariana y, especialmente, para sus agentes abanderados. En ese esquema, el chavismo requería también de una Justicia que igualmente podría calificarse de asimétrica, y de unos cuantos jueces que la oficiaran. El magistrado Eladio Aponte fue uno de ellos.

«Te sientes importante porque el presidente te llama, porque vas al Palacio de Miraflores», contaría avergonzado. Después de meses viviendo en Washington, el exmagistrado veía las cosas con otra luz. En diversos encuentros que mantuvimos para que rememorara su labor en Venezuela, Aponte se sorprendía a sí mismo elogiando el equilibrio de poderes que apreciaba en Estados Unidos. No renegaba de su formación comunista, pero se daba cuenta de que el chavismo había sido una huida hacia delante que había destruido el Estado de Derecho. Admitía culpa en ese proceso, aunque menos de la que probablemente le correspondía, pues guardaba silencio sobre ciertos aspectos y aducía frecuentes argumentos exculpatorios. Como redención, decía querer ganarse el respeto de los venezolanos. La vía más directa para eso era contar la verdad, y el señalamiento de Chávez, aseguraba, era parte obligatoria de esa verdad.

Así, Aponte explicaba que era convocado a Miraflores muchas veces de madrugada. No por afán de secretismo, sino por el ritmo vital del comandante que, si bien no se levantaba tarde, acumulaba desordenadamente gestiones para el final de la jornada. Si ya era impredecible durante el día, más lo era por la noche, con lecturas de libros a destiempo, llamadas a algunos programas de televisión en directo y reuniones fuera de agenda con los principales peones del chavismo. El resultado era cierto insomnio entre los altos rangos del Gobierno, pues nadie podía darse al descanso –ni asistentes ni ministros– sin temer una llamada de Palacio preguntando por un dato o requiriendo respuestas presenciales. «Llamaba a las dos de la madrugada y, aunque podía fastidiar, alguien como yo se sentía distinguido por ser convocado. Por la presidencia pasaban Diosdado Cabello, Jesse Chacón, Rangel Silva... todos eran entonces amigos míos, formabas parte de algo».

En esas citaciones sobre la marcha, los solicitados a veces tenían que hacer pasillo mientras esperaban su turno con el presidente. En otras ocasiones, unas audiencias se solapaban con otras. Esa fue la manera en que Aponte pudo asistir a parte de algunas presentaciones de informes que el jefe de la DIM refería a Chávez, en los que se hacía mención a operaciones de tráfico de droga llevadas a cabo por mandos de las Fuerzas Armadas. Al magistrado, con experiencia previa en la milicia –ejerció de fiscal general militar antes de pasar al Tribunal Supremo–, aquello le servía de referencia para saber cómo tenía que actuar cuando alguna de esas operaciones quedaba al descubierto. Aunque no siempre las instrucciones llegaban en ese momento. Chávez también se las transmitía sin esperarse a la tranquilidad de la madrugada, como en uno de los casos que quedaron implicados varios uniformados de altas conexiones. Era urgente.

El Ejército se polvorea de blanco

El mensaje de voz quedó grabado en el celular. «Maracucho, es López, dile a Ricardo que (…) tranquilo, que eso se va a resolver, que le ponga corazón, que los caminos están abiertos, que no desespere, ¿ok?». Pero el maracucho, como se designa coloquialmente a los originales de Maracaibo, no pudo escuchar esas palabras transmitidas desde el móvil de un abonado del Ejército, porque a pesar de la confianza que quería transmitir el mensaje, los caminos se habían cerrado: el de Maracaibo había sido detenido, y no solo él. Era 19 de noviembre de 2005. Cerca del mediodía, dos miembros de la Guardia Nacional pararon un vehículo que llevaba una placa militar. Era un punto de control en el municipio de Torres (Lara), situado a mitad del trayecto que estaba realizando el Chevrolet Kodiak de color blanco interceptado. Como concluyó después el juez en su escrito –pude hacerme con todo el expediente del caso–, el vehículo de carga había salido de La Fría (Táchira), en la frontera con Colombia, y se dirigía a Puerto Cabello (Carabobo). Bastaba conocer ese itinerario para sospechar inmediatamente de la misión, pues mucha de la droga que salía por barco de Venezuela era recibida de las FARC en el área fronteriza y transportada al principal puerto del país, donde los capos tenían sus propios galpones. Pero los guardias no se movían por sospechas, sino que el probable soplo de una banda rival había alertado al puesto de control.

En el registro se encontraron dos mil panelas llenas de cocaína, que sumaban un peso de 2,2 toneladas. Iban camufladas bajo casi trescientos paquetes de un tipo de ladrillos, caico colombiano, que permitía justificar que el desplazamiento se originara en la frontera. Fueron detenidos el conductor del vehículo, Edgar Alfonso Rincón, que era un civil que llevaba más de diez años trabajando para el Ejército, y el subteniente Ricardo Antonio Lacre. Al conductor le fue encontrado un móvil y en él había grabados varios mensajes, con voz en creciente alarma. «Edy, hágame el favor cuando escuche el mensaje, este [es] el amigo del señor que le mandó hacer el trabajito». «Mire, maracucho, comuníquese con el mayor, hágame el favor, urgente, que he marcado toda la tarde y usted no contesta, para que lo llame urgente, dígale a Lacre». Los números de teléfonos y la revisión de las comunicaciones llevaron a la detención de otros dos militares: uno era el mayor Héctor José López; el otro, el teniente coronel Pedro José Maggino, el señor que «mandó hacer el trabajito».

El teniente coronel Maggino, el mayor López y el subteniente Lacre habían pasado juntos la noche anterior en el pequeño hotel «Stancia's Suite», en la población de La Fría, como indicó el registro del establecimiento y atestiguaron algunos de sus empleados. En ese encuentro habían supervisado la logística para la entrega de la droga, que iba a ser suministrada por un par de colombianos. La droga llegó a través del inmediato puesto fronterizo de Orope y fue emplazada en una camioneta Chevrolet. El vehículo, al que se había colocado una placa militar despojada de un auto del Ejército, pernoctó en la base militar de Orope, vigilada por las tropas. De madrugada, el cargamento partió para ser embarcado hacia Europa en Puerto Cabello. Hasta un mes antes de esos hechos, el teniente coronel Maggino había sido por dos años jefe del batallón de cazadores que custodiaba esa parte de la frontera con Colombia. Todo indicaba que en el pasado se habían realizado operaciones similares, pues Maggino, aunque ya había cambiado de destino, pudo contar con la colaboración de anteriores subalternos, como el conductor Rincón, que había sido su chófer, y el subteniente Ismael Andrés Barrios, también detenido, que estaba al frente del puesto de Orope.

El tribunal del estado Lara que inicialmente se ocupó del caso destacó con especial estupefacción que el cargamento fuera guardado en una instalación militar. «Ese sitio no fue otro que la propia base de protección fronteriza de Orope, en la cual los soldados, tropa y oficiales destacados en esa unidad militar, por una noche protegieron el vehículo cargado de la sustancia ilícita», subrayó el juez. El propio subteniente Barrios admitió haber ordenado a su personal de tropa que no activase el plan de reacción o de defensa cuando llegase el mayor López con el Chevrolet, a pesar de que ni el mayor ni el vehículo tenían autorización para entrar en la base. Todo esto fueron hechos que el Ministerio Público consideró probados y que llevaron a la prisión preventiva del pez gordo de la operación, el teniente coronel Maggino, imputado de «transporte ilícito agravado de sustancias estupefacientes y psicotrópicas en grado de cooperado». Todo apuntaba a una condena, hasta que se cruzó Eladio Aponte, del Tribunal Supremo.

Siguiendo órdenes de arriba, Aponte desactivó el procesamiento. Decretó el avocamiento sobre el caso por parte de la instancia judicial superior; estableció que ciertos derechos de Maggino se habían vulnerado; ordenó la anulación de su prisión preventiva, y luego devolvió la causa a un tribunal inferior para que empezara de nuevo. Ni que decir tiene que los cargos contra Maggino fueron sobreseídos, en mayo de 2007, a pesar de que la investigación determinó que su nivel de ingresos no se correspondía con su salario. Fue aceptada su alegación de que la noche en que se produjo la entrega de la droga no estuvo en el área fronteriza. Su ascenso a coronel ni siquiera esperó a su exculpación y fue aprobado dos meses antes.

El militar en apuros tenía unos cuantos padrinos, como con los años atestiguaría Aponte. El magistrado aseguró haber actuado en su favor por indicación del Palacio de Miraflores y otras altas instancias. Recibió llamadas «desde la presidencia de la república para abajo». «Me llamó el ministro de la Defensa, que para ese entonces era Baduel. Me llamó Rangel Silva [jefe de la DISIP, los servicios secretos]. Me llamó Hugo Carvajal [jefe de la DIM, la inteligencia militar]. Me llamó un almirante... Aguirre creo [Luis Enrique Cabrera Aguirre, del Estado Mayor Presidencial]. O sea, que mucha gente abogó por ese señor».

–«¿Qué le decían exactamente?
–Bueno, que ese era un buen muchacho, que el presidente estaba muy interesado en ese caso.
–¿Pero sabían que tenía droga metida en el cuartel del Ejército?
–Sí. ¿No lo iban a saber? Parece ser que este Maggino fue edecán de la mamá del presidente y había ese vínculo».

Eran preguntas de la periodista Verioska Velasco, quien le pudo entrevistar para SoiTV en Costa Rica, en una escala de su fuga de Venezuela. En esa entrevista, Aponte hizo públicamente otras acusaciones, implicar en el narcotráfico al general Clíver Alcalá, entonces jefe de la División Blindada, así como al general Néstor Reverol, director nada menos que de la Oficina Nacional Antidroga (ONA) y luego ministro del Interior. «Manejé y manejo mucha información», advertía. Durante unos tres meses Aponte estuvo sacando archivos del país, sospechando que algo se movía en su contra.

Otras perlas las reservó para el momento de gestionar su entrega a la DEA estadounidense, como la de los informes periódicos que se presentaban a Chávez sobre el narcotráfico de Estado que se realizaba. También, singularmente, estaba el señalamiento de Diosdado Cabello, considerado el número dos del chavismo, como «el capo de los capos». Aponte fue la primera de las defecciones que apuntó con fuerza hacia Cabello, a quien atribuía ser el organizador de la red de blanqueo de dinero a través de todo el entramado de empresas y bancos controlados por el régimen. En su relato sobre su salida de Venezuela, Aponte no olvidaba que la amenaza más grande le había llegado precisamente de Cabello.

Aponte, la gran evasión

«Acuérdate de lo que Fidel le hizo a Ochoa». Eladio Aponte reconoció de inmediato la voz de quien le transmitía ese aviso. Se trataba de un alto cargo chavista con el que mantenía una sincera relación. Era uno de tantos gerifaltes con los que se codeaba, pues él mismo, como jefe de la Sala Penal del Tribunal Supremo y anterior fiscal general militar, formaba parte de los escogidos a los que Chávez llamaba de madrugada al Palacio de Miraflores. Muchos de ellos miraron hacia otro lado cuando comenzaron a notar que la suerte se le había girado al magistrado; otros incluso se sumaron al coro de acusaciones orquestadas. En el reino de las arbitrariedades, al que Aponte sirvió con sus sentencias mientras gozó de la gracia del régimen, nadie estaba a salvo. Como en Cuba no lo había estado Arnaldo Ochoa, el general más condecorado de la isla.

Aponte había reconocido al instante a su interlocutor y con la misma inmediatez comprendió el aviso: su vida peligraba. Las palabras de quien no se arriesgaba a facilitar auxilio, pero al menos destapaba crípticamente lo que se avecinaba, se movieron como el relámpago en la mente del magistrado del Supremo. El caso de la purga del general Ochoa, hecho fusilar por Fidel Castro en 1989, fue muy seguido por los venezolanos, pues el militar, participante de la revolución contra Batista y nombrado «Héroe de la República de Cuba», había dirigido en la década de 1960 la incursión de guerrillas en varios puntos de Venezuela y protagonizó sonadas emboscadas contra el Ejército. En 1989 se le acusó de operaciones de narcotráfico, en conexión con el cartel de Medellín. En el juicio, televisado durante un mes, Ochoa admitió los cargos, que también implicaban a otros trece oficiales, y pidió para sí la pena de muerte. Su ejecución, en el año de la caída del Muro de Berlín, fue un aviso de que Fidel seguía conservando el poder en un puño y equivalía al golpe sobre la mesa que el régimen chino daba esos mismos días en Tiananmen.

Tras la llamada, Aponte actuó con presteza. Era el viernes 17 de marzo de 2012 por la mañana. Para el martes 20 se había programado una sesión de la Asamblea Nacional, convocada por el Poder Moral (un quinto poder establecido por Chávez) con la formalidad de escuchar al propio Aponte en relación a las acusaciones hechas por un destacado narcotraficante. Estaba claro que en esa sesión iban a despojarle de su inmunidad, arrojarle del cargo de magistrado y entregarle a la Justicia. Y Aponte sabía de muy primera mano cómo funcionaban al dictado los tribunales en Venezuela. Por si había dudas de cuáles eran las intenciones, el día antes de esa sesión el presidente de la Asamblea Nacional, Diosdado Cabello, reunió a varios diputados de la oposición. «Voy a poner a Aponte Aponte para que hagan con él lo que les dé la gana», les dijo, según le llegó al juez. Para entonces, el hasta ese momento jefe de la Sala Penal del TSJ ya había huido del país.

Acabada de escuchar la advertencia telefónica en su oficina, Aponte tomó un taxi para ir a casa a recoger su pasaporte. Contactó a varios *panas*, con los que trazó la vía de escape. Hacia las once de la mañana salió con dos de ellos en automóvil desde Caracas. Uno hacía de conductor, el otro actuaba de vigía. Tardaron unas tres horas en llegar a Tucacas (Falcón), una localidad costera en la que Aponte contrató a un pescador para que en su peñero le llevara a Curasao, isla de soberanía holandesa situada frente al litoral venezolano. Fueron unas tres horas de navegación, en un bote a motor de unos nueve metros de eslora, en el que Aponte viajaba con la intranquilidad de que entre las olas de varios metros que se levantaban apareciera de pronto una lancha guardacostas. Hacia las cinco de la tarde el peñero llegó a puerto y el pasajero saltó a la isla. Llegaba como turista, no como prófugo, pues a pesar de las acusaciones que públicamente se le hacían nada se había sustanciado aún ante los tribunales. De ahí que el plan original fuera pasar una temporada fuera, quizás dos o tres meses, esperar a que las aguas se calmaran y regresar a Caracas.

Aponte estuvo saltando de un país a otro por el Caribe: cada vez que la estancia máxima para una visita ordinaria de turista se le vencía, cruzaba otra frontera. De Curasao voló a la República Dominicana y de ahí luego a Panamá. Allí se percató de que el chavismo, presuntamente con ayuda del espionaje cubano, finalmente había logrado localizarle, por lo que se movió de nuevo, esta vez a Costa Rica. Ante la evidencia de la persecución política, Aponte pensó que podía estar facultado para solicitar asilo en ese país centroamericano, pero las cosas se le torcieron cuando la prensa local, citando fuentes del Gobierno venezolano, le atribuyó delitos de narcotráfico. «Es cuando entro en contacto con los gringos. Era la única manera que tenía de salvarme», explica Aponte. Ante las informaciones que le situaban en Costa Rica, aportando por primera vez un paradero desde su desaparición, Venezuela se apresuró a preparar la solicitud de extradición y de activación de la alerta roja de Interpol.

Se desató entonces una carrera contrarreloj. Con la burocracia de Washington paralizada por el fin de semana y la poca disposición del Departamento de Estado a tramitar de urgencia un visado para el fugitivo, la DEA movilizó al veterano congresista republicano Frank Wolf, en cuyo distrito electoral del norte de Virginia se encuentra Langley, donde está la sede de la Agencia Central de Inteligencia (CIA). Wolf no era nuevo en esos menesteres de echar una mano a las agencias gubernamentales para urgir a la toma de decisiones en la Administración. Mientras, ese fin de semana del 14 y 15 de abril de 2012 tenía lugar en la ciudad colombiana de Cartagena la VI Cumbre de las Américas. Ante el temor de que Venezuela, a través del canciller Nicolás Maduro —Hugo Chávez no acudió por su enfermedad—, pidiera directamente a Barack Obama que Estados Unidos no acogiera a Aponte, la presidenta de Costa Rica, Laura Chinchilla, comenzó a pregonar en la cumbre que el juez ya estaba en manos de la DEA. Eso dio tiempo a que las gestiones de Wolf desde el Congreso lograran desencallar la entrega del visado. El mismo Wolf consiguió que el Pentágono enviara a la capital costarricense un avión de la Fuerza Aérea, dado que los aparatos a disposición de la DEA que cubren el Caribe, con base operacional en Puerto Rico, se encontraban en otras misiones.

El *thriller* no acabó ahí. El avión llegó al aeropuerto de San José sobre las siete de la tarde del lunes 16 de abril. Cuando la Policía costarricense, que había custodiado a Aponte las últimas 48 horas, se lo entregó a los agentes de la DEA y todo quedó a punto para el traslado a Estados Unidos ya era pasada la media noche. A esa hora, sin otros vuelos programados, parte del centro operativo del aeropuerto ya se encontraba cerrado, así que no había cómo poder pagar el reabastecimiento de combustible. El ministro del Interior de Costa Rica tuvo que aparecer entonces, acompañado del director del aeropuerto, para recibir el cobro. Ese 17 de abril de 2012 el fugitivo llegó a Washington, ganando la carrera a las autoridades de Venezuela: el 18 la Fiscalía General venezolana publicaba la orden para su captura. Para cuando se dictó la alerta roja internacional, el día 20, Aponte ya estaba en plenas sesiones de *debriefing* con la DEA en territorio estadounidense.

La Guardia Nacional protege el narcoestado

Estados Unidos llevaba tiempo recogiendo información sobre la telaraña que había ido tejiendo el chavismo en el negocio de la droga, incrustada en el aparato del Estado, como ponía de relieve la implicación de altos mandos militares y gobernadores, la utilización de infraestructuras de las Fuerzas Armadas, el amparo del Tribunal Supremo o la legitimización de capitales a través de bonos y facturas de Petróleos de Venezuela.

En ese momento, las agencias estadounidenses tenían elaborada una lista interna, nunca hecha pública, de una treintena de venezolanos declarados de *interés* por su relación con el narcotráfico. Los más significativos, con los cargos que al menos entonces ocupaban, eran: Diosdado Cabello (presidente de la Asamblea Nacional), Adán Chávez (hermano del comandante y gobernador del estado Barinas), Rafael Ramírez (presidente de Pdvsa), Tareck el Aissami (ministro de Interior), Henry Rangel Silva (ministro de Defensa), Hugo Carvajal (jefe de la inteligencia militar), Manuel Barroso (presidente de la Comisión de Administración de Divisas o Cadivi) y Wilmer Flores (director general del Cuerpo de Investigaciones Científicas, Penales y Criminalistas). También figuraban otros altos militares (Haissam Dalal-Burgos, inspector general de las Fuerzas Armadas) y gobernadores (Luis Felipe Costa Carles).

Varias deserciones posteriores (el magistrado Eladio Aponte, el extesorero Alejandro Andrade y el capitán de corbeta Leamsy Salazar), así como el testimonio de otras personas que aceptaron colaborar desde dentro, completarían un cuadro en el que quedaba clara la implicación de la propia jefatura del país, primero Hugo Chávez y luego Nicolás Maduro, en el negocio. Hay que concluir que era un caso de narcoestado.

Hablar de narcoestado no quiere decir ni que el cartel *gubernamental* o paraestatal tuviera el monopolio hermético de una actividad que de por sí es multiplicadora de grupos delincuentes, ni que todas las instituciones estuvieran mayoritariamente carcomidas por el gusano de la criminalidad. Pero sí ocurría que funcionarios gubernamentales participaban en las redes de tráfico de drogas como parte de su misión encomendada, simultaneando sus cargos oficiales con esa actividad ilícita, con protección de jerarquía más alta.

La principal función de Venezuela en el negocio de los estupefacientes era facilitar el tránsito de los cargamentos de cocaína, básicamente producida en Colombia y facilitada por las FARC, y asegurarse de que podían ser colocados en destino por carteles mexicanos. También fueron apareciendo cultivos en zona venezolana y parte de la droga podía ser terminada de manufacturar en laboratorios del propio país, a los que a veces llegaba mercancía de Perú o Bolivia. En cualquier caso, la implicación de los poderes del Estado en esa actividad criminal se orientaba en primer lugar a facilitar que el transporte se llevara a término. «Están usando Venezuela como una gran autopista; para contar con garantías necesitan que se asegure el acceso y control de vías, puertos y aeropuertos, y la responsabilidad de la seguridad viaria y el control de aduanas es de las fuerzas del orden», explica Carlos Tablante, quien bajo la segunda presidencia de Caldera dirigió la Comisión Nacional Contra el Uso Ilícito de Drogas, luego rebautizada como ONA. De ahí que las Fuerzas Armadas, y en especial la Guardia Nacional, presente en las carreteras de todo el territorio, así como en las fronteras, fuera el sector institucional más ocupado en el narcotráfico.

Una actividad delictiva raramente se presenta sola, y en este caso iba acompañada de contrabando de gasolina, extorsión, secuestros, sobornos o corrupción. Esa múltiple delincuencia era llevada a cabo por miles de bandas —Tablante habla de dieciocho mil—, con las que mandos militares, gobernadores y otros altos cargos podían estar aliados en multitud de combinaciones. Aunque en esa amalgama reinaba en gran medida la anarquía, en el gran negocio de la droga había una mente ordenadora que se ocupaba de preservar los canales de determinados operadores *oficiales*.

Cuando Chávez comenzó a volcarse en poner los resortes del Estado sobre esas operaciones decidió expulsar del país al gran gendarme de la región en materia de narcóticos. En 2005 denegó el permiso de estancia a los agentes de la DEA estadounidense que servían de enlace en Caracas con su contraparte venezolana. La expulsión se producía después de que la DEA acusara de narcotráfico a seis mandos de la Guardia Nacional y les prohibiera su entrada en Estados Unidos. Entre ellos se encontraba el jefe de la unidad antidrogas de la Guardia Nacional, el general Frank Morgado. También la Agencia Británica contra el Crimen Organizado (SOCA) apuntaba ya entonces a la «gran escala de corrupción con el narcotráfico entre la Guardia Nacional de Venezuela».

Sin la supervisión exterior de la DEA, las instrucciones sobre cómo dar salida a cargamentos de las FARC o cómo preservar también un espacio del negocio a Hezbolá podían ejecutarse con mayor libertad. La Oficina Nacional Antidrogas (ONA) podía emplearse a fondo deteniendo a traficantes fuera de las redes *amigas*, o interviniendo en *vendettas* internas de la propias fuerzas de seguridad, que también las había, al tiempo que dejaba camino expedito a envíos que contaban con salvoconducto.

Abriendo la puerta al narcotráfico y fomentando ese paso de la droga a través de Venezuela, Chávez dañó enormemente a su país. Nuevamente se ve cómo, por intereses políticos y económicos propios, el alto chavismo hundía a las clases más vulnerables de Venezuela, como denuncia Tablante. En su obra *Estado delincuente*, firmada junto con Marcos Tarre, se destaca que «quien llegó al poder en nombre de los pobres y el socialismo, y reclamaba una hegemonía parlamentaria para favorecer a esos pobres, lo que estaba haciendo era perjudicarles especialmente a ellos». Con clases acomodadas que podían pagar seguridad privada y medidas de protección en sus zonas de residencia, o en su caso conllevar los costes monetarios y sociales de la drogodependencia, eran los pobladores de los barrios necesitados los más afectados por la degradación personal y comunitaria acarreada por las drogas.

De Makled al cartel de los Soles

En el arranque del chavismo, entre los traficantes de droga sobresalió Walid Makled García, un empresario libanés-venezolano, con sobrenombre del *Turco* o el *Arabe*, que contó con la cobertura de las autoridades de las zonas donde operaba. A medida que Chávez fue *militarizando* las instituciones, situando personal que procedía de las Fuerzas Armadas en muchos puestos clave, militares próximos al presidente se hicieron con el mando en diversos estados –las gobernaciones– por vía electoral. Tanto ellos como los responsables de las guarniciones militares en determinados lugares fueron entrando en la red de Makled. Entre 2000 y 2006, este dirigió un dispositivo que recogía la droga de las FARC de los llanos colombianos a través de las fronteras con los estados venezolanos de Apure y Táchira. Sus gobernadores, los hasta entonces capitanes Luis Aguilarte y Ronald Blanco, respectivamente, amparaban las operaciones. De allí los cargamentos eran transportados hasta la ciudad de Valencia, para ser embarcados en Puerto Cabello. Eso ocurría en el estado Carabobo, cuyo gobernador, el general retirado Luis Felipe Acosta Carlez, también daba protección al entramado. Makled contaba, además, con la asistencia del presidente de ese puerto, el almirante Carlos Aniasi, según revelaría el propio traficante cuando fue detenido.

Fue un continuo intercambio de favores. Durante la huelga general de 2002, Makled puso a disposición de Chávez sus propios transportistas. Como pago obtuvo la concesión de venta de urea, un fertilizante usado en el cultivo de la planta de coca, algo conocido de sobra por la empresa estatal que lo facilitaba, Petroquímica de Venezuela o Pequiven. «En gratitud» a un donativo de dos millones de dólares para la campaña electoral chavista, como explicó el empresario, este recibió la concesión de control de Puerto Cabello, la principal instalación portuaria de Venezuela. Entre nóminas y sobornos, entregaba un millón de dólares mensuales a altos cargos. De eso «vivía mucha gente del alto Gobierno», declaró a la cadena colombiana RCN cuando tiempo después fue detenido. Aseguraba haber acumulado un patrimonio de mil doscientos millones de dólares.

Con el tiempo, la red de Makled, conocida como el cartel de Beirut por el origen libanés del capo, comenzó a tener competencia debido a la implicación directa de mandos del Ejército. Esos militares ya no se conformaban con recibir una participación de los beneficios, sino que deseaban ser los repartidores. La ocasión para un mayor protagonismo militar en el negocio de la cocaína se presentó cuando las narcoguerrillas colombianas FARC y ELN lograron plena movilidad en Norte de Santander, un área del vecino país limítrofe con Venezuela. La localidad de Puerto Santander cuenta con un paso fronterizo que conecta directamente con el poblado venezolano de Orope (Táchira), donde hay un destacamento del Ejército. Amparado por el jefe de la región militar, el general Wilmer Moreno, comenzó el tráfico de droga utilizando esa base como punto de operaciones. La implicación directa de los militares dio lugar al cartel de los Soles, llamado así por los emblemas de la charretera del generalato venezolano. Makled vio esto como una injerencia y presumiblemente fue el responsable del soplo a la Guardia Nacional acerca del alijo de 2,2 toneladas de cocaína que el teniente coronel Maggino había hecho recoger en Orope en noviembre de 2005, caso antes relatado.

Quien a hierro mata, a hierro muere, y más en ese mundo criminal de clanes y mafias. Cuando en 2007 el general Clíver Alcalá fue trasladado al estado Carabobo su actividad de narcotráfico dio un considerable salto al disputar con Makled el control de Puerto Cabello, punto estratégico para el embarque de los estupefacientes. La pugna se saldaría con lo que presumiblemente fue una celada contra el venezolano-libanés. En noviembre de 2008, oficiales de la Dirección de Inteligencia Militar (DIM) *encontraron* en su finca dieciocho cajas con sello de la Cruz Roja, conteniendo casi cuatrocientos kilos de cocaína. Sus hermanos fueron arrestados, pero Walid logró escapar. En agosto de 2010 fue detenido en Colombia y extraditado. Makled aseguró que el alijo encontrado en su finca había sido puesto por los agentes de la DIM y lanzó acusaciones a diestro y siniestro.

Estados Unidos había seguido de cerca el caso de Makled. Entre las pruebas en su contra se encontraba el caso de un avión DC-9 sin pasajeros, cargado con 5,5 toneladas de cocaína, que en abril de 2006 partió de Maiquetía, el aeropuerto internacional de Caracas Simón Bolívar, con destino a la ciudad mexicana de Guadalajara. Por un fallo hidráulico el aparato tuvo que aterrizar en la península de Yucatán, ya en México. Uno de los pilotos pudo escapar nada más producirse el aterrizaje de emergencia en Ciudad del Carmen, pero el otro fue detenido. Como equipaje se hallaron 128 maletas negras idénticas, repletas de cocaína. La prensa de investigación descubrió que el DC-9 era propiedad de una compañía fantasma de Florida, Titan Group, que pertenecía a L-3 Communications. Esta prestaba servicios de transporte a la DEA y tenía otros contratos con el Gobierno estadounidense. La información dio lugar a que en algunos blogs se acusara de corrupción a la empresa, por entrar en negocios oscuros con alguien de la reputación de Makled, y además se calificara de ineptos a los mandos de la DEA, por haber sido burlados en sus propias narices. La realidad era muy otra.

Fuentes familiarizadas con la operación aseguran que el DC-9 fue facilitado por la CIA para tender una trampa a Makled. De hecho, el grupo empresarial había servido diversos aviones a la CIA para su controvertido programa de *rendition* (transporte de supuestos terroristas islámicos para su interrogatorio). El aparato en concreto había sido ya utilizado en una ocasión previa para una operación secreta de droga. La inteligencia estadounidense tuvo conocimiento de que el *Turco* estaba buscando una aeronave de grandes proporciones. A través de intermediarios que no levantaban sospechas le hizo llegar que había un DC-9 dispuesto para ser alquilado en Florida. En el momento del trato, el cartel de droga declinó el ofrecimiento de pilotos, pues prefirió contar con tripulación propia. Lógicamente el aparato llevaba escondidos micrófonos y emisores de señales que permitieron a la CIA y a la DEA conocer los detalles de lo que los narcotraficantes se llevaban entre manos. No está claro si el avión fue entregado además con deficiencias de vuelo programadas para ser manifiestas durante el trayecto.

A pesar de haber formalizado una causa contra Makled, Washington mantuvo el *indictment* en secreto hasta que el capo fue detenido en Colombia, junto a la frontera venezolana, en una operación conjunta de las autoridades de Bogotá y la DEA. En su *indictment* contra Makled de noviembre de 2010, la Fiscalía del Distrito Sur de Nueva York le acusó de haber «controlado y operado pistas aéreas localizadas en Venezuela». Esas pistas «las usó para facilitar el envío de cantidades de toneladas múltiples de cocaína de Venezuela a Centroamérica y México por numerosas organizaciones de tráfico de droga, sabiendo que una porción estaban destinadas a Estados Unidos». Le presentaba como «rey entre los capos» (*king among kingpins*), «incluso entre los traficantes globales de narcóticos», y aseguraba que de ser juzgado y condenado en Estados Unidos se enfrentaría a un pena de hasta sesenta años de cárcel.

La intervención de la corte federal estadounidense asustó en Venezuela, porque Makled podía tirar de la manta si los colombianos se lo entregaban a Washington. El propio traficante lanzó advertencias. «Le di dinero a quince generales venezolanos», aseveró; «si soy detenido por un DC-9 cargado de drogas desde el aeropuerto Simón Bolívar, el general Hugo Carvajal, director de inteligencia militar de Venezuela; el general Henry Rangel Silva, jefe de la inteligencia interna; el general Luis Mota, comandante de la Guardia Nacional, y el general Néstor Reverol, cabeza de la Oficina de lucha contra las drogas, deben ir a la cárcel por esa misma razón». Según informes de la firma privada de inteligencia Stratfor, divulgados por Wikileaks, militares venezolanos ejercieron fuertes presiones sobre Chávez para que se evitara a toda costa que el narcotraficante Makled fuera extraditado a Estados Unidos.

La actitud de la Administración Obama fue extraña. A pesar de las pruebas de la DEA y de que la embajada estadounidense en Bogotá avisó con antelación a la cancillería colombiana de que iba a solicitar la extradición, si Makled era encontrado y detenido, al final el Departamento de Estado tardó tiempo en formalizar la petición. El republicano Marco Rubio, recién elegido senador por Florida, llamó al jefe de gabinete de Barack Obama para urgirle a que el presidente apoyara la solicitud de extradición. Pero todo fue indebidamente lento, como dando tiempo a que Venezuela llegara a un acuerdo con Colombia. Chávez logró la extradición prometiendo al presidente Juan Manuel Santos que saldaría la deuda de ochocientos millones de dólares que entonces reclamaban sin suerte los productores colombianos, y que había provocado un plantón comercial por parte de estos. El preso llegó a Caracas en mayo de 2011, pero en un intento de enfriar el caso el juicio no comenzó hasta un año después y aún luego el proceso apenas caminó.

Narcogeneral ascendido a ministro de Defensa

La detención de Makled sacudió los equilibrios de compromisos que existían en el hampa del chavismo. Al capo le fue hallado un carnet judicial supuestamente facilitado por el magistrado Eladio Aponte, al que aseguró tener en su nómina. Aponte negaría esos extremos, pero esa fue la razón para promover su destitución que esgrimió el Gobierno, buscando disociarse de tantos lazos con la droga como entonces quedaban al descubierto ante los ciudadanos.

Fue un momento de ajuste de cuentas entre bandos. El mismo día que Aponte llegaba a Estados Unidos para colaborar con la DEA, el general Wilmer Moreno, que había sido jefe en la región militar que incluía el estado Táchira, fue asesinado a balazos. Dos semanas antes había muerto a consecuencia de un atentado Jesús Aguilarte, capitán retirado y anterior gobernador del estado Apure. Táchira y Apure son fronterizos con Colombia y puerta usual de la droga, en cuyo negocio ambas figuras habían estado envueltas.

Caer en desgracia a resultas del cambio de marea en el narcotráfico no era algo nuevo en el universo chavista. El general Raúl Isaías Baduel se encontraba pagando pena de prisión, entre otras cosas, por su denuncia sobre la creciente implicación de altos militares en el negocio de la droga. Miembro del círculo íntimo de Chávez, a quien liberó de su detención en La Orchila cuando fue trasladado a esa isla durante su breve expulsión del poder en 2002, Baduel fue nombrado ministro de Defensa en junio de 2006. En enero de 2007 dirigió al presidente una comprometida carta. En ella, el general Raúl Baduel acusaba de narcotráfico al general de brigada Henry Rangel, director de los servicios secretos y contraespionaje. Lo hacía en relación al ya explicado caso Maggino.

Tras dirigirse en su encabezamiento al «ciudadano» Chávez, algo preceptivo en la revolución bolivariana, la carta entraba rápidamente en materia. «Existen suficientes elementos que vinculan de manera directa al G/B (Ej) Henry de Jesús Rangel Silva», escribía el ministro, poniendo en práctica el gusto venezolano por utilizar todos los nombres y apellidos, «con la investigación y juicio seguido por la Fiscalía» a los implicados en el hallazgo del alijo de droga que pernoctó en el cuartel de la población fronteriza de La Fría. Según añadía, el conductor del Chevrolet Kodiak que transportaba el cargamento de cocaína era primo del general, «con quien ha mantenido comunicación telefónica». Baduel no daba más detalles, pero estaba claro que los conocía, por el arriesgado paso que estaba dando. «Muy respetuosamente sugiero se abra una profunda investigación y auditoría de sus bienes, al Ciudadano G/B (Ej) Henry de Jesús Rangel Silva, y el cese de sus actividades laborales, hasta que se pueda descartar su participación en los hechos antes mencionados. Comunicación y remisión que respetuosamente hago llegar a usted, para su conocimiento y demás fines consiguientes».

Las pruebas contra Rangel debían de ser concluyentes y clamorosas, pues recomendar el cese del jefe del espionaje no era algo que competía al ministro de Defensa. Por ello, las siguientes decisiones de Chávez no solo cabe calificarlas de encubrimiento, sino de reivindicación de que todo aquello tenía su autorización personal. A los pocos meses, Baduel dejaba el Ministerio. Fue arrestado en 2009 y condenado en 2010 a ocho años de prisión por supuesta apropiación indebida de fondos durante su corta etapa ministerial. Entre Chávez y Baduel se había dado un creciente distanciamiento, que apartaba a este del calor del Palacio de Miraflores y le constituía en altavoz de una crítica política cada vez más directa.

Henry Rangel fue nombrado titular del Ministerio de Defensa en 2012, a pesar de que ya para entonces no era ningún secreto su vinculación con el narcotráfico y su destacado papel clave en el contubernio delictivo que el aparato del Estado mantenía con los guerrilleros colombianos.

Las FARC en la Harley del general

Unas fotografías a los lomos de una Harley Davidson del líder guerrillero de las FARC Iván Márquez, del que raramente se obtenían imágenes, se difundieron rápidamente en internet tras aparecer publicadas en *Semana*, una importante publicación de Colombia. Además de que constituía una exclusiva informativa, el reportaje gráfico obtuvo en la red un gran eco por lo llamativo del contraste de dos símbolos opuestos: un *antiimperialista*, que había llamado al alzamiento de los pobres, subido sobre uno de los iconos por excelencia de Estados Unidos. Con un precio de unos quince mil dólares, la Harley no era un lujo que se pudiera permitir la mayoría de sus compatriotas. Un antiguo comandante guerrillero ya desmovilizado, Alexander García, alias Caracho, aseguró a medios colombianos que las fotos habían «causado desconcierto y caído mal en la *guerrillada*, porque mostró las diferencias y privilegios de unos y otros».

Semana publicó las imágenes en febrero de 2013, pero todo indicaba que correspondían a una serie tomada en 2007. Las partes cromadas de la Harley Davidson reflejaban el mural de la fachada de un edificio próximo ante el cual Márquez y otros de sus compañeros habían posado en unas instantáneas que ya habían circulado anteriormente, al ser halladas en computadoras requisadas a la guerrilla. Esas fotos previas, en las que se veía a la senadora colombiana Piedad Córdoba con un ramo de flores, junto a los altos mandos de las FARC Iván Márquez, Jesús Santrich y Rodrigo Granda, habían sido realizadas en Venezuela durante conversaciones formalmente convocadas para tratar sobre la liberación de prisioneros en poder de la guerrilla.

Aunque se aducían razones humanitarias para esos contactos, las flores y gestos eran reveladores de una comunión que el chavismo no podía ocultar, máxime cuando el Gobierno colombiano de Álvaro

Uribe tenía bien documentada la acogida logística que Chávez prestaba a los insurrectos del vecino país.

La serie fotográfica completa fue tomada en Fuerte Tiuna, complejo militar de Caracas. Eso es algo que se suponía, dado que en los correos electrónicos encontrados en los ordenadores de los campamentos de Raúl Reyes y Mono Jojoy, en 2008 y 2010, respectivamente, se hallaron comunicaciones en las que Márquez informaba de sus encuentros en Caracas. «Nos reunimos en nuestro búnker de Fuerte Tiuna con Gabino y Antonio en un ambiente distensionado y muy fraternal», escribió Márquez, mencionando a los dos líderes del ELN. Fuentes que han frecuentado Fuerte Tiuna confirman el escenario e indican que la Harley Davidson en la que el terrorista Márquez asentó sus posaderas era muy probablemente la moto del general Clíver Alcalá, jefe de la División Blindada.

Las relaciones de mandos del Ejército venezolano con los dirigentes de las FARC y el ELN eran muy estrechas. Esa exhibición de camaradería ocurría probablemente en noviembre de 2007, meses después de las conversaciones secretas de Chávez con los narcoterroristas con las que comenzaba este libro. Ahora, en sesiones en Fuerte Tiuna o en el Palacio de Miraflores, donde el líder bolivariano recibió públicamente a Márquez, los insurrectos colombianos se reunieron con los jefes de inteligencia, los generales Rangel Silva y Hugo Carvajal (servicios secretos e inteligencia militar, respectivamente), y con los generales Wilmer Moreno y Clíver Alcalá, que tenían mando en zonas de tráfico de droga. También con Ramón Rodríguez Chacín, capitán de navío retirado, quien a partir de esos encuentros se consolidó como el interlocutor de Chávez con la guerrilla; al par de meses fue nombrado ministro de Interior y Justicia.

«Las relaciones con el Ejército están muy próximas a lo que plantea el Plan Estratégico. Tenemos amistad y buena empatía por lo menos con cinco generales. Es más, Chávez impartió delante de mí la instrucción de crear en la frontera sitios de descanso y atención a enfermos y designó una especie de Estado Mayor para estas relaciones», reportaba Márquez aquellos días al resto de la dirección narcoguerrillera. Un punto principal de ese plan estratégico de la banda pasaba por el reconocimiento internacional de su estatus como *beligerante* (no terrorista, como era calificado en muchos países), algo que Chávez promovió en la Asamblea Nacional venezolana en enero de 2008. Pero el plan también incluía la salida de mayor volumen de droga a través de Venezuela, y para ello se pactó una crecida implicación del Ejército en el negocio.

El terreno para la cooperación directa e intensa entre las FARC y el chavismo lo había abonado los últimos años el general Rangel Silva. Como jefe de la DISIP el general había estado recorriendo los campamentos terroristas, también en suelo colombiano, lógicamente a espaldas de Bogotá. «Cuadramos para que viniera Rangel. Acá y donde Iván», escribió Timoshenco, alias de quien pronto iba a ser comandante en jefe de la organización, en uno de los correos electrónicos encontrados. «Luego de su visita a Timo, recibimos aquí al general Rangel Silva (…) Manifestó que su visita estaba debidamente autorizada por Chávez», tecleó a su vez Iván Márquez. Se trataba de mensajes de 2006. En la reunión de Caracas de 2007, Márquez volvió a referirse a Silva: «ya de salida hacia acá hablamos un poco con el general Rangel Silva (…), gran amigo de Timo, a quien quiere visitar después del dos de diciembre. El participó en el almuerzo donde nos reunimos Chávez, elenos, FARC. Está encargado de la seguridad de los elenos» [dirigentes del ELN].

Un año después, Estados Unidos tomó medidas contra Rangel Silva y dos de sus colegas, incluyéndoles en la lista de la Oficina de Control de Bienes Extranjeros (OFAC), del Departamento del Tesoro. De esta forma se congelaban posibles activos que tuvieran en suelo estadounidense y se prohibía cualquier relación financiera con ellos. En esa decisión de diciembre de 2008, el Tesoro dio por probado que Rangel había «asistido materialmente» las actividades de narcotráfico de las FARC y había «promovido una mayor cooperación» entre los terroristas colombianos y el Gobierno venezolano.

El Tesoro acusó al general Hugo Carvajal de «asistencia» a la guerrilla, lo que incluía «proteger de las autoridades antinarcóticos venezolanas los envíos de droga y proveer armas a las FARC, permitiéndoles mantener un baluarte en el codiciado departamento de

Arauca». Tras especificar que en esa región colombiana se cultivaba coca y se producía cocaína, la acusación también adjudicaba a Carvajal el «proveer a las FARC de documentos de identificación del Gobierno que permite a los miembros de las FARC viajar a Venezuela y desde Venezuela con facilidad». Por último, a Rodríguez Chacín se le señalaba como «el principal contacto sobre armamento» entre el Gobierno de Chávez y los terrorista colombianos, los cuales «utilizan lo que obtienen de la venta de droga para comprar armas del Gobierno venezolano». En este sentido, se destacaba que Rodríguez Chacín había quedado en la reunión de Caracas de 2007 como el gestor de un préstamo de trescientos millones de dólares a las FARC.

Venezuela justificó formalmente sus contactos públicos con la guerrilla colombiana, entre ellos la recepción de algunos de sus cabecillas en el Palacio de Miraflores, como un intento de mediar en la puesta en libertad de prisioneros. Ese tipo de contactos mediadores de un Gobierno con un grupo armado de otro país no son inusuales. Durante la segunda presidencia de Carlos Andrés Pérez ya hubo conversaciones de ese tipo, y la propia Francia estaba interesada en la intercesión de Chávez para lograr la liberación de Ingrid Betancourt, la dirigente de nacionalidad franco-colombiana que sería rescatada por el Ejército en julio de 2008. Chávez también contaba con implicar a España en el proceso. Pero ese tipo de mediaciones internacionales nunca ocurre con cláusulas a espaldas del país democrático que sufre la violencia del grupo en armas. Ni mucho menos esconde ayuda económica, logística y de armamento a la guerrilla que combate el orden institucional de un país vecino, legítimamente constituido mediante la expresión de la voluntad popular.

Traspaso de negocio por defunción del dueño

Los militares que llevaban las riendas de esas actividades eran de la máxima confianza de Chávez. A muchos los conocía de su tiempo en la Academia Militar y varios habían participado en el fallido golpe del 4 de febrero de 1992. Había una hermandad de sangre que básicamente perduró durante la presidencia del comandante. Para evitar una eventual postergación tras su muerte, Chávez ató que varios de ellos se presentaran como candidatos a gobernadores en las elecciones regionales de 2012, que tuvieron lugar en diciembre de ese año, cuando ya él estaba moribundo en Cuba. Así ocurrió con los exministros de Defensa Henry Rangel Silva, Carlos Marta Figueroa y Ramón Carrizález, y el exministro de Interior Ramón Rodríguez Chacín, que resultaron elegidos como gobernadores de los estados Trujillo, Nueva Esparta, Apure y Cojedes, respectivamente.

Esos cuatro veteranos eran parte sustancial del cartel de los Soles, en el que también se destacaba Adán Chávez, hermano del líder de la revolución y gobernador de Barinas, así como Tareck el Aissami, gobernador de Aragua. El Aissami aportaba además la coordinación con Hezbolá, igualmente implicada en el narcotráfico. En el cartel, el *Pollo* Carvajal venía a ejercer las funciones de jefe de operaciones (COO en términos societarios), mientras que José David Cabello, superintendente del Seniat (agencia tributaria y aduanera), se desempeñaba como jefe de finanzas y logística (CFO); su hermano Diosdado estaba al frente del entramado, con el poder propio de un consejero delegado (CEO). Una estructura así era la que se deducía de las revelaciones de Leamsy Salazar cuando en enero de 2015 el que había sido asistente personal de Diosdado Cabello llegó a Washington para testificar contra él (también lo hizo el responsable de las operaciones de droga para el oriente del país). Todo indica que un par de meses después quedó listo su *indictment*, aunque probablemente iba a permanecer sellado durante un tiempo.

En ese esquema, Pdvsa actuaba como gran instrumento de lavado de dinero al servicio de ese negocio ilícito paraestatal, pero también había otras vías para la legitimización de capitales. Como ministro de Industrias, cargo que simultaneaba con el de jefe del Seniat, José David Cabello tenía bajo su mando a Minerven, la sociedad pública dedicada a la extracción de oro. Precisamente uno de los búnkeres llenos de dinero que Salazar atribuía al presidente de la Asamblea Nacional estaba en Bolívar, el estado de mayor tradición aurífera y sede de Minerven. La colaboración de los dos hermanos en el narcotráfico había revestido muchas modalidades: cuando José David era presidente del aeropuerto de Maiquetía, lo que hacían era utilizar un Boeing 727 al que le quitaban los asientos y llenaban de droga para enviarlo semanalmente a México, como aportó otro de los confidentes contra Cabello que comenzaba a tener Estados Unidos.

Durante su mandato, Chávez actuó como presidente de esta trama. Probablemente más como *chairman* no ejecutivo, aunque intervenía para marcar direcciones. «Todos responsabilizan a Chávez del gran narcotráfico en Venezuela. Confirman y reconfirman que tenía el control, que sabía el estado del asunto en cada momento, aunque era un control conceptual, no operativo, pues los detalles de ejecución los dejaba a otros», cuenta en Washington alguien que ha mantenido contactos con miembros de ese gran engranaje para su posible colaboración con las autoridades estadounidenses. ¿Y Maduro? ¿Heredó también la silla al frente del consejo de administración del narcoestado? «Todos aceptaban la autoridad del comandante, y así se podía tener bajo control un negocio que tiende a la anarquía y a las traiciones mutuas. Maduro también está al tanto y en ocasiones ha querido intervenir en algunos aspectos del día a día, pero eso creaba tensiones y Cabello ha logrado más autonomía», afirma esa persona. Con autorización del padre, en cualquier caso, Nicolasito Maduro estaría volcado en sacar ventaja del tráfico de droga, según habría indicado el testigo Salazar en su *debriefing*. El hijo del presidente actuaría mano a mano con su hermanastro Walter Jacob Gaviria Flores, hijo de la *primera combatiente*, Cilia Flores, y juez titular de primera instancia en casos penales.

Esa colaboración juvenil seguía al tándem formado por el hijo de Chávez, Huguito, y el del embajador cubano Germán Sánchez Otero, quien dirigió la embajada de Cuba en Caracas durante quince años y tuvo una estrecha relación con el líder bolivariano. Los transportes de cocaína, con conocimiento de Sánchez Otero y otros funcionarios castristas, se realizaban generalmente en aviones pequeños de Pdvsa, que iban de Venezuela a Cuba y cuya carga era luego dirigida a Estados Unidos por una red en la isla, de acuerdo con la versión ofrecida por Salazar. En 2009, al trascender en exceso el rumor de esa actividad, el hijo del embajador fue detenido un día cuando volaba solo, mientras que su socio fue obligado a someterse a rehabilitación. Cuba relevó al diplomático pues su continuidad era embarazosa.

Es difícil precisar el grado de complicidad de los Castro con el narcoestado chavista. Tratándose su régimen de una dictadura y teniendo tanto control sobre Venezuela, cuando menos cabría hablar de amparo. Pero hay ejemplos que también suponen colaboración y beneficio. «La secretaría de la gobernación de Apure, que es el estado con frontera más permeable a las FARC, está controlada por los cubanos. El servicio de inteligencia cubano se financia con operaciones de narcotráfico», asegura la fuente citada unas líneas más arriba.

Con todo, la foto se movía ante la situación fluida de alianzas de poder de un chavismo en modo de supervivencia. Maduro cambió varias veces de sitio al general Hugo Carvajal. Irónicamente lo designó presidente de la Oficina Nacional Contra el Crimen Organizado, y luego lo recuperó para su tradicional puesto de jefe de la Dirección de Inteligencia Militar. En enero de 2014 lo envió de cónsul a la isla caribeña de Aruba, dominio neerlandés frente a las costas venezolanas, donde podía ser igualmente útil para el tráfico de droga.

La DEA estadounidense vio en ese último nombramiento una oportunidad para enjaular al *Pollo*. Quería aprovechar el lapso de tiempo que normalmente transcurre entre la designación para un puesto diplomático en el exterior y la aceptación oficial del enviado por parte del país de destino. Hasta que no ocurre ese reconocimiento final la persona designada no goza de inmunidad diplomática. Con un soplón en el aeropuerto de Aruba, la DEA controló las llegadas del militar y supo de un aterrizaje a comienzos de julio. Washington se coordinó con las autoridades holandesas, dispuestas a proceder al arresto y a la extradición, pero el narcogeneral abandonó Aruba en un yate sin que pudiera llevarse a cabo la detención. El 23 de julio Carvajal llegó de nuevo, en un avión propiedad de un testaferro del presidente de Pdvsa, y fue detenido.

Estados Unidos le acusó formalmente de haber «coordinado» en 2006 el envío de 5,6 toneladas de cocaína de Venezuela a México, cargamento que luego habría traspasado la frontera estadounidense, de acuerdo con los cargos elevados por las fiscalías federales de

Nueva York y de Miami, en sendos *indictments* sellados tiempo atrás y que habían permanecido en secreto hasta entonces. También le acusó de haber mantenido a lo largo de los años una estrecha asociación con narcotraficantes «dándoles protección para evitar su captura, aportándoles información sobre las actividades del personal militar y policial, e invirtiendo en cargas de cocaína exportada desde Venezuela». El pliego fiscal también advertía que «otros oficiales de alto rango, civiles y militares» habían participado en la cobertura del tráfico de droga.

Pero cuando todo apuntaba a un macrojuicio en Estados Unidos, con Carvajal como figura central en el banquillo y la expectación de que implicara al resto de la alta jerarquía chavista, las enormes presiones de Caracas sobre las autoridades de Aruba y de Holanda se hicieron sentir. A pesar de que el juez y el fiscal de la isla dieron por sentado que habría extradición, Holanda se corrigió y, contraviniendo su propia práctica, aseguró que en realidad Carvajal sí tenía inmunidad diplomática. Rápidamente un avión enviado por Maduro recogió al general, que fue recibido como un héroe por el oficialismo. ¿Por qué Holanda cambió de actitud? ¿Temió *efectos colaterales* petroleros? ¿Se vio intimidada por las maniobras militares que Venezuela realizó cerca de Aruba? Alguien que participó en el operativo para apresar al *Pollo* se inclina a pensar que, más bien, se debió a que el Gobierno holandés desistió de hacer un favor a Estados Unidos cuando, justo en esos días, juzgó como fría la reacción de Barack Obama ante el avión de pasajeros abatido por los rebeldes del este de Ucrania. La atención inicial de Obama sobre la única víctima de nacionalidad estadunidense, cuando hubo 298 muertos, 193 de ellos holandeses, y la poca eficacia de Washington en su presión sobre Rusia para permitir el acceso al lugar del siniestro pudieron hacer desistir a Holanda de dar la cara por Estados Unidos frente a Caracas.

Los mapas de la DEA no engañan

No hay nada más gráfico sobre la importancia adquirida por Venezuela en el narcotráfico –cerca de trescientas toneladas en 2014, cinco a la semana– que los mapas del Caribe que maneja la DEA. Están realizados a partir del monitoreo de las trazas aéreas de narcotraficantes, detectadas por los radares de largo alcance del Comando Sur de Estados Unidos. Esos mapas elaborados por las autoridades estadounidenses reproducen en trazo rojo el itinerario de cada uno de los vuelos ilícitos –principal vía de transporte en el área del Caribe–, mostrando de modo muy visual cuáles son los lugares de origen y destino más habituales, así como las rutas seguidas.

Si hasta el año 2000, la mayor parte de esos vuelos se originaban en Colombia, en el mapa de 2005 se manifestaba muy claramente la presión del duro plan Bogotá-Washington de combate contra el narcotráfico (Plan Colombia), que hacía que las FARC estuvieran desviando parte de su mercancía a través de su vecino oriental. Ese vuelco era clamoroso en el mapa de 2012, donde prácticamente aparecía una sola gran mancha roja: casi todos los vuelos sospechosos en la región salían de Apure, estado venezolano lindante con la frontera colombiana, volaban hacia el norte, adentrándose en el Caribe, y luego daban un quiebro de casi noventa grados hacia el oeste para llegar a Honduras, evitando así los radares instalados en Colombia. El Departamento de Estado norteamericano calculaba que casi el ochenta por ciento de los vuelos que partían con droga de América del Sur llegaba a Honduras, para continuar luego por tierra o mar a México y finalmente a Estados Unidos.

La mayor parte del cargamento iba a bordo de pequeñas avionetas Cessna, en ocasiones hasta diez diarias, con trescientos o cuatrocientos kilos de cocaína. Algunos transportes se hacían en modelos King 300, algo mayores, con capacidad para desplazar setecientos u ochocientos kilos. Normalmente la mitad del interior de los aparatos iba repleta de droga y la otra mitad estaba habilitada para tanque de combustible: el peso se ajustaba a la distancia que debía cubrirse. Las seis horas de vuelo entre Venezuela y Honduras podían aliviarse con una escala en Punto Fijo (Falcón), antes de dejar territorio nacional.

Las narcoavionetas eran operadas por piloto y copiloto, que podían cobrar unos cincuenta mil dólares por misión, dado el riesgo de volar en aparatos sometidos a un uso continuo, sin apenas mantenimiento y con ocasionales siniestros por fallos mecánicos. En caso de graves daños de la avioneta por aterrizaje en terrenos inadecuados, la norma era prenderle fuego una vez extraída la carga para dejar los menos rastros posibles. Los beneficios cubrían de sobra la compra de un nuevo aparato: en el mercado podían obtenerse diez mil dólares por kilo de cocaína, es decir, que cada vuelo permitía hacer entre tres y ocho millones de dólares de caja.

En una situación continuamente cambiante –se alude al *efecto globo*: apretar en un lado desplaza el tráfico hacia otro lugar– la ruta aérea a Honduras había perdido su casi hegemonía en 2014, debido a la presión gubernamental ejercida en ese país. Pero con un gran frente litoral en el Caribe –el mayor de la cuenca–, Venezuela seguía conservando su estatus de gran distribuidor de la droga. Los vuelos hacia Centroamérica se redujeron un tercio y la mercancía llegada a Estados Unidos a través de las islas del Caribe, especialmente la República Dominicana, ascendió al dieciséis por ciento. Las rutas marítimas tenían escalas en Aruba y también utilizaban como base las Bahamas; de ahí muchas veces la carga era dejada en el mar con flotadores equipados con GPS, que podían ser recogidos por pesqueros o botes de recreo con base en puertos de Estados Unidos.

En cuanto a la cocaína colombiana que va a Europa, en su mayoría sale en barcos pesqueros que zarpan de los puertos venezolanos de Puerto Cabello y Maracaibo. A Europa también llega la droga generada por Perú y Bolivia, países que ya en 2012, con una producción cada uno de trescientas toneladas, habían sobrepasado el volumen aportado por Colombia, que fue de aproximadamente doscientas toneladas, según datos de la Oficina de Política Nacional de Control de Droga de la Casa Blanca. Los cargamentos que tienen su origen en Perú y Bolivia se distribuyen básicamente a través del Cono Sur.

La principal vía de entrada en el continente europeo es España, a cuyas costas atlánticas llegaba directamente la mercancía en la década de 1980. La mayor vigilancia ha obligado a los carteles a buscar África Occidental como cabeza de playa, de manera que, antes de saltar a España u otros destinos europeos, la droga llega primero a Mauritania, Senegal, Guinea Bissau, Sierra Leona o Costa de Marfil.

Debido al aumento del control marítimo ha crecido el transporte trasatlántico aéreo. Se trata de vuelos que sobre todo salen de ciudades venezolanas como Barcelona o Valencia. De esta última ciudad, por ejemplo, partió en agosto de 2012 un jet Bombardier con 1,2 toneladas de cocaína, con llegada a la isla de Gran Canaria: nueve guardias nacionales bolivarianos fueron detenidos. Gran alarma creó en noviembre de 2009, por el salto de envergadura que suponía, el hallazgo de los restos de un gran avión, un Boeing 727, en el desierto de Mali. Había sido incendiado después de transportar desde Venezuela un cargamento de cocaína, probablemente de varias toneladas.

Un último episodio de enorme eco, en septiembre de 2013, fue el transporte de 1,3 toneladas de cocaína en un avión de pasajeros de Air France que hacía el trayecto Caracas-París. La droga iba en una treintena de maletas. ¿Cómo fue posible burlar la vigilancia en Maiquetía y pasar los controles en París? Todo sugiere que la facilidad encontrada en Francia para introducir la droga se debió a que secretamente las autoridades francesas articularon una operación de entrega controlada. En origen, en cambio, la implicación de altos responsables de la seguridad del aeropuerto era cierta. Ante la repercusión internacional, Venezuela tuvo que proceder a una amplia redada, que incluyó al teniente coronel Ernesto Mora, jefe de seguridad del Maiquetía, y otros militares de la Guardia Nacional de su equipo.

Que las detenciones se habían hecho de mala gana lo indicó la reacción de Maduro, que en lugar de felicitarse de que se hubiera detectado la vulnerabilidad del aeropuerto internacional de Caracas, para así enmendarla, cargó contra el exterior. «Cuidado si no está metida detrás la mano de la DEA. Estamos investigando», dijo, atribuyendo a los estadounidenses el empeño en fabricar pruebas para acusar a Venezuela de narcoestado. La verdad es que Washington tenía ya pruebas para eso y para vincular a Maduro con otras ocultas actividades.

7

NICOLÁS EN LA GUARIDA DE HEZBOLÁ

Vinculaciones con el extremismo islamista

Móntate en un avión, que nos vamos a Irán». Al otro lado de la línea, la voz de Hugo Chávez sonó tan imperativa como cuando repartía órdenes en el fallido golpe del 4 de febrero de 1992. Rafael Isea, de solo 24 años aquel 4-F, tenía grabado ese día que unió su destino al de Chávez, incluyéndole en el estrecho círculo de confianza del futuro presidente. Los recuerdos de todo lo que vendría después los repasó Isea cuando en septiembre de 2013 voló de la República Dominicana a Washington, en un viaje sin retorno para colaborar con investigaciones en curso en Estados Unidos. Pero en 2007, cuando Chávez le llamó para incorporarle a la visita oficial a Teherán –aquel «móntate en un avión, que nos vamos a Irán»–, Isea no tuvo ocasión de rememoraciones, porque de inmediato tenía que prepararse para el intenso trabajo de las siguientes jornadas. Como viceministro de Finanzas y presidente del Banco de Desarrollo Económico y Social (Bandes), debía poner al día las cifras que utilizaría durante la estancia en Teherán. Sus preparativos, sin embargo, le sirvieron de poco para la gran sorpresa que le esperaba.

A Isea, que se iba a añadir a la comitiva oficial directamente en la capital iraní, le dieron un pasaje de avión con escala en Damasco.

Era la ruta que una semana cubría Conviasa, la compañía de bandera venezolana, y la siguiente lo hacía Iran Air. La línea, inaugurada en marzo de 2007, no se abrió porque hubiera demanda real, sino porque facilitaba un rápido transporte de personas y de carga entre la Venezuela de Chávez y el Irán de Ahmadineyad sin que hubiera que dar explicaciones a terceros países. La iniciativa fue acordada por los dos presidentes en la entrevista que tuvieron en Caracas en enero de ese año, en la que también se preparó el misterioso viaje del que estas líneas dan cuenta y se cerró el favor entre Argentina e Irán que más tarde se explicará.

Al principio la ruta aérea incluyó escalas técnicas en Madrid, pero tras la insistencia de las autoridades españolas, en aplicación de las regulaciones de la Unión Europea, de inspeccionar la carga, los operadores se aseguraron de usar aviones con mayor depósito de combustible para no tener que repostar. Esa directa conectividad con Oriente Medio sirvió para poner el Caribe más rápidamente al alcance de Hezbolá y para facilitar el tráfico de cocaína y armas. Una vez rodada esa relación y desarrolladas otras vías de asiduo contacto, el vuelo regular pudo suspenderse en 2010, cuando su verdadera misión –se llegó a conocer como *aeroterror*– era ya un clamor y tanto Conviasa como Iran Air podían ser castigadas internacionalmente.

Uno de los militares que con el tiempo entró también contacto con Washington contó, en una de las confesiones que me llegarían, que en uno de esos viajes, yendo de Damasco a Caracas, su esposa comenzó a hacer más fotos de la cuenta, entretenida en retratar a las azafatas iraníes (era un servicio de Iran Air que había partido de Teherán). Las encontraba pintorescas por el velo que llevaban cubriéndoles el cabello. A los pocos segundos –la puerta aún seguía abierta–, un guarda de seguridad requirió la máquina y se aseguró de que quedaban borradas todas las fotos. No fue el único incidente del viaje. A los diez minutos de estar en el aire, el capitán anunció que volvían a Damasco debido a un percance. Cuando aterrizaron, el militar vio cómo operarios volvían a sujetar unas cajas que al parecer se habían desatado. Rápidamente las identificó como transporte de armas, probablemente granadas, a juzgar por los códigos que había en las cubiertas. La mercancía no pareció alarmar a nadie en la pista –al fin y al cabo la escala de la línea se realizaba en una base militar, no en el aeropuerto civil de Damasco–, pero la esposa del militar no pudo pegar ojo en todo el trayecto pensando que aquello podía explotar en medio del Atlántico.

También Rafael Isea se llevó un sobresalto en Damasco. Cuando el avión aterrizó en la base militar, solo para repostar, de pronto un oficial de seguridad sirio subió al aparato y le pidió que le acompañara. «Tiene que bajarse aquí, tiene una reunión; le está esperando un funcionario de su país», le dijo. Sin recibir respuesta a su demanda de más información, fue conducido en un coche oficial del Gobierno de Bashar al Assad hasta un hotel. Allí las medidas de seguridad eran fuera de lo común. Una vez tomado el ascensor y llegado a la habitación que se le asignaba, el viceministro recibió una llamada. Era Nicolás Maduro, entonces en el puesto de canciller, que le pedía que fuera a la habitación en que él se encontraba. «¿Qué hace aquí Nicolás? ¡Qué raro!», se dijo. Cuando Isea llamó a la puerta del lugar al que era convocado y entró en la estancia se encontró allí a Maduro con Hasán Nasralá, el jefe de Hezbolá, uno de los hombres más buscados por Estados Unidos. Con ellos había un traductor. Al día siguiente de aquel inesperado encuentro, Maduro e Isea se trasladaron en vuelo privado, con avión de Pdvsa, a Teherán, donde se juntaron con Chávez.

Lo que se trató en aquella habitación de hotel no ha sido desvelado, aunque ciertas informaciones permiten sospechar que allí se acordó dar espacio a Hezbolá en Venezuela, en aspectos como el narcotráfico. También se prometió a la organización el transporte de armas al Líbano, así como su acceso a pasaportes venezolanos para facilitar el desplazamiento de sus militantes. Isea ofreció los detalles de esa conversación a las autoridades de Estados Unidos. Si su testimonio interesaba a Washington era precisamente por informaciones como esa.

Las vinculaciones del Gobierno chavista con Hezbolá, la milicia libanesa de filiación chií, financiada por Irán, apoyada y entrenada por la Guardia Revolucionaria iraní y respaldada también por Siria, habían sido denunciadas en muchos foros. Sin embargo, la falta de atentados terroristas que se hubieran planificado o llevado a cabo por células de Hezbolá ubicadas en Venezuela o el resto de Latinoamérica restaba atención a ese entrelazamiento entre Hezbolá y la propia estructura de seguridad del Estado venezolano. Hay que remontarse a las masacres de 1992 y 1994 en Buenos Aires para hablar de efectivo terrorismo islámico al sur de Río Grande. Pero la ausencia de ataques no privaba del riesgo de que pudieran ocurrir. De hecho, la inspiración iraní había estado detrás de varias acciones frustradas, de diversa seriedad, en Estados Unidos y México. El ascenso a través de Centroamérica de las redes de Hezbolá controladas desde Venezuela fue el detonante de una mayor conciencia en Washington. Que se ponga en jaque la seguridad de su propia frontera es el nervio que siempre acaba por activar una intensa colaboración entre las distintas agencias estadounidenses.

Documentos que pude examinar –comunicaciones entre embajadas y pasajes de avión, justamente en la línea de Conviasa entre Oriente Medio y Caracas–, confirman la celebración el 22 de agosto de 2010 de una pequeña cumbre de dirigentes del extremismo islámico. En la sede de la inteligencia militar venezolana se reunieron mandos de Hezbolá, Hamás y otros agentes de la yihad. En la cita estaban implicados los embajadores en Damasco de Venezuela, Imán Saab Saab, y de Irán, Ahmad Mousavi. Precisamente el número dos de la diplomacia chavista en la capital siria, el libanés naturalizado venezolano Ghazi Nassereddine (también escrito Nasr al Dine), era la persona más prominente de Hezbolá en Venezuela. Nassereddine, a su vez, mantenía una estrecha relación con Tareck el Aissami, ministro del Interior entre 2008 y 2012.

Nassereddine y El Aissami fueron señalados por fiscales de Estados Unidos como los principales interlocutores de Chávez con Hezbolá. Al primero le atribuían la financiación de operaciones terroristas; al segundo, la entrega de pasaportes a activistas de esa organización, por mediación de Nassereddine. Un estudio de Joseph Humire, *Iran's Strategic Penetration of Latin America* (2014), ha podido contar hasta 173 individuos vinculados básicamente con Hezbolá y la

Guardia Revolucionaria de Irán que usaron pasaportes venezolanos en viajes a otros países, entre ellos Canadá.

Los Nassereddine, visados desde Beirut

Consultar internet para saber a qué hora debía postrarse para orar fue «un riesgo indebido que Oday Nassereddine nunca debió correr de manera voluntaria», advierte un informador –a él se deben las siguientes revelaciones– que ha seguido de cerca la actividad de ese individuo y otros miembros de su familia. Oday cuidó dónde y cuándo llamaba con su teléfono móvil, para evitar ser localizado en determinadas misiones, pero no se percató de que cuando en Venezuela tecleaba sus coordenadas en una página web para conocer los momentos de puesta y salida del sol, estaba pregonando en la red su propia localización. Sus dígitos, leídos a distancia, permitieron trazar sus pasos. Así, la DEA estadounidense supo que residía en Barquisimeto, a solo veintiséis kilómetros del campo de entrenamiento que Hezbolá tenía en Yaritagua, en el vecino estado Yaracuy, y que el propio Oday Nassereddine comandaba. Las prácticas de guerrilla se realizaban en la finca que le fue expropiada al diputado de la oposición Eduardo Gómez Sigala.

La ubicación satelital permitió atar algunos cabos y cerrar más el cerco sobre Ghazi Nassereddine, hermano de Oday, considerado el gran operativo de Hezbolá en Venezuela. Un viaje que hicieron juntos en los primeros meses de 2013 a Cancún fue la campanada de alerta que la DEA necesitaba en la complicada burocracia de Washington para que todas las agencias, incluida la CIA, acabaran de ponerse en marcha. En ese viaje a México, los dos hermanos contactaron con la mafia de la droga en la península de Yucatán. El trato beneficiaba a las dos partes: ayuda logística para que células de Hezbolá pudieran llegar hasta la frontera de Estados Unidos y atravesarla, a cambio de parte de la droga que la propia organización terrorista chií manejaba en Venezuela.

Ghazi entró en la historia de Venezuela por otro hermano suyo, Abdalá, quien a comienzos de la década de 1980 emigró desde el

Líbano al país caribeño y se instaló en la isla Margarita. Parte de la familia seguiría después, de forma que varios hermanos acabaron residiendo en Venezuela. Ghazi hizo frecuentes viajes entre ambos países, con largas estancias en suelo venezolano que le permitieron obtener una segunda nacionalidad: su cédula de identidad venezolana fue expedida en julio de 1998. La victoria de Hugo Chávez a final de ese año supuso un ascenso de estatus para la familia. Abdalá, que financió la campaña chavista en la isla Margarita gracias a sus negocios de lavado de dinero, fue elegido diputado en la Asamblea Constituyente al año siguiente. Ghazi entró entonces a trabajar en la Cancillería: saber árabe y farsi, entre otros idiomas, ayudaba a abrir puertas a las que ahora el chavismo deseaba llamar.

Captado en su juventud por Hezbolá, Ghazi Nassereddine supo aprovechar bien las ventajas que aportaba su nueva situación diplomática para ganar en peso estratégico dentro de la organización. Un conjunto de comunicaciones internas que una filtración puso en mis manos –podríamos bautizarlas como *los cables de Nassereddine*– muestran el papel jugado por este en la facilitación de visados y pasaportes venezolanos a elementos de Hezbolá. En 2005, por ejemplo, siendo ministro consejero en la embajada de Siria, Nassereddine se movía a sus anchas entre ese país y Líbano, en cuya embajada también se inmiscuía a pesar de no tener formalmente competencias. Según quejas confidenciales expresadas entonces al Ministerio de Exteriores en Caracas, el libanés-venezolano se había presentado en Beirut con la intención «de realizar una evaluación de todas las áreas» de la embajada, a la que no pertenecía, como denunciarían los diplomáticos en plaza. En esa ocasión, Nassereddine pidió revisar las solicitudes de visas presentadas «procediendo a analizar, estudiar y decidir sobre el otorgamiento o no de la totalidad de los visados», algo que además solo correspondía a la autoridad de Caracas. Durante los dos siguientes años, la embajada en Beirut se vio sujeta a «la continua presencia de innumerables ciudadanos libaneses manifestando ser recomendados» por quien parecía ejercer de plenipotenciario, «para que les sea concedida inmediatamente la visa sin querer cumplir con los requisitos exigidos».

Nassereddine acusó luego a la embajadora en Beirut, Zoed Karam, de haber pasado esa información a la CIA y, en colaboración con esta, de haber torpedeado su siguiente nombramiento. En 2007, meses después de que Nicolás Maduro tomara el mando del Ministerio del Poder Popular para las Relaciones Exteriores, el nuevo canciller quiso situar al controvertido diplomático donde más útil le estaba siendo y le designó ministro consejero en Beirut. Ese era el tiempo en que Maduro se había reunido secretamente cara a cara con Hasán Nasralá, el supremo líder de Hezbolá, y Nassereddine era una pieza clave en el entramado. Pero, poco dados a formalismos, ni Maduro ni su protegido cayeron en la cuenta de que, como libanés, el recién nombrado no podía ejercer un puesto diplomático destacado en el Líbano. Alertadas las autoridades nacionales del país anfitrión – Nassereddine aseguraría tener pruebas de que fue la propia embajadora, Zoed Karam, la que dio el chivatazo–, el nombramiento fue rechazado. Karam se quejó ante Maduro de la irregularidad de todo el procedimiento, que ponía en evidencia unas extrañas prisas: el nuevo ministro consejero ya estaba en Beirut antes incluso de recibir la notificación del nombramiento, y nada más llegarle este por fax se personó en la embajada, sin que nadie en ella fuera previamente informado.

El afectado montó en cólera y pidió represalias contra Karam, pero tuvo que volverse para Siria, aunque continuó con viajes al vecino país. Aún en 2012 insistía en el cambio: «propongo que se me autorice mi renuncia a la nacionalidad libanesa inmediatamente y enviarme como ministro consejero a Líbano y posteriormente se me designe como embajador apenas se logre sacar a esa traidora», escribió a la Cancillería. Esa designación ulterior parecía haber sido ya parte del plan original pactado entre Maduro y Nassereddine. En caso de no poder llevarse esto a cabo, pedía vivir en Beirut, manteniendo el pasaporte diplomático tanto para él como para su esposa y sus hijos, dado que sus actividades le habían puesto en la mirilla del «maldito imperio». Hacía gala de haber «conformado varias organizaciones sociales de carácter revolucionario» y «mantenido relaciones directas de hermandad con todas las fuerzas políticas progresistas y antiimperialistas» de Oriente Medio. Sin puesto, pero con pasaporte diplomático, hizo estancias más largas en Venezuela, instalado en el hotel Alba de Caracas, nombre que el chavismo dio al cinco estrellas de la cadena Hilton expropiado. En plena guerra civil siria, puso a su cuenta de Twitter el nombre de «Siria resiste», acompañado de una foto de él con Al Assad y Chávez.

Isla Margarita, lavado de dinero

La actividad de los hermanos Nassereddine transformó la isla Margarita, a veintitrés kilómetros de tierra firme, en un bastión del lavado de dinero y en una estación del tráfico de droga. Siendo un principal destino turístico, y además zona libre de impuestos, la isla reúne características que fomentan el flujo de mercancías de lujo y de personas no residentes. De casi setecientos mil habitantes y unos mil kilómetros cuadrados, tradicionalmente la isla había acogido a la casi única comunidad islámica de Venezuela, que era principalmente de origen palestino y suní. No era muy numerosa, pues la inmigración árabe, más repartida por el país, había sido fundamentalmente cristiana, de Siria y de Líbano.

Entre la población musulmana de la isla, conocida popularmente como los *turcos*, había muchos pequeños comerciantes dispuestos a ayudar a la Organización para la Liberación de Palestina (OLP), con contribuciones y también con blanqueo de dinero. Esa actividad siempre fue a pequeña escala, dado que los volúmenes de capitales que podían mover sus comercios eran reducidos. Estados Unidos calculaba que las sumas enviadas a la OLP no sobrepasaban en su conjunto los cien mil dólares anuales. Con todo, durante aquellos años el espionaje estadounidense estuvo atento a lo que pasaba en ese punto del Caribe, casi el único lugar de Venezuela donde la CIA se movía sobre el terreno.

Las dinámicas internacionales puestas en marcha por Hugo Chávez llevaron a que la isla mudara la piel. Una nueva ola de inmigrantes musulmanes de Siria y de Líbano dio a los chiís el protagonismo: negocios de línea blanca, venta de automóviles, aventuras financieras… y la droga, convertida en el gran instrumento para bombear sangre arterial a Hezbolá. En una estructura hasta entonces limitada a legitimización de capitales en sumas de tímidas cuatro cifras, Ghazi Nassereddine se hizo claramente un sitio con operaciones de blanqueo que fácilmente llegaban a los cuarenta millones dólares, como atestigua la documentación en la que la Fiscalía de Nueva York basaba sus acusaciones. La droga había estado siendo despachada hacia Africa, para pasar luego a Europa y ser distribuida allí por las células de Hezbolá. Las operaciones globales incluían contrabando y venta de armas.

El Tesoro de Estados Unidos incluyó en 2008 a Nassereddine en su lista negra por auxilio del terrorismo, basándose en informaciones que el FBI utilizó en 2015 para situarlo también en su lista de personas buscadas. «Es extremadamente perturbador ver al gobierno de Venezuela emplear y dar seguridad y protección a facilitadores y recaudadores de fondos de Hezbolá», declaró la Oficina de Control de Bienes Extranjeros (OFAC). Según las pesquisas del Departamento del Tesoro, Nassereddine había asesorado a donantes de Hezbolá sobre cómo hacer llegar el dinero a la organización, indicándoles las cuentas bancarias que eran usadas por Hezbolá. La investigación también aseguraba haber comprobado que el diplomático se había reunido con «altos funcionarios» de Hezbolá en el Líbano para discutir «temas operacionales» y había organizado viajes de militantes de la organización hacia y desde Venezuela. Uno de esos viajes, en 2005, según precisaba el Tesoro, fue a Irán para participar en un curso de entrenamiento. Al año siguiente Nassereddine organizó una visita a Caracas de dos representantes del grupo islámico en el Parlamento libanés para recaudar fondos y coordinar la apertura de un centro comunitario y una oficina patrocinados por Hezbolá.

Esos movimientos eran gestionados en Caracas por las agencias de viajes de Mustafá Kanaan. Señalado también por el Tesoro estadounidense, Kanaan «se reunió con altos oficiales de Hezbolá en el Líbano para discutir aspectos operativos, incluyendo posibles secuestros y ataques terroristas», e incluso «viajó también con otros dos miembros de Hezbolá a Irán para recibir entrenamiento». Kanaan, dueño de las agencias Hilal y Biblos, ambas abiertas en el mismo edificio del centro de Caracas, negó las denuncias. No obstante, cuando el Tesoro eleva alegaciones contra alguien, congelando sus posibles bienes en Estados Unidos y prohibiendo a todo ciudadano nacional mantener interacciones económicas con la persona señalada, es que ha revisado bien sus pruebas. De lo contrario se arriesga a un pleito por dañar el patrimonio del afectado.

El hecho de que Hezbolá tenga un doble mostrador, uno desde el que dispensa acción política y red social entre las comunidades que controla y otro en el que apoya el cañón de sus armas, ha complicado su percepción en el mundo como una organización terrorista. Estados Unidos la venía catalogando así desde hacía años, pero la Unión Europea no lo hizo hasta 2013, e incluso entonces con reticencias de algunos de sus miembros por temor a castigar al todo por la actividad de una parte. Como concluye Matthew Levitt en *Hezbollah. The Global Footprint of Lebanon's Party of God* (2013), la organización ciertamente no puede ser entendida sin sus actividades políticas, sociales y militares en el Líbano, «pero sus actividades fuera del Líbano son igualmente fundamentales, incluyendo sus empresas criminales y redes terroristas». Levitt constata que el ala de las operaciones encubiertas internacionales, encargada de procurar financiación y logística, así como de realizar acciones terroristas, está bajo la autoridad última de su consejo rector, como el resto de sus divisiones.

No es una obsesión *gringa* por satanizar a todo simpatizante de los movimientos radicales de Oriente Medio. El propio núcleo del régimen chavista fue bien consciente de los riesgos de abrazarse a Hezbolá. «Chávez no era un pendejo. Podía jugar con fuego, pero tomaba sus precauciones», asegura alguien por cuyas manos pasó una lista de alrededor de trescientos nombres de operativos de Hezbolá residentes en Venezuela, con sus datos personales bien registrados: direcciones, cédulas de identidad, teléfonos, correos electrónicos... A una docena de ellos se le daba la consideración expresa de terroristas. La mayoría eran de origen libanés, pero también había sirios. Era un listado bien custodiado que Diosdado Cabello llegó a ofrecer en sus contactos posteriores con Estados Unidos, en su frustrado intento de negociar que Washington le viera con buenos ojos como alternativa a Maduro. Chávez había acordado que Hezbolá extendiera su red en el país, pero también había tomado precauciones: puso a agentes de inteligencia venezolanos a seguirles y a escuchar sus conversaciones. Una unidad de la Disip (luego Sebin) los vigilaba las veinticuatro horas. Chávez les dejó una parte del negocio de la droga y les dio vía libre para el lavado de dinero, pero siempre les mantuvo un ojo encima, controlando que no se hicieran con un trozo de pastel más grande que el que les dejaba o llegaran a ejecutar alguna acción terrorista que excediera la hoja de ruta presidencial.

Playas para el Mossad y Al Qaeda

El Mossad conoce bien las playas blancas de las islas venezolanas. Cuando la inteligencia israelí quería premiar con un buen descanso a sus agentes, les enviaba a Los Roques, un archipiélago en las Antillas menores, perteneciente a Venezuela, aún más bello que la isla Margarita. La elección tenía que ver con las condiciones paradisíacas del lugar, pero también había una razón práctica. En aquellos islotes no se podía pagar con tarjeta de crédito, sino que todo había que costearlo en efectivo, algo que podía ser un grave inconveniente para los turistas, pero constituía una bendición para los agentes, pues así no dejaban ningún rastro de su estancia en esas latitudes: se hacían tan transparentes como las propias aguas que bañaban Los Roques. Las estupendas vacaciones de esos israelíes terminaron cuando Hugo Chávez llegó al poder, pues no era cuestión de tentar la suerte, tumbándose desprevenidos sobre la fina arena.

De todos modos, si no de descanso, el Caribe continuó siendo lugar de trabajo del Mossad. Y una de las primeras cosas que le sorprendió a la inteligencia israelí, explica un exagente, «era la cooperación que veíamos entre Hamás y Hezbolá, a la que no estábamos acostumbrados». La colaboración entre el extremismo suní y el chií no era frecuente, pero en lugares de Venezuela, singularmente en la isla Margarita, ambas comunidades compartían el mismo espacio geográfico. Cuando se produjo la segunda ola inmigratoria islámica a

Venezuela, procedente de Líbano y de Siria, esta fue a parar –en parte por cuestiones de idioma, pues no conocían suficiente español– allí donde ya había árabes musulmanes asentados, que eran de origen palestino. La apertura de Chávez a Irán actuaría de argamasa. «Los elementos de la Guardia Revolucionaria iraní son los que pusieron orden. Dijeron a unos y a otros que había dinero para todos en los negocios ilícitos que llevaban entre manos», asegura el exagente.

Donde comen dos, comen tres. También activistas de Al Qaeda o conectados con sus células fueron relacionados con la isla Margarita, aunque siempre como lugar de paso o para *enfriar* su identidad, nunca como base operacional de posibles atentados futuros. El caso más pregonado fue el de Mustafá Setmarian Nasar, también conocido como Abu Musab al Suri, un sirio de Aleppo, de adquirida nacionalidad española. Inicialmente se le había considerado el cerebro del atentado de Madrid del 11 de marzo de 2004, en el que murieron 191 personas como resultado de diez explosiones casi simultáneas en cuatro trenes. Se le relaciona con el ataque de 1985 contra el restaurante El Descanso de Madrid, frecuentado por militares estadounidenses de la base de Torrejón de Ardoz, que causó la muerte de dieciocho personas. Su presencia en Venezuela fue alertada en septiembre de 2005 por Johan Peña, un comisario del servicio secreto venezolano que se había exiliado en Miami. El hecho de que semanas después fuera anunciada la detención del sirio en Pakistán hizo desvanecer la conexión caribeña. Pero informes manejados por el FBI confirman ese paso por Venezuela. La pista la levantó internamente Bob Levinson, un antiguo agente de ese buró que trabajaba como consultor privado tanto para el FBI como para la CIA. Levinson sería secuestrado en Irán en 2007. Su secuestro sería atribuido por Washington a los servicios secretos iraníes.

De acuerdo con esa investigación llevada a cabo por diversos colaboradores del FBI, una copia de la cual pude obtener, Mustafá Setmarian entró en Venezuela el 9 de junio de 2004, con el nombre de Hartinger Luis Gunter Santamaría y cédula de identidad número 82.187.492. Se trataba probablemente de una identidad usada en varias ocasiones para distintas personas, hasta quedar *quemada*. Setmarian fue seguido en Caracas y en Puerto Ordaz, donde fue visto subir varias veces a un barco con bandera de Liberia. Luego desapareció, hasta que poco después fue anunciada su detención. Las informaciones llegadas al FBI consideraron que esa desaparición fue consecuencia del chivatazo público de Johan Peña, que con antiguos colegas de la DISIP podía haber estado buscando una recompensa en caso de conseguir entregar a Setmarian a las autoridades de Estados Unidos. Pero su detención no conllevó su puesta a disposición de la Justicia. Al parecer, en el mismo Pakistán donde fue apresado pasó a custodia estadounidense, y de ahí a manos de Siria, donde también se le requería formalmente. Después su rastro volvió a esfumarse.

Algo parecido había ocurrido con Hakim Mohamed Alí Diab Fattah, venezolano que cursó clases de aviación en dos de las academias de Nueva Jersey a las que asistió Hani Hanjour, uno de los terroristas del 11 de septiembre de 2001. El suicida Hanjour estuvo a los mandos del avión de American Airlines que se estrelló contra el Pentágono. Fattah fue arrestado en Estados Unidos el 18 de octubre, un mes después del 11-S, por haber ido a extender su visado a una oficina de extranjería de Milwaukee cuando ya había excedido su estancia legal en el país. Le fueron encontrados múltiples documentos de identidad con diferentes nombres.

En medio del caos y las prisas con que comenzaron las investigaciones sobre la trama del 11-S, en un momento en que las bases de datos estadounidenses estaban aún fragmentadas entre las distintas agencias, un juez determinó su expulsión de Estados Unidos. El FBI lo entregó a las autoridades venezolanas con el compromiso de estas de mantenerlo bajo arresto, determinar su verdadera identidad y facilitar su regreso en caso de que, avanzada la investigación del 11-S, se requiriera un interrogatorio más amplio. Según la comunicación estadounidense enviada al Ministerio del Interior venezolano, «mientras estaba asistiendo a clases de aviación en el área de Nueva Jersey, Fattah hizo amenazas de que iba a hacer estallar un avión de una aerolínea israelí». También se añadía que el individuo había estado en el pasado «bajo tratamiento médico por problemas psicológicos y bajo medicación».

Fattah llegó al aeropuerto caraqueño de Maiquetía el 8 de marzo de 2002. «Una comisión de la DISIP, a la cual se le había avisado de la deportación, entró hasta el avión y nunca salió por la salida de pasajeros para que se le efectuaran los peritajes correspondientes», revelaría luego en su blog el general de brigada Marco Ferreira Torres, que fue director de Identificación y Extranjería y días después abandonó el país. Al FBI le llegó información, presuntamente confirmada por uno de los agentes de la DISIP encargado de hacer desaparecer a Fattah, de que este fue conducido inmediatamente a la isla Margarita, siguiendo órdenes impartidas desde la cúspide del Gobierno, y allí fue «enfriado y protegido» por agentes de inteligencia. En la isla fue localizado y fotografiado por informantes del FBI, mientras el Gobierno venezolano respondía que nunca llegó al país, desoyendo así la petición de Washington de que Fattah volviera a Estados Unidos para ser interrogado, como se había convenido.

Narcoterrorismo

Fattah trabajó en la isla como *recaudador* para un grupo de residentes autoidentificados como parte de Hezbolá y que el FBI tenía etiquetados como personas *de interés*, por el lavado de dinero, especialmente a través de Panamá y Curasao, y por la introducción ilegal de personas en el país. En ese grupo se encontraban Abdalá Nassereddine (hermano de Ghazi N.), Fatthi Mohammed Awada, Hussein Kassine Yassine y Nasser Mohammed al Din.

El primero de ellos, según las informaciones llegadas al FBI que estamos siguiendo, organizó la entrada ilegal de una larga lista de árabes, con la ayuda del director regional de Identificación y Extranjería. Uno de los que introdujo en el país fue al parecer Hassan Izz al Din, un terrorista de Hezbolá al que la Justicia estadounidense reclamaba en relación al secuestro de un avión de la TWA en 1985, en el que los atacantes asesinaron a un pasajero. También se le vinculaba con el secuestro de un aparato de Kuwait Airways en 1988, en una crisis que duró dieciséis días y en la que los terroristas mataron a sangre fría a dos personas. Justo tras el 11-S, George W. Bush le incluyó en la lista de los veintidós terroristas más buscados por Estados Unidos. Hassan Izz al Din habría sido visto hacia 2004 en Porlamar, la capital de isla Margarita, en casa de Nasser Mohammed al Din, una de las citadas personas bajo el radar del FBI. Había ido allí antes de partir hacia Ticoporo, reserva natural del estado Barinas, en la frontera con Colombia. A esa zona forestal también acudieron miembros de las FARC, en un encuentro en el que Ramón Rodríguez Chacín, exministro del Interior y Justicia, actuó como anfitrión.

La conexión de Hezbolá con las FARC y sobre todo con el narcoestado venezolano, que no solo le protegía sino que además le daba capacidad de financiación mediante el tráfico de droga, permitió extender la red de Hezbolá en Latinoamérica. Hasta la llegada de Hugo Chávez a la presidencia, el lugar de elección de elementos del radicalismo islámico era la llamada Triple Frontera, la zona limítrofe entre Paraguay, Brasil y Argentina. La porosidad fronteriza en ese punto; la exitosa zona de libre comercio de Punta del Este (Paraguay), que es la tercera mayor zona franca del mundo tras Miami y Hong Kong, y el continuo urbano de esa localidad con las otras dos ciudades vecinas, Foz do Iguaçu (Brasil) y Puerto Iguazú (Argentina), hicieron del lugar el perfecto enclave para burlar la seguridad y blanquear fondos.

En la Triple Frontera tuvo su origen la preparación material de los grandes atentados de Buenos Aires contra intereses judíos de 1992 y 1994, según concluyó la Justicia argentina. La oportunidad abierta por Chávez al chiísmo radical sería después señalada por los sucesivos jefes militares del Comando Sur de Estados Unidos (consagrado a América Central y del Sur, al Caribe y, como área de atención específica, al canal de Panamá). Ya en 2003, el jefe entonces del Southcom, James Hill, advertía de que los grupos islámicos estaban operando más allá de la Triple Frontera, en lugares como la isla Margarita y otros puntos. Esos grupos generaban «cientos de millones de dólares a través de la droga y el tráfico de armas traficando con narcoterroristas».

El tiempo hizo pequeñas las palabras del general Hill. El jefe del Southcom reservaba el término narcoterrorismo a grupos autóctonos como las FARC. Pero el investigador Matthew Levitt no duda en aplicarlo a Hezbolá: no son terroristas que se dedican al narcotráfico como actividad adicional, sino que han situado el negocio de la droga en el centro mismo de su acción como grupo terrorista global. Por lo demás, sus células habrían llegado a la frontera misma de Estados Unidos, de la mano de los carteles mexicanos.

Esa fue la sorpresa que se llevó un antiguo miembro del Mossad invitado a dar un curso a la Policía de un condado fronterizo estadounidense. Según cuenta, cuando le mostraron el morral que dejó atrás un presunto inmigrante ilegal que había logrado entrar en el país, no lo dudó: en él había cosidos escudos de varias unidades de Hezbolá, que conocía bien. En 2010, el diario kuwaití Al Siyasah publicó que la detención de un residente de Tijuana, Jameel Nasr, por parte de las autoridades mexicanas, obedecía al intento del supuesto militante de Hezbolá de establecer «una infraestructura logística formada por ciudadanos mexicanos de ascendencia libanesa chií para asentar una base de operaciones». Al parecer, entre los movimientos sospechosos del detenido se incluía una estancia de dos meses en Venezuela en 2008.

Venezuela aparecía una y otra vez tras operaciones de tráfico de drogas y armas atribuidas a Hezbolá. En 2009, cuatrocientos kilos de cocaína llegaron a las puertas del Líbano, transportados en el estratégico vuelo de Conviasa que cubría la ruta Caracas-Damasco-Teherán. Difícil no imaginar en ello complicidades oficiales: el punto de partida era especialmente controlado por las autoridades venezolanas, y la parada en la capital siria era en una base militar. De allí el cargamento fue trasladado por tierra hasta la frontera libanesa, donde dos ciudadanos venezolanos y dos libaneses fueron detenidos. La situación creó zozobra en la embajada de Venezuela en Beirut, como atestiguaron fuentes diplomáticas.

Ese mismo 2009 hubo otro momento de inquietud para la embajadora Zoed Karam, aunque los datos que comprometían al Gobierno de Chávez tardaron en aparecer. Cuarenta contenedores con más de trescientas toneladas de armas fueron interceptados por Israel cerca de Chipre en un barco, el Francop, con bandera de Antigua. Luego se supo que la carga había sido llevada desde Venezuela hasta el puerto de Bandar Abbas, en Irán, y que de allí pasó al de Damietta, en Egipto, de donde salió el barco finalmente interceptado. Su destinatario era Hezbolá, con entrega prevista de la mercancía en un puerto de Líbano o Siria. La carga –miles de cohetes katiushas, proyectiles de mortero, obuses y otras municiones, de origen ruso– llevaba inscripciones en español e iba en contenedores marcados con códigos iraníes.

La actividad delictiva de Hezbolá en Venezuela y en el resto de Latinoamérica no era a gran escala, ni era atribuible siempre a la propia organización. La financiación que lograba el grupo era muchas veces a través de compatriotas no reclutados y que contribuían económicamente por afinidad ideológica o por presión del entorno en el que se encontraban. En realidad no existía un único modelo, tal como recoge el estudio de Matthew Levitt citando oficiales de la DEA. «Algunos pertenecen a familias vinculadas con Hezbolá, algunos simplemente pagan dinero a Hezbolá porque representa la causa [de resistencia contra Israel y Occidente]. Parte de lo que vemos es Hezbolá activamente implicada en drogas [como grupo], parte son simplemente libaneses chiís implicados en drogas que sucede que son simpatizantes de Hezbolá».

En el caso de Venezuela, sin criminalizar lógicamente a la mayoría de la población musulmana originaria de Oriente Medio, la financiación del terrorismo de Hezbolá y Hamás salía muchas veces de residentes con actividad económica en sus principales lugares de implantación. Era lo que ocurría en la zona de la ciudad de Maracaibo conocida como Las Playitas, que había logrado atraer parte de la actividad comercial que tradicionalmente tenía lugar en la cercana Maicao, población de Colombia situada justo al otro lado de la frontera. Maicao, donde se levanta la mayor mezquita del Caribe, era señalada oficialmente con frecuencia como foco de contrabando. Los puestos de venta de Maicao y Las Playitas, muy interconectados, estaban dominados por árabes musulmanes.

El lavado de dinero que se producía en esos lugares, no obstante, se quedaba corto con el operado presuntamente en la isla Margarita, donde una mayor cobertura financiera siempre levantó grandes sospechas de Estados Unidos.

Campos de formación y entrenamiento

«Aquí hay un banco de un libanés, con el que trabajamos todos los comerciantes pues nos da facilidades. La DEA vino e investigó el banco por tres meses. Investigaron todas las cuentas. Cliente por cliente, y nada», aseguraba Mohamad Abdul Hadi, de origen libanés y vicepresidente de la Comunidad Islámica de Margarita, en una entrevista en 2006 con Antonio Salas, pseudónimo de un periodista español que ha escrito varios libros a raíz de sus infiltraciones en diferentes grupos. En *El Palestino* (2010), Salas relató su inmersión en el mundo del extremismo islámico, que incluyó varias estancias en Venezuela. Hadi añadía en aquella conversación: «se fueron sin encontrar nada raro. Pero seguían diciendo que si terroristas, que si campos de entrenamiento en Macanao… Macanao es desértico, no hay nada, solo muchos conejos y unos comerciantes libaneses que los domingos iban a cazar, ¿será que confundieron los conejos con terroristas?».

Hadi se quitaba de encima dos de las principales insinuaciones que se hacían desde Washington. Sin embargo, contra lo que parecieran indicar las palabras de esa entrevista, la DEA no archivó su investigación sobre las operaciones bancarias desde Margarita y seguía atenta, más tras el desenlace que afectó al Banco Libanés Canadiense, de Beirut. Mientras las transacciones de ese banco parecieron legales cuantas veces se examinaron previamente, la apertura de sus libros en 2011 destapó un lavado de dinero de 329 millones de dólares en cinco años. La entidad aceptó pagar a Estados Unidos una sanción de 102 millones de dólares. Como entonces detalló *The New York Times*, el dinero lavado procedía sobre todo de la droga generada en Colombia, que básicamente salía a través de Venezuela, y fluyó a cuentas relacionadas con Hezbolá.

Es muy probable que Hadi tuviera razón sobre la inexistencia de un campo de entrenamiento en Margarita que, justo en los años inmediatamente posteriores al 11-S, hubiera estado preparando para la yihad a miembros de Al Qaeda. Eso era algo que las autoridades de Washington nunca habían verbalizado. En realidad, cuando el *Palestino* y Hadi hablaron, aún se estaba estrechando la colaboración entre Venezuela e Irán, que es la que aportaría el marco estratégico para la cobertura del islamismo radical en la zona. Así, en 2010 se produjo la ya referida cumbre terrorista en Caracas entre elementos de la alta jerarquía de Hezbolá y Hamás. Ese mismo año, dos entrenadores iraníes, uno de ellos con cédula de identidad venezolana, fueron conducidos por un miembro de la Dirección de Inteligencia Militar (DIM) hasta Macanao, la península occidental de Margarita, donde tuvieron lugar clases de técnicas de terrorismo urbano, según fue puesto de manifiesto en el Congreso de Estados Unidos.

En un destino tan turístico como Margarita es fácil que los visitantes pasen desapercibidos, debido a su gran número, pero también es más complicado tapar según qué actividades a los ojos de los extraños. En cualquier caso, Macanao, en el lado opuesto a la capital, Porlamar, donde se concentra el turismo, cuenta con una población reducida, playas libres de construcciones y un gran espacio central árido apenas urbanizado, sin carreteras que lo crucen. Las pruebas parecen indicar que allí se dio algún curso de violencia callejera, seguramente ocasional.

Cursos de instrucción guerrillera más permanentes los hubo en otros lugares del país. Ya se ha citado el campo de Yaritagua, a cargo de Oday Nassereddine, de Hezbolá. Por su parte, el *Palestino* se refirió a los de la Guaira, donde él mismo fue instruido, Santa Teresa, Santa Lucía y Filas de Mariche, todos ellos en los alrededores del área metropolitana de Caracas: estaban dedicados por el chavismo al entrenamiento en los conceptos y la práctica de la guerra asimétrica de sus ilegales fuerzas bolivarianas de choque, con la participación de elementos del Ejército y la colaboración del Ministerio del Interior. También estaban las instalaciones gestionadas por las FARC en sus santuarios al oeste del país.

Por la constelación de campos venezolanos han pasado para su adoctrinamiento miles de jóvenes de toda América Latina. En su comparecencia de 2013 ante el Comité de Seguridad Interior de la Cámara de Representantes de Estados Unidos, el experto Douglas Farah aseguró haber hablado con estudiantes que habían sido reclutados y entrenados en Venezuela, en algunos casos como estación previa a una formación más intensa en Qom (Irán). Los interlocutores de este investigador del Center for Strategic and International Studies procedían de El Salvador, pero testimonios semejantes de jóvenes de México y de otros países, recogidos por varios estudios, permiten constatar que hubo un flujo permanente de potenciales adeptos, así como un modelo constante de reclutamiento. Este tenía lugar a través de individuos vinculados con los gobiernos de los países del Alba, con frecuencia en mezquitas o centros culturales islámicos.

Como primer paso, a los jóvenes se les ofrecía la oportunidad de asistir a cursos doctrinarios en Venezuela, con el atractivo de encontrarse allí con otros jóvenes latinoamericanos igualmente atraídos por la épica de la revolución. Eran una suerte de festivales revolucionarios transnacionales, con pasaje pagado por las autoridades venezolanas. Una vez allí, según Farah, a un grupo escogido se le invitaba a viajar a Irán para recibir entrenamiento, con instructores venezolanos por cuestión del idioma. El adiestramiento podía durar entre uno y tres meses, y comprendía clases sobre inteligencia y contrainteligencia, control de masas e incitación a la violencia en protestas callejeras. También había un componente de adoctrinamiento chií, que presentaba a Estados Unidos como el gran Satán y justificaba la destrucción de Israel. Normalmente su regreso era también a través de Venezuela, de forma que en sus países de procedencia nunca constaba que hubieran hecho un viaje a Irán, sino recorridos de ida y vuelta a Caracas.

«¿Cuál es la potencial amenaza?», se preguntó Farah ante los congresistas estadounidenses. «Que Irán está creando pequeños grupos de células durmientes a lo largo de la región, gente con entrenamiento especializado que no son ciudadanos iraníes y por eso están sujetos a mucho menos escrutinio por sus respectivos gobiernos y por Estados Unidos en el caso de que viajen aquí». Sus cálculos indicaban que, al menos desde 2007, cientos de reclutas habían sido llevados anualmente a Irán.

Plan de ciberataque con cámara oculta

Anfitrión de las estancias en Qom, ciudad santa del chiísmo, era Moshen Rabbani, considerado uno de los principales patrones del radicalismo islamista en Latinoamérica. Rabbani ejercía de asesor de política internacional en una institución educativa de Qom consagrada a la propagación del Islam chií en el mundo. En informes presentados ante las dos cámaras del Congreso estadounidense, Roger Noriega, anterior subsecretario para el Hemisferio Occidental del Departamento de Estado, catalogó a Rabbani como la cabeza de la otra gran red de Hezbolá en Venezuela, junto a la coordinada por Ghazi Nassereddine. Noriega identificó «al menos dos redes terroristas paralelas, pero que colaboran entre sí»: la operada por la Fuerza Qods de la Guardia Revolucionaria iraní, de influencia en todo el continente, cuyos hilos al parecer movía principalmente Rabbani, y la ya expuesta en páginas precedentes, más restringida a Venezuela, vinculada principalmente a Nassereddine. Además, se daban otras posibles intervenciones, tanto de carácter autónomo como dirigidas muy directamente desde Beirut. En cualquier caso, se estimaba que Irán ejercía un papel de coordinación sobre todos los elementos del extremismo chií.

A Rabbani se le ha vinculado con el atentado perpetrado en Buenos Aires contra la embajada de Israel, en 1992, en el que hubo 29 muertos, y sobre todo con el que demolió el edificio de la Asociación Mutual Israelita Argentina (AMIA), en 1994, que causó la muerte de 85 personas. Ambas bombas provocaron decenas de heridos y un enorme impacto emocional en la comunidad judía de Argentina, la mayor de toda América Latina. El primer ataque fue reivindicado por la Organización de la Yihad Islámica, un grupo fundamentalista chií, financiado y entrenado al menos parcialmente por Irán, que fue especialmente activo en la década de 1980 en el Líbano. Algunos expertos consideran que era parte del entramado del que estaba surgiendo

Hezbolá. Las investigaciones sobre los autores materiales fueron poco concluyentes; las pistas se perdían en la Triple Frontera.

Lo mismo ocurrió respecto al segundo atentado, que no fue reivindicado y cuyo proceso de instrucción resultó especialmente accidentado. En 2006, los fiscales Alberto Nisman y Marcelo Martínez Burgos comunicaron el final de sus pesquisas: «hemos determinado que la decisión de atacar la AMIA fue tomada en agosto de 1993 en los más altos niveles del Gobierno iraní, que entonces delegó la organización y ejecución del ataque a Hezbolá». La lista de acusados fue tramitada por Interpol, que en 2007 emitió órdenes de detención contra cuatro iraníes y un libanés: Moshen Rabbani, agregado cultural de la embajada de Irán en Buenos Aires en el momento del atentado; Ahmad Reza Asghari, tercer secretario de la embajada; Ahmad Vahidi y Moshen Rezai, oficiales de la Guardia Revolucionaria; Ali Fallahian, ministro de inteligencia iraní, e Imad Fayed Moughnieh, operativo de Hezbolá. Según el fiscal Nisman, Rabbani había servido de puente entre Hezbolá y la llamada *conexión local*. El antiguo diplomático iraní siempre negó su implicación. El caso recobró actualidad en enero de 2015 por la muerte de Nisman, probablemente asesinado, cuando iba a denunciar a la presidenta Cristina Fernández de Kirchner por tratar de encubrir la conexión iraní.

Como luego se verá, la figura de Rabbani apareció en un reportaje de Univisión, emitido en diciembre de 2011, que tuvo notable eco entre los legisladores estadounidense. El reportaje, centrado en otros sospechosos, estaba basado en el trabajo realizado con cámara oculta por varios jóvenes mexicanos infiltrados. La emisión ponía de manifiesto el posible uso por parte de Irán, con cierta colaboración de Venezuela y Cuba, de células autóctonas latinoamericanas para realizar hipotéticos ataques contra Estados Unidos. Las grabaciones fueron llevadas a cabo entre 2007 y 2010 por Juan Carlos Muñoz, un estudiante de la Universidad Autónoma de México experto en bases de datos y sistemas informáticos, al percatarse de que su colaboración con un profesor de la UAM, Francisco Guerrero Lutteroth, estaba yendo demasiado lejos. Lutteroth, que algunos medios identificarían luego como posible agente cubano, le había puesto en contacto con las embajadas de Irán, Venezuela y Cuba en Ciudad de México para un proyecto informático que derivó en intenciones de ciberataque. Muñoz creó un equipo con amigos y conocidos para seguir la corriente y poder así inculpar a sus interlocutores. Lutteroth reclamó un listado de objetivos en Estados Unidos, como centrales nucleares e instalaciones militares. En las grabaciones se vio a Muñoz comentar esos objetivos con el entonces embajador iraní en México, Mohammad Hassan Ghadiri, y también con quien era agregada cultural de la embajada de Venezuela, Livia Acosta.

Es difícil establecer si el plan estaba realmente concebido por Irán o si más bien Ghadiri simplemente dejaba hacer a aquellos jóvenes, como luego declararía a Univisión desde Irán, para ver dónde llegaba todo aquello. Lo incuestionable, en cualquier caso, es que el embajador se estaba formalmente implicando en la preparación de un posible ataque a Estados Unidos, que no solo buscaba destrucción en el mundo virtual, también en el físico. Al ser informada de esos preparativos Acosta pidió todos los datos para hacérselos llegar a Chávez, mostrándose segura de que le interesarían mucho al presidente.

A Ghadiri los servicios secretos mexicanos le seguían de cerca, como reveló un cable publicado por Wikileaks en 2009. Su intención de abrir un consulado en Tijuana, justo en la frontera con Estados Unidos, había provocado alarma en ese país. Washington se tomó en serio las nuevas revelaciones, aunque fuera posible que solo constituyeran un castillo en el aire. Cuando salieron a la luz, el diplomático iraní ya había regresado a Teherán, pero la venezolana Acosta estaba al alcance de Estados Unidos, pues estaba de cónsul en Miami. En enero de 2012 fue expulsada. Chávez respondió con el cierre del consulado. El profesor Lutteroth, entre tanto, había muerto de cáncer.

Atravesar Río Grande

La rápida decisión de expulsar a la cónsul Acosta de suelo estadounidense, tomada por una Administración Obama en otras ocasiones tarda en replicar la agresividad del Gobierno de Chávez, se explicaba por el estado de susceptibilidad en que se encontraba Washington. La capital estadounidense estaba atenta ante la más mínima percepción de humo de terrorismo chií colándose por las rendijas de la frontera con México. El anuncio, apenas dos meses antes de la emisión de Univisión, de que mandos de la Fuerza Qods, la unidad de operaciones especiales de la Guardia Revolucionaria de Irán, habían planeado asesinar al embajador de Arabia Saudí en Washington, con implicación de un ciudadano de origen iraní y el auxilio de un cartel mexicano, cambió muchos cálculos. El 11 de octubre de 2011, el fiscal general de Estados Unidos, Eric Holder, y el director del FBI, Robert Mueller, acusaron a un iraní que también tenía pasaporte estadounidense, Manssor Arbabsiar, y a su directo interlocutor en la Fuerza Qods, Gholam Shakuri, de haber proyectado poner una bomba en un restaurante frecuentado por el embajador saudí, Adel al Jubeir.

El plan, concebido en visitas de Arbabsiar a Irán, seguidas de conversaciones telefónicas, preveía que la introducción de los explosivos en Estados Unidos y la ejecución del atentado corrieran a cargo de varios miembros de un cartel mexicano, según los detalles de la causa. Solo que el contacto de Arbabsiar en México era una fuente de la DEA, por lo que los preparativos nunca se ejecutaron, si bien hubo varias transferencias de dinero desde Irán que demostraban la voluntad iraní de asesinar al embajador, causando una matanza en la capital de Estados Unidos. Ya en el tramo final, Arbabsiar fue detenido en Nueva York el 28 de septiembre de 2011. Confesó el plan y, en conversación telefónica monitoreada por el FBI, trató las últimas órdenes con Shakuri, quien siempre permaneció en Irán. En mayo de 2013 Arbabsiar fue condenado a veinticinco años de prisión.

A pesar de las pruebas presentadas, el caso provocó extrañeza entre los expertos. Primero, porque en todo el proceso había ciertos aspectos de improvisación, algo que chocaba con la meticulosidad atribuida a la profesionalidad de la Fuerza Qods: Arbabsiar se dedicaba a la compra-venta de coches en Texas y su única vinculación original con el aparato de seguridad iraní era que tenía un primo que él creía alto mando en ese cuerpo de operaciones especiales. Y segundo, porque en su actividad de «operaciones encubiertas en el extranjero, incluyendo ataques terroristas, asesinatos y secuestros», como la describía el Gobierno de Estados Unidos, la Fuerza Qods echaba mano de individuos o grupos del radicalismo islamista, especialmente la organización chií Hezbolá, pero no acudía a elementos del todo ajenos como era el mundo del cartel mexicano. Además, si bien el fiscal general y el FBI insistían en que algo así debía haber sido autorizado por el líder supremo, el ayatolá Alí Khamenei, y el jefe de la Fuerza Qods, el general Qassem Suleimani, a nadie le parecía normal que la cúspide del poder en Teherán buscara dar un golpe tan duro en el mismo Washington. Eso iba a crear una situación de gran riesgo para Irán, en medio de la precariedad provocada ya por las sanciones internacionales. La respuesta rápida a esas objeciones era que podía haberse tratado de un ataque planeado por elementos del aparato de seguridad del régimen que iban por libre.

Cabía, no obstante, otra interpretación, más preocupante para Estados Unidos. La posibilidad de que el radicalismo chií, a raíz de su ascenso hasta México por la creciente penetración de Hezbolá en el narcotráfico global, comenzara a buscar socios al sur de Río Grande para saltar la frontera. Era algo que tenían en común la trama contra el embajador saudí y la gestada a través de la embajada de Irán en México para ciberataques contra instalaciones sensibles de Estados Unidos. Ambas presentaban un mismo patrón: representantes del régimen iraní dejaban que iniciativas aparentemente autóctonas fueran tomando cuerpo, desarrolladas por insospechados individuos –un comerciante de coches, unos estudiantes mexicanos– sin aparente rastro hasta Teherán. ¿Era un *new normal*, la expresión anglosajona para algo que deviene en habitual? Tal vez. La alarma sonó de nuevo cuando Ghazi y Oday Nassereddine fueron localizados por las agencias estadounidenses en Yucatán a principios de 2013: Hezbolá negociando con los carteles el reparto del mercado, acercando sus pies al borde estadounidense.

Rabbani de nuevo

«Muerto en extrañas circunstancias» fue la única explicación dada cuando ciertas fuentes quisieron contactar de nuevo con un argentino que, como infiltrado en Hezbolá, un tiempo antes había enviado información sobre un curso de entrenamiento con armamento en el corazón de la Corporación Petroquímica de Venezuela, o Pequiven, el mayor complejo petroquímico del país. Su viuda no relacionaba directamente la muerte con esa misión, pero no dudaba de que las actividades de su marido como confidente de la Policía Federal de Brasil le habían ganado enemigos.

En la misión de Pequiven, el infiltrado aseguró haber participado en actividades de adoctrinamiento y manipulación de explosivos organizadas para personas vinculadas al extremismo islamista llegadas desde varios países de Latinoamérica. El curso se desarrolló en marzo de 2010 en el Centro de Capacitación de la Industria Petrolera, que forma parte de las instalaciones de Pequiven, en el término municipal de Morón (Carabobo). Los congregados acudían a rezar a una pequeña mezquita levantada en el mismo recinto, construida en previsión de los iraníes que iban a colaborar con diversos proyectos de fábricas de pólvora y otras sustancias, dentro de los acuerdos entre Irán y la Compañía Anónima Venezolana de Industrias Militares, una de cuyas sedes principales está también en la zona. El envío de capataces iraníes para impulsar esas iniciativas servía de coartada para la actividad de formación terrorista. La mayor revelación fue que los asistentes a aquel curso recibieron la visita de Moshen Rabbani.

El destacado iraní seguiría siendo mencionado como responsable de reclutamiento y formación de activistas por diversas personas. El referido reportaje de Univisión de diciembre de 2011 le señalaba directamente. José Carlos García, un estudiante de 19 años de la Universidad Autónoma de México, se ofreció al embajador de Irán en esa capital, Mohammad Hassan Ghadiri, para ser enviado a la república del Golfo Pérsico a un curso sobre el Islam en español. Su propósito era grabar subrepticiamente la experiencia. A principios de 2011 voló para recibir clases en Qom. Allí tuvo de profesor a Rabbani. Cuando sus instrumentos de grabación fueron descubiertos, el estudiante buscó refugio en la embajada de España en Teherán. Pudo regresar a México y luego, con su familia, pidió asilo en suelo estadounidense por temor a represalias de agentes iraníes.

Para su programa, Univisión había logrado también imágenes inéditas, facilitadas por el FBI, que inculpaban a los participantes de un plan para atentar contra el aeropuerto John F. Kennedy, de Nueva York, puesto al descubierto en 2007. En el juicio contra los implicados, en su mayoría originarios de Guyana, quedaron de manifiesto las relaciones de uno de ellos, Abdul Kadir, con Moshen Rabbani, a quien los conspiradores pensaban acudir con el fin de recibir la ayuda necesaria para cometer el atentado. Entre diciembre de 2010 y febrero de 2011 los jueces dictaron condena de cadena perpetua contra Kadir y contra el jefe del grupo, Russell Defreitas, por conspiración para cometer un ataque terrorista. Defreitas, antiguo empleado del JFK, había convencido a sus compañeros de provocar una explosión masiva haciendo volar los grandes tanques de combustible del aeropuerto, integrados en un sistema de 65 kilómetros de gaseoductos. Uno de los conspirados era confidente del FBI, por lo que este en todo momento supo del estado de los preparativos. Eso creó controversia sobre el verdadero riesgo que había supuesto el complot. En cualquier caso, la conexión Rabbani quedaba al descubierto. Converso al chiísmo, Kadir tenía contactos con círculos extremistas de Venezuela e Irán. Fue detenido cuando abordaba en Trinidad y Tobago un avión de Aeropostal, compañía aérea venezolana, que le iba a llevar a Caracas, donde tenía previsto recoger un visado para volar acto seguido a Teherán. Allí había programado asistir a una conferencia islámica, en la que pensaba verse con Rabbani.

A pesar de estar formalmente buscado por Interpol en relación al atentado contra la AMIA de Buenos Aires, Rabbani seguía viajando sin ser detenido, posiblemente por hacerlo con documentación falsa. Además de haber sido visto en Venezuela, en el curso de capacitación de Morón, algunos medios daban por cierto que en ocasiones viajaba a Curitiva, ciudad de Brasil donde vivía su hermano, Mohammad Baquer Rabbani Razavi, fundador de la Asociación Iraní de Brasil. También se le asociaba con imanes discípulos suyos que estaban al cargo de mezquitas en Brasil y Argentina. Las excelentes relaciones entre Irán y Venezuela amparaban muchos movimientos.

8

CHÁVEZ-IRÁN, AMOR A PRIMERA VISTA
Pacto para evadir sanciones internacionales

Fue lo que se llamaría un amor a primera vista. No hay duda de que los dos tipos, cuando se vieron, se gustaron. Ocurrió en Teherán en una de las primeras visitas de Hugo Chávez a Irán. Mahmud Ahmadineyad era entonces alcalde de la capital iraní y Chávez inauguró allí un monumento a Simón Bolívar. «Siento que he hallado un hermano y un compañero de trinchera tras haberme encontrado con Chávez», diría tiempo después el dirigente iraní. La hermandad se selló con el acceso de Ahmadineyad a la presidencia en agosto de 2005. Desde entonces, sus respectivos mandatos se solaparon. Fueron ocho años de intensa colaboración, en los que Ahmadineyad llegó a visitar Venezuela en media docena de ocasiones, mientras que Chávez completó la docena en sentido inverso, incluyendo sus desplazamientos presidenciales de años previos. «Si el imperio de los Estados Unidos tiene éxito en consolidar su dominio, entonces la humanidad no tiene futuro. Por lo tanto, tenemos que salvar a la humanidad y poner fin al imperio norteamericano», dijo Chávez en una de esas visitas, describiendo bien el propósito de la alianza.

Las relaciones entre los dos países no partían de cero, como es natural. La puesta en marcha de la Organización de Países Exportadores de Petróleo (OPEP) en 1960, iniciativa impulsada especialmente por Venezuela y Arabia Saudí, creó un marco de contacto rutinario entre Caracas y Teherán. En 1970 se produjo el primer intercambio de embajadores; cinco años después el Sha estuvo en la nación caribeña y en 1977 Carlos Andrés Pérez devolvió la visita. La revolución islámica de 1979 supuso un relativo distanciamiento, hasta que Chávez llegó al poder. El nuevo presidente venezolano fue activo en un cambio de política en la OPEP, abogando por una subida de precios que se oponía a la táctica practicada entonces, por especial presión saudí, de garantizarse niveles de ingresos mediante el aumento de la producción. Durante esa ofensiva de maximalismo de precios, Chávez encontró un aliado en Irán, el natural contrapeso de Arabia Saudí en Oriente Medio.

Precisamente en preparación de la cumbre de la OPEP de 2000, que tendría lugar en Caracas y consagraría el cambio de política, el año anterior Chávez hizo una gira que incluyó Libia, Irán e Irak, tres regímenes condenados internacionalmente. Fue el momento de la famosa imagen de Sadam Husein al volante de su Mercedes Benz llevando a Chávez: debido a la exclusión aérea decretada sobre Irak, el presidente venezolano viajó en helicóptero de Teherán hasta la frontera iraquí, y allí le recogió su anfitrión en coche. En esa gira arrancaron las conversaciones entre el dirigente bolivariano y el entonces presidente iraní Mohammed Jatamí, que permitieron desarrollar una agenda de visitas y acuerdos luego claramente propulsada con el ascenso de Ahmadineyad. La primera coincidencia estratégica, en el sector petrolero, daría paso a una comunión de propósito más amplia: combatir la influencia de Estados Unidos, vista como limitadora de la proyección de sus respectivos gobiernos, haciéndolo con espíritu de frente de naciones.

«Un primario, y quizás único punto real de convergencia entre Ahmadineyad y Chávez al forjar su relación», dice Douglas Farah, experto en la actividad iraní en Latinoamérica, «es que ambos líderes declararon abiertamente hostilidad hacia Estados Unidos y sus aliados». «Ciertamente, ese común deseo de construir una estructura de poder alternativa, libre del dominio de Estados Unidos, es una de las pocas razones de que gobiernos populistas, autodenominados revolucionarios y acérrimamente seculares de Latinoamérica hayan hecho causa común con un régimen reaccionario y teocrático islamista». Ese juicio de Farah, expresado en un simposio del Woodrow Wilson Center dedicado a las relaciones de Irán con países latinoamericanos, se vio sintetizado en una gráfica frase dicha en ese encuentro: la vinculación Venezuela-Irán se debía esencialmente al mutuo deseo de poner a Washington tan nervioso como fuera posible acerca de tantas cuestiones como fuera posible. Los crecientes contactos iraníes con los miembros de la Alianza Bolivariana para los Pueblos de Nuestra América, o Alba, mostraban que el país del Golfo Pérsico aprovechaba toda oportunidad para enseñar que no estaba aislado y para cuestionar la influencia de Washington en su propio patio trasero.

Ahmadineyad se refirió a su pacto con Chávez como algo destinado a «producir tres cosas: tractores, influencia y miedo». A la vista del bajo grado de materialización de los acuerdos comerciales y de inversión firmados por Irán con Venezuela y con otras naciones del Alba habría que concluir que el interés fundamental de Irán no había sido precisamente el primer elemento de esa tríada, sino los otros dos. La mención de los tractores aludía a una de las iniciales concreciones de las relaciones económicas entre Caracas y Teherán: una fábrica de ensamblaje de maquinaria agraria iraní en suelo venezolano. Era uno de los aproximadamente doscientos acuerdos establecidos por ambos presidentes durante sus años de convivencia; una cartera valorada en unos treinta mil millones de dólares.

El portfolio comercial iraní también se disparó en otros países del Alba. Seguramente todos ellos vieron la posibilidad del avance productivo que ofrecía el codearse con el más desarrollado amigo persa, así como la oportunidad de reducir la dependencia de mercancías y capital de Estados Unidos. Con todo, muchas de las iniciativas proyectadas se emprendieron de modo renqueante o encontraron problemas tras sus primeros pasos; no pocas se quedaron a medias, y es larga la lista de las que nunca se ejecutaron. Todo eso hizo que, a pesar del aumento cierto de los intercambios, las respectivas balanzas comerciales no registraran ningún vuelco.

Así, a pesar de la cacareada *relación especial* entre Irán y Venezuela, el comercio entre esos países supuso solo el 0,02 por ciento del comercio total venezolano en 2010, por tomar como muestra un año en que el entendimiento Chávez-Ahmadineyad se movía a velocidad de crucero. Irán suponía el socio económico número 48 para Venezuela. Por su parte, los países latinoamericanos mejor situados en la cartera comercial de Irán quedaban en el puesto dieciocho (Brasil) y 34 (Argentina), sin que ninguno de los miembros del Alba estuviera entre los cincuenta primeros. Todas las naciones de América Latina seguían teniendo a Estados Unidos como principal interlocutor comercial. Desde entonces, China ha pasado a ser número uno para varios países, pero Irán quedó siempre en una división muy inferior. No obstante, Teherán sacó claramente partido financiero de su dedicación de atención y tiempo a Venezuela. Por sinceras que fueran las lágrimas de Ahmadineyad en el entierro de su *pana* caribeño, también el bolsillo iraní estaba de luto, compungido por el temor a un cambio de fortuna.

La estafa iraní

Lo de Irán en Venezuela había sido el gran negocio del siglo. También lo de China, y por supuesto lo de Cuba, en diferentes órdenes. Pero el caso iraní fue el primero en ser denunciado al presidente Chávez por alguien de su equipo económico, sin que el jefe de la nación venezolana hiciera nada por impedir el expolio. Rafael Isea, nombrado viceministro de Finanzas en 2006 y ascendido a ministro en 2008, había revisado las cifras. Le sorprendía la masa de dólares que los iraníes lograban repatriar con autorización del Banco Central venezolano. Era un flujo que no se correspondía con el volumen del negocio en el que los iraníes estaban envueltos. Llevado por sospechas, llamó a varios operadores cambiarios para saber quién estaba convirtiendo grandes cantidades de divisas. Sus indagaciones le permitieron comprender el esquema.

Con los pagos que recibía por levantar miles de viviendas en Venezuela, una empresa de la construcción iraní, por ejemplo, podía acudir al mercado negro cambiario. Si había obtenido originalmente ochenta millones de dólares, la operación le podía reportar más de cuatrocientos millones de bolívares. La empresa se presentaba luego con ellos ante los operadores oficiales de cambio, y lograba cerca de ciento ochenta millones de dólares, con lo que había más que doblado su retribución inicial. Esa última cifra era la que pedía al Banco Central venezolano poder repatriar a Irán, en aplicación del acuerdo especial de libre repatriación firmado entre los dos países. Los iraníes habían aprendido muy rápidamente lo que veían hacer a su alrededor. Cuando el ministro le expuso el caso a Chávez, el presidente no pareció sorprendido y declinó llamar la atención a Ahmadineyad.

– «Presidente, que nos estamos desangrando.
– Rafael, hay que cuidar las relaciones estratégicas.
– Sí, presidente, pero ¿a qué costo?»

Venezuela estaba perdiendo sus reservas internacionales a alta velocidad. El mal negocio mostraba lo dañino que objetivamente eran para el país los juegos de alianzas estratégicas de Chávez. El líder bolivariano lograba sobresalir en la escena internacional, pero Venezuela y sus ciudadanos pagaban la cuenta. Los tratos con Irán no eran una mera cuestión de opciones, una inocua preferencia ideológica –una apuesta por la cooperación Sur-Sur perfectamente defendible– a la hora de escoger un socio comercial. Tenían un claro coste para las arcas públicas (estafa sobre las reservas en dólares, que permitía a los iraníes un cobro desmesurado por la ejecución de proyectos); dañaban el prestigio y credibilidad de Venezuela en el mundo (ayudar a Irán a evadir las sanciones internacionales iba contra el general consenso alcanzado en las Naciones Unidas, no solo contra Estados Unidos), y menoscababan la seguridad de los venezolanos (penetración del radicalismo chií, especialmente de Hezbolá).

Irán nunca había puesto su atención en Latinoamérica. En un esfuerzo de diversificación de interlocutores, los dos presidentes previos a Ahmadineyad (Hashemi Rafsanyani y Mohammad Jatami, que se sucedieron en el poder entre 1989 y 2005) habían mirado más a África e hicieron varias visitas a ese continente, en viajes con escalas en múltiples países. El salto a América Latina, más lejos de la órbita geográfica de Irán, obedeció a dos razones. En primer lugar estaba el giro hacia la izquierda que se produjo en diversos países de la región a final de la década de 1990 y sobre todo en los primeros años de este siglo: gobernados por nuevos partidos que, en el orden internacional del poscomunismo, se podían alinear más fácilmente con socios ideológicamente muy distintos, pero igualmente opuestos a la *Pax Americana*, esos países ofrecían un terreno propicio para la diplomacia iraní. En segundo lugar, el esfuerzo que desde 1995 estuvo extremando Estados Unidos para aislar internacionalmente a Teherán creó la necesidad de que el régimen de los ayatolás buscara aprovechar activamente las oportunidades de conectividad, política y económica, que se le abrían en nuevas partes del mundo.

Ambos procesos se intensificaron durante el mandato de Ahmadineyad. Su presidencia coincidió con la articulación de un frente de izquierda populista latinoamericana, encarnado en el Alba, y padeció el singular estrechamiento del cerco internacional a Irán a raíz de las alarmas sobre el avance de su programa nuclear. La mayor agresividad de Ahmadineyad en el enriquecimiento de uranio y su deseo de plantar cara a Estados Unidos en su tradicional zona de influencia, sin embargo, podrían hacer olvidar que, en última instancia, el pie puesto por Irán en Latinoamérica vino propiciado primeramente por un cambio de circunstancias en el propio continente. Fue Chávez quien le abrió la puerta a Irán, primero de Venezuela y luego de los demás países del Alba, sobre los que ejercía influencia. Muchos proyectos de colaboración fueron alcanzados por Chávez y Ahmadineyad y luego extendidos a Ecuador, Bolivia o Nicaragua. Se trataba de una triangulación en la que Chávez era el vértice por el que circulaba gran parte del flujo; era el conductor que aseguraba el paso de la corriente.

Los movimientos de Irán en el centro y sur de América fueron vistos con gran suspicacia desde el norte. Ya en 2007, la Cámara de

Representantes de Estados Unidos aprobó una resolución que expresaba «preocupación» por la posible amenaza que para el país suponía la profundización de lazos económicos y de seguridad entre Irán y «regímenes de pensamiento parecido en el hemisferio occidental, incluida Venezuela». El principal temor era que la presencia iraní sirviera para incubar células de Hezbolá, el grupo terrorista libanés patrocinado por Irán. «Pasado es prólogo», advertía Thomas Shannon, entonces responsable para el resto del continente en el Departamento de Estado. Era un recordatorio de los ataques que tuvieron lugar en Buenos Aires a comienzos de la década de 1990, considerados obra directa de Hezbolá. El cambio en la Casa Blanca –salió George W. Bush, entró Barack Obama– rebajó el tono de las voces de alarma desde la Administración, pero la amenaza iraní siguió siendo abordada en los mismos términos en el Capitolio, durante comparecencias de expertos y en declaraciones formales.

¿Amenaza o chapuza?

En diciembre de 2012 culminó su paso por las dos cámaras del Congreso la ley *Contrarrestar a Irán en el Hemisferio Occidental*, que pedía formalmente a la Administración la adopción de medidas de prevención. La ley indicaba que Irán estaba «persiguiendo la cooperación con países latinoamericanos mediante la firma de acuerdos económicos y de seguridad para crear una red de relaciones diplomáticas y económicas con el fin de amortiguar el golpe de las sanciones internacionales y oponerse a los esfuerzos de Occidente por restringir sus ambiciones». El documento se refería a una simbiosis entre las fuerzas especiales de la Guardia Revolucionaria iraní y Hezbolá y avisaba de que su mutua coordinación podía tener lugar en las embajadas y centros culturales iraníes en el mundo. Por ello pedía precaución ante el aumento de misiones diplomáticas de Irán en Venezuela, Bolivia, Nicaragua, Ecuador, Argentina y Brasil. Teherán había construido diecisiete centros culturales en Latinoamérica y llegaba ya a once embajadas, frente a las seis con las que contaba en la región en 2006.

Lo que *avant la lettre* era un riesgo cierto para Estados Unidos – la aspiración de Irán a una presencia económica fuerte y una influencia política directa en el patio trasero gringo–, fue degenerando en chapuza. Dejando aparte las cuestiones estrictas de seguridad, vinculadas especialmente con una Hezbolá potenciada por su mayor acceso al narcotráfico y sobre las que Washington hacía bien en estar atento, los acuerdos de cooperación comercial y productiva entre Irán y sus socios hispanos no llegaban muy lejos. Diríase que esa tampoco era la prioridad de ninguna de las dos partes. El objetivo de Teherán era salir del aislamiento al que le sometían las sanciones, presentándose en alianza política con otras naciones y sorteando las barreras económicas y financieras impuestas por Naciones Unidas. El maridaje con el Alba permitió a Irán algo de lo primero y desde luego lo segundo. Si algo hay que reconocer a Ahmadineyad y Chávez en su *pacto de sangre* fue su capacidad para tejer una estructura empresarial y bancaria que facilitó movimientos financieros opacos, destinados a destensar la cuerda sancionadora que apretaba el cuello iraní.

Eso lo ponía por escrito un documento interno elaborado durante el cruce de visitas que ambos mandatarios se hicieron en 2009: Chávez fue en septiembre a Teherán; Ahmadineyad acudió a Caracas en noviembre. Forma parte de una serie de minutas de reuniones entre ambos países que alguien sacó del entorno presidencial y aquí se detallan. «Las sanciones han generado dificultades al Gobierno y a las empresas iraníes para obtener divisas», reconocía el particular documento, por lo que era «imperativo crear mecanismos creativos dentro de las relaciones de cooperación bilateral para mitigar el efecto de las sanciones y optimizar los flujos financieros». Que al final tantos proyectos presentados con bombo y platillo quedaran a medias probablemente no era una grave preocupación para sus máximos promotores, pues la tapadera cumplía sus funciones.

Como expuso Douglas Farah ante la comisión de Interior de la Cámara de Representantes, era «un error pensar que esos acuerdos económicos fueran ideados alguna vez para ser completados. Más bien, fueron diseñados para permitir a las naciones del Alba e Irán llevar a cabo transacciones de beneficio mutuo de Estado a Estado, incluyendo tráfico de sustancias ilícitas, adquisición y transporte de importantes recursos minerales y tecnología de doble uso, y el frecuente movimiento de personas». Farah cifró en tres los objetivos de esas relaciones: uno, crear mecanismos que permitieran a Irán reducir el impacto de las sanciones internacionales; dos, ayudar a las ambiciones nucleares de Irán y facilitar el potencial movimiento de componentes de armas de destrucción masiva, incluyendo tecnología de doble uso; y tres, colocar personal y redes a lo largo de Latinoamérica tanto para ayudar a extender la visión revolucionaria de Irán como para llevar a cabo ataques contra objetivos de Estados Unidos e Israel, particularmente en represalia si hubiera un ataque a sus instalaciones nucleares.

Tractores, bicicletas atómicas y pastel amarillo

A estas alturas, el campo latinoamericano debería estar inundado de tractores iraníes. Veniran Tractor, empresa mixta consagrada al ensamblaje de piezas llegadas desde el país islámico, fue el primer proyecto conjunto entre Irán y Venezuela. Su fecha oficial de inicio de actividades, en una zona industrial de Ciudad Bolívar, era marzo de 2005. Tenía como propósito sacar anualmente de la cadena de montaje tres mil tractores, además de diversos implementos agrícolas. Para mediados de 2012 la compañía decía haber producido 7.500 unidades, una tercera parte del objetivo. Dificultades de la puesta en marcha de la factoría, retrasos en los suministros, falta de entendimiento operativo entre la gerencia iraní y el centenar de trabajadores venezolanos, así como limitaciones logísticas de Irán a causa de embargos acabaron rebajando las pretensiones iniciales. A principios de 2012, a Chávez se le pasó el entusiasmo con Veniran y se encaprichó de Veneminsk, ensambladora de tractores en *joint-venture* con Bielorrusia, cuya inauguración anunciaba para meses después.

La actividad a ralentí de Veniran Tractor inicialmente resultó extraña. Quien se acercaba a sus instalaciones veía poco movimiento laboral. Desde luego no era lo que se esperaría del declarado volumen de producción, en un complejo de tres edificios: nada de ajetreo en la entrada o salida de turnos, ni acumulación de operarios en una cantina a la hora del almuerzo... El sindicato único de la fábrica llegó a denunciar en 2008 que la producción había caído a apenas cuarenta tractores mensuales y que ni trabajadores ni la comunidad recibían informaciones sobre los estados de ganancias y pérdidas de la empresa. La presencia en el exterior de la Guardia Nacional venezolana y la doble valla de seguridad del recinto contribuían a alimentar las sospechas sobre un uso alternativo y no declarado de las instalaciones. La existencia de una zona de entrada permitida solo a iraníes, que pernoctaban en una base militar, contribuía al misterio. La hipótesis que mejor parecía encajar tenía nombre de elemento químico: uranio.

La posibilidad de que Irán estuviera extrayendo uranio en Venezuela se barajaba entonces intensamente en el exterior. Había que encontrar una explicación a la aparición de factorías iraníes en lugares impropios, de actividad muy reducida respecto al propósito contractual o fruto de proyectos cuyos números se antojaban incongruentes. Era el caso de la fábrica de cemento Cerro Azul, en El Pinto (Monagas), una iniciativa que preveía una inversión desproporcionada de setecientos cincuenta millones de dólares. El hecho de que tuviera prohibido el sobrevuelo, aparentemente por instalación estratégica, y llevara años en proceso de construcción sin que nunca quedara completada, generaba desconfianza. La oposición política venezolana también veía con sospecha Fanabi, una fábrica de bicicletas abierta en Tinaquillo (Cojedes). Inaugurada en 2008, hasta 2011 solo había ensamblado veinticinco mil unidades, una cuarta parte de lo previsto para el primer año. El *truco* parecía estar en que esos centros para la producción de tractores, bicicletas o cemento se encontraban en ubicaciones no muy distantes de cuencas mineras y tal vez tuvieran que ver con la explotación de uranio.

Que los iraníes habían buscado uranio en Venezuela era algo oficialmente dicho y pregonado. El Instituto Geológico de Industria y Minas (Ingeomin) selló un acuerdo en 2007 con Irán para elaborar un catastro geológico de la república caribeña, con el fin de determinar qué minerales tenía Venezuela. Bien localizados de siempre, por ser un país tradicionalmente minero, los yacimientos de oro, diamantes o bauxita, el propósito central era valorar las reservas de pastel amarillo, la denominación que recibe el concentrado de óxido de uranio. Así lo dijo sin tapujos el ministro de Industrias Básicas y Minería, Rodolfo Sanz, quien en 2009 declaró que especialistas de Irán estaban desarrollando pruebas geofísicas y vuelos de supervisión. «Nuestras proporciones geológicas indican que podemos tener importantes reservas de uranio», dijo Sanz. Sus palabras fueron seguidas con atención desde la embajada de Estados Unidos en Caracas, como puso de relieve un telegrama revelado por Wikileaks. En el cable se indicaba que pocos días después «un periodista reportó que Chávez dio una reprimenda a Sanz por sus comentarios sobre Irán, ordenándole no meterse en asuntos de los que no sabe nada (Nota: el tiempo de los comentarios de Sanz coincidió con noticias de que Irán está construyendo una instalación nuclear secreta)».

El catastro geológico iraní concluyó que las zonas más atractivas para la extracción de uranio, por relación calidad-inversión, estaban en los estados Mérida y Táchira. Curiosamente, en el área de mayores depósitos, situada en el estado Bolívar, Irán planteaba en cambio una concesión para sacar oro. ¿Era para despistar? La cuestión es que la empresa iraní adjudicataria, Impasco, no apareció después en la relación de compañías que extraían oro en Venezuela, ni tampoco figuraba listada mundialmente bajo ese concepto. En su actividad mineral, Impasco tenía relación con el programa nuclear iraní. Las mismas autoridades iraníes que en noviembre 2008 firmaron el contrato de Impasco, suscribieron otro días después con Ecuador para la implementación de un análisis topográfico y cartográfico, que debía permitir a Irán sustraer «minerales estratégicos».

«Los iraníes fueron el mayor *bluff*»

Claro que la búsqueda de uranio también podía estar pensada como punto de partida para un proyecto de energía nuclear en Venezuela o Bolivia. En 2010, Evo Morales reveló a la opinión pública, durante una visita de Ahmadineyad, que Irán iba a ayudar a Bolivia a construir una central nuclear, a cambio de recibir parte del uranio nacional. Chávez, quizás más astuto, no lo dijo públicamente, pero en noviembre de 2008 altos cargos iraníes y venezolanos firmaron un acuerdo secreto de cooperación «en el área de la tecnología nuclear», como recogían las minutas del encuentro. Lo que Chávez presentó formalmente fue un pacto con Rusia, que resultaba más presentable internacionalmente. Atomstroyexport, la compañía rusa que estaba construyendo el reactor de Bushehr, en Irán, iba a encargarse del proyecto venezolano. Nadie puso en duda los fines pacíficos que Venezuela o Bolivia podían dar a la tecnología nuclear, pero hacerlo de la mano de Irán contaba con la desautorización del Organismo Internacional de Energía Atómica.

Al final, resultó una tormenta en un vaso, porque los proyectos se quedaron cortos. Los estudios para una central nuclear se suspendieron en un nivel muy preliminar, pues Chávez comunicó su paralización tras el accidente de 2011 en las instalaciones japonesas de Fukushima. Tampoco Irán estaba a la altura de los compromisos. Su ineficacia para montar en Venezuela la fábrica de cemento Cerro Azul, por ejemplo, se saldó con despidos de directivos. La cadena de subcontratas iraníes permitía que la contratista principal, Edhass Sanat, escurriera el bulto, pasando la responsabilidad a las compañías persas a las que recurría para determinados trabajos.

«Los iraníes fueron el mayor *bluff*», asevera una fuente ministerial que tuvo que lidiar con el quebradero de cabeza de Cerro Azul. «No era solo que para la fábrica de cemento utilizaran material viejo, sino que para muchos proyectos nos enviaban tecnología que procedía de las antiguas repúblicas de la Unión Soviética». En esto se unía el informal espíritu latino con la proverbial capacidad de regateo de Oriente Medio. Una incompetencia que al final pinchaba el globo de lo que tanto podían ser verdaderos propósitos como simple sospecha exagerada. Chávez se defendía sacando punta chistosa a la situación. Cuando Fanabi fue foco de suspicacias, el presidente bautizó como «atómicas» a las bicicletas que allí se producían, y así comenzaron a referirse a ellas los medios de comunicación chavistas.

Pero no todo era para tomárselo a risa. Inteligencia extranjera pudo determinar con el tiempo que en Veniran Tractor no había ningún tratamiento con uranio, pero también constató que allí ocurría una extraña manipulación de sustancias. Un día un emisario –lo asegura quien intervino en su selección– logró colarse en el interior de la fábrica con una reducida cámara y un pequeño recipiente. Simuló llegar allí para inspeccionar el servicio eléctrico o la canalización de aguas. No encontró facilidades por parte de la Guardia Nacional que custodiaba los accesos, pero finalmente convenció a los uniformados de la conveniencia de poder realizar su supuesto cometido. Una vez en el interior, el infiltrado abrió una de las cloacas del recinto y llevó a cabo su trabajo. Con una espátula fue introduciendo en el recipiente que llevaba la pasta negra que se había acumulado en el desagüe: al discurrir el agua, allí había quedado sedimentado diverso material. La cámara que llevaba oculta daba fe de que estaba siguiendo los pasos de la misión encomendada, sin posibilidad de engaño además porque el recipiente se cerraba al vacío. Cuando ya fuera de Venezuela el contenido fue analizado en el laboratorio, la conclusión fue inmediata: no había rastro de uranio, pero allí estaban estratificados los elementos químicos necesarios para la fabricación de explosivos.

Tal vez es que esos elementos fueran también de uso en ciertos procesos de metalurgia, pero la sospecha encajaba con la interceptación en Turquía a finales de 2008 de veintidós contenedores que Irán enviaba a Venezuela. Llegados en camiones al puerto turco de Mersin, iban a ser embarcados con destino a Veniran Tractor. Los documentos aseguraban que contenían «partes de tractores», pero al abrirlos para inspección lo que se halló en su interior fueron barriles de nitratos y sulfitos, sustancias químicas comúnmente usadas para elaborar explosivos, así como «material suficiente para montar un laboratorio de explosivos», según comunicaron luego las autoridades turcas. Los contenedores, que no mostraban ninguna notificación externa de transporte peligroso, a pesar de su verdadera carga, quedaron un tiempo retenidos en Turquía y luego fueron devueltos a Irán.

No fue el único tránsito de contenedores con ánimo de engaño. También Venirauto, empresa mixta de vehículos establecida en 2006 por Irán y Venezuela en Maracay (Aragua), recibió envíos curiosos, como luego se verá. Igualmente era una iniciativa con una producción muy por debajo de la prometida. A mediados de 2012, el número de unidades acabadas –primero se comenzó a montar el modelo Centauro (el Samand iraní) y luego el Turpial (Saipa 141)– era de doce mil, un quince por ciento de la meta estimada. La oposición advertía de que Venezuela debía haber hecho un convenio con países de tecnología más avanzada y fiabilidad en los plazos de ejecución, como Francia, Alemania o Estados Unidos. Es posible que, para desarrollar una industria autóctona –«con sello criollo», como proclamaba la publicidad de Venirauto–, las potencias occidentales no fueran los socios más adecuados, pero el acuerdo con Irán no era menos *colonialista*: los modelos eran los mismos que producían las compañías iraníes Khodro y Saipa, basados en anticuadas versiones de KIA y de Peugeot, y el 97 por ciento de las piezas llegaban de la república islámica. Por lo demás, los problemas en la cadena de montaje obligaban a los potenciales compradores a un largo tiempo de espera. La tozudez ideológica chavista volvía aquí a perjudicar a las clases populares, mientras los iraníes repatriaban sus divisas. Y la cooperación en el ámbito civil no era la única en la que Venezuela era malbaratada.

Drones criollos

Chávez no tenía la boca pequeña. «Vamos a convertir Venezuela en un país potencia». El presidente acababa de hacer mostrar ante las cámaras de televisión, en junio de 2012, el Arpía, un avión no tripulado adquirido a Irán. El dirigente bolivariano soñaba con producirlo en el país para exportarlo a las naciones vecinas. Hacía dos días que yo había escrito un artículo que por primera vez publicaba imágenes de uno de los Arpías (el iraní Mojaher-2) en posesión de las Fuerzas Armadas venezolanas. El comandante se veía por ello obligado a enseñarlo, a la ciudadanía… y a Washington. «Ahora, que Estados Unidos diga que a Venezuela hay que vigilarla. No pierdan su tiempo. Es posible que dentro de poco salgan diciendo que esos aviones tienen una bomba atómica en la punta», afirmó con sorna, remarcando así el hecho de que eran aparatos para supervisión aérea, sin capacidad para realizar misiones de ataque.

Con todo, el Departamento de Estado del *Imperio* dijo ponerse en guardia. «Nos mantendremos muy vigilantes para ver cómo se desarrolla eso», advirtió en rueda de prensa la portavoz, Victoria Nuland. Estados Unidos expresaba «preocupación» por la posibilidad de que se estuviera violando alguna de las sanciones impuestas por la comunidad internacional a Irán. Era obvio que el problema no estaba en que Venezuela dispusiera de *drones* –los comenzaba a tener ya medio mundo–, ni que estuviera desarrollando su industria militar, sino que lo hiciera de la mano de Irán, saltándose con eso el cerco internacional impuesto a Teherán por proseguir con su programa nuclear. Pero Chávez obviaba el matiz, no tan pequeño, y se aferraba al discurso patriótico: «salió en la prensa internacional que en Nueva York hay una investigación porque en Venezuela hay una fábrica de pólvora. Claro que estamos montando una. Y una fábrica de aviones no tripulados. No lo tendríamos si fuéramos una colonia, pero somos un país libre e independiente. Aquí mandamos los venezolanos, no manda el Imperio, ni los lacayos, los peleles, los pitiyanquis de aquí».

Cuando Chávez decía esto, la fábrica de lo que debía ser un sistema de aviones no tripulados *made in Venezuela* era ya idea fallida. El plan quinquenal de las Fuerzas Armadas venezolanas para 2011-2015, bautizado como Tarea Victoria, preveía que en la segunda mitad de 2011 se hubieran fabricado treinta aviones manejados remotamente. Pero en lugar de encontrarse en pleno funcionamiento, las instalaciones eran utilizadas como almacén de electrodomésticos para el programa social Mi Casa Bien Equipada. De hecho, cuando Chávez apareció en televisión desde el Ministerio de Defensa y fue conectando en directo con distintas sedes militares, el Arpía fue presentado no en la supuesta factoría, sino en una contigua fábrica de fusiles rusos AK-103, muestra evidente de que algo no iba bien, a pesar de la propaganda. Y lo que es más, de la docena de *drones* que llegaron desde Irán, varios habían quedado inutilizados al estrellarse en sus primeros ejercicios de prueba en Venezuela. Era otro desencanto en la relación con el amigo iraní.

Lo que había investigado la Fiscalía de Distrito de Manhattan, que se arroga la persecución de transacciones contrarias al derecho que se hagan en dólares en todo el mundo, era una intensa relación entre la Compañía Anónima Venezolana de Industrias Militares (Cavim) y varias empresas de la industria armamentística iraní incluidas en las sanciones internacionales. Mediante esos movimientos, Irán obtenía divisas, abría vías de flujos financieros para su sistema bancario, encorsetado por las sanciones, y lograba algunos recambios para material bélico. Venezuela se hacía con tecnología y se permitía coquetear con algunos programas que ponían algo nerviosos a los estadounidenses.

Estados Unidos seguía la pista lo más cerca que podía. Un telegrama de marzo de 2009 del Departamento de Estado norteamericano, dirigido a la embajada en Ankara, con información a la de Caracas, alertaba de un próximo envío de Irán a Venezuela de tecnología UAV, siglas de Unmanned Aerial Vehicle. «Estados Unidos cree que este material es armamento y material relacionado que Irán tiene prohibido transferir de acuerdo con la resolución 1747 del Consejo de Seguridad de la ONU», decía el mensaje, luego revelado por Wikileaks. Se indicaba además que el material estaba producido por Qods Aeronautics Industries, empresa iraní sujeta a sanciones. La alerta a Turquía se debía a que ya existía constancia de que había envíos de Irán a Venezuela que pasaban por ese país, como había sido el caso de los contenedores interceptados a finales de 2008 en el puerto turco de Mersin, llevando material normalmente usado para la fabricación de explosivos.

Las investigaciones evidenciaron irregularidades en torno a la pregonada fábrica de aviones no tripulados, ubicada dentro del perímetro de la principal sede de Cavim, en Maracay (Aragua). Adjunta a una base de la Fuerza Aérea Venezolana, separada por una autopista, había una extensión de terreno ganado a las lomas de una montaña, donde se fueron levantando instalaciones fruto de la colaboración militar bilateral con Rusia, Bielorrusia e Irán. Desde dos grandes hangares, Chávez pensaba exportar *drones criollos* a parte del continente. Mientras se ultimaban los preparativos para levantar ese vuelo, los militares venezolanos dedicaron tiempo a familiarizarse con la tecnología iraní. En noviembre de 2011, la Fuerza Aérea mostró uno de los primeros *drones* adquiridos a Irán, un pequeño modelo bautizado como ANT-1X, e indicó que también se contaba con otro modelo no especificado. Este era el Arpía, nombre local para el Mojaher iraní, que Teherán también vendió a Hezbolá.

Las características técnicas del Arpía no suponían una amenaza para Estados Unidos, pues el máximo radio de acción de este aparato de 2,9 metros de largo y 3,8 de ancho quedaba fuera de las costas de Florida: alcance de cien kilómetros, velocidad de doscientos kilómetros por hora, resistencia de noventa minutos, altura de vuelo de once mil pies. Fue concebido para uso de vigilancia, aunque también podía guiar armamento hacia objetivos mediante láser. En total, Venezuela adquirió una docena de aparatos.

Una manera de burlar las tiesas orejas del *perro guardián* estadounidense en este programa de transferencia tecnológica, conocido internamente como Proyecto M2 (por Mohajer 2), fue el sospechoso trayecto aéreo entre Caracas y Teherán, con escala en Damasco, cubierto por Iran Air y Conviasa, la línea aérea de bandera venezolana. Una de las facturas revisadas por la investigación de la Fiscalía de Distrito de Manhattan hacía referencia a un envío remitido a Cavim en un avión de Conviasa por parte de la empresa Kimia Sanaat, implicada en el desarrollo de aviación no tripulada e incluida en 2008 en la lista negra de la ONU por supuesta relación con proyectos de armas de destrucción masiva. Se trataba de una sociedad integrada en el conglomerado iraní Aviation Industries Organization (AIO) de las Fuerzas Armadas iraníes. El Proyecto M2 era llevado a cabo entre Cavim y AIO.

Documentación confidencial de la operación financiera apuntaba a posibles aspectos secretos de este programa. La realización de lo que debía ser una fábrica de *drones* (dos hangares y un edificio de control) fue reservada a AIO y esta encargó la ejecución, bajo capataces iraníes, a una empresa local, habitual contratista de obras para los militares venezolanos. La construcción quedó terminada en 2010 y por ella el contratista cobró 2,4 millones de dólares, transferidos a su cuenta en una sucursal del Banco Santander en Valparaíso (Chile), entidad que autorizó la operación a pesar de ser informada de quién era el remitente (incluido en las sanciones de la Unión Europea) y del carácter militar del proyecto. El no elevado coste de las instalaciones ni de los *drones* contrastó con los 28 millones de dólares que Cavim pagó a AIO, en una transferencia a través de Commerzbank en Fráncfort, utilizando un pago en dólares luego convertido en euros que burlaba la vigilancia bancaria. De ese monto, más de la mitad correspondía a los conceptos genéricos de «asistencia técnica» y «documentos técnicos».

Del proyecto se encargó el ingeniero de la Guardia Revolucionaria Ramin Keshavarz, quien previamente había trabajado en el programa de misiles de Irán. Al tiempo que Kashavarz supervisaba las obras del contratista en las edificaciones relacionadas con los *drones*, obligaba a este a la entrega de material de construcción para levantar otras instalaciones adyacentes, a las que solo tenía acceso personal iraní. Fue este secreto apartado de la colaboración Venezuela-Irán el que acabó centrando el interés de las agencias de inteligencia y seguridad de Estados Unidos. No llegarían a la conclusión que podía suponerse.

Misiles en la lista de la compra

Estados Unidos prestó una especial atención a los terrenos en Maracay de la Compañía Anónima de Industrias Militares (Cavim). Fotografías tomadas desde satélite indicaban un movimiento extraño de tierras en el anexo que esas instalaciones tenían, separado por una autopista, en las lomas de una montaña. Era el espacio, cerca de la fábrica de *drones*, donde los iraníes habían estado operando de manera secreta, sin acceso de operarios venezolanos. Las imágenes parecían mostrar la boca de un túnel que conectaba justo ese área con el interior de la montaña. Acrecentaba las sospechas el hecho de que el trazado de una nueva línea férrea en construcción, que seguía el cauce de la autopista, en este punto se desviaba y, en lugar de seguir paralelo al circular de los automóviles, penetraba en la montaña por espacio de varios cientos de metros.

¿Cómo no imaginar que ese túnel para el paso del tren, en aparente forzado desvío, estuviera conectado dentro de la montaña con el otro supuesto túnel, a muy corta distancia, relacionado con la actividad iraní? Si Venezuela albergaba misiles iraníes, o planeaba hacerlo, esas galerías subterráneas, con infraestructura ferroviaria y adjuntas a una base militar, eran sin duda muy apropiadas. El espionaje estadounidense pasó varios meses tratando de descifrar el enigma.

Otro elemento que contribuía a los interrogantes era que las fotografías del satélite mostraban una acumulación de hasta setenta grandes contenedores en un terreno próximo. Logrado el comprobante de cargo de uno de ellos, este revelaba un peso de transporte de once toneladas. Había sido remitido a Venirauto, la empresa mixta de automóviles Venezuela-Irán, curiosamente situada en un polígono industrial adyacente al complejo militar de Maracay. Conociendo el patrón habitual en el procedimiento entre ambos países, basado en el uso de empresas-tapadera de carácter civil, con una finalidad declarada y otra, principal o secundaria, inconfesada, las piezas parecían encajar. Confidentes sobre el terreno llegaron a asegurar haber visto grandes estructuras que podrían corresponder a misiles, pero nunca lo pudieron confirmar.

Durante un tiempo, una hipotética instalación de misiles de medio o incluso largo alcance en Venezuela atrajo el interés de centrales de inteligencia de países occidentales. En mayo de 2011, el diario alemán *Die Welt* sugirió la posibilidad, aparentemente a partir de lo que conocía la inteligencia germana, de que se hubieran emprendido ya algunos pasos en esa dirección en la península de Paraguaná. Una visita hecha allí meses antes por ingenieros de la Guardia Revolucionaria iraní había generado las primeras conjeturas. Desde el saliente de Paraguaná, la punta más al norte de Venezuela, los misiles no podrían alcanzar Florida, pero al menos tendrían capacidad de amenazar el tráfico a través del canal de Panamá.

Nadie creía que Chávez fuera tan loco de retar de forma tan directa a Washington, haciendo un equivocado cálculo de riesgos. En un contexto de confrontación entre Irán y Estados Unidos, sin embargo, no era absurdo imaginar que tal vez los iraníes hubieran elucubrado, como mero ejercicio teórico, sobre una reedición de la Crisis de los Misiles de 1962, cuando la URSS puso en jaque a su archienemigo implantando capacidad nuclear en Cuba. ¿Y si Irán, en otra guerra fría, utilizaba de nuevo la plataforma del Caribe para disuadir a Estados Unidos de cualquier posible agresión militar a su soberanía? Eso era congruente con la advertencia lanzada públicamente en marzo de 2012 por Masud Jazayeri, general de la Guardia Revolucionaria y subjefe de Estado Mayor de las Fuerzas Armadas de su país. Jazayeri aseguraba que cualquier ataque estadounidense contra territorio iraní tendría represalias, y no solo en Oriente Medio. «Ningún lugar en Estados Unidos estaría seguro», advirtió.

Afortunadamente, el mundo se ahorró verse arrastrado a otra crisis de misiles. El Gobierno chavista llegó a tratar con el de Irán sobre la posibilidad de desarrollar un sistema de misiles de medio alcance, según confirma Rafael Isea. Como ministro de Finanzas y estrecho colaborador de Chávez en los años en los que se determinó el calibre de las relaciones que se estaban intensificando con Ahmadineyad, Isea conoció de esas conversaciones relativas a misiles, pero asegura que nunca dieron lugar a una negociación creíble.

Lo que el Gobierno venezolano sí estaba instalando en la península de Paraguaná, en el municipio Los Taques, era una base destinada al sistema S-125 Pechora de misiles de defensa tierra-aire, de fabricación rusa. Venezuela había adquirido en 2011 once unidades y recibió otras doce en 2014. De alcance menor, por tratarse de armas defensivas, esos misiles no suponían ningún órdago militar.

Es probable que la presencia de los ingenieros iraníes detectada en la península de Paraguaná se hubiera debido a otros propósitos. Irán disponía allí de unos muelles para uso particular, expropiados en su día a sus dueños por Chávez. Eso permitía a los iraníes introducir contenedores en el país sin tener que pasar por la aduana oficial venezolana. Aunque también cabía que, como anticipación a un acuerdo que no maduró, agentes iraníes hubieran inspeccionado la zona destinada a base misilística o que hubieran planeado construir silos de almacenamiento en Maracay.

Claro que para *alcanzar* Florida, Irán no necesitaba cohetes. Ramin Keshavarz, el encargado iraní en Venezuela para el proyecto de la fábrica de *drones* en las instalaciones Cavim-Maracay, realizó directamente pedidos a un almacén de suministros del área de Miami, como constaba en las facturas que supervisé. Los elementos solicitados no incluían nada sospechoso, pero el FBI habría paralizado la compra de saber que la factura se giraba a nombre de Keshavarz. La cooperación Teherán-Caracas no amenazaba directamente las costas de Florida, pero el *enemigo* se tomaba la libertad, con nombre y apellido, de adquirir en almacenes estadounidenses la maquinaria que necesitaba.

De F-16 y otros recambios

La cooperación militar tuvo más capítulos. Es el caso de la entrega a la república islámica de un F-16, avión de combate de fabricación estadounidense, de acuerdo con el vívido relato que me llegó de un oficial de alto rango que había sabido de la operación. El siguiente párrafo toma elementos de esa narración del episodio.

«Muchachos, esta es una misión muy importante, no podéis fallar, el país cuenta con vosotros, no me decepcionéis», dijo el general de división Roger Cordero Lara, sin dar más detalles, a los pilotos del Boeing 707-6944 que presuntamente se llevaban a bordo un F-16 desmontado, con destino a Teherán, en 2006. Antes de despegar, el general de la Fuerza Aérea quiso subir a la cabina y arengar a quienes iban a estar al frente de los mandos del carguero-tanquero en el largo viaje. Los pilotos comentarían luego a sus compañeros su convencimiento, por una serie de detalles, de que la carga era un F-16, aunque no pudieron ver el interior de los contenedores sin marcas que les habían encomendado, pues iban sellados. Tenían la orden de seguir una ruta especial, con escalas en Brasil y Argelia. «Nadie de la tripulación sabía lo que estaban llevando. Tan pronto como llegaron a Teherán y aterrizaron, el avión fue tomado por agentes y militares iraníes. Fueron sacados del avión y llevados a un hotel, donde permanecieron vigilados. Nunca vieron cómo ni cuándo la carga fue sacada del avión. A la mañana siguiente fueron conducidos de nuevo al avión, que estaba preparado para despegar».

¿Para qué querrían los iraníes un F-16, si el modelo no encajaba en sus escuadras y además les iban a faltar recambios? La respuesta aventurada por fuentes próximas al Mossad es que Irán pudo utilizarlo para calibrar sus radares y familiarizarse con las características de ese aparato ante un hipotético ataque de Israel o de Estados Unidos. Los analistas consideraban que el peso de un ataque judío contra las instalaciones del programa nuclear iraní, en caso de producirse, descansaría sobre todo en la flota de F-15 que tenía Israel, pues ese modelo contaba con más autonomía de vuelo. Pero también podía haber una oleada de aviones F-16 de apoyo, sobre todo si utilizaran alguna base en un país limítrofe con Irán, como Azerbaiyán. Estados Unidos, por su parte, tenía escuadrones de F-16 en sus bases del Golfo Pérsico.

Venezuela compró a Estados Unidos ese tipo de caza antes de la llegada de Hugo Chávez al poder. De las veinticuatro unidades adquiridas en 1983, tres quedaron inutilizadas por accidente y se calculaba que más de dos décadas después quedaba menos de una docena en servicio. Chávez procedió luego a la sustitución de esa flota por veinticuatro Sukhoi rusos. Entre las advertencias a Washington en sus habituales disputas, el Gobierno chavista llegó a mostrar su disposición a vender algunas unidades de F-16 a terceros países, incluido Irán, sin autorización estadounidense, algo contrario a las condiciones de venta original. Oficialmente no se informó de ninguna operación de ese tipo, pero Caracas y Teherán negociaron la transferencia tecnológica. Además del presunto envío de un F-16 en 2006, tres años más tarde representantes de ambos países ampliaban el acuerdo a más unidades. Un documento confidencial, fechado en Teherán en agosto de 2009, indicaba que «la parte venezolana comprometió agilizar los estudios de factibilidad a las propuestas presentadas por AIO sobre aviones F-16». La minuta de la reunión la firmaban quienes entonces ocupaban los cargos de presidente de Cavim, general Eduardo Richani, y de viceministro de logística del Ministerio de Defensa iraní, general Mohammad Beig Mohammad Lu.

En ese encuentro en Teherán ambos altos cargos repasaron el estado de diversos acuerdos en marcha, lo que indicaba una intensa colaboración en materia militar desde hacía ya varios años. Así, se daba por casi concluida la revisión y mejora técnica de catorce motores J-85, utilizados en cazas F-5 venezolanos, que se habían enviado a Teherán. También se repasaba el estado en que se encontraba el proyecto de creación en Venezuela de una fábrica de pólvora y otra de detonadores, con asesoramiento y material iraníes, así como los avances registrados en relación al sistema de aviones no tripulados. La Defense Industry Organization (DIO) de Irán también «presentó las propuestas sobre la fabricación de morteros de 60 milímetros y su munición, lanzacohetes RPG-7 y su munición y completar las líneas de fulminantes».

Como en todos los documentos internos analizados, los aspectos que podrían sospecharse más sensibles resultaban obviados. No era solo que parte de la cooperación apuntada podía afectar a tecnología de doble uso, sin necesidad de explicitarla, sino que la intención de secretismo era expresa. «Para facilitar el transporte de los equipos a Venezuela», se añadía en el citado documento confidencial, con reconocimiento implícito de que se estaban vulnerando las disposiciones internacionales, «DIO solicita que se cambien o utilicen otros símbolos comerciales en vez de DIO/CAVIM y los documentos pertinentes se prepararán de acuerdo a lo anterior».

Un evidente interés de Irán era utilizar Venezuela como procurador de recambios para la porción de su arsenal comprado a Estados Unidos antes de la revolución islámica. La colaboración entre Chávez y Ahmadineyad contempló colaboración sobre «motores T-56 y aviones 707», probablemente en referencia a piezas de recambio para cargos de la aviación iraní, que disponía de helicópteros Hércules C-130 y de Boeing 707. Además, es posible identificar a Karim Lezama, un teniente coronel venezolano en la reserva, como alguien que estaba implicado en compras de recambios útiles a ambos países.

En uno de sus viajes a Estados Unidos para tratar con traficantes de armas, en 2009, Lezama «sacó a la luz que estaba trabajando en coordinación con el general de división Ángel Colina, a cargo del Comando de Defensa Aérea de Venezuela, quien quería puentear a la compañía española Geci-Levante, una empresa conocida por hacer suministros a Venezuela y otros países musulmanes», desveló un confidente. «Esa empresa tiene muy buenas relaciones con la embajada de Irán en Caracas, gracias a un contacto, *Puria*, que formalmente trabaja como *traductor*, pero que en realidad está a cargo de *adquisiciones* para el Gobierno iraní. En ese encuentro, Lezama también reveló que estaba a cargo de obtener elementos logísticos (recambios y armas) para los F-14 Tomcats operados por Irán, y una lista muy concreta de *herramientas* para ser usadas en el proyecto de aviones no tripulados entre Venezuela e Irán». El confidente aseguraba que en años posteriores tanto Lezama, como el general Colina y el general en la reserva Luis Reyes Reyes, durante un tiempo ministro para el Despacho de la Presidencia, mantuvieron frecuente comunicación con *Puria*, el contacto de la embajada iraní en Caracas encargado de adquirir ilegalmente material militar.

La embajada también supervisaba otras actuaciones. En Morón (Carabobo), donde Cavim tiene otra sede y está la Corporación Petroquímica de Venezuela (Pequiven), los iraníes pusieron en marcha una fábrica de pólvora y otra de explosivos. También se encargaron de un proyecto de reactivación de una planta de nitroglicerina y de otro para la mejora de una factoría de nitrocelulosa. En todas esas iniciativas el socio de referencia fue Parchin Chemical Industries, compañía con varias sanciones del Consejo de Seguridad por exportar productos químicos con posible uso para misiles balísticos. Por esas y otras vinculaciones, Cavim fue sancionada por Estados Unidos en varias ocasiones. Con tantas limitaciones internacionales, que aherrojaban los intercambios comerciales y las transacciones financieras, ¿cómo era posible que Venezuela e Irán continuaran con sus manejos?

Burlar la supervisión bancaria

Cuando Tahmasb Mazaheri, anterior ministro iraní de Economía y Finanzas (2001-2004) y presidente del Banco Central de Irán (2007-2008), fue retenido en Alemania en enero de 2013 llevando consigo un cheque por valor de trescientos millones de bolívares, que al cambio eran setenta millones de dólares, algunas cosas se aclararon. Tal como la noticia apareció en la prensa, Mazaheri fue arrestado en el aeropuerto de Düsseldorf, a su llegada de un vuelo que lo había traído de Irán, vía Turquía. Cuando atravesó la aduana alemana, declaró llevar encima menos de diez mil euros, pero al registrar los agentes su equipaje apareció el cheque por el elevado monto. Mazaheri no supo dar razones convincentes de la procedencia del talón. La explicación que luego ofreció la embajada de Irán en Caracas fue que, como consultor de la empresa iraní Kayson, encargada de la construcción de veinte mil unidades habitacionales para la Gran Misión Vivienda de Venezuela, Mazaheri llevaba el dinero a la república bolivariana para el pago de los empleados. Al parecer, el cheque estaba firmado por Kayson de Venezuela e iba a nombre de la misma compañía. Todo sugería que la Policía alemana había procedido al registro por el soplo recibido de las autoridades de algún otro país. La prueba no era lo decisiva que tal vez se esperaba, pues el detenido fue puesto en libertad, pero el episodio dejaba entrever algo del entramado empresarial y financiero que daba oxígeno a Irán.

La evidencia mayor era la cooperación prestada por algunos bancos venezolanos en el movimiento de capital iraní. El cheque correspondía a fondos depositados en el Banco de Venezuela, entidad renacionalizada en 2009. Eso venía a indicar que los intereses de Irán se habían derramado por el sistema bancario venezolano, probablemente a raíz del cerco que internacionalmente se había trazado en torno al Banco Internacional de Desarrollo (BID), de propiedad iraní y sede en Caracas, que era el principal brazo ejecutor de las operaciones entre Venezuela e Irán. Eso era algo que también ponía de manifiesto una carta de abril de 2011 dirigida al entonces canciller Maduro, escrita por quien era el embajador iraní en Venezuela, Abdolreza Mesri. La carta se incluía en otro manojo de documentos no públicos, esta vez relacionados con el BID iraní, que tuve la oportunidad de consultar. Tras el tradicional encabezamiento de «en el nombre de Alá», el embajador se refería en la carta a un depósito que el BID tenía en el Banco Federal. Esta entidad había sido confiscada y Mesri pedía la mediación expresa del Gobierno venezolano para poder obtener el reembolso, con sus intereses, de los 22,5 millones de bolívares de la cuenta.

«Esta carta es importante, porque muestra que el BID tenía fondos en otros bancos. ¿Para qué lo necesitaba? Dadas las sanciones internacionales al BID, este tendría que hacer las transacciones a través de otros bancos», apunta Adam Kaufmann, jefe hasta 2012 de la división de investigación de la Fiscalía de Distrito de Manhattan. Kaufmann conocía bien el percal, pues desde la Fiscalía había logrado que bancos como Lloyds, Credit Suisse, Barclays y HSBC pagaran altas multas por ocultar transferencias en dólares a Irán desde otros países. Había estado a las órdenes de Robert Morgenthau, quien poco antes de dejar su cargo, a final de 2009, advertía públicamente en Washington de que el BID iraní permitía a Irán «poner un pie en el sistema bancario venezolano», ofreciéndole un «perfecto método de quebrar sanciones».

El nombre del Banco Internacional de Desarrollo llevaba en ocasiones a engaño por usar las mismas siglas, BID, que en toda Latinoamérica remiten inmediatamente al Banco Interamericano de Desarrollo, el principal instrumento financiero de promoción de la región, cuya sede está en Washington. La creación del BID iraní fue acordada en septiembre de 2007 por Chávez y Ahmadineyad y fue abierto en Caracas en enero de 2008. Tuvo como presidente precisamente a Tahmasb Mazaheri, el portador del cheque detenido en Düsseldorf, quien fue a Venezuela después de dejar la presidencia del Banco Central de Irán, lo que probaba la importancia que Teherán daba a las posibilidades que abría el BID. El BID iraní aparecía desde hacía tiempo en la lista negra de Estados Unidos y la Unión Europea, así como su matriz, el banco Toseyeh Saderat Iran o Export Development Bank of Iran (EDBI). El Tesoro estadounidense también impuso sanciones contra el Banco Binacional Irán-Venezuela (IVBB) por actuar como representante financiero del EDBI, en cuyo nombre procesó fondos. Cuando Chávez inauguró el Binacional en Teherán en 2009 lo anunció como «parte de una estrategia para formar una nueva arquitectura financiera entre nosotros, independiente del sistema financiero internacional».

Como admitieron los propios directivos del BID en reservadas misivas al Ministerio de Finanzas venezolano, el propósito de la actividad de esta entidad, además de dar cobertura al intercambio comercial entre ambos países, que incluía acuerdos de Defensa, era superar «las limitaciones de las operaciones de divisas» y también «algunos problemas internacionales de Irán, relacionados con las actuales sanciones económicas». Entre esa documentación interna también aparecían directrices dadas desde el BID para enviar transferencias de Venezuela a Irán burlando la supervisión internacional. Así, los envíos en dólares desde un banco venezolano debían ser cambiados a euros utilizando como intermediario el Banco Comercial Europeo-Iraní, con sede en Hamburgo. Esta entidad sería luego incluida en las sanciones de la Unión Europea. «No necesita mencionar el nombre del beneficiario en Irán en su mensaje a su banco corresponsal», se recomendaba para mayor sigilo. Las posibilidades de realizar esas operaciones se multiplicaron cuando Chávez aprobó en junio de 2012 la apertura de cuentas en dólares en los bancos venezolanos. Diversas comunicaciones previas entre el BID y el Ministerio de Finanzas ponían de relieve la inquietud iraní por la lentitud que suponía tener que recurrir continuamente a la Comisión de Administración de Divisas de Venezuela para la autorización de las transacciones.

Diésel a Al Assad y llegada de Rohani

La guerra civil de Siria presentó nuevas ocasiones de colaboración entre Venezuela e Irán. No se debía únicamente al interés de Teherán en ese momento de preservar en el poder a Bashar al Assad, conveniente para la influencia iraní en la región, sino que la pervivencia del Estado autoritario sirio se había convertido en *casus belli* de los países con regímenes híbridos, en su pulso internacional con las democracias tradicionales. Venezuela se situaba del lado de sus aliados, con Rusia involucrada en apoyo al presidente Al Assad y China sin poner impedimentos a la actuación de Damasco.

Entre 2011 y 2012, como habían dado cuenta las agencias internacionales de prensa, Venezuela envió varios cargamentos de diésel a Siria, contraviniendo las sanciones impuestas por Estados Unidos y la Unión Europea contra varias compañías sirias del sector del crudo, entre ellas Sytrol, la empresa estatal de petróleo. Las sanciones, entre otros objetivos, pretendían impedir la llegada de diésel a Siria ya que podía ser utilizado como combustible para los carros de combate del Ejército, alimentando con ello la capacidad bélica de Al Assad. «Seguirán tantos envíos como necesiten. Tenemos un alto grado de amistad y cooperación con Siria», respondió Rafael Ramírez, ministro y presidente de Pdvsa, a quienes objetaban ese comercio. En el viaje de regreso a Venezuela, algunos cargueros transportaron nafta, un producto de la refinación del petróleo que puede usarse para producir gasolina.

Nafta no fue lo único que salió de los puertos sirios. Petroleros presumiblemente de la flota del empresario venezolano Wilmer Ruperti transportaron petróleo iraní, sujeto a embargo internacional, hasta refinerías de India. Fuentes conocedoras de la operación me aseguraron entonces que se estaba poniendo en práctica la mezcla de ese crudo con el llevado de Venezuela con el fin de que ganara en espesura y pudiera ser vendido como venezolano. Eso explicaría la extraña aparición en las cuentas de Pdvsa de crecientes ventas a India, cuando por distancia geográfica no tenía sentido que ese país adquiriera crudo traído desde el Caribe. Esto era una forma de dar salida a la producción de Irán, que tenía problemas de colocación en el mercado mundial. La mayoría de sus clientes habituales habían tenido que reducir sus cuotas de compra, uniéndose a la llamada a un cerco internacional por el programa nuclear iraní. Un cerco que Venezuela se saltaba con frecuencia: en 2011 Estados Unidos aplicó sanciones contra Pdvsa por el envío de cargamentos a la Compañía Nacional Iraní de Petróleo, después de que Washington hubiera detectado dos entregas de un aditivo utilizado en la gasolina, por valor de más de cincuenta millones de dólares.

La cooperación petrolera entre Venezuela e Irán, sin embargo, no alcanzó el vuelo que Chávez y Ahmadineyad un día soñaron. En un encuentro de 2006 anunciaron la creación de una gran multinacional del petróleo, juntando esfuerzos de ambas compañías nacionales. La nueva empresa mixta, bautizada como Venirogc, nombre derivado de Venezuelan-Iranian Oil & Gas Co., aspiraba a llegar a ser «lo mismo que Chevron, Shell o Eni», según diría después en una conferencia de prensa uno de sus directivos iraníes: una firma global, con operaciones en distintos países, cubriendo toda la cadena del negocio, desde la extracción a la venta en gasolineras. Como posible sede se barajó España. Pero la empresa no arrancó su actividad. En 2011, en la supuesta oficina en Madrid lo único que se veía era el nombre escrito en una puerta cerrada, tras la que no había actividad.

Es posible que, de partida, Venirogc solo se hubiera concebido como una empresa *de maletín* para justificar el movimiento de capitales. Su mismo nombre no parecía muy pensado para ser usado comercialmente como marca en todo el mundo. En cualquier caso, fue otro ejemplo de tantos proyectos lanzados por Chávez y Ahmadineyad que luego languidecieron. Si eso pasó en el momento de apogeo de esa relación, ¿qué había que esperar tras la ausencia de ambos mandatarios? El presidente iraní dejó el cargo en agosto de 2013, cinco meses después del sepelio de su homólogo venezolano. La concentración de Nicolás Maduro en la política interna para lograr consolidarse en el poder y los gestos de Hasán Rohani, el nuevo presidente iraní, para encontrar una salida negociada al constreñido estatus internacional de Irán dejaron a poco gas las relaciones entre ambos países.

En opinión de Douglas Farah, especializado en la presencia del chiísmo en Latinoamérica, la desaparición de Chávez ya durante su enfermedad hizo que Irán afianzara la relación directa con el resto de países de la región con los que tenía vinculación, dejando a un lado la centralidad que hasta entonces había ocupado Venezuela en esos tratos. Ante la evidencia del cáncer incurable del presidente venezolano, los iraníes intentaron que sus contactos con Caracas fueran más institucionales, para que los compromisos que se adquirían tuvieran una continuidad, al margen de lo que ocurriera con Chávez. También aceleraron su contacto sin mediaciones con los otros países del Alba. «Los iraníes se dieron cuenta de que Venezuela se tambaleaba un poco y fueron repartiendo. Los nuevos dirigentes del chavismo no iban a cortar nada, pero no tenían el oxígeno de que disponía Chávez para grandes alianzas con un país como Irán», dice Farah. En ese reordenamiento de la constelación Alba-Irán, Ecuador ocupaba un lugar destacado, como base para operaciones bancarias, reparto de pasaportes falsos y penetración de la inteligencia iraní, según las investigaciones de este experto.

Lo previsible era que Teherán siguiera cultivando el trato con sus socios latinoamericanos, y que lo hiciera sin el espíritu frentista de Ahmadineyad en la medida en que Irán avanzara hacia una normalidad de relaciones con Estados Unidos. Incluso en una posible distensión internacional sobre la cuestión nuclear iraní, a la potencia persa le seguiría interesando no abandonar ese nuevo espacio de influencia. No era el geopolíticamente más importante para Teherán, desde luego, pero contribuía a dar globalidad a su estrategia. Mientras hubiera quien le abría las puertas en Latinoamérica, ¿por qué no ganar espacio a las puertas de Estados Unidos?

9

ESQUIZOFRENIA CON EL IMPERIO

El coste de insultar y pagar *lobbies* en EEUU

J oseph P. Kennedy II sabe de marchas fúnebres venezolanas. Hijo mayor de Robert F. Kennedy, Joe estuvo en 2013 en las exequias de Hugo Chávez, como en 1981 había acudido a las del expresidente Rómulo Betancourt: dos compromisos que tenían que ver con el agradecimiento. En 1980 Joe Kennedy puso en marcha su iniciativa Citizens Energy, cuyo fin era suministrar fuel de calefacción a familias de bajos recursos de Boston. Para ello llegó a un acuerdo de compra, a precio de mercado, de combustible venezolano. Cuando Chávez llegó a la presidencia del país y vio el potencial de disponer de un abogado del calibre de Kennedy en el mismo corazón del Imperio, comenzó a subsidiar enormemente el petróleo destinado a Citizens Energy.

Pero una cosa era honrar a Betancourt, padre de la democracia venezolana, y otra convertirse en el principal valedor en Estados Unidos de alguien que estaba vulnerando algunos de los principales derechos civiles de sus conciudadanos. Eso aisló políticamente cada vez más al sobrino del presidente Kennedy y le acabó enfrentando a miembros de su propia familia. Defender a Chávez al norte del Caribe era tóxico, pero el comandante siempre encontró quien le aplaudiera. Eso corrió a cuenta especialmente de Citgo, la marca de Petróleos de Venezuela (Pdvsa) en el coloso de Norteamérica.

Durante mucho tiempo, poca gente se percató en Estados Unidos de que Citgo, que tenía la segunda red de gasolineras del país, había sido comprada por Pdvsa, el cincuenta por ciento en 1986 y la otra mitad cuatro años después. Para la inmensa mayoría de estadounidenses Citgo seguía siendo una marca autóctona. Formaba parte del paisaje nacional. El 11 de septiembre de 2001, y las jornadas que siguieron a los atentados terroristas de ese día, periodistas y militares se agolparon en la gasolinera que Citgo tenía en el acceso al Pentágono. Allí acudían para comprar comida y bebida, mientras aún humeaban los restos del avión incrustado en una de las fachadas de la sede del Departamento de Defensa. Desde hace décadas, un gran cartel luminoso de Citgo se levanta junto a Fenway Park, el estadio de los Red Sox, el afamado equipo de béisbol de Boston. Aparece en todas las retransmisiones deportivas televisadas y forma parte del *skyline* de la ciudad, de día y de noche. El triángulo naranja y rojo del símbolo de Citgo tiene consideración casi de emblema local. «*See It Go*», parafrasean los comentaristas deportivos animando las carreras del equipo de los Medias Rojas.

Mantener la apariencia estadounidense de Citgo fue una lógica prioridad de Pdvsa cuando se hizo con la compañía. Dentro del proceso de internacionalización de Petróleos de Venezuela iniciado al comienzo de la década de 1980, la política de empresa había sido formar *joint-ventures* en el negocio de refinería con compañías locales. Así ocurrió con compras en Alemania y Suecia, por ejemplo, y fue el caso de dos adquisiciones en Estados Unidos. Primero se establecieron conversaciones para tomar la mitad del capital en Champlin Refining, ofrecida por Union Pacific, y luego en Citgo Petroleum, negociada con Southland Corporation, propietaria además de 7-Eleven, la conocida cadena de tiendas de conveniencia. Ambos socios vendieron después sus respectivas mitades y Pdvsa ejecutó su preferente opción de compra, aunque acabar quedándose con la totalidad de las acciones no había sido su intención de partida. En 1990 Pdvsa fusionó ambas sociedades, bajo el nombre de Citgo.

«De esta forma terminas tú montado sobre un monstruo que es el tercer o cuarto sistema de refinación de Estados Unidos, con un doce por ciento del mercado de productos refinados y con la segunda cadena de gasolineras abanderadas, en régimen de franquicias, con 15.700 estaciones», dice Pedro Mario Burelli, que entonces trabajaba en JP Morgan y participó en el asesoramiento de las operaciones. Burelli había sido previamente directivo de Pdvsa y a ella volvería más adelante como miembro de su consejo de administración. La consolidación del chavismo le llevó a salir del país e instalarse como consultor y analista en Washington.

Una de las principales ventajas estratégicas de la fórmula de *joint-venture* es que así la empresa extranjera cuenta con un socio local que se encarga de las relaciones con el Gobierno del país en cuestión y permite mantener la percepción de que se opera nacionalmente. Cuando Pdvsa se quedó con el cien por cien de Citgo, hizo todo lo posible «para que nadie supiera que Venezuela estaba detrás, porque eso no nos beneficiaba». «Es más», sigue explicando Burelli, «cuanto más gringa pareciera en la relación con el consumidor, mejor; queríamos que Citgo se siguiera viendo como empresa estadounidense basada en Tulsa, Oklahoma, con el fin de no ser vulnerables a una campaña de rechazo ciudadano bajo el lema *I buy American*».

Las gasolineras de Chávez

La propiedad venezolana de Citgo venía a plantear algunas cuestiones de fondo. Ningún país con el que Washington ha tenido confrontaciones ha sido propietario de un negocio estratégicamente tan importante en Estados Unidos. Dadas las limitaciones impuestas por las autoridades estadounidenses, por razones medioambientales, para la construcción de nuevas refinerías, la capacidad de refinación de ese país es casi finita, así que quien controla el doce por ciento de ese negocio es alguien a tener en cuenta. ¿Qué podía ocurrir si, por una escalada de tensión, Venezuela decidía no entregar más combustible a su subsidiaria Citgo? Quedarían desabastecidas las gasolineras estadounidenses abanderadas con el logo del triángulo. ¿Obligaría entonces Washington a intervenir Citgo para que cortara su relación con Pdvsa y pasara a refinar en Estados Unidos petróleo de otro proveedor, y así atender las necesidades del mercado nacional? Eran preguntas que entonces se hacían.

La ironía del caso, advierte Burelli, es que cuando Pdvsa se hizo con todo el capital de Citgo, creyó que podría compensar la ausencia de un socio nacional, que le sirviera de pantalla ante el Gobierno estadounidense, con un buen equipo de abogados que aseguraran el velo corporativo mediante una serie de compañías y holdings para distanciar Citgo de Venezuela. Así se podría mantener la matriz fuera del alcance del fisco de Estados Unidos e invocar la libertad de empresa si el capital público venezolano en un sector tan estratégico era cuestionado. «Lo que uno nunca se imaginó es que Pdvsa iba a caer en manos de unos desquiciados que estarían en guerra dialéctica permanente con Washington», lamenta Burelli.

De hecho, las inversiones de Pdvsa en Estados Unidos se vieron afectadas por el ácido verbo del chavismo. A Hugo Chávez el cuerpo le pidió un cambio de estrategia respecto a la política de sigilo que Venezuela había aplicado sobre Citgo antes de llegar él a la presidencia del país. Chávez vociferó que Citgo era no solo venezolana, sino además bolivariana. El resultado no se hizo esperar: casi la mitad de los franquiciados buscaron otro proveedor cuando se terminaron sus contratos. En la actualidad, el número de estaciones de servicio es de seis mil, frente a las casi dieciséis mil iniciales.

«El combustible que se dispensa NO es de Citgo», avisaban en 2006 carteles colocados en surtidores de estaciones con tiendas 7-Eleven. El letrero era la respuesta a la salida de tono que unos días antes Chávez había protagonizado ante la Asamblea General de las Naciones Unidas. El 20 de septiembre de ese año, el presidente venezolano profirió una de sus más conocidas frases al llegar a la tribuna del plenario de la ONU. «El diablo estuvo ayer aquí», dijo, en referencia a George W. Bush, quien el día anterior se había dirigido a los delegados internacionales desde ese mismo sitio. El memorable episodio del «olor a azufre» tuvo rápidas consecuencias. Justo una semana después, la cadena de tiendas de conveniencia 7-Eleven anunció la no renovación de su contrato con Citgo, que para entonces expiraba tras veinte años de colaboración. «Al margen de la política, simpatizamos con la preocupación de muchos americanos a raíz de los despectivos comentarios sobre nuestro país y su liderazgo recientemente hechos por el presidente de Venezuela. Ciertamente la posición y afirmaciones de Chávez en el último año no nos invitan a seguir con Citgo», indicó el comunicado.

Lo que Chávez había soltado por la boca en el último año no era poco. «Eres un burro, Mr. Danger. Cobarde, asesino, genocida. Eres un alcohólico, un borracho. Inmoral, enfermizo. Estás matando niños que no tienen culpa de tus complejos, chico», le había dicho a Bush desde la televisión venezolana, en el contexto de la guerra de Irak. También se había quedado a gusto poco antes con ocasión del desastre provocado por el huracán Katrina, a final de agosto de 2005. «Ese hombre, el rey de las vacaciones, en su rancho no dijo nada, solo que había que huir, y no dijo cómo, ese *cowboy*. Muchos siguieron la dirección del huracán», espetó. «La primera potencia del mundo, tan implicada en Irak, y deja a su propia gente a la deriva».

Chávez había ganado en 1998 sus primeras elecciones con un discurso de desconfianza hacia Pdvsa, de susceptibilidad hacia la presencia de multinacionales en el negocio petrolero venezolano y de oposición a la internacionalización del holding público. Rechazaba que se tuvieran refinerías fuera, porque en lugar de generar empleo en otros países había que multiplicarlo en Venezuela. «¿Por qué estamos dando trabajo a los gringos?», preguntó entonces a los directivos de la petrolera. Aunque pareció entender las explicaciones – conviene refinar cerca de los mercados en los que se está presente; las refinerías en sí mismas no emplean gran cantidad de mano de obra–, Chávez prestó más oídos a quienes creían negativa la internacionalización y hacían ideología de la soberanía petrolera. Entre ellos Bernard Mommer, un europeo nacionalizado venezolano que por un tiempo se convirtió en su principal consejero sobre hidrocarburos.

Al final Chávez decidió no vender la compañía, sino *nacionalizarla*. Citgo pasó a presentarse abiertamente, incluso en anuncios publicitarios de la televisión estadounidense, como encarnación de los ideales bolivarianos. Los máximos cargos directivos, antes reservados a estadounidenses, quedaron ocupados por venezolanos, entre ellos un general de las Fuerzas Armadas en activo, que fue designado CEO. Con ese nombramiento se daba la curiosa circunstancia de que un uniformado de máxima graduación de un país no precisamente amigo de Estados Unidos se situaba al frente de una compañía extranjera con peso en el estratégico sector de la energía nacional.

Chávez ya había despotricado del Imperio en su carrera hacia la presidencia y lo hizo desde el Palacio de Miraflores tras su juramentación de enero de 1999. La invasión de Afganistán en 2001 y la no oculta satisfacción de Washington por el derrocamiento fugaz de Chávez de 2002 tensaron las relaciones entre ambos gobiernos. Pero la gran ocasión de utilizar Citgo como brazo político en Estados Unidos llegó en 2005 con la devastación que dejó el paso del huracán Katrina. Aprovechando el castigo de la opinión pública que sufría George W. Bush por la torpe reacción a la emergencia de la catástrofe, Chávez quiso presentarse como salvador de los damnificados. Ofreció enviar a Nueva Orleans miles de soldados, bomberos y voluntarios, y prometió cinco millones de dólares en ayuda y en combustible procedente de la planta que Citgo tenía precisamente en Luisiana. Los efectivos humanos fueron considerados innecesarios por las autoridades estadounidenses, y Chávez apenas entregó la ayuda material prometida, pero ya había encontrado una manera de humillar públicamente a la Casa Blanca.

Desde entonces y hasta la muerte del líder bolivariano, Citgo invirtió más de cuatrocientos millones de dólares en asistencia energética a zonas vulnerables de Estados Unidos. Solo en 2012, último de la presidencia de Chávez, la empresa venezolana con sede en Texas, donde se trasladó el cuartel general tras estar inicialmente en Oklahoma, donó el equivalente a sesenta millones de dólares en combustible para calefacción, según los informes de la corporación. En total, 1,7 millones de personas –individuos o familias pobres y reservas de indios– se habrían beneficiado durante los fríos meses de invierno de esos ocho años. Parte de esa ayuda social se prestó a través de Citizens Energy, de Joe Kennedy.

La idea fundacional la expresó el hijo de Robert Kennedy en 1979 en la inauguración del museo-biblioteca dedicado a la presidencia de su tío John. Joe Kennedy acababa de cumplir 27 años. En aquella resaca de la crisis energética de 1975 le rondaba por la cabeza la posibilidad de crear una compañía que comprara petróleo a los países de la OPEP y lograra proporcionar combustible de calefacción a un precio significativamente menor para las familias de pocos ingresos de Boston. Era una denuncia sobre el abuso de plusvalías que se acumulaban en todo el proceso desde que el crudo salía del pozo hasta que el producto refinado entraba en el tanque del auto o de la caldera de una casa.

Su ímpetu juvenil se encontró con puertas cerradas. Solo en Venezuela se sentaron a escucharle, lógicamente por su apellido. Ante la frustración del sobrino por la imposibilidad de llevar a la práctica su propósito, el senador Ted Kennedy tomó cartas en el asunto. Quien acabó siendo llamado *el león del Senado* recordó que en su oficina había hecho una pasantía Pedro Mario Burelli cuando el padre de este ocupaba el puesto de embajador de Venezuela en Washington (Miguel Ángel Burelli sería luego el último ministro de Exteriores antes del chavismo). El patriarca de los Kennedy pidió al joven Burelli, entonces de 21 años, que echara una mano a Joe para concertar algunas entrevistas en Caracas.

Curiosas urgencias del joven Kennedy

Pedro Mario Burelli rememora el viaje a Caracas deteniéndose en dos momentos, uno que abría esperanzas al acuerdo y otro que después parecía cerrarlas. En la visita al ministro de Energía, Humberto Calderón Berti, este aprovechó que Joe había marchado un instante al servicio para comentar: «mira, ¿sabes qué, Pedro?, él no está pidiendo nada raro. Quiere que le vendamos a precio oficial cinco mil barriles, que no es nada. Obviamente estamos haciendo una excepción, porque no es nuestro cliente típico, pero el esquema que él está tratando de demostrar está bien: que sin ser una economía de escala tú puedes comprar petróleo, transportarlo a Puerto Rico para procesarlo allí, vender la gasolina y llevarte el fueloil al puerto de Boston, y entonces venderlo, con todos los costos cubiertos, a la mitad de lo que lo están vendiendo las multinacionales. Es interesante para nosotros que alguien demuestre que la OPEP no es la que está esquilmando al consumidor, sino que lo excesivo es el margen de beneficio de las multinacionales». «Además», dice Burelli que añadió Calderón, mencionando algo que seguramente con el tiempo también repitió Chávez, «no está mal que nosotros tengamos una buena relación con la familia Kennedy». Cuando Joe regresó del lavabo, el ministro llamó delante de los dos jóvenes al presidente de Pdvsa, el general Rafael Alfonzo Ravard, para que les recibiera al día siguiente.

El general Alfonzo aprovechó que nuevamente Joe Kennedy interrumpió la conversación para ir al baño (curiosa repetición de la urgencia) para también sincerarse con Burelli: «¿sabes, Pedro, cuáles han sido los dos días más felices de mi vida? El día que mataron al padre de este y el día que mataron a su tío: eran unos comunistas». Obviamente era una exageración, propia del tono cuartelario del militar, pero evidenciaba la poca simpatía que sentía hacia ese otro Kennedy y su propuesta.

Debió de ser una bravuconada, o presionó mucho el ministro, porque en febrero de 1980 llegaba al puerto de Boston el primer cargamento de combustible comprado, tratado y fletado por la recién creada compañía de Joe Kennedy, Citizens Energy Corporation, una empresa sin ánimo de lucro. Dado ese carácter de *nonprofit*, Pdvsa pidió inicialmente que parte de las ganancias se reinvirtieran en algunos planes de desarrollo del Caribe.

La labor social que le permitía su actividad catapultó a Joe Kennedy al Congreso estadounidense. En las legislativas de 1986 fue elegido por el distrito octavo de Massachusetts, que incluía una parte de Boston, y mantuvo ese puesto hasta enero de 1999. La muerte en un accidente de esquí, casi un año antes, de su hermano Michael, quien había gestionado Citizens Energy durante la dedicación política de Joe, aconsejó el regreso activo de este a la compañía.

A su vuelta, Joe Kennedy reactivó la actividad *nonprofit* de la empresa, que se había mantenido, pero como un apéndice menor de negocios lucrativos. Contó con un nuevo impulso cuando, a raíz del Katrina, Chávez quiso jugar a fondo la carta propagandística que le permitía el combustible subvencionado en Estados Unidos. Ya no era Pdvsa la que vendía directamente los barriles de crudo a Citizens Energy, sino que Citgo ahorraba el trabajo de refinado y transporte y le entregaba a Kennedy el fuel ya listo para su distribución a los particulares.

Los tratos con el chavismo expusieron a Joe Kennedy a continuas críticas políticas y le obligaron con frecuencia a tener que dar explicaciones. «Si consumiéramos solo petróleo de aquellos con los que moralmente estamos de acuerdo, acabaríamos con una lista muy pequeña», advertía en una de sus autodefensas ante la prensa local de Boston. Añadía que si se consideraba inaceptable que los pobres pudieran beneficiarse del petróleo venezolano subvencionado, qué decir entonces «de los coches, botes, jets y calderas de los ricos» que utilizan combustible de la misma procedencia a precio completo. «¿Por qué simplemente ir contra una pequeña porción que ayuda a ancianos y familias con dificultades», al tiempo que se pasa por alto el resto de millones de barriles de petróleo venezolano que llegan a Estados Unidos cada año?

La respuesta a esa pregunta vino varias veces del propio Burelli, cuya amistad inicial con Joe Kennedy derivó en enfrentamiento. Entre otras consideraciones, su argumento era que la Venezuela chavista podía regalar combustible por el margen que le aportaba un precio oficial del barril excesivo y del que el propio Chávez fue responsable. En la cumbre de la OPEP de 2000 en Caracas, el presidente venezolano promovió sustituir la política volumétrica que se practicaba por una de precios, como vía para aumentar ingresos. Ya entonces, con el crudo en la veintena de dólares por barril, Chávez proclamaba que el precio justo debía acercarse a cien dólares.

Burelli estima que del monto que llegó a costar el barril durante muchos años, entre siete y diez dólares era lo que el consumidor de todo el mundo pagaba de más *gracias* al dirigente caribeño. Lo llama el *Chávez Premium*. Así que «mientras 45.000 familias en el área de Boston podían obtener un alivio de tres semanas gracias a la dadivosidad del presidente de Venezuela, cada familia en Estados Unidos estaba pagando mucho más cada día por gasolina, diésel, fuel de calefacción, lubricantes, electricidad y demás, por la temeridad de Hugo Chávez».

«Defender a los pobres nunca es fácil», exclamaba Joe Kennedy II en una carta a Su Excelencia el presidente Chávez en enero de 2012. «Como usted sabe», le decía, «invita a brutales ataques, pero hay millones de estadounidenses que entienden que Venezuela la dirige alguien con un gran sentido de simpatía para servir las necesidades de los que tienen menos entre nosotros». No era fácil ser valedor del comandante en Estados Unidos, pero tampoco estaba mal pagado. A pesar de que Citizens Energy no tenía ánimo de lucro, en realidad la distribución del combustible la realizaba una empresa que sí tenía afán de ganancias, Citizens Enterprises. Esta pagaba a Kennedy y a su mujer la mayor parte de su salario, de cuatrocientos mil dólares mensuales por cabeza, según puso de relieve el portal HumanEvents.com, en un estudio que no fue denegado.

Béisbol en la isla de Moby Dick

Hubo un momento en que las relaciones entre Venezuela y Estados Unidos parecían poder ir incluso más allá de la normalidad. En verano de 2003, en la isla de Nantucket, frente al cabo Bacalao, en Massachusetts, parlamentarios de ambos países jugaron un partido de béisbol. Nicolás Maduro capitaneaba uno de los dos equipos. Entonces era jefe de la fracción del Movimiento V República, nombre en ese momento del partido de Hugo Chávez, en la Asamblea Nacional. Diputados del chavismo y de la oposición y congresistas demócratas y republicanos jugaban mezclados, en una jornada al sol en la que también había participado el senador John Kerry. El episodio de bateadores y *pitchers*, en la isla que inspiró escenas de *Moby Dick*, lo describe Roger Santodomingo en su biografía sobre el sucesor de Chávez, *De verde a Maduro* (2013)

Aquello fue la experiencia del llamado Grupo de Boston. Se trató de un foro interparlamentario binacional, formado por miembros electos situados a ambos lados de la divisoria ideológica de la Asamblea Nacional venezolana y del Congreso estadounidense. El objetivo principal era crear un marco distendido para el diálogo político en Venezuela, en un momento de enorme confrontación interna. La breve expulsión de Chávez de la presidencia en abril de 2002 y las huelgas que la precedieron y sucedieron habían roto todos los puentes. La idea era propiciar encuentros en un entorno distinto al habitual, donde los diputados venezolanos pudieran hablar abiertamente entre ellos y sacar lecciones de la colaboración parlamentaria que existía en una democracia consolidada como la de Estados Unidos. El impulso partió del embajador estadounidense en Caracas, Charles Shapiro, y descansó en gran medida en los esfuerzos del republicano Cass Ballanguer y del demócrata William Delahunt.

Las sesiones preparatorias tuvieron lugar en Boston, de ahí el nombre del grupo. La primera reunión se desarrolló en septiembre de 2002 en el remoto pueblo de Brewster, también en Massachusetts, y la segunda fue la ya mencionada de la isla de Nantucket, al año siguiente. Fueron encuentros de cincos días a los que asistieron en conjunto entre una veintena y una treintena de parlamentarios de ambos países, seguidos de algunos viajes a Caracas de la contraparte estadounidense.

Uno de los que corrió de base en base el día del béisbol fue Leopoldo Martínez, además en el equipo de Maduro, lo que demostraba las paces que, al menos momentáneamente, todos habían hecho. Martínez había sido nombrado ministro de Economía en la brevísima presidencia de Pedro Carmona de abril de 2002, y eso estaba aún muy fresco. Pero ya que estaban allí para tender puentes, justamente era ese tipo de confrontaciones las que había que superar. «La polarización en Venezuela se había agudizado y era muy difícil el diálogo interno en el país. Además, porque Chávez desarrolló la narrativa de que Estados Unidos estaba detrás del golpe de 2002 y de todo lo malo que ocurría, desde un apagón a cualquier otra cosa que no funcionaba, las relaciones con Estados Unidos se habían resentido mucho», explica Martínez, hoy presidente del Centro para el Desarrollo de la Democracia en América, con sede en Washington. El objetivo del

Grupo de Boston era, por tanto, doble: «en la política interna, permitir una ocasión de diálogo entre chavismo y oposición; en la política exterior, suavizar las tensiones que se habían producido en las relaciones bilaterales».

Leopoldo Martínez considera que la iniciativa tuvo «sus cosas buenas y sus tiros por la culata». Entre las primeras cita la postergación de varias leyes que la oposición rechazaba y que el Gobierno aceptó retrasar hasta la celebración en 2004 del referéndum revocatorio sobre la continuidad de Chávez. Entre los segundos, el hecho de haber pactado un canal de televisión sobre la actividad de la Asamblea Nacional, que al final fue otro espacio de voz única chavista. Pero lo que más lamenta Martínez es que la vida del Grupo de Boston terminara de manera abrupta, por imposición del presidente venezolano. «Chávez comenzó a sentir que era algo que estaba tomando vuelo, con un dinamismo propio. Y eso era lo importante: se trataba de que la Asamblea Nacional fuera un espacio de encuentro de ideas y personas; de que los mismos diputados oficialistas vieran que sus puestos podían ser una plataforma de construcción de liderazgos políticos. La figura de Chávez era ya asfixiante para la creación de relevos en el oficialismo y lo acabó siendo más. Chávez prohibió a sus diputados que siguieran participando en las reuniones y se acabó el Grupo de Boston, a pesar de algunos intentos de reavivarlo».

La corta experiencia acabó, pero el chavismo había tomado nota de los nuevos amigos de Venezuela que habían surgido en Estados Unidos, especialmente aquellos miembros del Grupo de Boston que más comprensivos se habían mostrado con Chávez, como los demócratas William Delahunt y Gregory Meeks. Con los años, cuando llegó a presidente, Maduro intentaría resucitar alguna complicidad con John Kerry, para entonces jefe de la diplomacia estadounidense, pero los tiempos de Nantucket quedaban muy lejos.

Firmas de *lobby* en nómina

Clave en la creación de una red de benefactores en Estados Unidos fue Bernardo Álvarez, a quien Chávez envió de embajador a Washington en enero de 2003. Diputado cinco años en la comisión parlamentaria de Energía y Minas, y luego, tras la llegada de Chávez a la presidencia, viceministro de ese ramo, Álvarez tenía ya contactos en el mundo petrolero y sabía la metodología que debía seguir para aprovechar bien en Estados Unidos el principal recurso venezolano. Una de las misiones con las que llegó a Washington fue la de controlar políticamente la petrolera Citgo, como había hecho Chávez con su matriz, Pdvsa. Álvarez propició el matrimonio entre Joe Kennedy y Citgo, y utilizó los programas sociales de esta para impulsar las campañas electorales de miembros del ala izquierda del Partido Demócrata, como William Delahunt y Gregory Meeks. También estrechó la alianza con la petrolera estadounidense Chevron, una de las mayores del mundo, con la que ya había tratado en Caracas a raíz de sus importantes inversiones en Venezuela. La aproximación a Chevron la justificaba con el criterio de que «hay que casarse con una de las grandes de aquí».

Bernardo Álvarez aplicó a sus aliados en el Congreso de Estados Unidos, cuyas voces necesitaba que salieran en defensa de Chávez, el mismo esquema que este usó con los países caribeños para lograr su voto en la Organización de Estados Americanos: la entrega de petróleo financiado ventajosamente. Álvarez llevó el combustible de Citgo a decenas de hogares de las circunscripciones electorales de cuantos congresistas estadounidenses estuvieran dispuestos a reconocer los éxitos chavistas. Documentos de la compañía indicaban el propósito de «fomentar y promover las relaciones con personalidades clave, incluyendo funcionarios electos».

Durante todo este tiempo el gran aliado en la colina del Capitolio fue William Delahunt, miembro de la Cámara de Representantes por un área de Massachusetts contigua a la que representó Joe Kennedy II. Ambos coincidieron dos años, en 1997 y 1998, como congresistas. Delahunt siguió en el puesto hasta 2011, cuando creó su propia firma de *lobby*, Delahunt Group. En 2005 se prestó a un acuerdo con Chávez para patrocinar políticamente el reparto del combustible de Citgo a siete estados del noreste de Estados Unidos, más allá del programa *Joe4oil* de Kennedy. La iniciativa fue cuestionada por congresistas republicanos en el Comité de Comercio de la Cámara de Representantes, al considerar que violaba las leyes federales antitrust, dado que Citgo, la única compañía petrolera que había atendido la llamada del Congreso para aliviar las condiciones de familias pobres durante el invierno, era una empresa pública. En 2013 el programa alcanzaba a veinticinco estados y el Distrito de Columbia.

Delahunt visitó varias veces a Chávez en Caracas. También asistió a su funeral, integrando la delegación oficial de bajo perfil que envió la Administración Obama. Esta estaba formada además por James Derham, encargado de negocios de la embajada de Estados Unidos (desde 2010 ambos países tenían paralizado el intercambio de embajadores), y el congresista Gregory Meeks. Al acto también acudieron a título individual Joe Kennedy II, el actor Sean Penn y el reverendo Jesse Jackson.

Gregory Meeks debía su presencia en el funeral a la defensa del chavismo que había hecho entre los afroamericanos del Congreso estadounidense, el Caucus Negro, donde también había empujado la misma agenda su colega Charles Rangel. Rangel, congresista decano de Nueva York, nacido en Harlem de padre puertorriqueño, llevaba ya varios decenios representando al Bronx, por diferentes distritos electorales; en algunos de ellos pasó el relevo a José Serrano, igualmente de origen boricua.

Era precisamente en el Bronx neoyorquino donde Citgo llevaba a cabo el más trompeteado de sus programas de asistencia. Para refrendarlo personalmente, Chávez acudió allí en 2006. Fue en el mismo viaje en el cual el presidente venezolano apareció en la tribuna de la Asamblea General de las Naciones Unidas y bromeó sobre el olor a azufre, por demonio, que había dejado allí George W. Bush. Mucha opinión pública internacional rió esa ocurrente caracterización del presidente de la primera potencia mundial, así que el comandante se vio aún con mayor ánimo jocoso cuando después pronunció otro discurso en una iglesia baptista del Bronx: al fin y al cabo estaba en territorio amigo, el de los congresistas Charles Rangel y José Serrano, regado generosamente por el fácil combustible venezolano. Pero aquello no era un foro internacional, sino puramente estadounidense, de forma que, como es normal, los insultos de un presidente extranjero al presidente propio –aquí Chávez trató de borracho a Bush– fueron rechazados por insolentes. También Delahunt se distanció convenientemente de los improperios lanzados por Chávez en aquella visita. No obstante, a pesar del incidente, todo continuaría luego igual: *business as usual*.

Por insistencia de su sobrino, el senador Ted Kennedy se sumó en alguna ocasión a la cuadrilla que en Washington echaba capotes al matador Chávez. En 2004 le envió una felicitación por su victoria en el referéndum derogatorio, convocado a petición de miles de ciudadanos opositores que pretendían retirarle de la presidencia. Las acusaciones de proceso fraudulento las quiso acallar en parte Chávez exhibiendo en televisión la carta del patricio Kennedy, con su firma y el membrete del Senado de Estados Unidos.

El mal lugar en el que quedó el senador, que se había visto utilizado, lo pudo subsanar tres años después, sumándose en 2007 a una resolución del Senado contra el cierre del canal privado de televisión RCTV, una acción administrativa que se percibió como un salto en el deterioro de las libertades en Venezuela. Copatrocinaban la resolución Hillary Clinton, Barack Obama, John Kerry y John McCain, es decir, todos los senadores que en ese momento tenían aspiraciones presidenciales inmediatas. Estaba claro que ninguno de ellos quería arriesgar ni un solo voto por parecer demasiado blando con el chavismo.

La necesidad de mejorar su imagen en la capital del imperio llevó también a la Venezuela chavista a contratar el servicio de *lobbies*. Mientras el embajador Bernardo Álvarez aprendía a manejarse en Washington y creaba sus propias conexiones, la labor de interlocución con el *establishment* fue encargada a finales de 2003 a Patton Boggs, la mayor firma de *lobby* que operaba a orillas del Potomac. Especial preocupación, en aquel momento, era la vinculación que los medios establecían entre las FARC colombianas, tanto en su vertiente guerrillera como de narcotráfico, y el Gobierno de Venezuela. El memorándum preparado por ese despacho, colgado luego en internet a raíz de una filtración, consideraba que eran acusaciones «perpetuadas por los medios venezolanos controlados por la oposición y apoyados por simpatizantes de la derecha política en Estados Unidos».

La colaboración con Patton Boggs fue corta en el tiempo y larga en el presupuesto: en poco más de un año tuvo unos honorarios cercanos al millón de dólares. De la compañía de *lobby* más establecida en Washington, la cuenta de Venezuela pasó a un *lobista* individual bastante orientado hacia la izquierda, el abogado puertorriqueño Segundo Mercado Llorens, quien entre 2005 y 2007 cobró 240.000 dólares por su trabajo para la Venezuela Information Office (VIO). Esta oficina, impulsada a finales de 2003 por el embajador Álvarez como el brazo de relaciones públicas del Gobierno de Chávez en la capital estadounidense, se proponía «presentar al público de Estados Unidos una visión más precisa del actual proceso en Venezuela, establecer aliados estratégicos para el pueblo de Venezuela y evitar que el Gobierno de Estados Unidos intervenga en el proceso democrático de Venezuela», tal como se especificaba en el registro oficial ante el Departamento de Justicia estadounidense.

En esa Oficina de Información de Venezuela trabajaron dos personas que luego, cuando más adelante languidecieron sus actividades, pasaron al Center for Economic and Policy Research (CEPR). Este centro, y sobre todo su codirector Mark Weisbrot, han sido firmes defensores de Chávez y su legado. Los informes de Weisbrot eran los citados por los chavistas cuando necesitaban invocar a un economista anglosajón que avalara las prácticas del Gobierno venezolano. Weisbrot fue coautor del guión de *South of the Border* (2009), documental de Oliver Stone rodado para mayor gloria de Chávez y los Castro. En las breves biografías que el CEPR presentaba de Deborah James y Alex Main no se decía que previamente trabajaron para la Venezuela Information Office (James fue su directora) y que, por tanto, estuvieron a sueldo de Caracas. No era un olvido: era intencionado. «¿Es que no sabes que decir en esta ciudad que trabajas para Chávez es tóxico?», admitió Weisbrot cuando alguien le advirtió de esa omisión.

En total, contando también a las empresas de *lobby* contratadas por Pdvsa o Citgo para influir en asuntos petroleros, durante la presidencia de Chávez Venezuela acudió a una docena de firmas para esa actividad de cabildeo en Estados Unidos, según el cómputo del periodista Casto Ocando. Entre las personas listadas en la nómina de esta campaña estuvo Eva Golinger, estadounidense de orígenes maternos venezolanos. Piropeada por Chávez como «la novia de Venezuela», Golinger creó el Venezuela Solidarity Committee, domiciliado en su dúplex de Brooklyn. Aunque encumbrada por el chavismo, su poder de convocatoria en Nueva York fue mínimo.

Toda esa actividad le permitió a Chávez abrir algunas puertas en Estados Unidos, pero al final siempre se imponía el tono antiyanqui de la revolución. Ni siquiera la llegada a la Casa Blanca de Barack Obama, a quien Chávez aconsejó votar en 2008 y 2012, supuso una normalización de las relaciones. «Las decenas de millones que hasta ese momento se había gastado Venezuela en pagar a las más costosas firmas de cabildeo en Washington, y los multimillonarios acuerdos y contratos con la ayuda de poderosas familias para repartir combustible barato a comunidades pobres de Norteamérica, ya no le funcionaban políticamente a Chávez», dice Ocando en *Chavistas en el Imperio*. Y es que el problema en la labor de *lobbying* no era el vendedor sino el producto. «Chávez siempre se las arreglaba para cabrear a todos en Estados Unidos. Por una cosa u otra tenía enfadados a los demócratas, a los judíos, a los republicanos...», sentencia Pedro Mario Burelli. Fue un despilfarro a cuenta del cambio de humores del presidente.

El extraño amor con Chevron

«¿A qué Gobierno te quieres cargar? ¿Al de Chávez o al de Bush?». La reunión entre el Departamento de Energía y el Departamento de Estado estaba yendo mal. Con un Chávez vociferante contra George W. Bush, día sí y día también, los altos funcionarios de la secretaría de Estado ya no sabían cómo bajarle los humos al presidente caribeño, así que hubo quien propuso que Estados Unidos dejara de comprar petróleo a Venezuela, según refiere privadamente uno de los presentes. Sus colegas del Departamento de Energía sabían que con los grandes conglomerados energéticos no se juega: Chevron, la segunda gran petrolera de Estados Unidos, tras ExxonMobil, y una de las *supermajors* del sector en el mundo, tenía claros intereses en los pozos venezolanos, y parte del crudo que llegaba de ellos a Estados Unidos, alrededor de un millón de barriles diarios, aumentaba la caja de la multinacional.

Condoleezza Rice se incorporó al frente del Consejo de Seguridad Nacional procedente precisamente de Chevron. Hasta ese momento presidía el Comité de Política Pública de la multinacional y se sentaba en su consejo de administración. Cuando Rice pasó de consejera de Seguridad Nacional a secretaria del Departamento de Estado, algunos funcionarios fueron testigos de llamadas telefónicas de Chevron que presionaban sobre determinadas políticas referentes a Venezuela, de acuerdo con el citado exfuncionario. El hecho de que el entonces vicepresidente, Dick Cheney, hubiera sido previamente CEO de Halliburton, una multinacional de servicios y equipos para campos de petróleo, suponía que las dos personas más influyentes sobre Bush conocían bien los *lobbies* del sector.

La relación con Venezuela de la multinacional con sede en San Ramón (California) venía de antiguo, pues compañías que luego darían origen a Chevron ya operaban en ese país en la década de 1920. Pero el chavismo estrechó la vinculación. Las arbitrariedades petroleras de Chávez supusieron la ruptura con otras grandes corporaciones. Cuando en 2007 el Gobierno de Caracas obligó a toda empresa extranjera a abandonar la producción directa y formar sociedades mixtas con Pdvsa, en las que esta tendría mayoría, varias de las llamadas *Big Oil*, como Exxon y Total, se negaron a aceptar esa nacionalización y prefirieron marcharse de allí antes que entregar su propia tecnología e inversiones en marcha. Exxon y ConocoPhillips pidieron indemnizaciones millonarias. En cambio, Chevron siguió en los campos venezolanos.

Los tratos previos del embajador Bernardo Álvarez en Washington y la interlocución de Ali Moshiri, presidente de la empresa para África y Latinoamérica, habían permitido un entendimiento basado en el mutuo favor. La multinacional firmó en 2007 la participación con Pdvsa en las sociedades Petroindependiente y Petroboscán, que explotaban pozos del área Maracaibo oeste, y en PetroPiar, concentrada en la Faja del Orinoco. Además, los estadounidenses tenían licencia de extracción de gas *offshore*, en dos bloques de la plataforma Deltana, frente al delta del Orinoco.

Siempre hubo rumores sobre la presencia de personas de la Administración chavista en la nómina de Chevron, pues era raro que dirigentes con amplias credenciales izquierdistas que se pronunciaban contra las multinacionales gringas se abstuvieran en cambio de criticar a Chevron. Pero para John Watson, presidente y CEO de la compañía californiana, no había más que una relación basada en el largo tiempo de trato. «Hemos estado en Venezuela por muchos años y tenemos un buen historial con el Gobierno venezolano», me respondió la vez que le abordé.

Atados por el petróleo, uno más que el otro

En el colapso al que se enfrentaba Venezuela acabada la era Chávez los cargamentos de petróleo y derivados vendidos a Estados Unidos suponían unos ingresos vitales, tanto por su cuantía como por la recepción de divisas. Era casi el único volumen vendido a pleno precio. El resto, básicamente, era el petróleo dado a Cuba, el subvencionado para el consumo doméstico, el entregado a las naciones de Petrocaribe a cambio del pago parcial en especie y el cobrado por anticipado a China. Por preservar esos compromisos, además, dado el descenso global de la producción por falta de inversiones y mantenimiento en los pozos, la cuota vendida a Estados Unidos había ido bajando.

En 1998, el año antes de que Chávez comenzara a gobernar, las exportaciones a la primera potencia del mundo habían llegado a un máximo de 1,37 millones de barriles diarios. En 2013 habían caído a los setecientos mil barriles por día, casi un cincuenta por ciento, según los datos de la Administración de Información de la Energía (EIA) estadounidense. Ese declive no importó al principio, pues se compensaba con el creciente aumento de los precios en el mercado, pero cuando éste primero se estabilizó y luego comenzó a bajar, los ingresos se redujeron, poniendo en aprietos las cuentas públicas venezolanas.

La dependencia de Estados Unidos que sufría Venezuela para seguir contando con afluencia de *cash* se hacía más evidente teniendo en cuenta que difícilmente el país caribeño podía encontrar otro comprador que se quedara con el abultado cargamento diario que exportaba hacia el norte. «Ningún otro país tiene al mismo tiempo las grandes necesidades de energía y la capacidad de refinamiento para procesar crudos pesados que absorba el volumen de petróleo venezolano», advierten los expertos Javier Corrales y Michael Penfold en *Dragon in the Tropics*. «El único mercado que conceptiblemente podría absorber la cantidad de petróleo que Venezuela vende a Estados Unidos es China, pero ese mercado es inalcanzable, por razones técnicas, económicas y políticas». Esas razones hacen referencia a la falta de refinerías apropiadas en China; al coste de traslado, lo que pone en desventaja el crudo venezolano respecto al de otros exportadores más cerca de la gran potencia asiática, y a la prudencia con la que se anda Pekín al colarse en el patio trasero de Estados Unidos.

Venezuela ciertamente estaba exportando crudo al enorme país emergente asiático: en 2013 fue el veintitrés por ciento de la producción, frente al 30,2 por ciento destinado a Estados Unidos y el 13,1 por ciento a naciones del Caribe. Pero lo hacía en el marco del llamado Fondo Chino, una sucesión de créditos otorgados por China, pagados con petróleo a futuro ante la necesidad venezolana de liquidez. A Pekín le salía a cuenta la transacción porque se cobraba los intereses y además ganaba contratos en Venezuela para sus empresas. Sin esas condiciones, a China no le habría salido rentable su relación con Pdvsa. De hecho, no le interesaba el petróleo venezolano para su consumo, sino que la mayor parte lo vendía en el mercado secundario, sin necesidad de llevarlo hasta sus puertos.

Mientras Venezuela seguía necesitando las compras y el consumo estadounidenses, Estados Unidos había ido disminuyendo su necesidad del petróleo de ese país. En realidad nunca había dependido estrictamente de él, pues en caso de emergencia Washington podía buscar fácilmente alternativas aumentando las cuotas importadas de otros países. «Si hace diez años podía existir la impresión en Estados Unidos de que Venezuela tenía algún tipo de poder económico, en la relación entre ambos países, a tenor del nivel de sus exportaciones petroleras hacia el norte, hoy la situación se percibe de modo distinto», valora Harold Trinkunas, director de Latin America Initiative de Brookings Institution.

Estados Unidos encara además un estadio de independencia energética. La revolución que ha supuesto el *fracking* le ha llevado a erigirse en el primer productor de gas natural del mundo y a estar en condiciones de saltar del tercer puesto al primero en la producción de petróleo, sobrepasando a Arabia Saudí y Rusia. Diferentes estudios estiman que la potencia norteamericana podría alcanzar la independencia energética hacia 2035.

Entre 1998 y 2013 el petróleo importado por Estados Unidos procedente de Venezuela bajó del 13,5 al 9,8 por ciento del total llegado del exterior, por detrás de las cifras correspondientes a las importaciones procedentes de Canadá, México y Arabia Saudí. Mientras para Washington retrocedía la importancia del crudo venezolano, para Venezuela aumentaba la dependencia: en ese periodo las ventas petroleras a Estados Unidos subieron del 55 por ciento al 65 por ciento de los ingresos totales de Pdvsa por exportación.

Dada esa dependencia, podría sorprender que en 2014 el Gobierno venezolano anunciara la intención de vender Citgo, la subsidiaria de Pdvsa en Estados Unidos. Pero es que la urgencia de evitar una bancarrota obligaba a Caracas a operaciones de capitalización, y Citgo era uno de sus principales activos. Además, aunque la vendiera, Pdvsa sería requerida durante un tiempo a seguir llevando crudo a las instalaciones de Citgo, con una capacidad de refinación de ochocientos mil barriles diarios, pues están adaptadas a las características del petróleo pesado de Venezuela.

Si a Venezuela le convenía preservar los vínculos comerciales con Estados Unidos, ¿a qué venía el tono antiyanqui del Gobierno chavista? Harold Trinkunas lo interpreta como una forma de darse importancia, de verse como protagonista. Enfrentarse retóricamente con Estados Unidos tiene sobre todo la utilidad de que eso a uno le ensalza, le eleva de tamaño ante los demás. «Es decir al mundo: mirad, estamos luchando contra la mayor potencia del mundo y aquí seguimos. Es algo común de los *rogue states*. La forma que tienen de afirmar su identidad como países importantes es esa lucha verbal, que evidentemente se queda en ese estadio retórico porque la lucha verdadera no es algo realista de plantear». El histórico resentimiento de las naciones latinoamericanas hacia el pasado imperialista del vecino grandullón y rico, especialmente invocado por la izquierda del continente, explica también esa fijación.

Yanquis go home, pero vamos al *shopping mall*

Se trataba de una esquizofrenia en la que recurrir al antiimperialismo tenía mucho de pose. Baste mencionar la pasión por Florida desarrollada por muchos altos dirigentes y militares del chavismo, con sus frecuentes viajes para realizar compras en los *malls* de Miami o con su adquisición de propiedades, algunas realmente exclusivas, echando mano de su abultada chequera. «Es algo que no me he podido explicar, parecen vivir en una contradicción a la que están tan acostumbrados que ya ni se cuestionan», comenta el periodista Casto Ocando, que ha investigado muchas de esas fortunas acumuladas en Estados Unidos. «Durante quince años han difundido un discurso en favor de los pobres y contra el *Imperio*, que doblemente vulneran. Traen sus familias enteras para acá, compran bienes, hacen inversiones, tienen caballos... No estoy hablando de personas al margen de la revolución, sino de su corazón mismo».

De ahí que el estribillo del *yanquis go home* sonara muchas veces a una muletilla reclamada por un guión que se repite sin gran convicción personal. En su primera visita a Washington de su carrera política, Nicolás Maduro mostró menos susceptibilidad hacia Estados Unidos de la que cabía esperar del discurso oficial. Incluso pecó de ingenuo. En otoño de 2001, cuando no era más que miembro de la Asamblea Nacional, acudió a la capital estadounidense en compañía de otros diputados. En el grupo viajaban además Calixto Ortega, Ismael García, Rodrigo Cabezas, Didalco Bolívar y Cilia Flórez, con quien Maduro se casó en 2013 tras años de convivencia. En el Departamento de Estado les atendió Thomas Shannon, que entonces era el director de Asuntos Andinos. A la salida, uno de los de la embajada asegura que oyó el siguiente diálogo cuando preguntaron a los diputados cómo había ido el encuentro:

> Maduro: –«Más bien que el carajo. Hasta café nos dieron».
> Cabezas: –«Nicolás, qué bolas tienes tú. Que aquí dan café a todo el mundo. Si lo que nos acaban de decir es que nos van a dar un golpe de estado los militares renegados».
> Maduro: –«Bueno, sí, pero lo que quiero decir es que no fueron agresivos».

El trato deferente que les había dado la Administración estadounidense no era haberles servido café, sino avisarles de que tuvieran cuidado con el ruido de sables que se escuchaba en Venezuela. Luego la propaganda chavista acusaría a Washington de estar detrás de lo que siempre denunció como golpe, en abril de 2002. Eso fue negado por la Oficina del Inspector General –de carácter independiente– del Departamento de Estado, a preguntas del Congreso. «Lejos de trabajar para promover su derrocamiento, Estados Unidos alertó al presidente Chávez de intentos de golpe de Estado y le advirtió sobre amenazas creíbles de asesinato en su contra», indicó la OIG en julio de 2002. Añadió no haber encontrado nada que indicara que el Departamento de Estado o la embajada en Caracas «planeó, participó, ayudó o estimuló» la acción de fuerza sobre Chávez. La filtración posterior de cables diplomáticos, publicados por Wikileaks, puso de manifiesto que las comunicaciones internas estadounidenses se habían limitado a trasladar la información que estaba en la calle sobre el nerviosismo en la oposición y los cuarteles.

Embajadores de ida y vuelta

Para entonces, las relaciones entre Venezuela y Estados Unidos ya se habían quebrado. Para cada parte hubo un específico punto de quiebre que rompió cualquier ilusión que podían haber albergado sobre una normal interacción. En marzo de 1998, siendo aún candidato a la presidencia, Hugo Chávez vio cómo la Administración Clinton le denegó el visado para viajar a territorio estadounidense, por su participación en el golpe de 1992 contra el orden democrático. Al ser elegido presidente, Washington cambió su actitud y en 1999 Chávez viajó a Estados Unidos, antes y después de tomar posesión. Lo hizo, sin embargo, con la espina clavada del primer rechazo; además ya no hubo tiempo para que el nuevo presidente y la Administración demócrata trataran de explorar bases para la confianza mutua, pues inmediatamente llegaría un abrupto desaire de Chávez hacia Estados Unidos.

A finales de 1999 Venezuela sufrió graves deslizamientos de tierra y diversos países, entre ellos Estados Unidos, prestaron auxilio en esa emergencia. Tras una primera recepción de ayuda estadounidense, Chávez aceptó el ofrecimiento de Washington de enviar un grupo de cuatrocientos ingenieros del Ejército, que colaborarían en la reparación de infraestructuras. Pero luego, aconsejado por Fidel Castro, que le hizo sospechar que los ingenieros en realidad podían ser agentes de la CIA, Chávez hizo dar la vuelta a los dos buques de la US Navy que transportaban la ayuda, y eso enojó enormemente a Bill Clinton.

«Los cubanos siempre habían recelado de la relación especial que podía crearse entre Caracas y Washington, por el elevado consumo de petróleo venezolano en Estados Unidos», argumenta Pedro Mario Burelli. «Así que Fidel Castro se encargó de provocar la paranoia de Chávez acerca de ocultos manejos estadounidenses para eliminarle. Castro se hizo necesario con sus informes de espionaje, suministrando a Chávez muchas mentiras sobre conspiraciones. Los barriles de crudo que entonces Venezuela comenzó a enviar a Cuba eran como pago de esa supuesta protección, que en el fondo mantenía a Chávez como rehén». Estados Unidos aplicó entonces la llamada Doctrina Maisto, bautizada así por John Maisto, que era el embajador estadounidense en Caracas en ese final de la presidencia de Bill Clinton. Formulada como «*mind what he does and not what he says*», llamaba a tomar al nuevo presidente por las obras que hiciera, no por la demagogia que predicara.

Pero para Washington no fue fácil hacer oídos sordos a la escalada verbal en la que entró Chávez tras el 11-S de 2001, estrenado ya el mandato de George W. Bush. La simpatía que el líder bolivariano mostró hacia los musulmanes que festejaron los ataques de Al Qaeda llevó a la Casa Blanca, a su vez, a celebrar la forzada huida de Chávez de la presidencia en abril de 2002, aun cuando no la hubiera provocado. Las espadas estaban en alto, en un punto de no retorno. La Administración Bush dio entonces origen a la política que Burelli formula como «*ignore the man completely, but investigate his dees thoroughly*»: comportarse como si Chávez no existiera –Bush nunca pronunció su nombre en público ni respondió a sus provocaciones–, pero examinando concienzudamente su relación con Irán y Hezbolá.

Confiando en un cambio cuando se produjera la esperada llegada de Barack Obama a la Casa Blanca, Chávez reservó una traca final para Bush, expulsando de Caracas al embajador estadounidense, Patrick Duddy, con una soflama en televisión en septiembre de 2008. «Váyanse al carajo, yanquis de mierda, aquí hay un pueblo digno», dijo, solidarizándose con Bolivia en un enfrentamiento diplomático que Evo Morales tuvo con Estados Unidos. Washington correspondió con la expulsión del embajador venezolano, Bernardo Álvarez.

Chávez y Obama se conocieron en abril de 2009 en la Cumbre de las Américas de Trinidad y Tobago. El caribeño le regaló un ejemplar de *Las venas abiertas de América Latina*, libro que cuando se publicó en 1971 devino en un clásico de la izquierda continental, pero que a esas alturas su autor, el uruguayo Eduardo Galeano, lo consideraba literatura panfletaria. Obama prefirió pensar que los problemas diplomáticos del pasado se debían al carácter *neocon* de la Administración Bush. «Los venezolanos tienen Citgo y su presupuesto de Defensa es seiscientas veces menos que el nuestro», dijo en rueda de prensa antes de partir de la cumbre, dando a entender que no había razón para que ambos países se llevaran mal.

Obama prefirió que su apuesta por recomponer las relaciones con Venezuela no se debatiera en el Senado, por lo que en julio de 2009 volvió a enviar como embajador al expulsado Duddy, cuya restitución no requería ser votada. La jugada, inusual en la práctica diplomática, se completó con el regreso a Washington del embajador Álvarez. Se ponía así a cero el contador de los agravios mutuos. Pero era absurdo esperar que en Estados Unidos se hiciera la vista gorda respecto a las irregularidades del Gobierno chavista. Cuando en 2010 hubo que sustituir a Duddy, como nuevo embajador en Caracas fue propuesto Larry Palmer. Sus declaraciones en el proceso de nombramiento en el Senado sobre las restricciones a la libertad de expresión en Venezuela y las relaciones de figuras chavistas con la guerrilla colombiana llevaron a Chávez a negarle el plácet. Estados Unidos correspondió retirando el visado al embajador Álvarez.

La DEA no duerme

Barack Obama fue a la reelección en 2012 ignorando a Hugo Chávez. El candidato republicano, Mitt Romney, fue claro: «Chávez ha ofrecido puerto seguro a señores de la droga, ha fomentado organizaciones terroristas regionales que amenazan a aliados nuestros como Colombia, ha fortalecido lazos militares con Irán y le ha ayudado a evadir sanciones, y ha permitido la presencia de Hezbolá dentro de las fronteras de su país». Obama podía firmar tranquilamente esa valoración, pero prefirió rebajar el perfil venezolano: «mi impresión es que lo que el señor Chávez ha hecho en los últimos años no ha supuesto un serio impacto sobre nuestra seguridad nacional» (diría lo contrario avanzado su segundo mandato).

Con una Casa Blanca no deseosa de abrir frentes en Latinoamérica, un Departamento de Estado encargado de aplicar esa política y una Agencia Central de Inteligencia (CIA) concentrada en otras zonas, la Administración para el Control de Drogas (DEA) era la instancia gubernamental de Estados Unidos que más de cerca marcaba al régimen chavista. Dependiente del Departamento de Justicia, la DEA es un instrumento de *law enforcement*: actúa para hacer cumplir la ley, moviéndose por los imperativos de la legislación, no de la política o directrices variables de cada presidente. Aunque este pueda estar poco interesado en confrontar un país extranjero, la agencia antinarcóticos estadounidense no puede abandonar su misión estatutaria, cual es «llevar ante el sistema de justicia civil y penal de los Estados Unidos o cualquier otra jurisdicción competente, a las organizaciones y los miembros principales de organizaciones que participen en el cultivo, la fabricación o distribución de sustancias controladas que surjan en el tráfico ilícito o estén destinadas a tal tráfico en los Estados Unidos».

Esta definición sitúa la actuación de la DEA ampliamente fuera de las fronteras estadounidenses, en colaboración estrecha con numerosos países, y la convierte en un auténtico gendarme del Caribe y de Centroamérica, por donde la droga se mueve hacia Estados Unidos. Para ello cuenta con la inestimable ayuda de las interceptaciones realizadas por las antenas de la Agencia Nacional de Seguridad (NSA), atenta a toda la zona.

En el momento de la muerte de Chávez, el Ministerio Público federal estadounidense había avanzado en la preparación de posibles imputaciones de diversos dirigentes venezolanos, entre ellos personas que estaban o habían estado en el Gobierno, según estiman fuentes que han participado en la acumulación de información para sustanciar algunos de los cargos. Sin embargo, se desconocía cuántas se habían formalizado ya, pues podían haberse concretado en *sealed indictments*, acusaciones formales selladas que se mantienen en secreto a la espera de poder proceder a la captura del acusado o bien de la oportunidad política de su anuncio si implica a altos cargos de países extranjeros.

El primer *indictment* en anunciarse, afectando a alguien realmente clave en el aparato chavista, fue el presentado en julio de 2014 contra el general Hugo Carvajal. Fue desvelado cuando el *Pollo* pudo ser detenido fuera de Venezuela. Pero también podía haber otras causas abiertas contra personas igualmente ya señaladas por el Tesoro, en aplicación de la Kingpin Act o ley contra los capos de la droga, como Ramón Rodríguez Chacín y Henry Rangel Silva. En las investigaciones, además, habían salido nombres de dirigentes incluso más altos, como Rafael Ramírez, Adán Chávez, Tareck el Aissami,

Diosdado Cabello y Nicolás Maduro. El *indictment* contra Cabello parecía haber quedado listo para abril de 2015.

La DEA tiene como responsabilidad «la investigación y la preparación para el enjuiciamiento» de los narcotraficantes que operen «a niveles interestatales e internacionales». Aporta las pruebas para inculpar a los responsables, pero luego es la Fiscalía la que debe presentar el caso ante los tribunales. Además, si se requiere la entrada en Estados Unidos de testigos protegidos para reforzar las acusaciones o la extradición de personas para ser juzgadas, entonces entra en juego el Departamento de Estado o, en el supuesto de estar implicados altos políticos, la Casa Blanca.

¿Por qué, si tantas pruebas apuntaban a que el chavismo convirtió Venezuela en un narcoestado, Washington no había actuado con presteza para castigar a esos capos institucionales responsables de impulsar un comercio que colocaba toneladas de narcóticos en Estados Unidos? Primero pudo haber falta de testimonios, pero la desaparición de Chávez y la inestabilidad de Maduro los impulsó, así que la demora podría atribuirse a un deseo de la Casa Blanca de no entorpecer las conversaciones abiertas secretamente con Cuba para el restablecimiento de relaciones diplomáticas.

Esta disociación entre intereses policiales e intereses políticos daba lugar en ocasiones a tensiones entre las distintas instancias, con frecuentes fricciones entre la DEA y el Departamento de Estado. En varios casos, como en el de las entradas en Estados Unidos de Eladio Aponte, Rafael Isea y Leamsy Salazar, que fueron introducidos en el país por su valor como testigos, la tramitación de sus visados fue más rocambolesca de lo que cabría imaginar de una potencia cuya maquinaria en materia de seguridad aparece tan bien engrasada en las películas. La poca disposición del Departamento de Estado a concederles el visado fue vencida por presiones ejercidas desde el Congreso, suscitadas indirectamente por la DEA sobre algunos senadores o representantes. La amenaza de miembros del Congreso de denunciar la parsimonia de la Administración en la persecución del narco, o de solicitar comparecencias en comisiones que amplificarían las voces más activas del caucus hispánico, surtió efecto.

En ocasiones el *bypass* ingeniado por la DEA es apoyado también por la CIA, pues de la información del *debriefing* de los testigos protegidos también se beneficia directamente la inteligencia. Pero que esas agencias aúnen fuerzas no siempre es garantía de éxito. También puede ocurrir que el Buró Federal de Investigación (FBI) se meta de por medio. Un acuerdo a distintas bandas, que no siempre se alcanza, tarda en ocasiones en concertarse.

¿Acabar como Noriega de Panamá?

Desde la desaparición de Hugo Chávez de la escena pública aumentaron los contactos con Estados Unidos de posibles desertores de la alta jerarquía chavista o de máximos dirigentes oficialistas, tanto civiles como militares, que buscaban algún tipo de acomodo con Washington. Tener sobre la cabeza la espada de Damocles de un *indictment* de Estados Unidos resultaba inquietante. Limitaba enormemente los movimientos en el exterior, por el riesgo a ser detenido por la Interpol o la *longa manus* de las agencias estadounidenses, y cortaba la retirada en caso de caída en desgracia interna o cambio de régimen, pues pocos países iban a estar dispuestos a ofrecer refugio. Así que, como atestigua confidencialmente un intermediario ocupado en varios de esos procesos, la lista de chavistas negociando franquear la puerta del Imperio que tanto criticaron comenzó a ser larga.

Diosdado Cabello, visto como número dos del régimen, fue uno de los primeros que se movilizó. No para dejar Venezuela o para asociarse con Washington, sino para requerir una no beligerancia de Estados Unidos hacia su persona. A comienzos de diciembre de 2012, con Chávez a punto de someterse a la operación de la que ya no se recuperaría, Cabello utilizó la vía diplomática, de forma discreta, para solicitar a Jim Durham, jefe de misión de la embajada estadounidense en Caracas, que transmitiera a sus superiores que, en caso de erigirse en líder, distanciaría su país de Cuba. El presidente de la Asamblea Nacional tenía probablemente evidencias de que la Justicia estadounidense estaba pisándole los talones por su responsabilidad en el narcoestado, así que buscaba que Washington hiciera la vista gorda sobre ese historial para no lastrar su liderazgo en caso de un pulso con Nicolás Maduro.

El fin de semana previo al anuncio de la muerte de Chávez, en marzo de 2013, Cabello estableció contacto, por personas interpuestas, con el entorno de las agencias gubernamentales estadounidenses, según desvela uno de los interlocutores. Se presentaba como alguien dispuesto a romper con los Castro y a cortar los vínculos con Hezbolá. Las conversaciones no fueron lejos: al parecer la CIA se negó a cualquier reunión, como la que Cabello incluso llegó a ofrecer aprovechando su viaje a Roma para la ascensión del Papa Francisco a la sede de Pedro.

También Maduro era consciente de la hipoteca que suponía la actividad de narcotráfico desarrollada por el chavismo. Para evitar represalias de Estados Unidos en el momento vulnerable de su ascenso al poder, Maduro aceleró el intento de restaurar una relación diplomática plena con Washington. La idea era que un clima de normalidad, aunque nunca fuera de amistad estrecha, dificultaría a la Casa Blanca actuar contra integrantes del nuevo Gobierno chavista.

Michael Braun, antiguo jefe de operaciones de la DEA, está convencido de que la imagen del dictador panameño Manuel Antonio Noriega siendo transportado el 4 de enero de 1990 a Miami, tras su detención por tropas estadounidenses que habían invadido Panamá para terminar con el tráfico de drogas promovido por ese país, pasaba con frecuencia por la mente de los mandatarios chavistas. «Una fotografía como la del general Noriega siendo llevado a Estados Unidos es lo último que querían Chávez y sus sucesores», asegura. Una réplica de lo de Panamá no era imaginable en Venezuela, pero había que tomar precauciones.

Antes de la muerte del comandante, a una llamada telefónica hecha a Maduro por Roberta Jacobson, subsecretaria de Estado para el Hemisferio Occidental, le siguió una reunión confidencial en la Casa Blanca entre el embajador venezolano ante la OEA, Roy Chaderton, y Ricardo Zúñiga, jefe del área de América Latina en el Consejo de Seguridad Nacional. A Washington le interesaba el intercambio de embajadores (los puestos estaban vacantes desde 2010), pues deseaba tener en la capital de Venezuela unos completos resortes diplomáticos ante la etapa de incertidumbre que se abría en ese país. Pero Zúñiga planteó que antes de llegar a ese estadio, Estados Unidos requería una visita del director regional de la DEA a Caracas para retomar primero la colaboración en la lucha antinarcóticos. Lo solicitaba como visita «de bajo perfil», pero estaba claro qué le preocupaba a Estados Unidos.

El tanteo se detuvo con el fallecimiento de Chávez. Horas antes de anunciar su muerte, encarando ya las elecciones que iban a celebrarse en un mes, Maduro retomó la retórica electoral antiimperialista de su antecesor y acusó públicamente a «los enemigos históricos» de la patria –léase Estados Unidos– de haber inoculado el cáncer al líder bolivariano. Acto seguido anunció la expulsión del país de dos agregados militares de la Embajada estadounidense, a los que acusó de espionaje. Washington correspondió pocos días después con recíproca medida.

Esa actitud de firmeza la mantuvo la Administración Obama en las jornadas inmediatamente posteriores a las elecciones del 14 de abril de 2013, cuyos resultados oficiales no fueron aceptados por la oposición. «Obviamente hay irregularidades gigantescas, vamos a tener dudas importantes sobre la viabilidad de ese Gobierno (...) Debería haber un recuento», dijo tres días después el secretario de Estado, John Kerry, en una comparecencia ante la Cámara de Representantes. Pero el nuevo presidente tomó posesión sin que se completara un recuento.

Una vez instalado en Miraflores, pero necesitado de un reconocimiento internacional, Maduro volvió a propiciar el acercamiento a Estados Unidos. En junio de 2013 John Kerry y Elías Jaua, titular de Exteriores venezolano, se dieron la mano en la asamblea general de la OEA de Antigua (Guatemala). «Podremos nombrar embajadores este mismo año», anunció Jaua.

Pero al mes llegó otra crisis diplomática, a raíz del ofrecimiento de Venezuela para acoger a Edward Snowden, el analista de la Agencia Nacional de Seguridad estadounidense que divulgó comprometida información sobre los enormes volúmenes de datos de comunicaciones electrónicas entre ciudadanos que esa agencia almacenaba. En julio de 2013 Kerry advirtió claramente que Estados Unidos recibiría como muestra de hostilidad que Snowden se trasladara de Moscú, donde se encontraba huido, a Venezuela. Sorprendía que cuando ningún país en el mundo abría sus puertas a Snowden –no lo hacía Cuba, ni siquiera Ecuador, en cuyo consulado londinense estaba refugiado Julian Assange, fundador de Wikileaks, también enemigo público de Washington– lo hiciera una Venezuela con ya bastantes problemas. Snowden se quedó donde estaba, pero en un comunicado Caracas dio «por terminados los procesos de acercamiento» con Washington.

Maduro volvió a la cuestión de intercambio de embajadores curiosamente en medio de los disturbios que comenzaron a extenderse por el país en febrero de 2014. Sin embargo, tan pronto decía querer tender puentes como los destruía acusando a Estados Unidos de preparar un golpe de Estado. El canciller Jaua llamó «asesino del pueblo venezolano» al mismo Kerry a quien hacía casi un año daba la mano. Acostumbrados a insultar de ese modo a los líderes de la oposición, los dirigentes chavistas parecían no darse cuenta de la barbaridad. «Ustedes son descaradamente mentirosos», respondió el Departamento de Estado.

A raíz de las protestas callejeras de 2014, en las que hubo 43 muertos, casi novecientos heridos y más de dos mil quinientos detenidos, el Congreso estadounidense promovió una iniciativa para negar visados de entrada a Estados Unidos y congelar activos en ese país a los responsables de violar derechos humanos en Venezuela; luego se amplió a los autores de corrupción pública. La Administración Obama se resistió a aplicar ese régimen de sanciones, pero una vez anunciado el 17 de diciembre de ese año el acuerdo de intenciones con La Habana para restablecer relaciones diplomáticas, la Casa Blanca se sintió libre para actuar: al día siguiente el presidente estadounidense firmó la ley. En marzo de 2015 Obama promulgó una orden ejecutiva que definía la situación en Venezuela como «inusual y extraordinaria amenaza para la seguridad y la política exterior» de Estados Unidos. La orden aplicaba las sanciones a siete funcionarios.

Obama pensó que el deshielo con Cuba rompería el maleficio que siempre ha acompañado a Estados Unidos en su relación con Latinoamérica. Normalizada su relación con la isla, también las demás naciones debían aceptarle como un socio normal en los asuntos del continente. Pero el coloso del norte, por su hegemonía, siempre será un punto y aparte. Además, Cuba seguía alimentando en la región el resentimiento hacia el Tío Sam, ahora a través de Venezuela. Se vio en la Cumbre de las Américas de abril de 2015 celebrada en Panamá: Obama sin duda fue abrazado por su aproximación a Cuba, pero también recibió críticas por su tensión con Caracas.

En las conversaciones secretas con Cuba, el Vaticano había prestado buenos servicios. Así que Estados Unidos también quiso que la Santa Sede mediara en fomentar el diálogo entre Gobierno y oposición en Venezuela. El Departamento de Estado, como confiesan medios diplomáticos españoles, pidió a España que hiciera sigilosas gestiones en Roma. España hizo de correo aunque estaba escaldada en su relación con el chavismo.

10

DEL PAÍS DEL *¿POR QUÉ NO TE CALLAS?*

ETA, Podemos: cosas que esconder a España

Mariano Rajoy optó por una copa de vino tinto, un Rioja de las bodegas Lan, al entrar en el comedor de la residencia del embajador español en Washington. Acababa de condecorar en el gran salón del piso de arriba al senador Bob Menéndez, demócrata de Nueva Jersey, con la orden de Isabel la Católica, y ahora era el momento de conversaciones relajadas. Por la mañana, el presidente del Gobierno español se había entrevistado en la Casa Blanca con Barack Obama. Ese 13 de enero de 2014 fue vivido por Rajoy, su jefe de gabinete, Jorge Moragas, y el resto de su equipo como una gran victoria. Tras dos años al frente del Ejecutivo español, en los que ambos mandatarios habían conversado brevemente en encuentros internacionales, finalmente Rajoy había sido recibido en la Sala Oval.

Con la sensación casi de haber derribado los muros de Jericó, Rajoy recordó esa noche que no todo el mundo le había abierto sus puertas. «¿Te querrás creer que Nicolás Maduro es el único presidente con el que no he hablado, ni siquiera cuando él era canciller?», comentó el dirigente español a Pedro Mario Burelli, exdirectivo de Petróleos de Venezuela y destacado expatriado venezolano residente en Washington. Rajoy había hecho varios viajes a Latinoamérica con motivo de diversos encuentros multilaterales, pero Maduro no parecía haber estado muy interesado en cuidar lazos más allá del Alba.

Con Hugo Chávez las cosas habían sido algo distintas, aunque con él España no siempre mantuvo relaciones fáciles. Baste recordar el famoso «¿por qué no te callas?» que le espetó el Rey Juan Carlos en la Cumbre Iberoamericana de 2007, celebrada en Santiago de Chile. La reacción del monarca, cortándole en público cuando Chávez estaba interrumpiendo con comentarios el discurso del presidente del Gobierno español, José Luis Rodríguez Zapatero, «le dejó deprimido, porque le afectó enormemente el ego, pues hasta entonces nadie le había cacheteado en la escena internacional», afirma alguien que entonces trabajaba estrechamente con el líder venezolano en su Ejecutivo. Pero si las relaciones no habían sido especialmente amigables en la era Chávez, al menos se podían calificar de conllevables.

Una muestra del aceptable estado del contacto diplomático que había existido fue el intercambio de saludos que hubo entre ambas partes cuando en noviembre de 2011 el Partido Popular (PP) ganó las elecciones en España y desalojó del Gobierno al Partido Socialista Obrero Español (PSOE). En las horas que siguieron a la noche electoral, el embajador venezolano en Madrid recibió un mensaje personal. «Dile al Gobierno y al Presidente Chávez que Mariano Rajoy está convencido que se van a llevar y a entender muy bien. Así me lo ha dicho. Un abrazo. jmoragas», decía el *sms*. Las palabras de Jorge Moragas, quien a los pocos días se convirtió en jefe de gabinete del nuevo presidente del Gobierno español, fueron transmitidas rápidamente a Chávez por Maduro, entonces ministro de Exteriores venezolano. Eran respuesta a la felicitación que previamente, nada más conocerse los resultados electorales, había enviado el Gobierno de Venezuela al líder del PP y próximo mandatario.

Rajoy llegaba al poder en España con la crisis económica desbocada y la advertencia desde Caracas de que, si deseaba superarla, mejor era que no pusiera en peligro varias contratas en marcha, como los navíos que para la Armada venezolana estaba construyendo la empresa pública española Navantia en sus astilleros de Cádiz. Chávez había proclamado que era muy difícil mantener unas excelentes relaciones económicas si no existían buenas relaciones políticas. Tras el tiempo de *apaciguamiento* que habían supuesto los dos mandatos de José Luis Rodríguez Zapatero, del PSOE, los canales diplomáticos venezolanos habían alertado de que no tolerarían una vuelta atrás, a la línea dura contra el chavismo del anterior presidente del PP, José María Aznar.

Poco dispuesto a poner la otra mejilla cuando le atacaba la izquierda latinoamericana, Aznar respondió al bolivarianismo con un pasaje de sus memorias, en las que desveló que él pudo haber dado la puntilla a Chávez durante los tres días que el comandante quedó fuera de la presidencia en 2002 y no lo hizo. «Mira Hugo, si yo hubiera querido dar el golpe y lo hubiera organizado, te aseguro que tú ahora no estabas aquí», cuenta Aznar que le dijo a Chávez en una ocasión, cansado de las acusaciones de este de que el Gobierno del PP contribuyó a fraguar aquella conspiración. Según esas memorias de Aznar, cuando el presidente venezolano fue depuesto, Fidel Castro le pidió que organizara un convoy para sacar a Chávez de Caracas y llevarlo a España. Aznar no lo hizo, evitando cualquier implicación en el proceso. «Si hubiéramos accedido a la petición cubana, es mucho más probable que el golpe hubiera triunfado y que Chávez hubiera muerto en el exilio. De ahí que siempre me resultara paradójica y absurda la acusación de haber intentado derrocarle. No solo no lo hice, sino que involuntariamente contribuí a mantenerle en el poder».

Repsol quiere puentes entre PP y Caracas

De tender puentes entre los conservadores españoles y el chavismo se encargó Bernardo Álvarez, embajador en Madrid desde julio de 2011. Así queda de manifiesto en los cables diplomáticos que enviaba a Caracas, algunos de los cuales salen aquí a la luz pública, como el que unos párrafos atrás hacía mención al *sms* de Moragas. Por dos años, hasta que fue nombrado viceministro para Europa, Álvarez intentó aplicar en España la misma estrategia que tan buenos resultados le había dado como embajador en Washington. En la capital estadounidense buscó la alianza política de quienes más se beneficiaban del petróleo venezolano y así logró que la multinacional Chevron se convirtiera en un gran aliado en los pasillos del Congreso y de la Casa Blanca. En Madrid casi lo primero que hizo Álvarez fue intentar algo similar con Repsol.

Antonio Brufau, presidente de la gran compañía energética española, acudió a la residencia de Álvarez cinco días antes de las elecciones españolas. «Se trató de un almuerzo que había planificado en una visita a Miguel Ángel Moratinos», comentaría el embajador a sus superiores en Caracas. En la comunicación se destacaba que existía una relación «muy cercana» entre Moratinos, ministro de Exteriores durante gran parte del Gobierno Zapatero, y el presidente de Repsol. «Tanto Moratinos como Brufau coinciden en que los últimos dos años la relación de España con América Latina ha estado a un nivel muy bajo (…) Ambos coinciden sobre la visión básicamente pragmática del nuevo Gobierno del PP, si es que Rajoy puede imponerse frente a los sectores más derechistas. En este punto, Brufau mencionó que para que esta visión pragmática imperara sería conveniente que la victoria del PP no fuese tan abrumadora ya que esto restaría margen de maniobra a Rajoy frente a los sectores de extrema derecha del propio PP».

Aunque esos deseos de una victoria pequeña no se cumplieron, pues Rajoy consiguió el siguiente domingo la mayoría absoluta, el nuevo Gobierno emprendió una senda de pragmatismo en relación a Venezuela. La razón para ello, en pleno agravamiento de la crisis en la zona euro, era obvia, y el mismo Álvarez se había ocupado en recordarla a todos los interlocutores que pudo: el necesario casamiento entre las relaciones económicas y las políticas. «Me encargué de transmitir ese mensaje a diversos sectores, en particular a los sectores económicos con intereses en nuestra patria», comunicó a Caracas.

En su encuentro con Brufau, además, Álvarez le ofreció los contactos que personalmente había desarrollado en el Congreso estadounidense, durante su etapa de embajador en Washington, con el fin de aliviar los obstáculos que la petrolera y gasística española estaba encontrando allí entre sectores anticastristas en relación a su proyecto de exploración en aguas territoriales cubanas. «Le manifesté que nuestra experiencia como país petrolero lidiando con esos personajes durante años en los Estados Unidos nos había dejado una experiencia que podríamos compartir con ellos si hubiese interés». Venezuela no tuvo por qué volcarse en ese punto, pues la prospección hecha por Repsol a cincuenta kilómetros de la costa cubana no dio resultados, tranquilizando a políticos y ecologistas de Florida y echando un jarro de agua fría a las expectativas de la dictadura de los Castro. Repsol renunció a su proyecto en mayo de 2012, tras una inversión de cien millones de dólares y un rompecabezas logístico para reducir al mínimo la tecnología estadounidense utilizada en la operación y poder salvar así el embargo a la isla que afectaba a empresas de Estados Unidos. Cuando Repsol realmente necesitó el auxilio de Venezuela, esta se situó en el lado opuesto. La expropiación de Repsol-YPF llevada a cabo por el Gobierno de Cristina Fernández de Kirchner tenía toda la impronta del esquema estratégico chavista.

Rajoy promete ser distinto a Aznar... y pestañea

El cambio de Gobierno en España a finales de 2011 no supuso un quiebro en las comunicaciones entre Madrid y Caracas. Justo antes de las elecciones ganadas por el Partido Popular, Jorge Moragas, que era director de Asuntos Internacionales del PP y luego iría al Palacio de la Moncloa con Mariano Rajoy, adelantó a Bernardo Álvarez que los próximos gobernantes, cuya victoria apuntaban unánimemente las encuestas, llegaban «sin ninguna intención de dañar» la relación con Venezuela, de manera que «ni tomarán ni promoverán ninguna acción en ese sentido».

De acuerdo con las notas tomadas por el embajador, Moragas presentó a Rajoy como alguien «diferente a Aznar en todos los temas; es un hombre que busca los equilibrios y evita posiciones extremas». La mano derecha de Rajoy «dijo estar consciente de las reacciones que provoca Aznar en América Latina, en particular en determinados países». Asimismo, Moragas «refirió que muy probablemente sectores más radicales presionarán a un Gobierno de Rajoy para endurecer su posición frente a Venezuela y hay que estar preparados para manejar con inteligencia esta situación». Álvarez salió de la entrevista con su interlocutor con la impresión de que Rajoy haría pronto gestos hacia América Latina «para diferenciarse rápidamente de Aznar y su legado».

Así fue. Rajoy y su ministro de Exteriores, José Manuel García-Margallo, demostraron desde el primer día su disposición a tener un tono más conciliador que el del anterior Gobierno del PP. A pesar de ese deseo de Madrid de andar con tiento, la situación se descontroló tras proclamarse los resultados de las elecciones presidenciales venezolanas del 14 de abril de 2013, que el candidato opositor, Henrique Capriles, denunció como un robo. El ministro García-Margallo, en una visita dos semanas después a la Organización de Estados Americanos (OEA), con sede en Washington, se hizo eco del deseo internacional de que en Caracas Gobierno y oposición resolvieran buenamente la disputa. «Estaremos absolutamente encantados de hacer algo, lo que se nos pida, para garantizar una Venezuela en paz, prosperidad y estable», dijo.

Nicolás Maduro recibió eso como un ofrecimiento de mediación y soltó la caballería, cual Chávez en sus mejores tiempos contra Aznar. «Ha dicho el canciller español que está listo a venir a mediar en Venezuela. Señor canciller español, no venga a mediar a Venezuela, vaya a las calles a responder a la clase obrera española, a la que ustedes le han quitado el derecho al trabajo, al salario, a las pensiones. Canciller, saque sus narices de Venezuela. Canciller español, fuera de aquí. Canciller español, impertinente. A Venezuela se la respeta».

España pestañeó. Eran días en los que la historia de Venezuela pudo haber cambiado completamente. Maduro sabía que la trampa electoral se había notado, que los cientos de miles de votos falsos fabricados por el chavismo abultaban demasiado, y estaba en una posición débil. Con una mayor presión internacional y una llamada de Capriles a manifestaciones masivas en la calle, la verdad finalmente podía haberse desenmascarado. Pero eso pasaba ineludiblemente por derramamiento de sangre, pues Maduro ya estaba demostrando su disposición a disparar contra quienes se habían lanzado a protestar. A diferencia de las manifestaciones y la violencia de un año después, en los días que siguieron a las presidenciales de abril de 2013 había una demanda nítida –un recuento completo y trasparente de los votos– que, si no era atendida, justificaba el repudio ciudadano de Maduro y la desobediencia civil. Pero una vez aceptado pasivamente el resultado electoral, la fuerza de la calle perdía argumentos constitucionales para echar al nuevo presidente. Al final, el candidato opositor declinó el envite. Se puede debatir sobre si la decisión de Capriles fue acertada; en cualquier caso, es innegable que la comunidad internacional debió extremar su cerco sobre el presidente *ilegítimo*. Al menos España, menos atada de manos que naciones vecinas de Venezuela, perdió la ocasión de demostrar un serio compromiso con la decencia democrática.

Diplomáticos españoles reconocen que no fueron las horas más gloriosas de la cooperación con Latinoamérica, aunque se defienden. «Hemos intentado mantener siempre un equilibrio con los países latinoamericanos», afirma Jorge Hevia, el embajador de España ante la OEA al que le tocó vivir estos acontecimientos. «Defendemos la institucionalidad y la consolidación de la democracia, y estamos atentos también a si hay comportamientos de tipo autoritario, pero el margen es estrecho, porque en situaciones de confrontación abierta no ganarías nunca». Otras voces piden anonimato para poder hablar sin miramientos. «Es que la reacción del Gobierno venezolano te lo ponía realmente difícil. Te decían: si te metes en este tema, eso es un acto de enemistad con nosotros», comenta con desespero un responsable de la diplomacia española. No es solo que «nadie se atrevía con Venezuela», sino que en un acto celebrado en la OEA en memoria del difunto Chávez las intervenciones competían por el mayor panegírico. «Aquello fue increíble, nadie se quería quedar atrás en los elogios. En última instancia, la hermandad latinoamericana es una hermandad gubernamental: un gobierno no critica a otro para que tampoco se metan con él; se tapan las vergüenzas unos a otros».

El encomiable desahogo no quita que al final importaran más los intereses propios y Madrid velara por la actividad de las empresas nacionales con actividad en Venezuela. En 2013, las veinte principales inversiones españolas en ese país tenían un volumen de negocio de treinta mil millones de dólares, según datos de la Oficina Económica y Comercial de la Embajada de España en Caracas. Venezuela representaba el tercer mercado mundial para Repsol, el cinco por ciento de los ingresos del grupo MoviStar, el cinco por ciento del valor del grupo BBVA y el tercio de las ventas mundiales de Duro Felguera. Para entonces, además, Leche Pascual acababa de realizar allí su primera inversión industrial fuera de España.

El Gobierno de Venezuela tenía, pues, dónde apretar para que el ministro español no se pusiera gallito. «Cuidado, España», advirtió Maduro ante los medios cuando Madrid parecía mantener reservas para aceptar sin más su triunfo electoral. Recordó que España tenía importantes intereses en Venezuela e indicó que tomaría medidas «a todos los niveles». Maduro mencionó expresamente la presencia de Repsol en las extracciones de gas y petróleo.

Esa misma carta fue la que amenazó con jugar un par de años después cuando las cosas se le pusieron realmente complicadas y se veía tratado casi como un apestado por gran parte de la comunidad internacional. En febrero de 2015, en un momento en que Maduro acusaba a España de estar tras una conspiración para echarle, fueron convocados de urgencia al Palacio de Miraflores los representantes en el país de Telefónica, Repsol, BBVA, Mapfre, Iberia, Air Europa y Meliá. En el acto se les avisó de que si no presionaban a Rajoy para que cesara en sus ataques al chavismo, serían castigados con una expropiación inmediata. En un par de ocasiones Caracas llamó a consultas a su embajador en España como modo de expresar repulsa por el «injerencismo» de Madrid, a raíz de sendos recibimientos de Rajoy a las esposas de los opositores presos Leopoldo López y Antonio Ledezma. Maduro volvió a bramar cuando el exlíder socialista español Felipe González se incorporó a la defensa de esos dirigentes.

Los sobornos del caso Navantia

Tampoco estaba España para denunciar según qué abusos chavistas, pues los tribunales propios se estaban ocupando del pago ilícito de comisiones realizado por Navantia en el marco del acuerdo de construcción para Venezuela de cuatro corbetas y cuatro patrulleras. El pedido fue abordado por José Luis Rodríguez Zapatero y Hugo Chávez en la primera mitad de 2005 y firmado en Caracas en noviembre de ese año con asistencia de quien era ministro español de Defensa, José Bono. Entre ambos momentos, la compañía controlada completamente por la Sociedad Estatal de Participaciones Industriales (SEPI, antes conocida como Instituto Nacional de Industria o INI) contrató a una empresa mediadora venezolana, con relaciones en el estamento militar, supuestamente para facilitar la operación.

Como indicaron documentos publicados por el periodista Javier Chicote en *ABC*, Navantia aceptó entregar una comisión de 43 millones de euros –un 3,5 por ciento del montante total de 1.245 millones de euros del contrato de venta– a la intermediaria Rebazve Holding Ltd. Esta repartió treinta millones entre ciudadanos venezolanos y entregó doce millones a dos antiguos directivos del viejo INI, del que en su día dependían los astilleros estatales: Antonio Rodríguez Andía y Javier Salas Collantes, que fue su presidente. En 2013 ambos habían sido imputados por tráfico de influencias y delito fiscal, mientras que por malversación de caudales públicos lo fueron Juan Pedro Gómez-Jaén, presidente de Navantia en el momento del acuerdo de 2005 con Venezuela, y su director comercial, Jesús Arce. Los dos últimos habían autorizado el pago de comisiones tan abultadas.

El acuerdo firmado en 2005 también contemplaba la compra a EADS-CASA de doce aviones, diez de transporte y dos de vigilancia marítima. Sin embargo, España tuvo que desdecirse ante la objeción puesta por Estados Unidos contra la transferencia tecnológica de componentes originales de ese país. En aquel momento, la Administración Bush tampoco veía con buenos ojos el incremento del potencial naval venezolano, pero España argumentó que los buques no portaban armamento. Así era, aunque estaban acondicionados para la instalación posterior de cañones y lanzaderas de torpedos, que también le fueron vendidos a Venezuela. La importancia económica del pedido y las dificultades políticas que había que superar –Caracas amagó con rescindir el contrato si no se atendía también el encargo de aviones– bien pudieron contribuir a que Navantia se prestara a pagar altas comisiones. «Cuando negociabas con Venezuela, sabías que te arrastraba a una situación de corrupción, por eso yo evité siempre cualquier relación con ellos», afirma un anterior director general de los astilleros estatales españoles.

En las gestiones reservadas que hizo al estallar el caso Navantia, el embajador Bernardo Álvarez trasladó a sus superiores que todo obedecía a una filtración por cuestiones políticas. En su inmediata visita a Ramón Aguirre, presidente de la SEPI, el conglomerado de empresas estatales al que pertenece Navantia, este le tranquilizó. El tono del encuentro, celebrado a finales de septiembre de 2012, mostró la excelente colaboración que la Administración del PP quería mantener con Venezuela. Aguirre comenzó la conversación haciendo referencia a un patrullero venezolano averiado frente a las costas brasileñas, y pidió que Álvarez trasladara a Chávez y la Armada de su país la voluntad de Navantia de resolver el problema. Según las anotaciones del embajador, Aguirre manifestó que Navantia estaba dispuesta «a un costo muy razonable y manteniendo medidas excepcionales de discreción a trasladar el barco a España para la reparación». «Quieren ratificar su buena voluntad de colaboración con Venezuela», escribió el diplomático.

Quizás lo más llamativo de esa conversación fue que el presidente de la SEPI, según el embajador Álvarez, consideró que las comisiones cobradas por la empresa Rebazve estaban en «niveles razonables». No es fácil pillar a un alto directivo de una sociedad pública justificar el pago de coimas. Aguirre avalaba ante el venezolano lo que luego el Juzgado de Instrucción número ocho de Madrid consideraría escandaloso. De hecho, la misma Navantia acabó presentándose como acusación particular. El relato de la visita añadía que el directivo español creía que las informaciones sobre el caso tenían un objetivo puramente electoral y desaparecerían una vez concluidas las elecciones presidenciales venezolanas a punto de celebrarse. «Está consciente que este tipo de noticias, sea cual fuere su fuente e intenciones, tiene efectos que pueden afectar a las relaciones entre la empresa y Venezuela. Está dispuesto para después de las elecciones acercarse al Gobierno venezolano, al nivel que se quiera, y dar todas las explicaciones y aclaratorias necesarias».

El Gobierno venezolano se concentró en sacar rédito político por dar trabajo a los astilleros españoles. «El contexto actual de Navantia es muy complejo, ya que no tienen nuevas órdenes de trabajo, en particular en el astillero de Santa María, en el Puerto de Cádiz. El contrato venezolano ha mantenido vivo este astillero», explicaba el embajador Álvarez en otras de sus comunicaciones, en septiembre de 2012. «Navantia es vista como una empresa tradicionalmente cercana al PSOE y sus trabajadores han sido muy activos en una posición de presión al gobierno de Rajoy para obtener ayudas financieras, así como ayudas a la banca (…) La mayoría de los trabajadores de los astilleros tanto de Navantia en el Puerto de Santa María, como de las empresas auxiliares, manifiestan una simpatía y agradecimiento al Gobierno del Presidente Chávez, por lo cual se recomienda considerar este hecho en cualquier curso de acción que tomemos».

La comisión pagada por Navantia se quedó corta comparada con el *peaje* de otras compañías españolas. Un consorcio para obras en el metro de Caracas (formado por CAF, Constructora Hispánica, Cobra y Dimetronic) entregó en 2007 el 4,8 por ciento del contrato, lo que supuso unos honorarios de noventa millones de dólares. Y fue del 5,5 por ciento —más de cien millones de dólares— en el caso de la *asesoría* que la empresa Duro Felguera tuvo que pagar en 2008 para hacerse con la construcción de una central eléctrica. De ambas contribuciones se benefició una sociedad en la que uno de los principales accionistas era Carlos Aguilera, financiero de las hijas de Chávez. Información que también salía del caso BPA/Banco Madrid indicaba que el resto de grandes compañías españolas con inversiones en Venezuela habían tenido que desembolsar pagos semejantes.

Un etarra en el Ministerio de Agricultura

Uno de los primeros contactos de Bernardo Álvarez como embajador en Madrid fue con el director del Centro Nacional de Inteligencia (CNI) español, el general Félix Sanz Roldán. Era curioso que solo unos días después de presentar las cartas credenciales ante el Rey Juan Carlos, el diplomático venezolano tuviera a mediados de julio de 2011 un encuentro con Sanz Roldán en la sede del CNI. La probable explicación es que la inteligencia española deseaba comprobar si Álvarez aportaba nueva información sobre la presencia de miembros de la organización terrorista ETA en Venezuela.

El director del CNI había visitado recientemente Caracas y se había reunido con el Servicio Bolivariano de Inteligencia Nacional (Sebin). La impresión que trajo, según le expuso a Álvarez, era que los etarras residentes en Venezuela no estaban aprovechando su presencia allí para organizar reuniones de la dirección de ETA con el fin de discutir estrategias futuras. El embajador se quejó de que medios y políticos españoles utilizaran esa cuestión para torpedear la relación entre ambos países, ideologizándola, tal como había experimentado en Estados Unidos, en su previo destino como embajador, sobre la vinculación que allí se alegaba entre el régimen chavista y las FARC colombianas. Lamentaba ante el jefe de la inteligencia española que «asuntos realmente estratégicos como los contratos navales y petroleros parecieran que no entran para nada en la caracterización de las relaciones entre nuestros países». Álvarez quedó satisfecho en su misión: «el general tomó la palabra y me dijo que ellos querían cooperar con Venezuela y que tenían toda la autorización de su gobierno para ello». El venezolano definía a Sanz Roldán como alguien «muy cercano» al entonces presidente Zapatero.

El pacto que ahí parecía cerrarse no fue cumplido. Mientras España sí evitó fricciones con el Gobierno venezolano en los meses sucesivos, pensando en las empresas españolas, Caracas no entregó ninguno de los más de cuarenta etarras residentes en Venezuela que aparecían en los listados del Sebin, de lo cuales una veintena tenían causas pendientes o tenían órdenes internacionales de búsqueda. Más adelante, en septiembre de 2013, la inteligencia venezolana propició la detención del miembro de ETA Asier Guridi Zaloña. Era un momento en que Madrid ya había aceptado plenamente a Nicolás Maduro como presidente y este se encontraba en medio de una campaña internacional para consolidar su figura.

También Hugo Chávez había procedido en el pasado a algún gesto de ese tipo. Justo tras ser removido brevemente de la silla presidencial, Chávez trató de consolidarse de nuevo ganando adeptos fuera. En el caso de España fue mediante la extradición entre 2002 y 2003 de tres etarras: Juan Víctor Galarza, Sebastián Etxániz Alkorta y José Ramón Foruria. Como para dejar claro que era una muestra de liberalidad, no algo debido a la insistencia del Gobierno de José María Aznar, Chávez eligió tres nombres que no estaban en la lista de siete en que se había concretado el compromiso de cooperación. De esa lista, cuyos integrantes la inteligencia venezolana aseguró, de cara a fuera, no poder localizar, a pesar de que varios eran miembros bien conocidos de la comunidad vasca en el país, solo apareció uno, Luis María Olalde Quintela, porque se presentó voluntariamente ante el juez. Su extradición, sin embargo, fue rechazada por la corte venezolana, como también sería denegada la de Iñaki Landazábal Echeverría, detenido en 2009.

Venezuela se convirtió en santuario de ETA antes de Chávez. En virtud de la estrecha relación que mantenía el presidente venezolano Carlos Andrés Pérez con el presidente del Gobierno español Felipe González, ambos de la Internacional Socialista y con amigos empresarios comunes, Caracas se ofreció a acoger en 1989 a un grupo de etarras que se encontraban en Argelia. En la capital de ese país del norte de África habían tenido lugar conversaciones secretas entre la organización terrorista y el Gobierno de España, que fracasaron. Roto el llamado *diálogo de Argel*, once miembros de ETA llegaron a su nuevo destino, transportados por un avión de la Fuerza Aérea española, gracias al pacto Pérez-González.

Entre ellos estaba José Arturo Cubillas, a quien las autoridades antiterroristas de Madrid después siempre consideraron el cabecilla de la colonia etarra en Venezuela (quizás sustituido mucho después por Xabier Arruti Imaz, responsable del Comité de Refugiados de Caracas). El hecho de que Cubillas ocupara un puesto en uno de los departamentos ministeriales chavistas dio lugar a sospechas sobre un excesivo entendimiento entre los huidos de ETA y el Gobierno bolivariano. Cubillas y Arruti entraron luego en nómina de Pdvsa.

Cubillas, nacido en San Sebastián en 1964, estaba acusado de haber integrado el comando Oker de ETA. A este se le atribuían tres asesinatos perpetrados entre 1984 y 1985, entre ellos el de un funcionario de Policía. El comando fue desarticulado en octubre de 1985 en la provincia de Guipúzcoa cuando presuntamente preparaba un atentado contra el entonces ministro del Interior, José Barrionuevo. Al parecer la Fiscalía española mantenía cuatro causas de aquellos años contra Cubillas.

Detalles de la presencia de Cubillas en Venezuela fueron desvelados por Antonio Salas, pseudónimo del periodista español autor de *El Palestino*, libro que relata su infiltración entre los sectores radicales que florecieron bajo el chavismo. Salas llegó a contactar personalmente con el etarra en 2008. «Un cincuentón de aspecto tranquilo, bajito y campechano. En estos años Cubillas ha perdido vista y ha ganado peso, y parece cualquier cosa menos un violento terrorista. En la actualidad, el antaño audaz gudari de cabello ensortijado lleva el pelo corto y usa lentes. Parece un funcionario», escribió Salas.

Cubillas trabajaba en el Ministerio de Agricultura y Tierras, en el centro de Caracas. En septiembre de 2005 había sido nombrado director adscrito a la Oficina de Administración y Servicios de ese Ministerio, en el que desde hacía unos meses estaba ya empleada su esposa, Goizeder Odriozola Lataillade. Venezolana hija de inmigrantes vascos que huyeron del franquismo, Odriozola se había distinguido como periodista de izquierda y ocupó diversos puestos en el oficialismo: dirigió el gabinete de comunicación en el Ministerio de Agricultura y Tierras y fue directora del Despacho de la Presidencia. Tanto por su matrimonio como por su tiempo de residencia Cubillas tenía derecho a la nacionalidad venezolana. La nacionalización le abrió las puertas a un puesto en la Administración. Previamente había desarrollado varias actividades, como distribuir productos de la editorial vasca Txalaparta, abrir el restaurante Oker, nombre del comando de ETA al que había pertenecido, y trabajar en la Casa Catalana de Caracas.

La banalidad de la existencia de los etarras en Venezuela quedó retratada el Día de la Madre de 2014. En ese domingo de mayo, José

Ignacio de Juana Chaos fue visto paseando en un centro comercial de la conurbación de Puerto La Cruz (Anzoátegui), acompañado de su mujer, Irati Aranzábal, y empujando el carrito en el que iba el niño de ambos. Fotos de ese momento fueron divulgadas por el canal español de televisión Antena 3. Confirmaban que De Juana había encontrado puerto seguro en Venezuela, como sospechaba la Policía española. Poco después de ser descubierto se mudó a la población de Chichiriviche (Falcón), igualmente a orillas del Caribe. Allí fue localizado en febrero de 2015 por la periodista de *El Mundo* Ángeles Escrivá. Nuevas fotos le mostraban a la puerta de la licorería que regentaba, con las manos en los bolsillos y una pronunciada barriga.

De Juana estuvo en prisión en España por el asesinato de más de veinticinco personas y fue protagonista de sonadas huelgas de hambre en la cárcel. En 2008 fue excarcelado y de inmediato huyó del país por unas declaraciones que podían constituir un delito de enaltecimiento del terrorismo. Reapareció en Irlanda del Norte, donde había sido acogido por el IRA, y fue sometido a un proceso de extradición, que no terminó porque en marzo de 2010 De Juana se dio de nuevo a la fuga, aprovechando su situación de libertad condicional.

Como corresponsal entonces para Reino Unido e Irlanda, me había tocado cubrir el paso del antiguo terrorista por el juzgado de Belfast. Uno de los días coincidimos en un estrecho ascensor, durante un intermedio de la vista. Al reconocerme —ya nos habíamos cruzado varias veces por los pasillos–, su mujer le hizo interrumpir la conversación que mantenían. Se hizo un espeso silencio, marcado por las respiraciones de los tres. Como periodista debía guardar las formas, aunque el ánimo pedía dejar escapar algún tipo de exclamación: ahí, a escasos centímetros, tenía al asesino de dos docenas de personas.

El servicio secreto controla a sus huéspedes

Nicolás Maduro tildó de «especulaciones» las informaciones que situaban a De Juana en Venezuela. «Tenga la seguridad España que nosotros respetamos las leyes internacionales, que nadie se deje meter intrigas», dijo ante los focos. Negó que en el país hubiera otros miembros ETA que los que llegaron allí décadas atrás por el acuerdo entre Carlos Andrés Pérez y Felipe González. «Si hubiera otro y está requerido por Interpol nuestra obligación es buscarlo», «tenemos que conservar las relaciones de respeto y las buenas relaciones entre gobiernos».

Maduro mentía. El servicio de inteligencia venezolano tenía controlados a un buen número de miembros de ETA. A juzgar por las fotos del archivo del Servicio Bolivariano de Inteligencia, los etarras residentes en Venezuela estaban bien asentados y, como De Juana, no es que pasaran hambre. Carpetas del Sebin, con las direcciones de diversos etarras, llegaron a mi poder en 2013. Poco antes me las habían ofrecido por diez mil dólares: al parecer algún agente estaba vendiendo determinados contenidos de los archivos de inteligencia. Lógicamente no estaba en mi plan pagar por la información. Al final, el topo entregó la documentación simplemente como prueba de buena voluntad acerca de su deseo de colaboración con el exterior, con el objetivo de ganarse puntos por si el chavismo se desmoronaba tras la muerte de Hugo Chávez.

Mientras oficialmente Caracas respondía, ante los requerimientos de extradición presentados por España, que desconocía el paradero de los viejos terroristas, el servicio secreto los tenía fichados a buena parte de ellos, como constaba en la información secreta que había obtenido. Al menos una decena estaban localizados en 2010, con sus direcciones, teléfonos y, en ocasiones, móviles o correos electrónicos, cuando el Sebin se puso a comprobar una lista, formada por una treintena de nombres, enviada por las autoridades españolas a raíz del auto presentado a final de febrero de ese año por el juez de la Audiencia Nacional Eloy Velasco. La documentación de inteligencia aún no incluía a De Juana.

La mayoría de quienes el Sebin tenía registrada la ubicación, sin necesidad de realizar mayores pesquisas, se habían nacionalizado venezolanos y poseían cédula de identidad del país. Aparte de que hubiera razones de enraizamiento por el transcurso de los años, la obtención de la nacionalidad venezolana era un modo de eludir, con mayores garantías, una petición de extradición. Era el caso de Jesús

Macazaga Igoa, cuyo documento de identidad venezolano fue expedido el 26 de febrero de 2010, justo cuando se supo que el juez Velasco iba a actuar contra la colonia de miembros de ETA en Venezuela. Con residencia en Tinaquillo (Cójedes), Macazaga tenía como ocupación la de «comerciante», seguramente en un negocio informático o de telefonía, pues su correo electrónico incluía la marca Soluciones Recargas. En la foto del carnet aparecía un hombre de unos sesenta años, con una prominente calva y una amplia papada.

La nacionalización de Macazaga había sido tardía, comparada con la de otros de sus compañeros. La cédula de Pedro Viles Escobar, que había llegado de Argel con Cubillas en 1989, databa de julio de 2004; su residencia se ubicaba en Güiria (Sucre). Viles, alias *Kepa*, decidió regresar en 2014 a España, tras el anuncio del Gobierno español de que no perseguiría a quienes no tenían delitos de sangre. Pero a pesar de no tener causas pendientes, el Colectivo Víctimas del Terrorismo pensaba solicitar a la Fiscalía de la Audiencia Nacional la reapertura del sumario por el asesinato de un empresario en 1982, por el que fueron condenados dos miembros del comando que dirigió *Kepa*.

En Sucre residían otros miembros de ETA, como Juan José Ariztizábal Cortejerena e Ignacio José Echániz Oñatabía, con cédulas expedidas en febrero de 2005 y julio de 2006, respectivamente. En sus mismas direcciones de residencia, en la ciudad de Cumana, aparecían domiciliados otros reclamados por España. Así, las señas de Echániz, «a tres casas del bodegón Don Felipe», como habían hecho constar los agentes del Sebin, eran compartidas además por Miguel Ángel Aldana Barrena y Jesús Ricardo Urteaga Repulles. La mayoría de los mencionados constaban como «comerciantes».

Los agentes habían estado siguiendo a algunos de los etarras. Así constaba en la ficha de José Angel Mutiozábal Galarraga. En ella aparecían anotaciones como el color de los ojos y la contextura física. Otras entradas eran «cicatrices/tatuajes: no se le observan», «preferencias sexuales: heterosexual». Este miembro de ETA vivía en la urbanización Pascal de Puerto La Cruz (Anzoátegui); ocupaba el apartamento uno, sexto piso, torre F de las residencias Mochima.

Tras el anuncio español de que no se perseguiría a quienes no tuvieran delitos de sangre, Mutiozábal se sumó a la docena de etarras que tramitaron su regularización; regresó a España en 2014. También lo hizo María Jesús Elorza Zubizarreta, alias *Karakate*, detenida al aterrizar en el aeropuerto de Madrid por estar reclamada por Francia por asociación de malhechores.

Las fichas precisaban que algunos se habían ausentado de Venezuela brevemente, a pesar de que el propio Sebin advertía de que los etarras buscados por la Justicia española o francesa tenían prohibida la salida del país. Así, José Luis Eskisabel Urdangarin voló a Madrid en agosto de 2010 y regresó tres semanas después.

Ayuda terrorista y *asimetría* de Verstrynge

La documentación secreta del Sebin también incluía una carpeta dedicada a Carlos Alfredo Lera Organero, alguien nacido en Venezuela al que los servicios de inteligencia de ese país identificaban como presunto miembro de ETA. De 37 años, era generacionalmente distante de los etarras que habían integrado comandos terroristas en España y la inteligencia venezolana no aclaraba qué relación podía tener con la banda. La única nota especial era que ese residente de Valencia (Carabobo) «registra salidas frecuentes al exterior (Curasao, Colombia, España); lo que más resalta es que sale hacia un destino, pero su retorno es por otro». ¿Era alguien vinculado con el narcotráfico? Eso sería novedoso, porque nunca se ha podido catalogar a ETA como grupo narcoterrorista, como tradicionalmente se ha etiquetado a las FARC de Colombia y luego también a Hezbolá.

La colaboración entre los terroristas españoles y los colombianos, en cuanto a información y adiestramiento, en cualquier caso, estaba bien probada. La última solicitud de extradición de miembros de ETA fue formulada a raíz del auto del juez Velasco de la Audiencia Nacional española, quien a finales de febrero de 2010 estableció que existían indicios de una «cooperación gubernamental venezolana en la ilícita colaboración entre las FARC y ETA». Esa información partía básicamente del contenido de correos electrónicos hallados en el ordenador de Raúl Reyes, dirigente de las FARC que murió en marzo de 2008 en un ataque llevado a cabo por el Ejército colombiano contra un campamento de ese grupo terrorista. El análisis de la computadora de Reyes sirvió para comprobar la elevada implicación del Gobierno chavista en negocios de drogas y armas con las FARC, así como en el auxilio y protección de los comandos.

La nueva información desveló que en campamentos de las FARC, a ambos lados de la frontera entre Colombia y Venezuela, miembros de la organización vasca habían recibido adiestramiento militar y, a su vez, habían impartido clases sobre guerrilla urbana, armamento y explosivos. Los guerrilleros insurgentes colombianos llevaban tiempo encerrados en áreas inhóspitas y necesitaban ponerse al día sobre métodos utilizados por grupos afines en otros lugares. A las jornadas, preparadas mediante contactos facilitados por Arturo Cubillas, habían acudido varios miembros de ETA escondidos en el área del Caribe. Los desplazamientos de los terroristas por territorio venezolano habían contado, al menos en una ocasión, con acompañamiento de una agente de la Dirección de Inteligencia Militar y un vehículo escolta con militares venezolanos, según el juez Velasco.

Esa información encajaba con la experiencia directa de Antonio Salas, quien para su libro *El Palestino* pudo frecuentar el entorno radical que acogía a los huidos vascos: la Coordinadora Continental Bolivariana, con actividad y encuentros en varios puntos de Latinoamérica. También llegó a contactar con las FARC para asistir a un curso de entrenamiento. Salas finalmente recibió clases de actuación subversiva en Venezuela con elementos que integraban los conocidos *colectivos* de violencia callejera.

«Entre ETA, las FARC, el ELN [Ejército de Liberación Nacional, de Colombia], los grupos bolivarianos armados y otras organizaciones insurgentes de izquierdas», constató Salas, «existe un pacto tácito de colaboración. Una alianza invisible. Una hermandad y camaradería que se materializa en el intercambio de información y conocimientos, como por ejemplo los cursos tácticos y operativos, de armas y explosivos, que miembros de ETA habían recibido e impartido en campamentos de las FARC, o los cursos que miembros de las

FARC habían recibido e impartido en campamentos de los grupos bolivarianos en Venezuela».

El entrenamiento que recibió Salas se desarrolló en una base militar, con armas de la Fuerza Armada Nacional y a las órdenes de un mando del Ejército. Aunque Salas concluye que «no era algo institucional», en el sentido de que no se había organizado por organismos del Estado, sino que respondía a la actividad autónoma de elementos radicales del sistema, todo aquello formaba parte del andamiaje construido por Hugo Chávez. La asistencia prestada por la Dirección de Inteligencia Militar para el desplazamiento de etarras, así como la complicidad de parte del estamento militar en la actividad subversiva, eran evidencia de una estructura paralela *oficialista* que gestionaba el acceso al armamento, el amparo de grupos terroristas y el control del uso alternativo de la fuerza.

La radiografía de ETA en Venezuela no parecía ser la de un grupo activo, que mantuviera reuniones para la preparación de atentados. Así lo había concluido la inteligencia española. Insertados en la vida diaria venezolana, algunos habían promovido restaurantes de comida vasca, como el Txalupa, en Chichiriviche, o el Pakea, en lo alto de El Ávila (De Juana tuvo poco éxito con el suyo, y pronto tuvo que cerrar el Matalaz, al que había bautizado con el nombre de un histórico comando, como había hecho Cubillas). Los etarras se habían acomodado a su nueva situación y eran espectadores del paso del tiempo.

La presencia etarra en Venezuela siempre había provocado interés en España, pero su peso en el chavismo era nulo. En cambio, al otro lado del Atlántico se desconocía completamente la influencia ejercida por Jorge Verstrynge, un personaje para muchos estrambótico, que a lo largo de su vida había pasado de un extremo al otro del espectro político en Madrid. Después de una militancia juvenil en el neofascismo tuvo un temprano cénit como secretario general de uno de los principales partidos, Alianza Popular, para luego inclinarse hacia el PSOE y más tarde perderse entre grupúsculos de extrema izquierda. En 2005 su libro *La guerra asimétrica y el Islam revolucionario* fue de lectura obligatoria en el Ejército venezolano, que imprimió miles de ejemplares. El propio Verstrynge explicó en Venezuela sus tesis sobre la licitud de plantear una guerra a Estados Unidos por *otros medios*; sus pláticas fueron aplaudidas por Chávez.

Si la colaboración de Verstrynge con el chavismo se limitó a ese aspecto, otro grupo de españoles ejercieron de permanentes asesores de la revolución bolivariana. Eran los miembros de una fundación de izquierdas con sede en la ciudad mediterránea de Valencia, sin ningún renombre en España hasta que, de pronto, surgió Podemos.

CEPS-Podemos, asesores del chavismo

La sorpresa electoral de Podemos en las elecciones europeas de mayo de 2014 puso de pronto a los chavistas españoles en todos los titulares. La candidatura se construyó alrededor de Pablo Iglesias Turrión, un profesor universitario y divulgador de izquierda radical que había ganado notoriedad por sus intervenciones en varios programas televisivos de discusión política. En solo tres meses Podemos pasó de la nada a contar con 1,2 millones de votos (ocho por ciento de quienes votaron). El jefe de programa y estrategia había sido Juan Carlos Monedero, y el jefe de campaña, Iñigo Errejón. Los tres integraron la cúpula cuando Podemos se convirtió en partido unos meses después. A la dirección se incorporaron otras personas que, al igual que ellos, también habían pasado tiempo en Venezuela asesorando al Gobierno de Hugo Chávez, a través de la fundación Centro de Estudios Políticos y Sociales (CEPS).

Con las encuestas muy a favor por su populista mensaje anticorrupción, en una España realmente escandalizada por la actuación de parte de su clase política, Podemos comenzó a tener vida propia, al margen de la fundación de la que nacía, pero le resultaba difícil cortar el cordón umbilical que originalmente le había unido tan estrechamente al chavismo.

La fundación CEPS ejerció de gabinete en la sombra para estudios y estrategia de Chávez. La entidad, constituida en 2002, ganó rápidamente peso tras las primeras asesorías que algunos de sus expertos habían realizado previamente para la reforma constitucional venezolana de 1999. A partir de ahí se convirtió en una consultoría permanente que, junto conocimiento técnico, le aportaba al líder venezolano autonomía respecto a miembros del Gobierno o camarillas que quisieran medrar ganando la oreja del comandante.

Con CEPS, Chávez se aseguraba tener sobre la mesa opciones de expertos externos con los que había comunión ideológica pero que, en principio, no estaban sujetos a los intereses de poder de Venezuela. El tener otras fuentes de asesoramiento le servía también a Chávez para poder modular la influencia cubana. Además, para prevenir que alguien pudiera acaparar poder por acumulación de información, Chávez prefería que ciertos aspectos se centralizaran a siete mil kilómetros de distancia. Los datos desmenuzados del Banco Central de Venezuela, por ejemplo, que no llegaban a gran parte del entorno del presidente, eran enviados en cambio a la ciudad española de Valencia, donde además se preparaban las minutas de viajes oficiales, como las visitas que se hacían Chávez y el presidente iraní, Mahmud Ahmadineyad. No solo se intervenía desde una sala situacional instalada en Valencia, sino que muchas cuestiones de asesoría política, jurídica, económica, electoral y estratégica eran abordadas en primera instancia por miembros de CEPS destacados en Caracas, que contaban con el apoyo de compañeros desde España.

En el momento de su eclosión política en España, la fundación se definía a sí misma como «una organización política no partidaria dedicada a la producción de pensamiento crítico y al trabajo cultural e intelectual para fomentar consensos de izquierdas». Su credo político y económico la situaba en un espacio marginal, de izquierda alternativa, que en España o el resto de Europa quedaba fuera de la corriente central política y social y de los consensos institucionales. En la Latinoamérica del Alba, sin embargo, había encontrado dónde poner en práctica postulados que los países desarrollados desechaban. «Entendemos que el Sistema capitalista ha demostrado ser incapaz de asegurar una vida digna a la mayor parte de la población del planeta y hoy pone en riesgo la propia supervivencia del género humano», decía la presentación de su página web. CEPS tenía más de trescientos miembros, la mayoría de los cuales compaginaban su actividad académica «con experiencia militante» en organizaciones de la izquierda política y social de España.

En los últimos años el presidente de la fundación había sido Alberto Montero, profesor de Economía Aplicada de la Universidad de Málaga, y el secretario, Iñigo Errejón, investigador de la Universidad Complutense de Madrid, en la que tanto Pablo Iglesias como Juan Carlos Monedero eran profesores de Ciencia Política. La fundación había sido presidida previamente por Roberto Viciano y por Rubén Martínez Dalmau, ambos profesores de Derecho Constitucional de la Universidad de Valencia, donde también daba clases Fabiola Meco, vicepresidenta y tesorera de la entidad.

A pesar de la respetabilidad que inspiraban esos puestos universitarios, en su asesoría al chavismo el grupo no dudó en recomendar prácticas contrarias a los valores democráticos, como la ocultación a la ciudadanía del alcance de la enfermedad del fallecido presidente, o que incluso vulneraban el ordenamiento jurídico, como el uso de escuchas ilegales contra la oposición.

Estas acusaciones se sustentan en una revisión de multitud de informes que llegaron al gabinete de Chávez, muchos de ellos escritos con letras de gran tamaño a fin de que el presidente, con dificultades de visión, pudiera leerlos sin tener que usar gafas. Cuando en enero de 2013 divulgué algunos de esos informes en *ABC*, CEPS negó esos extremos, y planteó una batalla judicial en un tribunal de Valencia, que el diario ganó. Contrariamente a la trasparencia que luego predicarían desde Podemos, los dirigentes de la fundación fueron todo lo opacos que pudieron acerca de su relación con Venezuela, y mantuvieron esa actitud incluso cuando después la sorpresa electoral en España les puso bajo la atención de los medios de comunicación.

Todos los informes en cuestión remitidos a Chávez, de los que pude leer más de doscientos, llevaban como encabezamiento «Fundación C.E.P.S.». En algunos se hacía referencia expresa a esa autoría, como en los que, al haberse anunciado públicamente la enfermedad de Chávez o su recaída posterior, le expresaban al líder bolivariano el incondicional apoyo del grupo de asesores:

«Querido Presidente: Desde los senderos de la España Republicana le escribimos para expresarle, hoy más que nunca, nuestro profundo sentimiento de solidaridad (...) Como colectivo que somos, los que hacemos la Fundación CEPS queremos hacerle llegar en estos momentos un fuerte abrazo solidario y siempre revolucionario. ¡Venceremos! ¡Hasta pronto!». (Carta, 1 de julio de 2011, justo después de que Chávez anunciara su enfermedad).

«Ante todo queremos transmitirle en nombre de todas y todos los que hacemos la Fundación C.E.P.S. un mensaje de profundo afecto y compromiso ante la adversidad de las circunstancias. Estaremos acompañándole en cada paso que dé y cada tarea que usted requiera». (Informe táctico, 23 de febrero de 2012, tras reconocerse públicamente una recaída).

El hecho de que esos informes no fueran firmados por nadie sirvió a la Fundación CEPS para negar la autoría cuando hice pública su existencia. Pero no llevar firma no quería decir que la entidad no estuviera detrás, pues, en cualquier caso, había un protagonismo compartido, «como colectivo que somos», según se decía en uno de los párrafos transcritos (las siglas de la entidad en ocasiones eran escritas con puntos entre las iniciales, lo que sugería diferentes manos). La fuente que los había facilitado aseguraba que estaban realizados por CEPS y así era entendido por el pequeño grupo del entorno de Chávez en el que circulaban. Lo que pasa es que difícilmente la fundación iba a admitir responsabilidad sobre ciertas recomendaciones que, al quedar al descubierto, empañaban públicamente su nombre.

Los asesores se implicaron desde el principio en esconder al pueblo venezolano la gravedad de la enfermedad que padecía el mandatario bolivariano y así dejar a «ciegas» a la oposición política en la larga preparación de las elecciones presidenciales que se iban a celebrar en otoño de 2012.

«Sería deseable que los niveles de información sobre la dolencia exacta del Presidente siguieran siendo reservados y se limitaran las referencias que pudieran dar 'pistas' a la oposición. Es más, el dar señales contradictorias o decir 'medias verdades' podría coadyuvar a que la oposición siguiera realizando sus análisis de manera ciega alimentando las ansias de poder dentro de la misma y, por ende, su división y fragmentación política». (Informe estratégico, 13 de julio de 2011).

«Es más que probable que la recuperación del tratamiento requiera mucho reposo y aconseje disminuir la frecuencia de las apariciones públicas del Presidente. Por ejemplo, convendría modular las apariciones en directo, evitando así el riesgo de trasmitir una imagen no planificada de agotamiento o debilidad, por no hablar de una indisposición sobrevenida que obligara a interrumpir una intervención, lo que podría resultar muy perjudicial». (Informe táctico, 1 de agosto de 2011).

Los estrategas advertían en ese último informe, dedicado a esconder la imagen de un Chávez gravemente enfermo, que aunque una cierta evidencia física de que el mandatario había sido operado podía «generar una positiva empatía por parte de las audiencias, que refuerce la solidaridad con la persona del Presidente», demasiados signos evidentes de enfermedad «si no se controlan adecuadamente podrían transmitir una imagen de degradación y agotamiento manipulables por los enemigos tanto a nivel nacional como internacional». «No conviene», se agregaba después en negrita, «que la imagen de lucha del Presidente contra la enfermedad que es necesario transmitir pueda derivar en la imagen de un hombre enfermo». Otras ideas que además se proponían eran que Chávez evitara aparecer públicamente con indumentarias hospitalarias y que, en cambio, lo hiciera vistiendo camisas blancas y vestimenta clara o llevando ropas militares: lo primero transmitía salud, lo segundo combate contra la enfermedad.

La labor de todo asesor de imagen o de mercadotecnia electoral, cirtamente, tiene como muy central misión el cuidar las apariencias del candidato; ese es su trabajo. En este caso, sin embargo, los consultores fueron cómplices del ocultamiento de una verdad particularmente reclamada por un sistema democrático, cual es la condición de salud de un mandatario que además concurre a una reelección.

Malas artes de los residentes de El Bosque

No fue el único desdoro para la reputación de una fundación que busca contratos internacionales. A pesar de que en la dirección de CEPS había diversos profesores de Derecho, que debían ser especialmente sensibles a las protecciones legales del ordenamiento jurídico, el grupo aconsejó realizar escuchas ilegales a la oposición.

«El uso de las escuchas telefónicas para obtener información de contrincantes políticos o monitorear a personas afines es sin ninguna duda necesario, dentro de la lógica de actuación en legítima defensa y construcción de redes de inteligencia de todo Estado, más si éste es un Estado como el venezolano, que cuenta con tantos enemigos interesados en subvertir el proceso revolucionario que se vive desde hace 12 años». (Informe táctico, 26 de noviembre de 2011).

«Sería deseable, entonces, actuar siguiendo la lógica de utilizar de manera dosificada estos mecanismos, apuntando a erosionar o dejar en evidencia a grandes contrincantes (nacionales o internacionales) y, en lo posible, intentando que la difusión de las escuchas o de la información comprometedora pudiera ser filtrada primero a medios internacionales para desvincular la relación directa Gobierno-Sistema Nacional de Medios Público». (Informe táctico, 26 de noviembre de 2011).

Ese informe se elaboró con motivo de la difusión en medios televisivos públicos de una conversación de la dirigente opositora María

Corina Machado con su madre. El texto reconocía que las escuchas a contrincantes políticos por parte del aparato del Estado eran ilegales si no había una autorización judicial. Dado que su divulgación comprometía al poder público, pues la filtración a periodistas chavistas ponía «irremediablemente en evidencia» que la información era resultado del monitoreo y el seguimiento a la oposición que hacían los servicios de inteligencia, CEPS llamaba a seleccionar bien cuándo «gastar cartuchos tan potentes». «Creemos importante seguir una estrategia de erosión a los personajes que más daño le pueden hacer a este Proceso», concluía el informe, recomendando que la difusión de escuchas se hiciera de manera dosificada, despistando al máximo sobre el origen de la filtración. Esto último era lo que se había hecho por aquellas fechas cuando fueron pasadas a medios colombianos unas imágenes interceptadas por el Sebin de una reunión de la oposición venezolana con Álvaro Uribe, expresidente del vecino país.

La asesoría dio lugar a la producción de centenares de documentos. Desde asuntos muy técnicos a otros más políticos, como los antes mencionados o como uno septiembre de 2011 que hacía recomendaciones específicas para boicotear protestas opositoras. Ese informe, elaborado cuando se estaban llevando a cabo huelgas de hambre, aconsejaba «desplazar e infiltrar entre los huelguistas» a miembros de los cuerpos y fuerzas de seguridad del Estado.

El uso de los medios públicos venezolanos era una prioridad en la asesoría de CEPS, que además de contar con una unidad de análisis estratégico, también había dispuesto de una unidad para incidir en los contenidos de la cadena VTV y del canal internacional TeleSur, ambos de carácter público. Asimismo, había destinado recursos humanos a un convenio con el Ministerio de Comunicación. De esta última función estuvo encargado Fernando Casado Gutiérrez, español docente en la Universidad Bolivariana de Venezuela. Un informe de junio de 2010 detalló una de sus actuaciones: «se elaboraron dos cartas de respuesta para que fueran firmadas por la ministra ante informaciones falseadas y de un claro sesgo contrario al gobierno de Venezuela que aparecieron en los diarios españoles *El País* y *El Mundo*».

En ese trasiego de documentos, los de CEPS iban de la alta estrategia a los asuntos más mundanos. Así, una minuta de una reunión del grupo de los que a comienzos de 2010 estaban en Venezuela (Fernando Casado, Tatiana Martinelli, Fernán Chalmeta, Fernando Páez y Andrea de Vicente) revela problemas en la gestión de los apartamentos –una media docena, bien situados– en los que vivían repartidos y que al principio limpiaba una del grupo (Petra Roa).

«Nuestra política de gastos en Caracas (…) sigue descontrolada. Por ejemplo, en el piso 222 de El Bosque, que se va a entregar, hay una solicitud de pago de 10.794 Bf por diferentes desperfectos y adornos que faltan. Manuel lee el listado, y el grupo queda apabullado ante la desfachatez del propietario, y de la cantidad de cosas que faltan que se han debido de llevar las personas que por el piso han pasado. Se insiste en que no es una regañina para las y los desplazados que estamos ahí –el piso en cuestión llevaba cinco años alquilado–, sino un recordatorio de lo importante que son los inventarios y la necesidad de tenerlos al día. Se acuerda que, cuando al alquilar un apartamento, pedirle al propietario que se lleve las cosas innecesarias para la vida cotidiana y adornos de valor». (Acta de reunión CEPS Venezuela, 1 de febrero de 2010).

La mención en el extracto es probablemente a Manuel Cerezal Callizo, que actuaba como apoderado de CEPS en Venezuela. Él se encargó de cerrar y renovar los convenios anuales de colaboración de asesoría técnica en materia administrativa, jurídica y económica suscritos con diferentes departamentos gubernamentales, como el Ministerio del Poder Popular para la Comunicación, el Instituto Venezolano de los Seguros Sociales o el Despacho de la Presidencia. En 2013, por ejemplo, el convenio con Presidencia ascendió a unos 320.000 euros, cantidad correspondiente a sueldos, alojamiento y viajes de tres asesores, dos administrativos y un coordinador de actividades en América Latina. Otro acuerdo fue con el Banco Agrícola, que contemplaba, también en 2013, el pago de 2.930 euros mensuales, además de seguros médicos y viajes, a cada asesor desplazado al efecto desde España.

Cuando una copia del contrato de 2013 con el Despacho de la Presidencia fue difundida por el portal venezolano *La Patilla*, CEPS negó su autenticidad, incurriendo de nuevo en su táctica de desmentir aspectos que eran ciertos, pero que quería ocultar. Las cifras serían corroboradas cuando el diario *El País* publicó en junio de 2014 las cuentas depositadas por CEPS en el registro de fundaciones del Ministerio de Cultura español. Desde 2002, año de su creación, la entidad recibió del Gobierno venezolano al menos 3,7 millones de euros. En algunos años, esos ingresos alcanzaron el ochenta por ciento de los ingresos de la fundación. Con el tiempo también se sabría que CEPS lograba ventajas en el tipo de cambio y podía obtener divisas para enviar sus ingresos a España sin las enormes dificultades que encontraban por ejemplo los empresarios españoles. Juan Carlos Monedero, quien llegó a tener despacho en el palacio presidencial venezolano, transfirió además dinero a Madrid sin la posterior regularización fiscal requerida, y eso que predicaba contra la corrupción.

La coartada del Nuevo Constitucionalismo

La contribución de la Fundación Centro de Estudios Políticos y Sociales a la articulación del poder de la nueva izquierda bolivariana no se limitaba a Venezuela, ni a la batalla cortoplacista. CEPS había prestado asesoramiento técnico y político, en materia de políticas públicas, desarrollo y procesos electorales en Venezuela, Ecuador, Bolivia, El Salvador, Paraguay, Guatemala y Perú. En varios de esos países había formado cuadros. Además, había generado una teoría constitucionalista que trataba de amparar la promoción de lo conocido como democracias iliberales o autoritarias, justificándolas desde el campo del Derecho. Esto último fue sobre todo obra de Roberto Viciano y Rubén Martínez Dalmau, profesores de Derecho Constitucional de la Universidad de Valencia. Sus planteamientos tuvieron incidencia en la nueva Constitución de Venezuela (1999) y sobre todo, cuando sus tesis ya habían cobrado estructuración, en las de

Ecuador (2008) y Bolivia (2009). A su construcción teórica se le ha dado el nombre de Nuevo Constitucionalismo Latinoamericano, si bien su deseo de aplicarlo también a España obliga a no restringirlo geográficamente.

El Nuevo Constitucionalismo se enfrenta de plano con la tradición de los sistemas democráticos de cuño liberal, en los que la división de poderes, la independencia judicial, los mecanismos de control sobre la mayoría que gobierna y el respeto de la minoría son elementos clave. La nueva propuesta alienta la concentración de poderes, la sumisión de la judicatura al imperio de un poder ejecutivo sin contrapesos ni rendición de cuentas y la imposición de la mayoría. Esto resulta de la exaltación de un poder constituyente perpetuado, que alarga la excepcionalidad de ese momento primario de expresión no desvirtuada –sin condicionamientos y sin mediadores– de la voluntad popular. Lo original aquí es que se reviste de democracia constitucional lo que el comunismo llamaba dictadura de clase.

Numerosos expertos en derecho constitucional han argumentado contra ese fenómeno. En el ensayo *Las Democracias Radicales y el 'Nuevo Constitucionalismo Latinoamericano'* (2013), el constitucionalista chileno Javier Couso constata que, dejadas atrás las dictaduras de las décadas de 1970 y 1980, en Latinoamérica se sigue aceptando hoy generalmente que la forma de acceder al poder son los procesos electorales abiertos, no los golpes militares. Sin embargo, desde el comienzo de siglo ha crecido una corriente que cuestiona el consenso logrado en la década de 1990 en torno a los estándares de la llamada democracia occidental, que exige que los gobiernos elegidos democráticamente conozcan límites constitucionales. Parte de la izquierda que se había sumado al consenso institucional, a la vista de que ofrecía garantías para la defensa de los derechos humanos y de las minorías sociales, ahora alega que el único modo de combatir la desigualdad –en realidad no pocas veces acrecentada por sistemas democráticos que consecuentemente caen en descrédito–, es la creación de ejecutivos fuertes, sin constricciones de ningún tipo. Con la sumisión del principio de legalidad (*rule of law*) al antojo de la nueva praxis revolucionaria se rompe lo que, en palabras de Javier Couso, había sido en los noventa «una suerte de *reconciliación* de la izquierda latinoamericana con el Derecho».

Como trazos comunes de las nuevas constituciones de Venezuela, Ecuador y Bolivia, Couso destaca tres. En primer lugar, el debilitamiento de la separación de poderes, especialmente en perjuicio de la judicatura. La falta de independencia de esta ha impedido que haya jueces que puedan investigar situaciones de abuso de autoridad y corrupción; ha sido usada en ocasiones por los gobiernos «para levantar y luego dar por acreditados cargos de corrupción falsos dirigidos contra adversarios políticos», y ha protegido a los gobiernos de objeciones jurisdiccionales cuando ha recortado el ejercicio de libertad de prensa. El segundo elemento es la «exacerbación» del poder ejecutivo, dando a los presidentes atribuciones poco comunes en los sistemas presidencialistas de las democracias constitucionales. El tercero, la supuesta garantía de mayor inmediatez entre el pueblo soberano y los órganos del Estado, en algunos casos eliminando el bicameralismo, lo que hace más fácil que un mismo partido controle ejecutivo y legislativo. Estos tres rasgos se dan en un contexto de «fetichización» del *momento constituyente*. Como dicen Viciano y Martínez Dalmau en uno de sus ensayos, lo importante «es la voluntad de permanencia de la voluntad del constituyente, que busca ser resguardada contra el olvido o abandono por parte de los poderes constituidos una vez que la constitución comience un periodo de normalidad». Couso define esto como «la obsesión de *blindar* la voluntad constituyente contra la natural evolución» de la vida política de un país.

A eso se refiere también el constitucionalista argentino Guillermo Lousteau, presidente del Inter-American Institute for Democracy, con sede en Miami. En *El Nuevo Constitucionalismo Latinoamericano* (2012), Lousteau razona que esa línea de pensamiento «pretende ser, simultáneamente, una teoría política, una ideología y una praxis social». Lo esencial de esta propuesta «radica precisamente en que la mayoría –imaginada como un poder constituyente originario y permanente– puede ejercer el poder sin límites. Y está claramente decidido a eliminar los límites de la mayoría y parte de su estrategia consiste en la creación de una Corte Constitucional que no sea contra-mayoría». Si para el constitucionalismo liberal el fundamento es la limitación del poder, porque de este proviene la amenaza contra la libertad, para este otro planteamiento, el temor al Estado es algo ya superado, pues es ahora el Estado con poderes unificados el único capaz de garantizar los derechos. ¿Cómo romper con la legalidad vigente antes de lanzar la revolución? Afirmando que «al pueblo en la calle no se le puede poner límites; que cuando el pueblo se pronuncia, la vieja Constitución no sirve; que el pueblo movilizado es el poder originario constituyente».

El truco de esta última secuencia está en que no se contempla que haya un futuro cambio de mayoría que a su vez gire el ordenamiento. Todo el peso descansa en que la mayoría revolucionaria va a seguir gobernando, puesto que la sumisión de la judicatura y de los órganos electorales, o el partidismo de las Fuerzas Armadas que promueve esta teoría-ideología-praxis, no deja margen para unas elecciones auténticamente libres.

El experto argentino incluso llegó a apuntarse a un seminario ofrecido en Valencia por los impulsores del Nuevo Constitucionalismo antes de que CEPS ganara atención por el surgimiento de Podemos. «Iba a ir a allí a pelearme discutiendo con ellos», me dijo Lousteau cuando contacté con él, «pero un buen amigo me aconsejó que era mejor que acudiera de incógnito y escuchara en silencio, porque seguramente ellos hablarían más abiertamente que si supieran que me encontraba allí». El consejo se lo dio el conocido exiliado cubano Carlos Alberto Montaner, miembro del consejo del Inter-American Institute for Democracy. En ese viaje, sin saberlo, Lousteau asistió a lo que era el parto de un nuevo partido político.

La alternativa bolivariana para España

En sus seminarios en Valencia, la fundación Centro de Estudios Políticos y Sociales trataba de trasladar a España la clave del éxito chavista, que tenía mucho que ver con dividir la sociedad en dos partes y confrontarlas dialécticamente. La cuestión era encontrar un elemento divisorio que realmente sirviera para llamar a las trincheras. «Decían que así como ellos habían provocado el enfrentamiento entre pobres y ricos en Venezuela, y entre indígenas y blancos en Ecuador y Bolivia, en España el enfrentamiento tenía que ser entre generaciones: la de los viejos, que tenían su seguro social, y la de jóvenes, que no tenían acceso al sistema económico», cuenta el profesor que se *coló* en aquellas sesiones.

En un país cuya principal fortaleza social era la casi universalidad de la clase media no era fácil dar con la palanca que activara un totalizador *nosotros contra ellos*. La crisis económica global de 2008 cambió algo las circunstancias. El crecimiento del paro, el descenso de salarios y la política de recortes presupuestarios crearon una ansiedad social que, entre otras manifestaciones, dio lugar en mayo de 2011 a la movilización de los *indignados*. Los días que siguieron al 15-M, fecha con la que se bautizó a la protesta en esa España de la recesión, CEPS produjo varios informes para la cúpula dirigente de Venezuela. En ellos abordada las «estrategias para una aproximación bolivariana al movimiento de los *indignados*». La fundación planteaba aprovechar la oportunidad para establecer una «articulación permanente entre la Revolución Bolivariana y los sectores más ideologizados de estos movimientos». Así, algunos miembros de CEPS estuvieron actuando desde dentro, como Ricardo Molero, que formó parte de la Asamblea de Sol, la coordinadora de las protestas que hubo en Madrid.

Los chavistas españoles pusieron primero la atención en el eco que la protesta alcanzaba entre los jóvenes, que eran quienes nutrían las acampadas callejeras, directamente afectados por el elevado paro juvenil, los contratos *basura* y una carestía de la vivienda que les impedía independizarse. Después, con el fin de ensanchar el objetivo político, pusieron el acento en otra línea divisoria que podía crear complicidades más amplias. De esta forma el enemigo pasó a ser la partidocracia que atribuían a PP y PSOE: *la casta*, como acabaría siendo el grito de guerra de Pablo Iglesias.

En esos momentos de gestación de Podemos, CEPS no escondía su comunión con el chavismo. Más adelante Iglesias, Errejón, Monedero y otros miembros del grupo como Alberto Montero, empezarían a revisar sus declaraciones pasadas y muchos vídeos de Youtube desaparecieron. Pero hasta que Podemos se disparó en las encuestas el grupo mantuvo con entusiasmo que la alternativa para España era la Venezuela chavista. Había que «proyectar la factibilidad de otras políticas, sociales y económicas: las bolivarianas».

> «Las reivindicaciones de cambio político y social en España dibujan un modelo de sociedad identificable con el que está construyendo la Revolución Bolivariana»; «la ruptura de una pseudodemocracia representativa y la exigencia de una democracia real y participativa constituye en el caso venezolano una realidad que puede servir de referente político incuestionable». (Informe estratégico, 28 de mayo de 2011)

Entre las recomendaciones para actuar sobre la opinión pública española se proponía aumentar la difusión de TeleSur, el canal internacional público de Venezuela, como «televisión alternativa en España». También se sugería programar una entrevista en profundidad con Hugo Chávez «en alguna televisión española importante». Especialmente hábiles en el uso de la comunicación, los asesores del chavismo planteaban una acción estratégica con las empresas multinacionales españolas con intereses en Venezuela que, dentro de su cartera, tuvieran participaciones accionariales en medios de España.

> «Sería oportuno elaborar un mapa que identifique estos intereses (empresas españolas con inversiones en Venezuela y que, a su vez, sean accionistas en empresas o conglomerados comunicacionales en España) al objeto de desarrollar una estrategia de acercamiento y negociación con el objeto de desactivar y/o neutralizar las líneas de ataque mediático». (Informe táctico, 30 de julio de 2011).

Aunque en el plano táctico Podemos se abría camino en la calle, la doctrina teórica que sustentaba sus postulados para Latinoamérica y España no había cuajado en los principales centros del saber. A su regreso del seminario en Valencia, Lousteau constataba que «todo este cuerpo de ideas no ha prendido en ninguna universidad importante, ni se ha sumado a ellas ningún académico de relieve, a pesar de que el Nuevo Constitucionalismo Latinoamericano lleva formulado ya quince años». «Las dos únicas cabezas más o menos visibles son Martínez Dalmau y Viciano Pastor; después tienen unas dos docenas de seguidores en universidades de España, pero son gente muy joven, muy de izquierdas y de centros de segunda línea. En España no los conoce nadie. He estado en muchos centros universitarios y nadie tiene idea de ellos».

En cualquier caso, nadie podía negar el fenómeno Podemos. Y resultaba curioso que el Socialismo del Siglo XXI predicado por Chávez hiciera pie en España cuando en Venezuela ya estaba demostrado su fracaso y en América Latina estaba de capa caída.

11

COMBO McCHÁVEZ, DIETA TRÓPICAL

Reparto petrolero para influir en la región

Bienvenido a la República Amazónica Independiente, país aún no admitido en las Naciones Unidas, pero desgajado a todos los efectos de Venezuela y ya reconocido por Cuba, Bolivia, Ecuador y otros países del Alba… Es ficción, pero la posibilidad de un atrincheramiento en la mitad sur y este del país fue algo contemplado por Hugo Chávez en caso de una derrota electoral a la que no hubiera tenido forma de hacer frente, por la amplia movilización callejera de una oposición triunfante en las urnas y defendida por parte del Ejército. Tres meses antes de sus postreras elecciones, Chávez firmó la última versión del Plan Escudo de Guayana, un plan para que el chavismo combatiente pudiera hacerse fuerte al sur de los ríos Orinoco-Apure en caso de obligado repliegue estratégico.

En ello había mucho de romanticismo. Chávez sin duda pensaba en Simón Bolívar, quien derrotado en los primeros compases de las revueltas de independencia se refugió en esa misma región, en la población de Angostura (hoy Ciudad Bolívar), para rehacer sus huestes y desde allí lanzar su campaña definitiva. Pero el plan difícilmente se hubiera ejecutado. Además de las dificultades para trasvasar las fuerzas rebeldes hacia una parte del país, ¿habría estado dispuesto

Chávez a huir a la selva? En un supuesto de repliegue, el destino más realista para los capitostes chavistas con mayor riesgo de ser reclamados por la Justicia extranjera era Cuba. Allí, mientras no perdieran el favor del régimen castrista, podían evitar peticiones de extradición y órdenes de captura internacional. Pero si de lo que se trataba era de conservar poder y de resistirse por las armas a cederlo, contra la voluntad democrática de los venezolanos, el Plan Escudo de Guayana tenía su sentido, aunque no dejara de ser una quimera.

Al margen de su nulo realismo, la previsión de esa contingencia demostraba la matriz antidemocrática del chavismo. Chávez firmó la actualización del plan en julio de 2012 y el mes siguiente nombró a un militar de su máxima confianza, el general Clíver Alcalá Cordones, como nuevo jefe de la Región de Defensa Integral (REDI) Guayana, donde se encontraba la V División de Infantería Selva. La región militar englobaba los estados Amazonas, Bolívar y Delta Amacuro, que constituían el grueso de lo que debía ser la eventual república amazónica. Como lugar de resistencia, las condiciones geoestratégicas de ese territorio eran innegables. Permitía por el suroeste un continuo contacto con las Fuerzas Armadas Revolucionarias de Colombia (FARC), acaparando así el tráfico de droga; el control del Orinoco y su desembocadura atlántica, en el noreste, aseguraba una importante vía de suministros; al sur, la apenas custodiada frontera con Brasil ofrecía vías de escape en caso de ataques.

No era solo la posición geográfica. En el estado Bolívar está la gran central eléctrica del gigantesco embalse de Guri, sobre el río Caroní. Es la más grande de Venezuela y suple corriente a la mayoría del país. También están las importantes instalaciones portuarias fluviales de Puerto Ordaz y la infraestructura industrial de la Corporación Venezolana de Guayana (CVG), la principal compañía pública de Venezuela después de Pdvsa. CVG explota las importantes riquezas minerales de la zona, como hierro, bauxita, oro y diamantes.

El Plan Escudo de Guayana tomaba el nombre del extenso macizo que cubre el sur y este de Venezuela, las tres Guayanas y el extremo norte brasileño. En aplicación del plan, en el embalse de Guri se había emplazado artillería antiaérea de última generación. En los búnkeres construidos tanto allí como en la próxima central hidroeléctrica de Macagua se completó la instalación de redes de comunicación satelital y de teleconferencias, y se cuidó almacenar armamento y comida. Así lo atestiguaron fuentes militares implicadas en los preparativos, a las que debo toda esta información sobre el plan. Como parte de los acondicionamientos, también se adecuó una pista para el aterrizaje de los cazas Sukhoi Su-30, el principal avión de combate de la Fuerza Aérea Venezolana.

Pero todo eso no dejaba de ser un *juego de guerra* que probablemente nadie se tomaba muy en serio. Las reuniones de coordinación del general Alcalá en realidad tenían otros propósitos más reales. En un momento en que Alcalá había quedado apartado del núcleo de los narcogenerales, Chávez le había entregado un destino en el que las minas de oro podían darle algún consuelo. Aunque Venezuela no estaba entre los principales productores de oro –venía figurando entre los puestos veinte y treinta de la producción mundial– sus más de diez toneladas de extracción anual permitían que algunas pepitas pudieran caer en el bolsillo de quien mandara en plaza. Por lo demás, el oro también era utilizado para lavar ganancias del cartel de los Soles: ya vimos que Diosdado Cabello disponía de un búnker en el estado Bolívar donde almacenar dinero y podía acceder al oro a través de la compañía estatal que lo explotaba, cuyo ministro responsable era su hermano.

Los modos de Clíver Alcalá soliviantaron a los indígenas que pueblan aquellas cuencas. En febrero de 2013 los indios pemones desarmaron y retuvieron a unos cuarenta efectivos de la Guardia Nacional. Una semana después una mujer de la comunidad de Urimán se encaró directamente con el general Alcalá, en una reprimenda que toda Venezuela pudo ver en Youtube. En un pliego de quejas, el pueblo Pemón denunció la «masiva e intensificada militarización» de sus tierras, así como la confiscación de material que los indígenas decían necesario para su subsistencia, y que los militares consideraban orientado a la extracción ilegal de oro.

Otro motivo para asegurar la presencia militar a lo largo del cauce del Orinoco era el tráfico mismo de droga, con el fin de darle protección. En la primavera de 2013, con Nicolás Maduro ya como presidente, hubo una cumbre en Puerto Ordaz a la que asistieron los principales implicados. De acuerdo con un testigo presencial, ocupado en la logística del encuentro, Adán Chávez, hermano del presidente fallecido y gobernador de Barinas, llegó con dos colombianos, dirigentes de las FARC. Tareck el Aissami, exministro de Interior y gobernador de Aragua, lo hizo con Ghazi Nassereddine y otro elemento de Hezbolá. No podían faltar militares con soles en sus charreteras, comenzando por el general Hugo Carvajal, director de la inteligencia miliar, y siguiendo por los también generales Ramón Carrizales y Ramón Rodríguez Chacín. También estuvieron los generales Wilmer Barrientos, quien en cuestión de semanas sería nombrado ministro del Despacho de Maduro, y Clíver Alcalá.

Por esas fechas, el gobernador del estado Amazonas, Liborio Guarulla, que era uno de los tres gobernadores no chavistas del país, de un total de veintitrés, denunció la presencia de más de cuatro mil guerrilleros colombianos en su territorio, con el «conocimiento» de las Fuerzas Armadas. Guarulla se quejó a la prensa de que los guerrilleros habían tomado control de la explotación de oro y el comercio de gasolina, y habían construido cuatro pistas de aterrizaje para las avionetas que cubrían las rutas del narcotráfico. Los indígenas se lamentaban de que por la noche eran conminados a no salir de sus casas, mientras los narcoterroristas hacían circular Orinoco arriba, hacia sus campamentos, provisiones de comida y combustible para los vuelos.

Las ironías de la geopolítica

Todo mandatario que se precie tiene una sala de mapas en la sede de su jefatura. Nicolás Maduro heredó la de Hugo Chávez. En el Palacio de Miraflores, en un espacio para reuniones, un gran panel presentaba diversos mapas. El primero era de una parte del continente, seccionado justo por encima de Cuba y por debajo de Venezuela. Prestaba la atención, pues, al Caribe y a Centroamérica y a la relación de Venezuela con ese ámbito. No colgaba ningún otro mapa regional.

Había otros que ampliaban la geografía del propio país y un par de mapamundis. La presidencia venezolana acertaba en dirigir sus miras geopolíticas hacia el noreste, aunque fallaba en no incluir siquiera la punta de Florida, como si Estados Unidos no formara parte de la ecuación. También era revelador que en Miraflores no se tuviera permanentemente a la vista el resto de Suramérica.

Venezuela, sobre todo, es un país caribeño. Para los venezolanos que desearían no tener nada que ver con Cuba, la gran ironía es que, sobre el mapa, las relaciones más lógicas de Venezuela son con las principales islas de las Antillas Mayores. Y para los que desearían un entorno sin la influencia de Estados Unidos, la ironía es que, por su situación, Venezuela está atada a una relación necesaria con la gran potencia del lado opuesto de la ribera del Gran Caribe (espacio formado por el Golfo de México y el mar Caribe). En un mundo en el que la hermandad de las naciones floreciera de modo natural, una entente Colombia-Venezuela sería la carta ganadora para el liderazgo entre las naciones hispanas de esa zona de la América media. Pero los dos países no son tan diferentes de tamaño, población y producto interior bruto como para que uno acepte la primacía del otro —es la rivalidad entre pares—, ni son tan semejantes como para que se fomente la aspiración de una integración mutua en condiciones de igualdad. Lo normal, pues, como así ocurre, es que Bogotá y Caracas no se entiendan demasiado, y hagan válido el conocido dicho de que todas las repúblicas americanas son hermanas, salvo Colombia y Venezuela, que son primas hermanas. Y eso arrincona aún más a Venezuela geográficamente.

La orografía de Suramérica no facilita la integración del subcontinente. Sus obstáculos físicos imposibilitan una genuina interacción entre todas las naciones que la conforman. Los Andes y el Amazonas son formidables separadores del espacio. Lo dividen en tres partes. Un norte, donde están Venezuela y las Guayanas, sin fácil comunicación terrestre con el sur debido a las enormes extensiones de impenetrable jungla y selva tropical: su efecto de inmenso mojón infranqueable es casi como el del desierto del Sahara en África, que hace que el Magreb y el África subsahariana sean dos mundos completamente aparte. Un sureste, formado por el Brasil no amazónico, Paraguay, Uruguay y Argentina, que es el único ámbito con auténticas condiciones para crear un vínculo estrecho de comunidad de países. Y la franja oeste, recorrida por la cordillera de los Andes, la cual atraviesa, sin ponerlos en comunicación, Chile, Perú, Ecuador y Bolivia. Colombia, como piedra angular del arco que une esa vertiente pacífica con la vertiente norte, es quizás el país que cuenta con más opciones de juego estratégico, al margen del conocido potencial de Brasil.

El Amazonas y los Andes no dejan más orientación a Venezuela que el Caribe, y ese es el mar de Estados Unidos. Como hace unas décadas puso de relieve Nicholas J. Spykman, uno de los padres de la geopolítica estadounidense, el Gran Caribe es para Washington lo que fue el Mediterráneo para Roma y el Egeo para Atenas. Se trata del «mar de en medio» cuyo control adquirió Estados Unidos como condición necesaria para su ascenso al puesto de potencia hegemónica del hemisferio occidental. El actual esfuerzo de Pekín por ganar soberanía en las islas que se disputa con sus vecinos, en los mares oriental y meridional de China, responde a ese mismo manual de gran potencia *en progreso*. Pero el régimen chino cuenta en ese camino con rivales más serios, sobre todo Japón, de los que Estados Unidos tuvo en su *Mediterráneo* a finales del siglo XIX (guerra hispano-estadounidense) y principios del XX (las llamadas guerras bananeras). China no podrá expulsar de su zona la presencia militar de la potencia externa que es Estados Unidos con la facilidad con que este país echó a España de Cuba y Puerto Rico.

Sin ningún gran país que pueda realmente rivalizarle, Estados Unidos ejerce una influencia natural en el Caribe. Cuando en noviembre de 2013 el secretario de Estado norteamericano, John Kerry, dio por superada la doctrina Monroe, declarada en 1823, lo que más bien venía a proclamar era la superación del viejo temor de Estados Unidos a que las antiguas potencias europeas trataran de volver a poner el pie al otro lado del Atlántico, pues desde hace tiempo ya no se encuentran en condiciones de hacerlo. Pero Kerry, en ese discurso pronunciando ante la Organización de Estados Americanos (OEA), en realidad no claudicaba del objetivo de la doctrina: asegurar que Estados Unidos sea el hegemón hemisférico. Washington no cederá la llave del Caribe, que garantiza la seguridad de su flanco inferior y el acceso al estratégico canal de Panamá.

Otro axioma de Spykman que conviene tener en cuenta es que la gran división geográfica no es entre Norteamérica y Suramérica, sino entre el vasto territorio que queda al norte de la jungla del Amazonas (del círculo ártico al ecuatorial) y el más pequeño pedazo de continente que se extiende al sur de ese *vacuum* de población y centros urbanos. El Gran Caribe no separa, sino que une o pone en permanente contacto el sur de Norteamérica y el norte de Suramérica, como el norte de África históricamente ha tenido más relación con el mundo mediterráneo, del que ha participado también el sur de Europa, que con el África negra subsahariana.

Por lo demás, los ríos de la cuenca amazónica suponen una comunicación este-oeste, y no norte-sur. Esto insiste en la orientación caribeña de Venezuela, por lo que estrechas coaliciones de Caracas con países de otra área, como Bolivia o Argentina, explicables por las respectivas coyunturas presidenciales, no se suponen duraderas, salvo en el hipotético caso de querer *emparedar* a un Brasil que fuera hostil. Tampoco se aventura muy activa en el tiempo la participación venezolana en Mercosur, proyecto de integración de una región a la que Venezuela no pertenece.

Leyenda de un país libertador

La actitud de la Venezuela chavista, como patrona de un intento de contravenir la *Pax Americana* –por estadounidense–, cabe entenderla como una conjunción de dos elementos. Por un lado, la vocación de protagonismo cultivada en el país como legado de Simón Bolívar; por otro, la experiencia de la Cuba castrista. «Desde la época de Bolívar, Venezuela se ha concebido a sí misma, de modo histórico, cultural y popular, como un país protagónico; la leyenda de Venezuela es la de un país libertador, con un lugar importante en la historia», explica Harold Trinkunas, director de Latinoamérica del *think-tank*

Brookings Institution. Trinkunas nació y se crió en Maracaibo, donde su padre había trasladado la familia desde Estados Unidos para trabajar en el negocio petrolero. «Así que conozco bien cómo se enseña historia en Venezuela: el noventa por ciento del año se dedica a estudiar hasta la batalla de Carabobo», afirma, mencionando el decisivo enfrentamiento de 1821 contra las tropas del Reino de España, «y luego los siguientes ciento cincuenta años se abordan como si en ellos no hubiera pasado nada».

La convicción de ser una potencia media llamada a tener cierta proyección es, pues, algo enraizado en la psique venezolana y estuvo en la diplomacia de gobiernos de décadas previas. La riqueza generada por el petróleo permitió a Venezuela amplificar su voz y lograr ser tenida en cuenta en la región. El Pacto de San José de 1980, por el que México y Venezuela se comprometían a suministrar crudo a diversos países de Centroamérica y Caribe, en condiciones de crédito, materializó la natural orientación venezolana hacia esa área. La novedad a partir de la llegada de Chávez al poder fue que por primera vez esas posibilidades de relevancia exterior de Venezuela, a cuenta de su petróleo, se dieron la mano con las históricas aspiraciones de la revolución cubana de liderazgo ideológico en el resto de Latinoamérica.

Cuba tenía el *know-how*. Ha sido el único país en consumar una efectiva resistencia al tutelaje del hegemón estadounidense y en intentar seriamente extender ese frente a otras naciones del entorno. Lo primero fue posible porque una gran potencia externa al continente, la Unión Soviética, estuvo dispuesta a defender ese atrincheramiento; lo segundo no se alcanzó de modo estable porque la misma URSS puso bridas a su auxilio, consciente de la excesiva osadía del plan. Las lecciones aprendidas en décadas de revolución por Fidel Castro, el mayor *zorro* geopolítico del último siglo en el hemisferio, fueron de extrema utilidad para Chávez. El nuevo líder revolucionario copió el acercamiento a grandes potencias exteriores –Rusia, China, Irán– para distanciarse de Estados Unidos, aunque en un marco de compromiso mutuo menor que el soviético-cubano, que fue propio del momento de bloques de la Guerra Fría.

«Ningún otro país latinoamericano, aparte de Cuba bajo Fidel Castro, ha puesto como diana a Estados Unidos de manera tan explícita e insistente como Venezuela bajo Chávez», declara Harold Trinkunas. Al no confrontar Washington con hostilidad sustantiva, la Venezuela chavista gozó de una tolerancia que le permitió avanzar su agenda doméstica y dedicarse a sumar socios entre gobiernos *hermanos*. Para Trinkunas, el diseño internacional de Chávez-Fidel no se entiende sin captar que los dos países seguían una estrategia conjunta de mini-max, propia de la teoría de juegos simultáneos. Así, ambos países alternaban continuamente entre el objetivo máximo de crear un mundo multipolar, donde Venezuela –y Cuba a la par– fuera uno de los polos, y el objetivo mínimo de asegurar la defensa de la revolución en las dos naciones. Muchas veces la jugada servía para los dos fines: la inversión de recursos petroleros realizada por el chavismo no solo ayudó a crear alianzas, sino que también facilitó romper el orden interamericano de estándares democráticos.

Después de la experiencia de Perú con Alberto Fujimori, que presidió ese país de 1990 a 2000, el sistema interamericano fue colocando piezas de protección de la democracia en el continente. Una de las más importantes fue la Carta Democrática Interamericana, aprobada por la OEA en 2001. Declaraciones como esa fueron abriendo paso a un cierto consenso sobre cómo y cuándo debería intervenir el propio sistema internacional en situaciones de interrupción democrática o grave desvío constitucional en los distintos países.

Para que no se actuara contra la deriva autoritaria de Venezuela, Chávez «quebró deliberadamente» ese consenso, asevera Trinkunas. «Con su influencia movilizó a unos países y en otros utilizó grupos de interés para que presionaran a sus gobiernos y no fueran críticos con Venezuela. Cuando había crisis políticas que afectaban a Venezuela, los países amigos hablaban en voz alta, mientras que los que se oponían a sus políticas hablaban *muy calladitos*, como dirían los venezolanos». Cuba también se benefició de esa dinámica, porque al mismo tiempo «resquebrajaba las propuestas estadounidenses hemisféricas». Esas propuestas presuponen un propósito de integración norte-sur continental, en el marco de una agenda consensuada en cuestiones económicas y de seguridad. «Cuba ciertamente quiere romper esos esquemas porque así abre espacio para evadir las restricciones que Washington intenta imponer a La Habana». Cuestionado por algunas actuaciones, Chávez anunció en 2012 la salida de Venezuela de la Comisión y de la Corte Interamericana de los Derechos Humanos, dos instancias del sistema de la OEA. Esa marcha la ejecutó Nicolás Maduro en 2013, cuando la oposición elevó su denuncia por las fraudulentas elecciones presidenciales.

En esa doble vertiente de la influencia exterior del chavismo, los resultados fueron algo dispares. Chávez no logró formar ningún coro contra Estados Unidos en el marco de Naciones Unidas u otros organismos internacionales globales. Además, los países latinoamericanos que se sumaron al proyecto internacionalista bolivariano fueron contados. Pero si en esa *influencia positiva* la efectividad no fue grande, en la *influencia negativa* –romper el consenso democratizador que se había impuesto en Latinoamérica con el cambio de siglo– Chávez logró sus propósitos.

El *pack* del *McChavismo*

A esto se refieren los autores de *Dragon in the Tropics*. «A pesar de esas grandes deficiencias», escriben Javier Corrales y Michael Penfold, refiriéndose al magro éxito de la diplomacia chavista a la hora de formar una gran liga internacional, «los premios en el nivel de los objetivos secundarios son impresionantes». Así, aunque la política exterior de Venezuela, marcadamente antiestadounidense, fallara en levantar una amplia y bien articulada contestación frente a Washington en Latinoamérica o entre el más amplio movimiento Sur-Sur, su sostenimiento tuvo un efecto unificador de la izquierda dentro y fuera del país, lo que resultó políticamente beneficioso para Chávez. Por un lado, como precisan esos dos expertos, contribuyó a mantener tracción sobre los sectores radicales nacionales, que podían desilusionarse con la progresiva pérdida de lustre de la revolución. Por otro, impresionó a los radicales de fuera, garantizando «un sector internacional dispuesto a olvidar a Chávez por sus excesos y fallos de

Gobierno», al tiempo que conminaba a la mayoría de gobiernos de la región a «usar unas cordiales relaciones con Venezuela como un modo de apaciguamiento de su propios grupos radicales domésticos».

Junto a la actitud antiestadounidense, que esos autores califican como de *soft-balance*, por ser una confrontación no extrema, estaba la otra vertiente de la política exterior chavista, la ayuda petrolera, que Corrales y Penfold denominan *social-power diplomacy*, y que también tuvo sus réditos políticos. «Permitió a Chávez ganar puntos entre creadores de opinión que de otra manera se habrían horrorizado de los fracasos domésticos e internacionales de Chávez».

Sin petróleo abundante y a elevado precio, Chávez no habría tenido palanca para convertirse en una referencia en el hemisferio. Pero sin la asesoría cubana, probablemente tampoco. Cuba no solo ayudó a elaborar la *diplomacia petrolera* chavista, sino que previamente ingenió los pasos que hicieron de Venezuela un modelo atractivo a otros líderes del entorno. De La Habana llegó a Caracas la configuración de las misiones bolivarianas de ayuda social, así como toda la restante astucia logística e informática para el control de las elecciones. Chávez quedó cada vez más en brazos cubanos a medida que probaba qué efectivo era aquel elixir de la eterna permanencia en el poder.

Comprobado el éxito de la fórmula, Chávez se volcó en comercializarla entre los países del hemisferio. Lo que Chávez ofrecía era un *pack*. La experiencia venezolana enseñaba a otros gobernantes a eliminar los contrapesos democráticos de un país, cercenando la independencia de tribunales supremos y de los árbitros electorales, aherrojando la libertad de los medios, especialmente la televisión, e impulsando, con acoso a la oposición, la extensión formal o informal de los poderes presidenciales. Esto último especialmente mediante reformas constitucionales que permitieran la reelección consecutiva, e incluso indefinida, algo que era insólito en Latinoamérica. Catalogado como el país más hiperpresidencial de la región, Venezuela ofrecía las llaves de un sistema híbrido o de autoritarismo competitivo que realmente hacía honor a ese adjetivo.

En un tiempo de recesión del número de democracias efectivas en el mundo, Chávez era alguien a seguir por quienes, en su mismo contexto cultural, aspiraban a mantenerse en el poder más allá de lo que inicialmente dijeran las leyes que habían querido enterrar el caudillismo en Latinoamérica. El *combo* del *McChavismo* llevaba, además, tres ingredientes realmente apetitosos. Uno era la exhibición de legitimidad popular: el dominio del proceso electoral. «El Gobierno de Chávez es capaz de alegar más legitimidad que muchos regímenes autoritarios debido a su éxito en las urnas electorales, incluso aunque ese éxito sea altamente ingeniado», escribió William J. Dobson en *The Dictator's Learning Curve* (2012), libro que pone a Venezuela al nivel de China y Rusia en deficiencia democrática. Otro de los sabrosos ingredientes del *combo* era la garantía de legitimidad social, pues el chavismo había logrado ser juzgado internacionalmente por su gran volcado de renta sobre las clases pobres. El tercer componente, que realmente hacía la boca agua, era que todo eso iba acompañado de financiación, principalmente a través del suministro de petróleo en condiciones muy ventajosas. Eso favorecía las finanzas de los países asociados y daba margen para que partidos políticos hermanos y sus dirigentes contaran con inesperados fondos.

El *McChávez* venía también con aditivos no declarados, como la colaboración –o la vista gorda– con el tráfico de drogas, el narcoterrorismo y el lavado de dinero en la región. «Venezuela exportó una particular forma de corrupción», se concluye en *Dragon in the Tropics*.

En función del número de elementos del *combinado* que cada país tomara, así eran sus compromisos con Caracas, o viceversa. La contrapartida política podía tener varios grados: desde la mera aceptación de un mayor perfil de Venezuela en el ámbito del Caribe, a cambio simplemente de combustible pagable a muy largo plazo (caso de las Bahamas), pasando por un cerrar filas en torno a ciertas posiciones venezolanas en algunos foros internacionales como la OEA, en correspondencia a ayudas extras recibidas (República Dominicana, por ejemplo), hasta un pleno alineamiento con la estrategia bolivariana por parte de quienes estaban abonados a un asesoramiento *premium*, propio de las principales naciones pertenecientes al Alba (Bolivia una de ellas).

Nacen Alba y Petrocaribe

Hugo vendía el producto, pero el fabricante era Fidel. El propio Gobierno venezolano reconoció esos orígenes. En una presentación en *powerpoint* del Ministerio del Poder Popular de Petróleo y Minería, de junio de 2012, se remarcaba ese apadrinamiento de Castro y Cuba. En su primera asistencia a la Cumbre de las Américas como presidente –fue la tercera edición, celebrada en Canadá en 2001– Hugo Chávez ya dejó constancia de su oposición al ALCA (Área de Libre Comercio de las Américas), por su exclusión de Cuba y, por tanto, supuesta manifestación del seguidismo de los intereses de Estados Unidos y del capital transnacional. «Poco tiempo después los presidentes de Cuba y Venezuela (Fidel Castro y Hugo Chávez) se encontraron creando las bases de lo que hoy es el ALBA», indicaba la presentación. La idea ya estaba lista a finales de 2001 y se materializó en 2004 con una declaración conjunta de Castro y Chávez suscrita en La Habana. Fue la primera cumbre del Alba. Las dos siguientes, en 2005 y 2006, tuvieron lugar también en la capital cubana, la segunda con asistencia todavía únicamente de Cuba y Venezuela, y la tercera con incorporación de Bolivia.

Lo que nacía con vocación de gran alternativa tuvo un éxito de convocatoria reducido. En 2007 se sumó Nicaragua; en 2008 lo hizo la pequeña isla de Dominica; en 2009, Ecuador y dos minúsculos países: San Vicente y las Granadinas, y Antigua y Barbuda. Sin contar los reducidos territorios insulares, Venezuela y Cuba solo atrajeron a Bolivia, Ecuador y Nicaragua, cuyos presidentes, Evo Morales, Rafael Correa y Daniel Ortega, respectivamente, se destacaban por un claro anclaje en la izquierda. El Perú de Ollanta Humala hizo un amago inicial de acercamiento, pero pronto se apartó. Honduras llegó a incorporarse a raíz del bandazo dado por el presidente Manuel Zelaya, pero tras la deposición de este el país se retiró de la organización en enero de 2010. La idea del club había surgido como un inequívoco instrumento político, como una liga política estratégica que adoptaba el nombre de Alternativa Bolivariana para América Latina y el Caribe. Con el fin de atraer más países, pronto cambió el término «alternativa», que podía dar imagen de confrontación, por «alianza» y remarcó más su aspecto comercial, pasando a denominarse oficialmente Alianza Bolivariana para los Pueblos de Nuestra América-Tratado de Comercio de los Pueblos (ALBA-TCP).

Dado que, desde su concepción, el instrumento del Alba tenía perfiles demasiado ideológicos, Castro y Chávez de inmediato diseñaron otra iniciativa de mayor base y atractivo económico, Petrocaribe, a la que se podía pertenecer sin necesidad de formar parte del Alba. Mientras esa alianza se extendió solo a ocho países, Petrocaribe nació en 2005 con catorce participantes, cifra que luego ascendió a dieciocho: seis países del Alba (faltan Bolivia y Ecuador, que no son caribeños), más Bahamas, Belice, Granada, Guyana, Haití, Honduras, Jamaica, República Dominicana, San Cristóbal y Nieves, Santa Lucía, Surinam y El Salvador. Este último país ingresó como miembro de pleno derecho en 2014; Guatemala se dio de baja el año anterior.

A través de su filial PDV Caribe, la petrolera venezolana Pdvsa reservaba en 2012 a esos países una cuota de ciento treinta mil barriles diarios de petróleo y derivados. Se trataba de un volumen que los últimos años había aumentado, a raíz de la finalización de refinerías y otras infraestructuras de almacenamiento y distribución en diferentes puntos de la región. Fuera de esa cifra estaban los cien mil barriles diarios destinados a Cuba, que constituían un capítulo aparte, pues se regían por otro criterio de financiación, mucho más beneficioso incluso para el Gobierno cubano. Las naciones con mayor cuota comprometida eran Republica Dominicana (treinta mil barriles diarios), Nicaragua (veintisiete mil) y Jamaica (veintitrés mil), si bien los suministros reales venían quedando por debajo de esas cantidades.

Para las operaciones PDV Caribe tenía constituidas catorce empresas mixtas en once países, en la mayoría de las cuales contaba con algo más del cincuenta por ciento del capital. El pago del petróleo era en condiciones muy ventajosas. El cuarenta por ciento de la factura debía abonarse en noventa días, y el sesenta por ciento restante en veintitrés años, más dos de gracia, a un interés anual del uno por ciento. Tanto el pago a corto como a largo plazo podía hacerse en efectivo o mediante la prestación de servicios, venta de productos y financiación de obras de infraestructura. Los términos financieros señalados podían variar en función de la cotización internacional del petróleo.

Desde el lanzamiento de Petrocaribe en 2005 hasta mediados de 2012 Pdvsa había facilitado un total de cerca de doscientos millones de barriles de petróleo, según datos de la compañía. Durante ese tiempo, como pago en especie por un valor de mil millones de dólares, Venezuela había recibido 19.397 pantalones, 34.522 novillos, 10.129 vaquillas, 13.557 toneladas de pastas alimenticias, 62.532 toneladas de leche UHT, 765.660 quintales de café y 30.443 toneladas de caraotas o judías, entre otras mercancías, que también incluían aceite, arroz y azúcar. Si Venezuela lograba mediante importación tantas mercancías que podía obtener en el propio país, ¿para qué ponerse a producirlas?

Neocolonialismo a petición propia

Uno de los principales argumentos contra el colonialismo, o contra lo que después se denunció como imperialismo, es que las naciones ricas tomaban las materias primas de las naciones pobres y les vendían luego los productos manufacturados. O incluso les hacían comprar productos básicos traídos de ese *primer mundo*, impidiendo el desarrollo del sector primario local. Pues algo así sucedía en Venezuela, con el gravamen de que era el propio país afectado el que propiciaba esa situación de desventaja económica. «Es paradójico que las políticas de la revolución socialista de Chávez acabaran convirtiéndose en una fuente de ganancias para los sistemas capitalistas que condenó», juzgaba *The Wall Street Journal* a la muerte del líder bolivariano. «Durante sus catorce años en el poder, nacionalizó grandes fincas agrícolas, redistribuyó tierras y controló los precios de los alimentos como parte de su estrategia». Pero esas políticas hicieron que Venezuela pasara de ser exportador neto a importador de varios productos, entre ellos el arroz, como el llegado de Arkansas y otras partes de Estados Unidos.

Cuando en 1998 Chávez llegó a la presidencia, Venezuela tenía unas exportaciones no petroleras de 5.214 millones de dólares; catorce años después, en 2012, la cifra era la mitad: 2.567 millones. Por su parte, las importaciones se dispararon, pasando entre esos años de 14.250 millones de dólares a 47.310 millones, como indican los datos del Instituto Nacional de Estadística venezolano. Las importaciones de Venezuela dieron un salto hacia 2006, una vez puesto en marcha el Alba y Petrocaribe. De no comprar nada a Nicaragua, por ejemplo, Venezuela comenzó a adquirir a ese país cantidades crecientes de bienes, llegando a los 415 millones de dólares en 2012. Las cifras hablaban por sí solas de la mayor dependencia del extranjero por parte de la Venezuela chavista, lo que contrastaba con su declaración de apostar por un modelo de desarrollo endógeno o autosuficiente.

Especialmente simbólica, en el marco de la arquitectura ideológica de Chávez, era la balanza de pagos con Estados Unidos. En 2012, las exportaciones no petroleras de Venezuela a ese país habían caído a la mitad respecto a 1998, mientras que las importaciones se habían duplicado. Si cuando el comandante llegó al poder el desequilibrio era de cinco a uno a favor de Estados Unidos, a su muerte era de veinte a uno.

En el deterioro de los sectores económicos venezolanos influyó grandemente la política de nacionalizaciones, expropiaciones, cooperativismo forzado, cerrojo cambiario y control de precios. También la política exterior del chavismo. A diferencia de otros países que buscan ganar peso internacional colocando en el mundo sus productos, desarrollando así la industria nacional e incentivando su avance tecnológico, Chávez quiso acumular poder regional con un proceso que fue el inverso: promovió las exportaciones de otros países a Venezuela y sacrificó las propias, para perjuicio económico de su nación. Con el fin de ganar liderazgo personal en Latinoamérica, Chávez repartió petróleo a través de Petrocaribe y permitió que los receptores pagaran la factura vendiendo productos a Venezuela. Ese trueque malbarató el combustible de Pdvsa y lastimó los sectores productivos venezolanos, que tuvieron que acomodarse a la llegada de bienes de fuera, no necesariamente de mejor calidad, que podían haberse producido en el país.

Castigar al sector privado nacional, en realidad, era un objetivo táctico, pues en general el empresariado tradicional estaba encuadrado ideológicamente en la oposición. Para Chávez era preferible que los colombianos enviaran alimentos y otros países aportaran varias mercancías, que permitir que empresarios venezolanos se vieran reafirmados y le causaran problemas políticos. Los problemas de abastecimiento que se derivaron del descenso de producción propia fueron ocasión también de arma táctica: el Gobierno podía determinar qué tiendas de qué barrios recibían los productos. El racionamiento, además, permitió a Nicolás Maduro instalar captahuellas en supermercados, lo que abría la posibilidad de un mayor control sobre el consumidor.

De entrada, para poder enviar crudo y sus derivados a sus socios de Petrocaribe, Pdvsa tuvo que reducir la cuota que exportaba a Estados Unidos, que era el único país que pagaba toda su cuenta al instante y en efectivo. Además, no solo había un cambio de cliente, sino una rebaja de precio. Permitir a los miembros de Petrocaribe que finiquitasen más de la mitad de la factura a veinticinco años vista, con un interés de solo el uno por ciento, tenía mucho de regalo. Cuando Venezuela comenzó a sufrir graves problemas presupuestarios y los ciudadanos se tuvieron que habituar a hacer cola ante tiendas desabastecidas, el Gobierno se permitía continuar ejerciendo de generoso banquero de la región, *ad maiorem gloriam* del chavismo.

Chávez justificó esa generosidad con sus aliados, en el reparto de un bien que era de todos los venezolanos, asegurando que constituía una manera de contribuir a reducir la pobreza en la región. «En realidad, sin embargo, la diplomacia de poder social de Venezuela tiene poco que ver con desarrollo social. Gobiernos o políticos extranjeros receptores de la ayuda venezolana han sido libres de emplear los fondos como les convenga», alegan los autores de *Dragon in the Tropics*. «Así, desde su punto de vista, la ayuda de Venezuela compite favorablemente con el canal alternativo: obtener ayuda de instituciones internacionales. Estas últimas vienen normalmente con estrictas condiciones y auditorías. En contraste, la ayuda venezolana llega sin una cosa ni la otra, dándose como un tipo de cheque en blanco para cualquier clase de gasto doméstico, y los fondos no siempre acaban beneficiando a los pobres».

Debilidad por Cristina

Hugo Chávez sintió debilidad por Cristina Fernández de Kirchner, alma gemela en muchos aspectos y cuyo talento femenino y formas maternales generaron entre ambos un clima de compenetración y confidencia. La presidenta argentina en ocasiones ejerció casi de madre de las hijas de Chávez, especialmente de la segunda, María Gabriela. La mandataria se alojó con ellas en La Casona las veces que fue a Caracas y les agasajó con hospitalidad cuando las jóvenes fueron de vacaciones a Argentina.

La relación venía ya de la presidencia de Néstor Kirchner. El esposo de Cristina Fernández presidió el país entre 2003 y 2007, por lo que asistió al despegue del bolivarianismo de Chávez. En ese tiempo en que la relación con Irán era una prioridad para el presidente venezolano, los asuntos nucleares ocuparon conversaciones a tres bandas. Chávez intervino para que Argentina e Irán cooperaran en materia nuclear, superando la interrupción de contactos mutuos a raíz de los atentados de 1992 y 1993 en Buenos Aires contra entidades judías, cuya inspiración se atribuyó siempre al régimen de los ayatolás.

Cuando en enero de 2007 Ahmadineyad hizo una visita oficial a Caracas, el presidente iraní y el venezolano trataron el asunto. Debido a las limitaciones impuestas por la Agencia Internacional de la Energía Atómica, Irán buscaba ayuda secreta para poner al día instalaciones de la era del Sha construidas con tecnología de Siemens, la misma utilizada en reactores de Argentina y que había sido modernizada después por una empresa coreana. Chávez sabía que a Néstor

Kirchner también le interesaba poder aprovechar posibles avances iraníes, pues a finales de 2006 el presidente argentino había relanzado la actividad de procesamiento de uranio. Igualmente sabía de las dificultades financieras de su Gobierno, así que fondos iraníes que premiaran esa colaboración serían más que bienvenidos. Por ello rápidamente se prestó a la mediación.

Chávez y Ahmadineyad enseguida entraron en materia, y acordaron ya una discreta visita de científicos iraníes a Argentina. Para no levantar sospechas harían el viaje a través de Venezuela. Al término de la conversación, según relata un testigo, Chávez agarró el brazo del traductor. «De todo lo que hemos hablado, dígale que lo urgente es el apoyo a los *amigos*. Hay que facilitarle todo a Argentina», apremió Chávez. Esa aproximación secreta entre Irán y Argentina bien podría explicar lo que en 2015, en el momento de su sospechosa muerte, el fiscal argentino Alberto Nisman denunciaba: un pacto entre la presidenta Cristina Fernández e Irán para dejar sin efecto las acusaciones contra antiguos dirigentes de ese país por los salvajes atentados de principios de los noventa en Buenos Aires.

Los pagos de Irán a Argentina se habrían hecho a través de convenios de Pdvsa, varios relativos a construcción de viviendas. Cuando en una ocasión el presidente de la compañía hizo notar a Chávez unos sobreprecios, el mandatario le habría respondido: «paga esa vaina, que es la plata que dan los iraníes para Argentina».

La firme alianza con los Kirchner implicó al chavismo en uno de los episodios más sonados de financiación política irregular de Suramérica. En agosto de 2007, pocos días antes de que Chávez llegara de visita oficial a Buenos Aires, el empresario venezolano Guido Antonioni Wilson fue detenido en esa ciudad tras aterrizar en un avión privado llevando un maletín con casi ochocientos mil dólares, que no había declarado. Antonioni desveló que era dinero para la campaña electoral de Cristina Fernández y, aunque no determinó su origen, todo apuntó a que eran fondos de Pdvsa (¿quién sabe si fue un pago de Irán a través de la petrolera?). Así quedó de manifiesto en la investigación que realizó el FBI, con colaboración del propio Antonioni desde Miami. Como contó el periodista argentino Hugo Alconada en su libro *Los secretos de la valija*. *Del caso Antonioni Wilson a la petrodiplomacia de Hugo Chávez* (2009), hubo un esfuerzo coordinado de Chávez, el presidente de Pdvsa, Rafael Ramírez, y la cúpula de los servicios secretos venezolanos para entorpecer las investigaciones, pero fue en vano.

Ese maletín no era el único regalo monetario para los Kirchner. Chávez se ocupó en ese mismo año de 2007 de cancelar mil ochocientos millones de dólares de deuda exterior de Argentina. «Me siento muy contento de que Venezuela haya ayudado a Argentina a liberarse del Fondo Monetario Internacional», declaró entonces. Por esa época el Gobierno venezolano llegó a disponer de seis mil millones de dólares en bonos argentinos. Previamente, en 2006, Caracas y Buenos Aires habían creado conjuntamente los Bonos del Sur, que mezclaban emisión de deuda soberana de ambos países. La fórmula permitía mejorar algo las condiciones de financiación de Argentina, pero lastraba el tipo de interés que Venezuela debía pagar a los mercados internacionales.

La colaboración estratégica entre Chávez y Fernández de Kirchner permitió impulsar nuevos foros regionales que no incluyeran a Estados Unidos. Desde ambos extremos geográficos de Suramérica, sus voces se complementaron para generar consenso en el continente, con la contribución de los amigos del Alba y la activa participación de Brasil. De esta forma, en 2008 se creó la Unión de Naciones Suramericanas (Unasur), y en 2010 surgió la Comunidad de Estados Latinoamericanos y Caribeños (Celac). Esta última nacía claramente como alternativa a la histórica OEA, con sede en Washington desde su creación en 1948: sus miembros eran los mismos, con la exclusión Estados Unidos y Canadá, y la inclusión de Cuba. Precisamente la Celac fue la manera de incorporar plenamente a Cuba en los diálogos continentales, ante su ausencia en la OEA dada la insistencia de Estados Unidos en el respeto a los derechos humanos. La OEA no perdió protagonismo, pero la Celac contó con un buen arranque. La cumbre de 2013 fue en La Habana y en ella muchos jefes de Estado quisieron hacerse una foto individual con Fidel Castro: todo un triunfo del viejo dictador impenitente.

En toda esa arquitectura Brasil era un importante pilar. Probablemente era el país que más peso relativo ganaba continentalmente con la exclusión de Estados Unidos, pues pasaba a ser el gran socio de referencia en las reuniones. Ese papel de hermano mayor, sin embargo, como criticó la oposición venezolana, no lo jugó para guiar de la mano al chavismo hacia un mayor respecto de las estándares democráticos. La presidenta Dilma Rousseff, por ejemplo, fracasó en sus esfuerzos para introducir cordura en el esperpento de Caracas y La Habana en torno a la salud de Chávez, y luego no mostró apenas influencia en los días duros de las protestas callejeras venezolanas que tuvieron lugar en 2014.

En el caso de Brasil, que no necesitaba el petróleo de Venezuela, la voluntad había sido comprada sobre todo mediante contratas a Odebrecht, una gran compañía de construcción de infraestructuras que contaba con los servicios diplomáticos del expresidente Luiz Inácio Lula da Silva. Venezuela se había convertido en el principal cliente de Odebrecht fuera de Brasil, con proyectos que en 2010 suponían el 21 por ciento del negocio total de la empresa, cifra que subía al 38 por ciento si se excluían las operaciones en el propio Brasil.

Otras maniobras de Chávez para subvertir el llamado *consenso de Washington* tuvieron más dificultades para abrirse paso. Su anuncio en 2007 de retirada de Venezuela del Fondo Monetario Internacional (FMI) y del Banco Mundial, ambos con sede en la capital estadounidense, no fue seguido por otros países. Eso hizo que la marcha de Venezuela no fuera completa, pero Chávez impidió todo tipo de supervisiones de los expertos del Fondo. De hecho, ya desde 2004 el mandatario venezolano no dejaba que el equipo internacional de analistas tuviera sesiones de trabajo con las instituciones económicas del país, para así ocultar las verdaderas cifras de sus cuentas y negar luego las estimaciones exteriores que se hicieran. Chávez tuvo la inoportunidad de llamar a un boicot del Fondo Monetario justamente cuando esa institución resurgía ante la opinión pública mundial y comenzaba a liderar el esfuerzo planetario para salir de la Gran Recesión.

La creación del Banco del Sur en 2009, impulsado originaria-
mente por Argentina y formado básicamente por los países de Mercosur y del Alba, no supuso la consolidación de una alternativa al
FMI o al Banco Mundial, ni siquiera al Banco Interamericano de
Desarrollo, el gran banco regional, con cuartel general asimismo en
Washington. Tampoco despegó con fuerza el Sistema Unitario de
Compensación Regional o Sucre, la *moneda* del Alba, creada en
2008 para reemplazar el dólar estadounidense en el comercio interre-
gional.

«Hermano, confirma con Nicolás»

Nicolás Maduro fue ganando peso en el entramado externo del chavismo por encargo de Hugo Chávez. Nombrado ministro de Exteriores en 2006, Maduro se ocupó de reforzar las vinculaciones con los
países del Alba y de Petrocaribe. Además de su actividad pública,
también hacía gestiones intencionadamente ocultas. Como canciller
amparó la entrega de visados que presuntos militantes de Hezbolá
conseguían en el consulado de Beirut, y se entrevistó en Damasco
con el líder de esa organización para tratar sobre su participación en
el mercado de la droga. También fue interlocutor de otros actores
implicados en el narcotráfico continental.

Cuando, por ejemplo, el Frente Farabundo Martí para la Liberación Nacional (FMLN) –la antigua guerrilla, convertida en partido
gubernamental de El Salvador– requería alguna asistencia de Venezuela, como parte del *combo McChávez*, dirigía sus peticiones a Maduro. Consta que desde otras partes de Latinoamérica llegaban también solicitudes concretas, aunque en el caso de El Salvador resulta
especialmente revelador, pues ciertos documentos aportados por un
confidente que trabajó en el Gobierno venezolano ponen en evidencia rastros de la vinculación de Maduro con el narcotráfico en la región.

Una comunicación de marzo de 2011 apuntaba a la mediación directa de Maduro para que el FMLN mejorara su acceso al tráfico de
drogas. «Hermano!! Esta es la solicitud para que nos heches [sic] la

mano con lo del permiso de sobre vuelo. El comandante Ramiro pide que confirmes con Nicolás la visita a Apure. Saludos». Este texto destapaba los trámites seguidos entre el despacho de Maduro, entonces ministro de Exteriores, y el de José Luis Merino, hombre fuerte del FMLN, quien en su época de guerrillero había tenido el alias de comandante Ramiro.

Ese significativo correo lo enviaba Erick Vega, mano derecha de Merino, a Gustavo Vizcaíno, que entonces trabajaba con Maduro en la Cancillería y luego le siguió al entorno de Presidencia. Se trataba de una comunicación para facilitar el viaje de un capo de la droga al estado venezolano de Apure, en la frontera con Colombia. Seguidamente se daban los datos del avión y del pasajero, Roberto Adamo, alguien que el FBI tenía por miembro de la mafia calabresa e implicado en narcotráfico. En la documentación que se adjuntaba figuraba un pasaporte de Adamo y el del piloto, un estadounidense de origen iraní, así como los datos del reactor ejecutivo bimotor utilizado, de matrícula N769M. El hecho de que no hubiera copiloto, a pesar de que era exigido por las regulaciones internacionales, y que el destino fuera Apure, donde las FARC operaban impunemente y donde legalmente no debían llegar vuelos internacionales, remarcaban el motivo ilícito del desplazamiento.

Merino ya había sido vinculado en el pasado con el narcotráfico por sus estrechos contactos con la guerrilla de Colombia. «Hay suficiente información que claramente presenta a Merino como alguien con fuertes conexiones con las FARC», afirma Michael Braun, un experto en la lucha contra el narcotráfico por su previa experiencia en la DEA, la agencia estadounidense contra la droga. Braun recuerda que el nombre de Merino apareció en la documentación hallada en el campamento de Raúl Reyes, líder de las FARC abatido por el Ejército colombiano. Además de grupo terrorista, las FARC eran consideradas «el mayor productor y distribuidor de droga del mundo».

Los mensajes de los asistentes de Maduro y Merino, en ese periodo de 2010-2012, ponían de relieve una estrecha coordinación del FMLN con el chavismo. En ellos se concretaron viajes de Merino a

Caracas así como varios asuntos de cooperación entre ambos gobiernos. Esto último evidenciaba cómo el exguerrillero era el hombre fuerte del Frente, aun estando fuera del Ejecutivo salvadoreño. Merino era además quien controlaba la ayuda petrolera de Venezuela que llegaba a través de Alba Petróleos de El Salvador, en cuyo organigrama aparecía como asesor de la junta directiva. El petróleo venezolano era precisamente una gran vía de financiación e instrumentación política del FMLN.

Los dirigentes del FMLN pagaban gran parte del petróleo en especie, básicamente con café, que era suministrado a Venezuela a un precio algo superior al del mercado, dando así margen para operaciones encubiertas. De este modo, según un acuerdo de compensaciones de 2012, Alba Petróleos de El Salvador (empresa mixta creada entre PDV Caribe, filial de Pdvsa, y Enepasa, constituida por municipalidades del Frente) finiquitó su deuda con Pdvsa de los años inmediatamente anteriores con envíos en 2009 y 2010 de un total de 70.950 quintales de café, a un precio conjunto de 11,4 millones de dólares. Los documentos internos –nunca hechos públicos por las partes– fijaban el precio por quintal en 159,5 dólares (2009) y 165,1 dólares (2010), cuando el precio de mercado que figuraba en las tablas del Consejo Salvadoreño del Café era de 131 y 144 dólares, respectivamente. Por lo demás, la cifra pagada quedaba muy distante de los 95 millones de dólares que, como cabría deducir de los números públicos de Pdvsa –la compañía aseguraba enviar dos mil barriles diarios a El Salvador– correspondería a los dos años mencionados. Para enredar las cosas, el petróleo y sus derivados, se supone que por razones logísticas, llegaban mayormente a través de Nicaragua, donde existía una compañía similar, Alba de Nicaragua (empresa mixta entre PDV Caribe y la local Petronic).

Las cuentas de Alba Petróleos de El Salvador eran muy opacas. La empresa se negaba a publicar su informe de ganancias, y eso que manejaba dinero público, invertido por las municipalidades gobernadas por el FMLN (con uso de fondos que la ley no permitía destinar a fundar compañías). Especialmente beneficiaba a los alcaldes de ese partido, que en sus municipios vendían gasolina a bajo precio, lo que les ayudaba a ganar apoyo electoral. Alrededor de la empresa, además, se habían creado otra serie de iniciativas, como Alba Medicamentos, Alba Transporte, Alba Gas, Alba Fertilizantes...

La Asociación Nacional de la Empresa Privada (ANEP) de El Salvador denunció las facilidades que estaba dando el Gobierno salvadoreño para que esas sociedades penetraran en el mercado nacional en detrimento de los demás competidores. «Esos son recursos de un Gobierno para controlar un país. Cuando viene el dinero del Gobierno de Venezuela, que lo manda a este país en condiciones de regalo, y el fin de ese dinero es generar un clientelismo político a través de Alba, se está haciendo injerencia política en el país», denunció la ANEP en 2013.

Escasez y colas: un modelo que ya no atrae

El interés fundamental de la cúpula chavista en extender su influencia tanto a El Salvador como a Honduras se debía a su condición de vértebras de la espina dorsal centroamericana, por la que asciende el tráfico de droga hacia Estados Unidos. Hubo un tiempo en que el rumbo hacia el norte tenía en Panamá un primer gran eslabón, en complicidad luego con la Nicaragua sandinista, que a mediados de la década de 1980 albergó a Pablo Escobar, facilitando una base de operaciones para el cartel colombiano de Medellín. Escobar vivió protegido en esos dos países, y desde ellos trianguló con Cuba. Esa estancia del poderoso narcotraficante en Nicaragua, nunca admitida abiertamente por el Frente Sandinista de Liberación Nacional (FSLN), resultó confirmada en 2010 por revelaciones hechas en distintos medios, como las del hijo del propio capo, que residió con él en suelo nicaragüense, y las de su brazo derecho, alias Popeye. En aquellos años ochenta Estados Unidos ya detectó esas conexiones, gracias a colaboradores de la DEA infiltrados. En prevención de una acusación que manchara la cara del régimen cubano, Fidel Castro se adelantó con el juicio y la condena a muerte del general Arnaldo Ochoa, en julio de 1989, quien pagó por el resto de la *nomenclatura*. Al final de ese año, las tropas estadounidenses entraron en Panamá y se llevaron al dictador Manuel Antonio Noriega. El sandinismo cruzó los dedos prometiéndose a sí mismo que no volvería a coquetear tan abiertamente con el narcotráfico.

Eso supuso una redirección de las rutas de la droga colombiana, que con el tiempo tuvieron a Venezuela como principal plataforma de distribución y adoptaron a Honduras como base intermedia en Centroamérica para alcanzar México y de ahí Estados Unidos. La implicación de Honduras en ese negocio se produjo sobre todo durante la presidencia de Manuel Zelaya (2006-2009). Era parte del *combo McChávez*. A mitad de mandato, en contra de parte de su partido, Zelaya dio un giro a la izquierda e ingresó a Honduras en Petrocaribe y en el Alba. El tener parte del combustible a crédito permitía al presidente un ahorro de fondos para políticas de inmediato rédito electoral, aunque eso suponía cargar al país con deuda futura. El siguiente paso fue procurar extender los poderes presidenciales, siguiendo también el manual chavista ya aplicado en otros países.

Ecuador y Bolivia habían tenido en Rafael Correa y Evo Morales, respectivamente, rápidos aprendices de las formas y estrategias de Hugo Chávez. Correa puso especial acento en el control de la judicatura y en silenciar opiniones críticas desde la prensa; Morales se entregó a una ola de nacionalizaciones del sector energético y mineral, y tanto uno como otro procuraron un dominio sobre el órgano electoral nacional. Además entraron pronto en las oscuras transacciones con Irán, capitaneadas por Chávez, y procedieron a un aumento del comercio con Venezuela sospechoso en parte de ser aprovechado por empresas fantasmas o *de maletín*. Esto último lo destaca Ezequiel Vázquez-Ger, del Center for Investigative Journalism in the Americas (CIJA), que ha documentado diversas operaciones, especialmente en Ecuador. «Hay venezolanos que constituyen empresas en Ecuador que hacen exportaciones ficticias a Venezuela, incluso llegan a utilizar contenedores vacíos: lavan dinero y se benefician de la ingeniería financiera del repetido cambio entre sucres, la moneda contable del Alba, y dólares».

A su llegada al poder –Morales en 2006 y Correa en 2007– los dos presidentes promovieron la convocatoria de referéndums para la reforma de la Constitución, como había hecho previamente Chávez. En Honduras, Zelaya intentó la misma operación en 2009, pero el día que debía celebrarse el plebiscito, declarado ilegal por la Corte Suprema de Justicia, resultó depuesto por el Congreso. Caracas batalló internacionalmente por la restitución de Zelaya y luego *asesoró* de varias formas la campaña presidencial de 2013 de la esposa del expresidente, Xiomara Castro de Zelaya, pero para entonces la percepción internacional sobre el chavismo había comenzado a cambiar.

Los Zelaya no reconquistaron el poder en Honduras en las presidenciales de noviembre de 2013, y el Frente Farabundo Martí, que partía con gran ventaja en las encuestas, a punto estuvo de perderlas en El Salvador en marzo de 2014. Lógicamente esos resultados se debían a dinámicas internas, pero las relaciones con el chavismo parecían comenzar a pasar cierta factura electoral. Venezuela era en esos momentos noticia diaria por la escasez de productos básicos y el gran descontento popular; no era ya el espejo en el que mirarse.

El gran deterioro económico de Venezuela, con reducción drástica de reservas internacionales y dificultades de divisas para pagar las importaciones, debía haber llevado a anular el programa de Petrocaribe, de manera que ese combustible fuera vendido a quien pagara la factura de modo completo y sin dilaciones. Pero dentro del desbarajuste en que se encontraban las cifras de Pdvsa, esa cuota de barriles no era uno de los agujeros más grandes. Posiblemente tendría que llegar el día de cortar ese derrame, pero de momento Maduro mantenía el envío de cargueros para seguir cosechando las ventajas de esa *petrodiplomacia*.

Contestado en la calle en los primeros meses de 2014, con riesgo a ser señalado internacionalmente como represor y torturador, el Gobierno venezolano movilizó a sus socios en la OEA. Cuando en marzo de 2014 la opositora María Corina Machado iba a tomar la palabra en Washington ante el consejo permanente del organismo, Venezuela hizo una demostración de fuerza: de los 35 países miembros, veintidós aceptaron la consigna de Caracas para silenciar a Machado, entre ellos la multitud de islas del Caribe, todos beneficiados por las dádivas chavistas. En contra de la maniobra lo hicieron once que no formaban parte ni del Alba ni del club petrolero venezolano. La eficacia petrolera hizo también que en octubre de 2014 Venezuela consiguiera un asiento no permanente en el Consejo de Seguridad de las Naciones Unidas, para el que fue designada, como «embajadora alterna», María Gabriela Chávez, hija predilecta del comandante. Pero el colapso en el que ya estaba entrando Venezuela le comenzaba a restar peso geopolítico y en ocasiones en las que no presionaba bastante sus postulados se quedaban con los votos de los dedos de una mano.

Si Chávez resucitara...

El chavismo quedaba con el solo acompañamiento de los países del Alba, y además con Cuba consumando infidelidades. «La expansión internacional del bolivarianismo ha llegado a sus límites y está empezando a retroceder», opina Harold Trinkunas. En el fondo, la expansión se había sustentado sobre el constante aumento de la cotización del barril de crudo en la última década larga e «históricamente, siempre que ha subido el precio del petróleo Venezuela ha tenido más influencia». Así que no era una novedad ni la mayor estatura internacional lograda por Chávez, quien ciertamente jugó a fondo esta carta, ni el consecuente descenso de la aureola a los ojos de los países vecinos cuando los precios petroleros dejaron de beneficiar a Venezuela.

«Lo que al chavismo le ha fallado ha sido el modelo económico», apunta Douglas Farah, investigador del Center for Strategic and International Studies. «Lo que hacía atractiva a Venezuela era su gasto social, pero el modo de llevarlo a cabo se demostró tan electoral y sujeto a corrupción como insostenible». Farah cree que el último intento del chavismo de «meterse» en nuevos países, como El Salvador, «no era tanto una expansión, como un reacomodo». «A la espera de que la situación mejore en Venezuela, muchos chavistas están buscando ampliar los mercados en los que mover el dinero sucio; les van bien países en los que fuerzas afines controlan el Gobierno, porque saben que no habrá investigaciones y que allí los bancos pueden lavarles dinero». El «reacomodo» coincidía también con un momento de cambio en las FARC, en preparación para la implementación de la paz que la guerrilla colombiana estaba negociando con el Gobierno de Bogotá. Las FARC habían comenzado a vender sus franquicias del narcotráfico a carteles mexicanos y a bandas colombianas emergentes. «Así que el dinero que se mueve de un sitio a otro en la región proviene en parte de los guerrilleros colombianos y en parte de los chavistas venezolanos, convencidos muchos de que Maduro no durará largo tiempo».

¿Por qué Chávez construyó un edificio económico con pies de barro? «Chávez tenía ego y ganas de fastidiar a Estados Unidos; eso le perdió». Douglas Farah cree que el fallecido presidente venezolano fue incapaz de ver que el modelo económico que imponía, con su *comunización* social y económica –la organización en comunas– y la asfixia progresiva de la libre empresa, no se adaptaba al mundo real. Chávez pudo persistir en su empeño ideológico gracias a los ingentes fondos de la petrolera estatal y a la astucia política ingeniada por los cubanos. Pero si con el tiempo, tras el colapso económico al que finalmente llevó a su país, el líder de Sabaneta hubiera tenido la posibilidad de volver a la presidencia, lo habría hecho con mayor pragmatismo, cuando menos para poder sobrevivir.

Eso es lo que sucedió con Daniel Ortega. El presidente nicaragüense sabía bien el fracaso económico que supuso su primer mandato, de 1985 a 1990, durante el cual además tuvo que afrontar la guerra con la Contra, auspiciada por Estados Unidos. Cuando en 2007 Ortega resultó elegido para volver a la presidencia de Nicaragua lo fue con un sandinismo menos dogmático. «Decidió que no se pelearía ni con los gringos ni con el capital», dice gráficamente Farah. «Invitó a la empresa privada a que hicieran los negocios juntos y estableció una alianza con todas las grandes fortunas de Nicaragua, por eso no se levantó especial oposición patronal frente al cambio de la Constitución impulsada por Ortega para una posible reelección indefinida». Al mismo tiempo, aceptó cierta colaboración con Estados Unidos en materia de lucha antinarcóticos. Dejó que la agencia antidroga estadounidense, la DEA, monitoreara la ruta atlántica, donde tiene lugar la mayoría de las aprehensiones, mientras permitía el paso de estupefacientes por la ruta del Pacífico. En esa actividad, según Farah, Ortega no quiso ni carteles mexicanos ni maras, pues esos grupos traen violencia y suponen un problema con Estados Unidos. Tampoco quiso pago en especie, sino con dinero, de esta forma poca droga se quedaba en el mercado interno y se evitaba la violencia que su uso genera.

La Nicaragua de Ortega, como también la Bolivia de Evo Morales y el Ecuador de Rafael Correa, que se estaban abriendo más a la empresa privada de lo que lo hicieron en un principio, gustaban de presentarse como posible modelo para el relevo del chavismo entre la izquierda latinoamericana. Para ello alegaban su buena marcha económica. Sin embargo, ninguno tenía la capacidad de generar las complicidades transnacionales que se dieron con la Venezuela de Hugo Chávez.

Estados Unidos, además, había aprendido algo. Si quería restablecer su autoridad en el Caribe, o al menos evitar que alguien rivalizara en atraer voluntades en la región, tenía precisamente que seguir los pasos estratégicos de Venezuela: ayudar a las naciones de la cuenca, especialmente las pequeñas islas, a tener acceso a suficiente suministro energético. Después de años sin saber cómo reaccionar ante la influencia exterior del chavismo, Washington comenzó a diseñar un programa para la financiación internacional de iniciativas que aportaran diversidad de fuentes de energía a ese grupo de países, desarrollando alternativas sostenibles de generación local y restando indispensabilidad al petróleo. En enero de 2015, la Administración Obama fue anfitriona de la primera Cumbre Energética del Caribe. El objetivo estaba claro: «terminar con la dependencia que ustedes aún tienen del suministro de un solo país», como explicó la Casa Blanca ante los congregados. El bumerán exterior de Chávez comenzaba a rebotar.

AGRADECIMIENTOS

y memoria

Al final de este volumen se ahorran las habituales notas de referencias. He preferido dejar constancia del origen de las informaciones a lo largo del propio relato, aun a costa de que las fórmulas de introducción de atribuciones resultaran algo repetitivas. Este libro es fruto de tres años de investigación periodística y gran parte de su contendido obedece a fuentes propias; cuando se citan testimonios recogidos de los medios se hace constancia expresa de ese origen.

La primera mención en la lista de agradecimientos es para aquellos cuyos nombres ya figuran en páginas previas como autores de contribuciones sustanciales en determinados capítulos. Es el caso de Harold Trinkunas, director de Latin American Initiative de Brookings Institution, y Douglas Farah, investigador del Center for Strategic and International Studies, cuyas aportaciones figuran en varios apartados. Al analista Pedro Mario Burelli debo, entre otras cosas, la información aportada sobre el historial de las relaciones entre la Venezuela chavista y Estados Unidos; a Antonio de la Cruz, director ejecutivo de Inter-American Trends, buena parte del volumen de datos sobre el negocio petrolero, y a Christopher Bello, CEO de Hethical (Ethical Hacking), su experiencia como auditor del sistema electoral venezolano.

También agradezco la inestimable ayuda recibida de personas que no aparecen en el libro, a las que debo su impulso, sus generosas explicaciones sobre la realidad venezolana y su colaboración en labores de verificación de datos y producción: Martín Santiváñez, Ángel Luis Fernández Conde, Leopoldo Martínez…

Mi admiración por Ludmila Vinagradoff, corresponsal del *ABC* en Caracas, quien sufre en primera línea el acoso del Gobierno chavista a la prensa. Mi reconocimiento a la redacción del diario en Madrid y a su director, Bieito Rubido, por el respaldo con que siempre han acogido mis informaciones.

Y sobre todo a Ignasi Pujol, amigo y colega, cuyo último mensaje guardo. «Un abrazo y ánimo con el libro», me escribió poco antes de fallecer. Aquí está el libro y el abrazo.

21901885R00212

Made in the USA
San Bernardino, CA
10 June 2015